Thomas Heilmann & Nadine Schön

Mitglieder des Deutschen Bundestages

NEUSTAAT

Politik und Staat müssen sich ändern.
64 Abgeordnete & Experten fangen bei
sich selbst an – mit 103 Vorschlägen

Bibliografische Information der Deutschen Nationalbibliothek
Die Deutsche Nationalbibliothek verzeichnet diese Publikation in der Deutschen Nationalbibliografie. Detaillierte bibliografische Daten sind im Internet über http://dnb.d-nb.de abrufbar.

Für Fragen und Anregungen
info@finanzbuchverlag.de

2. Auflage 2020
© 2020 by Finanzbuch Verlag,
ein Imprint der Münchner Verlagsgruppe GmbH
Nymphenburger Straße 86
D-80636 München
Tel.: 089 651285-0
Fax: 089 652096

Umschlaggestaltung: Franz Frommann
Konzept, Layout und Satz: Anja Giese, Janka Meinken
Korrektorat: Maike Specht
Druck: Florjancic Tisk d.o.o., Slowenien

Printed in the EU

ISBN Print 978-3-95972-376-3
ISBN E-Book (PDF) 978-3-96092-699-3
ISBN E-Book (EPUB) 978-3-96092-700-6

Weitere Informationen zum Verlag finden Sie unter

www.finanzbuchverlag.de
Beachten Sie auch unsere weiteren Verlage unter www.m-vg.de

Die Autoren

Thomas Heilmann ist seit 1990 Unternehmer. Von 2012 bis 2016 war er Senator für Justiz und Verbraucherschutz in Berlin, seit 2017 ist er Mitglied des Deutschen Bundestages. Dort arbeitet er in der Digital- und Sozialpolitik. Seit 2018 gehört er dem Fraktionsvorstand an. Er zählt zu Berlins bekanntesten Serien-Gründern und Internet-Investoren (u. a. aperto, Econa, Facebook, Foodspring, MyToys, Scholz&Friends und Xing).

Nadine Schön ist seit 2009 Mitglied des Deutschen Bundestages und seit 2014 stellvertretende Vorsitzende der CDU/CSU-Bundestagsfraktion, zuständig für die Bereiche Digitale Agenda sowie Familie, Senioren, Frauen und Jugend. Die Juristin absolvierte während ihres Studiums eine journalistische Ausbildung als Stipendiatin der Konrad-Adenauer-Stiftung. Zwischen 2004 und 2009 war sie Mitglied des Saarländischen Landtages.

 @ThomasHeilmann

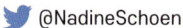 @NadineSchoen

Co-Autoren und Mitwirkende:

ABGEORDNETE DES DEUTSCHEN BUNDESTAGES

Thomas Heilmann*, Nadine Schön*

Maik Beermann	Thomas Jarzombek	Andreas Steier*
Sybille Benning*	Dr. Stefan Kaufmann*	Johannes Steiniger
Marc Biadacz*	Ronja Kemmer*	Dr. Peter Tauber
Gitta Connemann*	Dr. Günter Krings	Dr. Johann Wadephul
Hansjörg Durz*	Dr. Katja Leikert	Markus Uhl*
Thorsten Frei	Jan Metzler*	Volker Ullrich
Hermann Gröhe	Florian Oßner*	Kai Whittaker
Matthias Hauer	Stefan Rouenhoff*	Paul Ziemiak
Mechthild Heil*	Albert Rupprecht*	
Mark Helfrich	Tankred Schipanski*	

Die mit * gekennzeichneten Abgeordneten des Deutschen Bundestages
sind Mitglied der Projektgruppe Innovation der CDU/CSU Fraktion,
die von Nadine Schön geleitet wurde. Die in diesem Buch zusammengefassten
Anregungen sind ein Ergebnis der Arbeit eines von Thomas Heilmann
initiierten Teilprojekts.

Die genannten Co-Autoren haben wesentliche Vorschläge unterbreitet, die Teil
dieses Buches geworden sind. Nicht jeder der Beteiligten unterstützt jeden
Vorschlag. Die Autoren sind sich aber einig in dem Appell, nach der Politik und
Verwaltung grundsätzlich reformiert werden müssen.

Alle Autoren haben auf ein Honorar verzichtet.

An diesem Buch haben zudem mitgewirkt und mitgeschrieben:
Ferdinand Dabitz, Timo Ehleringer (Leiter Recherche), Ulrike Fresenius,
Anja Giese (Artdirektion), Janka Meinken (Grafik), Detlef Gürtler (Leiter
Redaktion), Juri Heckmann, Jan Simeon Jöres, Dr. Thomas Klugkist (Lektorat), Hannah Looks, Michael Mansfeld, Robin Matzke, Lucas Mies, Vincent
Sternberg, Mareen Theil (Projektleitung), Stefan Theil, Sebastian Wunderlich

VERWALTUNGSEXPERTEN

Ammar Alkassar
CIO des Landes Saarland

Prof. Dr. med. Michael von Aster
Zentrum für Schulische und Psychoso-
ziale Rehabilitation, DRK-Kliniken Berlin
und Kinderspital der Universität Zürich

Stéphane Beemelmans
Geschäftsführer, PD - Berater
der öffentlichen Hand GmbH

Dr. Sven Stephan Egyedy[**]
Leiter Informations- und Kommunikationstechnik, Auswärtiges Amt

Dr. Bernhard Felmberg
Abteilungsleiter Bundesministerium
für wirtschaftliche Zusammenarbeit

Christian Fischbach
BwConsulting GmbH

Dr. Matti Große[**]
Innovationsmanager im ITDZ Berlin

Philip von Haehling
Geschäftsführer BwConsulting GmbH

Andreas Hermes[**]
Präsident Bundesanstalt für Post
und Telekommunikation

Dr. Levin Holle
Abteilungsleiter Bundesministerium
der Finanzen, seit Feb. 2020: Finanz-
vorstand der Deutschen Bahn AG

Annette Klein[**]
Beauftragte für die Digitalisierung im
Auswärtigen Amt und die Auslands-IT

Prof. Dr. Julia Knopf
Professorin für Digitalisierung und
Didaktik, Universität des Saarlandes
Gründungspartnerin der Didactic
Innovations GmbH

Prof. Antonio Krüger
CEO des Deutschen Forschungs-
zentrums für Künstliche Intelligenz
(DFKI). Professor für Informatik,
Universität des Saarlandes

Christina Lang
Geschäftsführerin 4Germany UG

Dr. Andreas Liebl
Geschäftsführer UnternehmerTUM,
Leiter der appliedAI Initiative

Philipp Marks[**]
Leiter Stab D – Digitalisierung;
Digitale Kompetenzen, Bundes-
verwaltungsamt

Prof. Dr. Jörg Müller-Lietzkow
Präsident HafenCity Universität
Hamburg

Dr. Sebastian Muschter
Mitglied der Geschäftsleitung, PD –
Berater der öffentlichen Hand GmbH

Manfred Neidel[**]
Senior Consultant Digitalisierung,
Anstalt Kommunale Datenverar-
beitung Bayern

Vincent Patermann[**]
Bundesministerium des Innern,
für Bau und Heimat, Geschäftsführer
NExT e.V.

Dr. Peter-Roman Persch
Mitglied der Geschäftsleitung, PD –
Berater der öffentlichen Hand GmbH

Ina Elena Pleines[**]
OMG Certified Expert, Stellv. SGLin
Bundeskriminalamt

Jürgen Volker Renfer[**]
CIO Kommunale Unfallversicherung
Bayern

Dr. Markus Richter**
CIO des Bundes, Staatssekretär,
Vorsitzender NExT e.V.

Hagen-Joachim Anton Saxowski**
Referatsleitung Z.9 Servicebereich
Forschung, Bundesanstalt für Mate-
rialforschung und -prüfung (BAM)

Dr. Konrad Schmidt-Werthern
Abteilungsleiter Senatsverwaltung
für Kultur und Europa, Land Berlin

Dr. Andrea M. Schneider
Unterabteilungsleiterin
Bundeskanzleramt

Katrin aus dem Siepen**
Koordinatorin Digitalisierung
Auswärtiges Amt

Prof. Matthias Spaetgens
Universität für angewandte
Kunst Wien

Alexander Straßmeir
Staatssekretär a.D., Präsident
Landesamt für Flüchtlinge Berlin

Christoph Verenkotte**
Präsident Bundesverwaltungsamt

Hans-Josef Vogel**
Regierungspräsident der Bezirk-
sregierung Arnsberg

Claus Wechselmann
Geschäftsführer, PD - Berater
der öffentlichen Hand GmbH

Hans-Christian Witthauer**
Vizepräsident und CTO, Zentrale
Stelle Informationstechnik im
Sicherheitsbereich

Marcel Otto Yon
Gründungsleiter Cyber Innovation
Hub der Bundeswehr

Die mit ** gekennzeichneten Personen bzw. deren Behörden sind Mitwirkende des NExT e.V.
Das NExT Netzwerk ist eine gemeinnützige Plattform aus der Verwaltung für die Verwaltung
und vernetzt Beschäftigte im Öffentlichen Dienst über Ressorts und föderale Grenzen hinweg,
um die digitale Transformation der Verwaltung gemeinsam besser zu gestalten.

Inhalt

Unbequeme Wahrheiten und ein staatlicher Mutanfall

Liebe Leserin, lieber Leser,

Sie halten ein optimistisches Buch in Ihren Händen. Eines, das Mut machen will, eine neue Perspektive einzunehmen und viele Dinge besser zu machen als bisher. Zum Mutmachen – die Rede ist von einem „staatlichen Mutanfall" – gehören immer auch unbequeme Wahrheiten. Von denen finden sich im Buch eine ganze Menge. Denn jede sinnvolle Veränderung beginnt mit einer ehrlichen Bestandsaufnahme. Vor welchen Herausforderungen stehen wir als Gesellschaft und insbesondere die öffentliche Verwaltung? Und was noch viel wichtiger ist: Wie wollen wir auf die Chancen und Risiken durch Digitalisierung, neue internationale Konkurrenz, Klimawandel, Pandemien und gesellschaftlichen Wandel reagieren?

Die einzelnen Kapitel spannen einen weiten inhaltlichen Bogen, analysieren geopolitische Trends und globale technologische Realitäten. Die Autorinnen und Autoren gehen aber noch einen entscheidenden Schritt weiter. Sie unterbreiten selbst eine Vielzahl an konkreten Vorschlägen zum anders denken, anders regulieren und anders machen – von der Einführung eines Datenwirtschaftsprüfers über einen Blockchainbasierten Euro bis zum Recht auf (digitale) Datenmitnahme. Mancher Vorschlag hätte vermutlich schon heute eine Mehrheit hinter sich, andere provozieren Widerspruch. Das sind gute Voraussetzungen für eine lebendige Debatte.

Für das Leitbild eines lernenden Staates braucht es zuallererst eine Veränderung im Denken, einen Mentalitätswandel. Die beste technische Lösung bringt wenig bis nichts, wenn nicht alle Beteiligten die nötige Offenheit und innere Überzeugung mitbringen: ohne Mentalitätswandel keine erfolgreiche Reform. Das gilt übrigens für Politik, Verwaltung und Privatwirtschaft gleichermaßen. Dieses „Neue Denken" lässt sich allerdings nicht einfach anordnen. Dafür braucht es eine moderne und kooperative Führungskultur, die Neugier an positiver Veränderung weckt.

Diese Neugier wollten wir auch in der CDU/CSU-Bundestagsfraktion wecken. Die Einrichtung themenübergreifender Projektgruppen – neben der bewährten Arbeits- und Gremienstruktur – war ein Novum. Ein Experiment, um ganz bewusst Freiräume für neues Denken zu schaffen. Viele Abgeordnete haben sich in den vergangenen Monaten aktiv in Gespräche und Zukunftswerkstätten eingebracht. Ich bin Nadine Schön und Thomas Heilmann, den Hauptautoren und kreativen Köpfen hinter diesem Buch, sehr dankbar für ihr Engagement in einer dieser Projektgruppen, der Gruppe Zukunft und Innovation. In vielen Begegnungen wurde immer wieder deutlich, wie zentral die Rolle einer funktionierenden und respektierten öffentlichen Verwaltung ist. Im ersten Kapitel heißt es entsprechend: „Ein nicht leistungsfähiger Staat verliert erst seine Kompetenz, dann das Vertrauen und dann seine Macht." Damit es nicht soweit kommt, treibt dieses Buch vor allem die Frage um, wie sich Innovation beim Staat und im Staat organisieren lässt. Nadine Schön und Thomas Heilmann konnten zahlreiche Kolleginnen und Kollegen aus der CDU/CSU-Bundestagsfraktion, aber auch viele Praktiker aus der Verwaltung für die Mitarbeit gewinnen. Sie alle eint, sich nicht mit dem Status Quo zufrieden zu geben.

Sie halten ein optimistisches Buch in Ihren Händen. Es vermittelt einen guten Eindruck, wie ein selbstbewusster und selbstbestimmter „Neustaat" aussehen könnte. Ich möchte mich bei allen Mitwirkenden für diesen sehens- und lesenswerten programmatischen Impuls bedanken und wünsche Ihnen eine anregende Lektüre.

Ihr Ralph Brinkhaus
Vorsitzender der CDU/CSU-Bundestagsfraktion

Die Komplexitätsfalle
Wir sind zu bürokratisch, zu starr und zu langsam

DIE WELT VERÄNDERT SICH IN TOSENDEM TEMPO: Auch befreundete Staaten werden egoistischer, EU und Nato sind angeschlagen, China entwickelt sich bei wachsender Bedeutung zu einer digitalen Diktatur, immer mehr Autokraten betreiben Machtpolitik. Google, Facebook und Amazon versuchen, Staaten und Banken als einflussreichste Akteure der Welt abzulösen. Der Klimawandel führt schon jetzt zu erheblichen Verteilungskämpfen, verschärft die kriegerischen Auseinandersetzungen und die Migration. Die Digitalisierung beschleunigt und verstärkt den Wandel. Corona hat uns von hundert auf null in den Krisenmodus versetzt.

In diesem Umfeld stoßen Deutschlands staatliche Institutionen schon länger an ihre Grenzen. Für die großen Herausforderungen der Zeit sind sie zu bürokratisch, zu komplex, zu langsam. Was in der Krise möglich war, ist längst nicht der Normalfall. Die Gesellschaft reagiert mit Polarisierung und Populismus. Darum wollen wir Politiker umdenken und die Verwaltung auf einen neuen Kurs bringen. Denn ohne einen funktionierenden Staat und ohne ein positives Leitbild werden wir unseren Wohlstand, unsere Werte, unsere Art zu leben nicht erhalten können.

Wir, die Autoren dieses Buches, sind Bundestagsabgeordnete, haben uns seit Anfang 2019 mit vielen Verwaltungsexperten zusammengesetzt, analysiert und diskutiert, was sich ändern muss. Wir versuchen einen Anfang. Einen Anfang für einen Neustaat.

Witze über Beamte gehören zu den absoluten Klassikern des deutschen Humorrepertoires. Doch wahrscheinlich sind sie Ausdruck einer dramatischen Unterschätzung – denn täten die Beamten und die in diesem Buch natürlich genauso gemeinten Tarifbeschäftigten tatsächlich nichts, bräche alles zusammen. Die Verwaltung ist der Muskel des politischen Körpers: Ist er stark, ist unser Staat leis-

„Ich habe nichts gegen Beamte, **Sie tun ja nichts.**"

tungsfähig. Ist er es nicht, kann unser Wille noch so groß, unsere Absicht noch so klar sein, wir werden nicht stemmen können, was wir uns vornehmen. Gute Gesetzgebung geht ohne eine effektive Umsetzung ins Leere. Politischer Wille ohne eine leistungsfähige Verwaltung löst sich in Wohlgefallen auf.

Unter der Last neuer Herausforderungen und der Komplexität der eigenen Strukturen fängt die Muskulatur unseres Staates jedoch an zu krampfen. Die Folge sind langwierige Prozesse, unzufriedene Bürger und gescheiterte Projekte. Kennen Sie ein öffentliches Großprojekt, das in den letzten Jahren pünktlich und ohne Kostensteigerungen abgeschlossen wurde? BER und Stuttgart 21 sind nur zwei von unzähligen Symptomen. Auch während der Corona-Krise konnte der Öffentliche Dienst die Unzulänglichkeiten des Systems nur mit größtem Einsatz ausgleichen. Das Robert Koch-Institut blieb bei der Zählung der Infektionszahlen trotzdem hinter einer amerikanischen Privat-Universität zurück.

Dem Staat droht die Handlungsunfähigkeit. Sogar der Vorsitzende des Beamtenbundes, Ulrich Silberbach, sieht am Himmel dunkle Wolken aufziehen und bezieht sich dabei auf eine Bürgerbefragung des Deutschen Beamtenbundes und Forsa:

Der Beamtenbund warnt vor der Überforderung

„Wir haben besorgniserregende Anzeichen für einen generellen **Vertrauensverlust in die Leistungsfähigkeit** des Staates in Deutschland."

„Heute fehlen im Öffentlichen Dienst mehr als 200.000 Leute. In den kommenden zehn Jahren wird zudem **fast jeder dritte Beschäftigte in den Ruhestand** gehen (...) Es wird eine große Anstrengung, die Lücken zu füllen."

„Mehr als 60 Prozent der Menschen in Deutschland halten den Staat bei der Erfüllung seiner Aufgaben für **überfordert**."

ULRICH SILBERBACH, BUNDESVORSITZENDER DES DBB; DBB, 2019/2020

Wie sehr die Bürger den Staat mit Ineffizienz und alltäglichem Versagen assoziieren, zeigen Satiremagazine wie extra3, das mit seiner Reihe „Realer Irrsinn" ein buntes Kaleidoskop der Absurditäten bietet. Die Videos werden mitunter millionenfach geklickt. Da gibt es etwa einen Storch aus Ochsenwerder,

Pensionswelle bedroht gesamten Öffentlichen Dienst

Zahl der beim Bund Beschäftigen, nach Alter

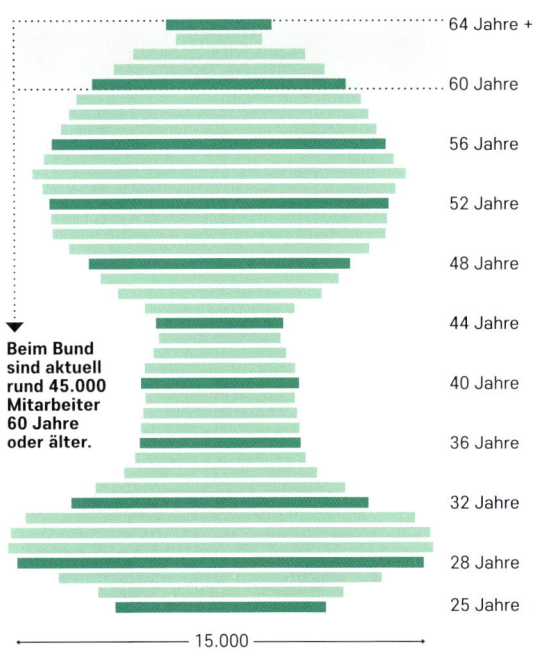

64 Jahre +
60 Jahre
56 Jahre
52 Jahre
48 Jahre
44 Jahre
40 Jahre
36 Jahre
32 Jahre
28 Jahre
25 Jahre

Beim Bund sind aktuell rund 45.000 Mitarbeiter 60 Jahre oder älter.

← 15.000 →

QUELLE: HANDELSBLATT, 2020

dem das Bezirksamt die Nutzung seines Storchennests untersagte, weil kein Bauantrag gestellt wurde. Oder einen Mann in Baden-Württemberg, den eine Verordnung des Bauamtes dazu verpflichtete, einen Spielplatz auf seinem Grundstück zu errichten – weil er in seinem Haus eine dritte Wohnung einbauen ließ. Der Spielplatz blieb unangerührt, waren doch alle Bewohner des Hauses erwachsen; haftungsrechtliche Regularien untersagten zudem externen Kindern die Nutzung.

Wenn Sie dieses Buch lesen, werden Sie schon bald merken: Anders als Satiresendungen wollen wir uns nicht über die Verwaltung lustig machen. Wir müssen aber anerkennen: Fernsehformate wie „Realer Irrsinn" sprechen einem großen Teil der Bevölkerung aus der Seele. Es ist eindeutig, dass der Staat sowohl von außen als auch von innen, bei Bürgern wie Beamten, ein Bild der Überforderung abgibt – und diese Überforderung ist ein objektives Problem, dessen Handlungsbedarf wir aktuell noch unterschätzen. Denn gescheiterte Großprojekte wie der BER, groteske Geschichten von Spielplätzen, für Kinder, die es nicht gibt, und Bauanträge für Storchennester – das sind alles nur Spitzen des Eisbergs.

Wir sitzen in der Komplexitätsfalle

Die öffentliche Verwaltung funktioniert schon heute nicht mehr gut genug, und im nächsten Kapitel zeigen wir, warum sich die Bedingungen sogar noch dramatisch verschärfen werden (mehr dazu → Schicksalsfragen). Doch sehen wir uns zuerst einige Beispiele an. So stellen wir etwa fest, dass Berlin besonders von behördlichen Fehlleistungen betroffen ist, die Wartezeiten für Anmeldungen aller Art steigen hier seit Jahren immer wieder auf mehrere Monate. In Itzehoe sollen laut Termin- und Ablaufplan für die Erweiterung des Hauptzollamts von der Anerkennung des Bedarfs im Dezember 2014 bis zum Abschluss der Baumaßnahme im Januar 2025 mehr als zehn Jahre verstreichen – zehn Jahre für ein Büro- und Lagergebäude, und das auch nur, wenn alles glattgeht. Dabei ist das Projekt völlig unumstritten, der Naturschutz nicht betroffen, sind die Baubedingungen unproblematisch. Es dauert so lange, weil unsere Abläufe und unsere Schnittstellen so komplex gestaltet sind.

Werfen wir einen Blick auf die Bundeswehr: Grundsätzlich sieht der Arbeitsschutz in Deutschland vor, dass die Gestaltung von Arbeitsstätten jeden Fruchtwasserschaden für Schwangere ausschließt. So weit, so richtig. Die Regel gilt allerdings so grundsätzlich und allgemein, dass sich die Beschaffer der Bundeswehr gezwungen sahen, sie auch auf den Innenraum des Kampfpanzers „Puma" anzuwenden. Nun sind zwar die Bedingungen im Fahrzeug so angepasst, dass selbst hochschwangere Soldatinnen seelenruhig Panzer fahren können, doch die Entwicklungskosten haben sich um Millionenbeträge erhöht.

Staatliche Prozesse sind zu bürokratisch, zu komplex und zu langwierig organisiert, als dass sie mit der Dynamik der Welt noch Schritt halten könnten. Neue Anforderungen an Entscheidungen sind zu vielfältig geworden, als dass sie sich auf die gewohnte Weise unter einen Hut bringen ließen. 40 Prozent der Mitarbeiter im Öffentlichen Dienst geben an, dass bei ihrer Arbeit mindestens „oft" Anforderungen an sie gestellt werden, die schwer miteinander zu vereinbaren sind. Schutz des ungeborenen Lebens und Effizienz eines Kampfpanzers beispielsweise. Dabei sollten wir fair sein: Die allermeisten Regelungen wurden einmal aus guter und richtiger Intention geboren. Der Schutz des ungeborenen Lebens ist nicht nur am Arbeitsplatz ein wichtiges Ziel. Werden die Anwendungen solcher Regularien aber fehlinterpretiert (wie beim „Puma") und Spielräume nicht ausgenutzt, lassen sich die Dinge kaum mehr handhaben.

2.922
BER Count Up

Am Tag der Veröffentlichung dieses Buches wird der BER seit dem letzten gescheiterten Eröffnungstermin weitere 2.922 Tage im Verzug sein, also etwa 8 Jahre.

5,1 Mrd. Euro Mehrkosten hat der Flughafenbau bisher verursacht – von 1,983 Mrd. Euro auf knapp 7,1 Mrd. Euro.

QUELLE: TAGESSPIEGEL, 2019

Staatliche Prozesse sind zu bürokratisch, zu komplex und zu langwierig organisiert, als dass sie mit der **Dynamik der Welt** noch Schritt halten könnten. ■

Unendliche Geschichte: Der Bund braucht einen Anbau

Trauriges Beispiel für die Komplexitätsfalle: Zu viele Beteiligte für die simple Erweiterung des Hauptzollamtes in Itzehoe.

QUELLE: UNTERLAGE ZUR INFORMATION VON ABGEORDNETEN

2014: Der Bund erkennt den Bedarf für die Erweiterung an. Von da an soll es planmäßig zehn Jahre dauern, bis die Erweiterung eines Hauptzollamtes fertig gestellt sein wird.

Termin- und Ablaufplan (Seite 2/2)

Stand 21.03.2018

Projekt: 112ZW506: Unterbringung des Hauptzollamtes Itzehoe in It
LG 145984: HZA FKS Itzehoe
Auftr/BM-Nr.

BNK o.Uml.% 25 — BNK m.Uml.% 32,5

Katalog: 03_GBM_BlmA: BlmA -GBM_Start Bast 170

BB Mrz. 21 — BE Mrz. 24

Kurzbez.	Langbez.	Dauer	Termin
335	BlmA_bestätigt Übereinstimmung EW-Bau		
340	BMUB_überprüft/genehmigt EW-Bau neu	0	27.12.2019
397	BMUB leitet EW-Bau an BMF weiter	0	27.12.2019
398	BMF_neue HhmA, mit neuen Kosten	0	27.12.2019
400	BlmA Einverständnis/ggf. Ausführungsauftrag	0	27.12.2019
401	FfE_Ausführungsplanungsauftrag an BdE	3	17.01.2020
500	BdE_Ausführungsplanung	2	31.01.2020
595	BdE_Aufgliederung Kostenkontrolle	20	19.06.2020
600	BlmA_Au...	2	03.07.2020
		4	31.07.2020
		10	09.10.2020
		20	26.02.2021
		1	05.03.2021
		2	19.03.2021
		38	10.12.2021
		38	02.09.2022
		38	26.05.2023
		0	26.05.2023
		38	16.02.2024
		3	08.03.2024
		1	15.03.2024
			22.03.2024
		12	14.06.2024
		29	03.01.2025
		0	03.01.2025

Seite 2/2

Termin- und Ablaufplan (Seite 1/2)

Schleswig-Holstein — Der echte Norden

SH — Schleswig-Holstein Amt für Bundesbau

Stand 21.03.2018

Projekt: 112ZW506: Unterbringung des Hauptzollamtes Itzehoe in It
LG 145984: HZA FKS Itzehoe
Auftr/BM-Nr.

BNK o.Uml.% 25 — BNK m.Uml.% 32,5

Katalog: 03_GBM_BlmA: BlmA -GBM_Start Bast 170

BB Mrz. 21 — BE Mrz. 24

GBK 11.316.000,00

Kurzbez.	Langbez.	Dauer (in Wochen)	Solltermin	Isttermin
100	BT_Bedarf ist anerkannt	0	05.12.2014	
120	BT_Bedarf ist formuliert	0	05.12.2014	
121	BT_bittet BV um Beratung z. Bedarf	0	05.12.2014	
122	FfE_erteilt Auftrag zur Bedarfsberatung	2	05.12.2014	
123	BdE/FfE_BV berät Nutzer zur Bedarfsdeckung	10	19.12.2014	
130	BT_Bedarf ist bebilligt	0	27.02.2015	
153	BT_Erkundungsauftrag an BlmA	2	27.02.2015	
154	BlmA_Erkundungsauftrag erteilt	0	13.03.2015	
155	BlmA_Antrag auf vertiefte Untersuchung	0	13.03.2015	
170	BlmA_baufachl. Beratung Var.US beauftragt	0	13.03.2015	13.03.2015
171	FfE_Beauftr. Baufachl. Beratung z. Var.US	12	05.06.2015	12.05.2015
173	BdE_Erstellung Kostenrahmen i.R. VarUS/PSC	4	03.07.2015	22.03.2016
176	FfE_Stellungnahme Var.US	3	24.07.2015	
179	BlmA_Var.US ist erstellt	3	14.08.2015	
180	BT_Variantenentscheidung Oberste Instanz	2	28.08.2015	
185	BdE_Benennung ES-Bau-Erstellungskosten	0	28.08.2015	
188	FfE_Antrag an BMUB, EW-Bau-Tiefe	5	02.10.2015	
190	BlmA_ES-Bau Bedarfsdefinition ist aufgestellt	38	24.06.2016	02.05.2016
196	BlmA_Planungsers., Komplettierung ES-Bau gest	5	29.07.2016	07.07.2016
202	FfE_Planungsauftrag ES-Bau ist erteilt	93	11.05.2018	
210	BdE_erstellt ES-Bau	2	25.05.2018	
215	BdE_Einholung Nutzereinvernehmen und Vorlag	10	03.08.2018	
220	FfE_ES-Bau ist geprüft, Vorlage BlmA	7	21.09.2018	
235	BlmA_erteilt Einverständnis	3	12.10.2018	
240	BlmA_ES-Bau wird OTI/BMUB vorgelegt	10	21.12.2018	
260	BMUB_Genehmigung u. Kostenfestsetzung	2	04.01.2019	
275	BlmA_übersendet ES-Bau an BMF	8	01.03.2019	
280	BMF_haushaltsmäßige Anerkennung	2	15.03.2019	
290	BlmA_ersucht BMUB um Planungsauftrag	2	29.03.2019	
300	BMUB_Planungs- u. Ausführungsauftrag	2	12.04.2019	
301	FfE erteilt Auftrag EW-Bau	20	30.08.2019	
305	FfE_FbT-Verfahren	16	20.12.2019	
310	BdE_Aufstellung EW-Bau incl. Vorlage	0	20.12.2019	
320	FfE_EW-Bau ist geprüft, Vorlage bei BlmA	1	27.12.2019	
325	FfE_Bericht Kosteneinhaltung BMUB/BMF	0	27.12.2019	
330	BlmA_bestätigt Übereinstimmung EW-Bau			

Seite 1/2

Die Arbeit unserer Verwaltungen erinnert an einen drohenden Burnout: Mit dem Berg neuer Anforderungen wachsen die Mühen und Frustrationen, sinken die Innovationen, verstärken sich die Erwartungen, häufen sich die Misserfolge, mindern Vorwürfe und Spott das Selbstbewusstsein. Der Staat steckt im Hamsterrad und droht sich abzustrampeln.

Gesellschaft im Behördendschungel

Puma-Panzer für Schwangere oder das Zollamt in Itzehoe – in solchen Geschichten manifestiert sich die Komplexitätsfalle besonders prägnant und unterhaltsam. Es gibt Millionen anderer Fälle, die nicht so spektakulär zu erzählen und jeder für sich auch nicht so teuer sind. In ihrer Masse betreffen sie aber weite Teile der Gesellschaft und können wichtige Teile unseres Gemeinwesens beschädigen. Ein viel beklagtes Thema ist die Bürokratie: Für Pflegeberufler ist der Verwaltungsaufwand subjektiv die größte Belastung im Arbeitsalltag. Ärzte geben an, die starke Regulierung und Fülle an Vorgaben seien ein wichtiger Grund für den Ärztemangel in Deutschland. Hochschullehrer verbringen heute rund 40 Prozent ihrer Arbeitszeit mit der akademischen Selbstverwaltung, in den 1970ern waren es noch weniger als 30 Prozent.

40% ihrer Arbeitszeit verbringen Hochschullehrer mit akademischer Selbstverwaltung.

QUELLE: INSTITUT FÜR DEMOSKOPIE ALLENSBACH, 2020

Unterdessen verändert die Digitalisierung im Turbogang die ganze Welt. Wer das unterschätzt, bleibt zurück. Das zeigt sich besonders eindrucksvoll im US-amerikanischen Zeitungsmarkt, der sich nur zaghaft digitalisieren mochte: Die Auflagen der großen Tageszeitungen sinken dramatisch, Anzeigenblätter erleben einen Umsatzrückgang von 80 Prozent, auf der Gewinnerseite stehen neue Plattformen, die erst nur Kleinanzeigen veröffentlichten und heute zentrale Handwerkszeuge für Vernetzung und Vertrieb sind. Auf dem Reisemarkt lässt sich Ähnliches beobachten: Plattformen wie Booking.com und Google profitieren. Die Corona-Krise mit ihren verheerenden Wirkungen auf den Reisebranche wird diesen Prozess noch anheizen. Auch der Staat hat sich nicht ausreichend digitalisiert und ist deshalb nur eingeschränkt handlungsfähig.

Während es der Bürger in der digitalen Welt gewohnt ist, alles mit einem Klick zu erledigen, fühlt er sich im Kontakt mit der

Verwaltung mitunter wie Asterix und Obelix, die – wunderbar karikiert – wahnsinnig werden, als sie von Schalter zu Schalter jagen, um in einem kafkaesken Behördenlabyrinth den „Passierschein A38" zu beantragen. Digitale Allmacht im Privaten, analoge Ohnmacht im Öffentlichen. Frustration über komplizierte, langwierige Prozesse und Misstrauen gegenüber der Funktionstüchtigkeit des Staates sind keine gute Rezeptur, um die Gesellschaft zu einen und hinter sich zu versammeln. Wirtschaftlicher Erfolg und gesellschaftlicher Wohlstand hatten schon immer ihr Fundament in funktionierenden staatlichen Strukturen. Ein nicht leistungsfähiger Staat verliert erst seine Kompetenz, dann das Vertrauen und schließlich seine Macht.

> **Ein nicht leistungsfähiger Staat verliert erst seine Kompetenz, dann das Vertrauen und schließlich seine Macht.**

Wir brauchen eine grundlegende Reform des Staates. Angesichts der bevorstehenden Herausforderungen (→ Schicksalsfragen) muss er sich in den nächsten 10 Jahren stärker ändern als in den letzten 70 Jahren zusammen. Dafür müssen zuerst wir Politiker uns ändern.

Bessere Politik statt wütende Bürger

„Natürlich ist die Politik an allem schuld. (...) Nicht die Beamtinnen und Beamten machen die Gesetze. Die Politik macht die Gesetze. Wir führen die Gesetze aus und durch." Was Ulrich Silberbach in einem Interview mit dem Deutschlandfunk so radikal darstellt, ist nicht ganz von der Hand zu weisen. Denn die deutschen Verwaltungsmitarbeiter haben große Stärken, sie sind bekannt und geschätzt für ihre große Sachlichkeit, Verlässlichkeit, Kompetenz und Unbestechlichkeit. Sie genießen ein höheres Vertrauen als etwa Unternehmer oder Journalisten, und die meisten Bürger bewerten den Service „beim Amt" immerhin als zufriedenstellend. Die Ursachen für die konstatierte Komplexitätsfalle und die daraus resultierende mangelnde Performance müssen wir in der Politik suchen. Viele Werkzeuge, die wir der Verwaltung in die Hand geben, und die Regelungen, die wir für ihren Einsatz festlegen, sind für das 21. Jahrhundert ungeeignet. Sie mögen früher innovativ und zielführend gewesen sein, doch heute sind sie nicht mehr zeitgemäß. Das Mitzeichnungsverfahren wurde Anfang des 19. Jahrhunderts in Deutschland verbindlich, um das komplette Durcheinander preußischer Behörden zu beenden. Heute wirkt es vielfach als strukturelles Korsett.

Mehr Start statt mehr Staat

Wir müssen die Rahmenbedingungen schaffen, unter denen ein Ausstieg aus der Komplexitätsfalle möglich ist. Genau dazu dienen die 103 Vorschläge in diesem Buch. Zusammen bilden sie eine Radikalkur, die uns vor einem Staatsinfarkt bewahren kann – homöopathische Dosen werden nicht reichen. Für einen Neustart könnte jetzt allerdings der beste Zeitpunkt gekommen sein, denn: Deutschland hat sich in seiner Vergangenheit gerade nach Krisen grundlegend und erfolgreich reformiert (→ Reformjahrzehnt).

Als wir mit dem Schreiben begannen, war der Reformbedarf hoch, doch keine Krise in Sicht. Nun herrscht Ausnahmezustand, wir setzen die Arbeit in Homeoffices und Videokonferenzen fort, die Corona-Krise hat das Land lahmgelegt. Zugleich spüren wir überall die Stimmung des Umbruchs. Viele in Deutschland haben Agilität und Flexibilität getestet, sind auf den Geschmack gekommen und wollen mehr davon.

Diese Stimmung und Erfahrung sollten wir nutzen, um das Beste aus der Krise zu machen. Die Krise macht deutlich, zu welchen Leistungen unsere Gesellschaft und unser Staat im Ernstfall fähig sind, sie zeigt im ganz realen Irrsinn: Es geht auch anders. Plötzlich sind Kompromisse möglich, werden starre Strukturen beweglich. Das kennen wir auch aus der Flüchtlingskrise, als die Aufnahme von unzähligen Neuankömmlingen in Bayern in einer gemeinsamen Anstrengung gemeistert wurde. Oder vom unterbesetzten und klein gesparten LAGeSo in Berlin, das in der Krise beinahe unterging und dann unter neuer Führung zu neuen Kräften kam. Man sieht in solchen Ausnahme-Momenten, dass eine mangelnde Performance der Verwaltung häufig an den veränderten Rahmenbedingungen und eben nicht an den

> Wir müssen die Rahmenbedingungen schaffen, unter denen ein **Ausstieg aus der Komplexitätsfalle** möglich ist.

Mitarbeitern liegt – dass die Beamten, die in der Krise Außergewöhnliches leisten, dieselben sind, über die vorher noch Witze gemacht wurden. Geändert haben sich nur die Strukturen, die Prozesse und das Selbstverständnis.

In Krisen wird die Verwaltung stolz. Jeder einzelne Mitarbeiter spürt, dass seine Arbeit sinnvoll ist, dass er gebraucht wird – vom Sachbearbeiter bis zum Minister. Und wir alle spüren: Die Verwaltung hat Potenzial. Da geht was.

Den Krisenmodus sollte man sich nicht wünschen, schon gar nicht für den Normalbetrieb. Doch wir können den historischen Moment jetzt nutzen, um Inventur zu machen: Wie arbeiten wir? Was brauchen wir? Was ist überflüssig? Und: Was schadet uns – ob jetzt oder in naher Zukunft?

Um es mit den Worten des Schriftstellers Giuseppe Tomasi di Lampedusa vorwegzunehmen:

Wenn alles bleiben soll, wie es ist, muss sich **alles ändern**.

Giuseppe Tomasi di Lampedusa, 1958

Kapitel 2

Schicksalsfragen – Fünf unterschätzte
Megatrends fordern uns heraus

Schicksalsfragen

Fünf unterschätzte Megatrends fordern uns heraus

„Life is what happens to you **while you're busy making other plans.**"

John Lennon, 1980

WIR MÜSSEN AUF DAS UNBEKANNTE vorbereitet sein. – Wir, die Gesellschaft. Wir, der Staat. Wir, die Verwaltung. Denn wie uns das Coronavirus deutlich vor Augen geführt hat, kann jederzeit etwas Außergewöhnliches passieren, das unser aller Leben gründlich auf den Kopf stellt. In einer solchen Situation muss der Staat darauf vorbereitet sein, den Einzelnen zu schützen, die Gesellschaft zusammenzuhalten und sich auf neue Problemlagen einzustellen. Sicher werden wir aus der Krise lernen, wie wir in Zukunft mit hoch ansteckenden Viren umgehen müssen. Aber wir sollten den Ereignissen nicht nur hinterher laufen, sondern vorbeugen. Wir sollten nicht auf die nächste Krise warten, um sie dann zu meistern, dafür sind die Risiken zu hoch. Ein Blick auf die Megatrends in unserer Gesellschaft genügt:

→ **DIE DIGITALISIERUNG**
→ **DIE NEUE INTERNATIONALE KONKURRENZ**
→ **DER KLIMAWANDEL**
→ **DIE PANDEMIE-VORSORGE**
→ **DER WANDEL DER GESELLSCHAFT**

Wir wären natürlich nicht die Ersten, die einen Megatrend unterschätzen. Kaiser Wilhelm II. war davon überzeugt, dass sich das Auto gegen das Pferd nicht würde durchsetzen können. IBM-Chef Thomas Watson konnte sich Mitte der 1950er-Jahre nicht vorstellen, dass weltweit mehr als fünf Computer gebraucht würden. Bill Gates meinte, dass sich mit dem Internet nicht viel Geld verdienen ließe, und der geniale Physiker Nikola Tesla glaubte, dass sich Atomenergie weder zivil noch militärisch nutzen ließe. Kodak erfand die erste Digitalkamera, ließ sie aber in der Schublade, weil das Unternehmen keinen Markt dafür sah. Trotzdem: Besser, als Megatrends zu unterschätzen, ist es, sich ihnen rechtzeitig zu stellen.

→ DIE DIGITALISIERUNG

Die Digitalisierung ist die Revolution unserer Zeit. So fundamental wie Gutenbergs Erfindung des Buchdrucks, nur wesentlich schneller. Wie der Buchdruck damals, ermöglicht das Internet heute eine ganz neue und viel breitere Öffentlichkeit und damit auch ganz neue und breitere Konflikte in der Gesellschaft – religiöse Kämpfe im ersteren, Hate Speech, Manipulationen und Fake News im letzteren Fall ... – und wer weiß, was da noch kommt? Wir stehen gerade erst am Anfang der Digitalisierung. Der Buchdruck leitete die größte Bildungsrevolution der Menschheitsgeschichte ein und führte über mehrere Jahrhunderte zu einer umfassenden Alphabetisierung. Die schnelle und weltweite Verfügbarkeit von Information und darüber hinaus die neuen Formen von Kommunikation werden eine ähnliche Auswirkung haben. Doch unsere Politik und Gesellschaft haben nicht Jahrhunderte Zeit, um sich darauf einzustellen, sondern nur wenige Jahre oder Jahrzehnte.

Unser Privatleben wird bereits von der Digitalisierung bestimmt. Fast jeder hat einen kleinen Supercomputer in Form eines Handys in seiner Tasche. Einen Computer, der ein Vielfaches kleiner und zugleich leistungsfähiger ist, als es sich Konrad Zuse, der 1941 in Berlin-Kreuzberg den ersten Computer der Welt baute, jemals hätte vorstellen können. Aber soziale Netzwerke, Google Maps und Mobile Banking, ohne die wir uns unseren Alltag nicht mehr vorstellen können oder wollen, sind erst der Anfang. Blockchain und Cloudcomputing waren 2010 noch Fremdwörter, 2017 wurde der Bitcoinboom nicht ernst genommen, doch jetzt gibt es in den USA Diskussionen über die Einführung einer offiziellen Blockchainwährung. Und das ist gut so. Denn wenn der Staat solche Entwicklungen nicht früh genug erkennt, führt das zu ernsthaften Problemen – im Fall der Kryptowährungen zur Entwicklung einer Parallelwährung, die nicht durch den Staat gesteuert werden kann und ihn damit in einer seiner zentralen Aufgaben, in der Geldpolitik, entmachtet (→ Geldstandard). In Deutschland beschäftigen wir uns noch viel zu wenig mit Kryptowährungen, hier hat erst Corona uns gezeigt, dass man ein einzelnes Brötchen beim Bäcker mit einer Kreditkarte bezahlen kann.

Auch auf Unternehmensseite hat die Digitalisierung einen wichtigen Platz eingenommen und ganz neue Dynamiken entwickelt. Eine dieser Dynamiken ist die Automatisierung auf Produktionsebene in traditionellen Branchen: Roboter, Künstliche Intelligenz und 3-D-Drucker ersetzen gefährliche und monotone Arbeitsprozesse, machen die Produktion schneller und flexibler.

Die Vorteile solcher Flexibilität hat uns auch die Corona-Krise verdeutlicht, in der Textilproduzenten plötzlich auf Schutzmasken und Likörhersteller auf Desinfektionsmittel umstellen konnten. Eine zweite neue Dynamik ist die Bildung eines vollkommen neuen Wirtschaftszweiges mit digitalen Netzwerken und Plattformen, die neue Monopole begünstigen oder sogar verlangen. Die wertvollsten Unternehmen der Welt sind heute nicht mehr Banken und Ölkonzerne, sondern Digitalkonzerne. Von den Top 10 der wertvollsten Unternehmen im Oktober 2009 wurden alle außer Microsoft auf untere Rangplätze verdrängt. Zehn Jahre später, im September 2019, finden wir dort statt PetroChina, Exxon Mobil oder der HSBC Internetgiganten wie Google, Facebook, Amazon und Alibaba. Andere Branchen dagegen werden ganz oder teilweise verdrängt. So wurden etwa Stellenanzeigen in Zeitungen fast vollständig durch Onlinejobportale ersetzt.

Digital auf der Überholspur

Die 10 teuersten Unternehmen weltweit 2010 und 2019, nach Marktkapitalisierung in Mrd. Dollar

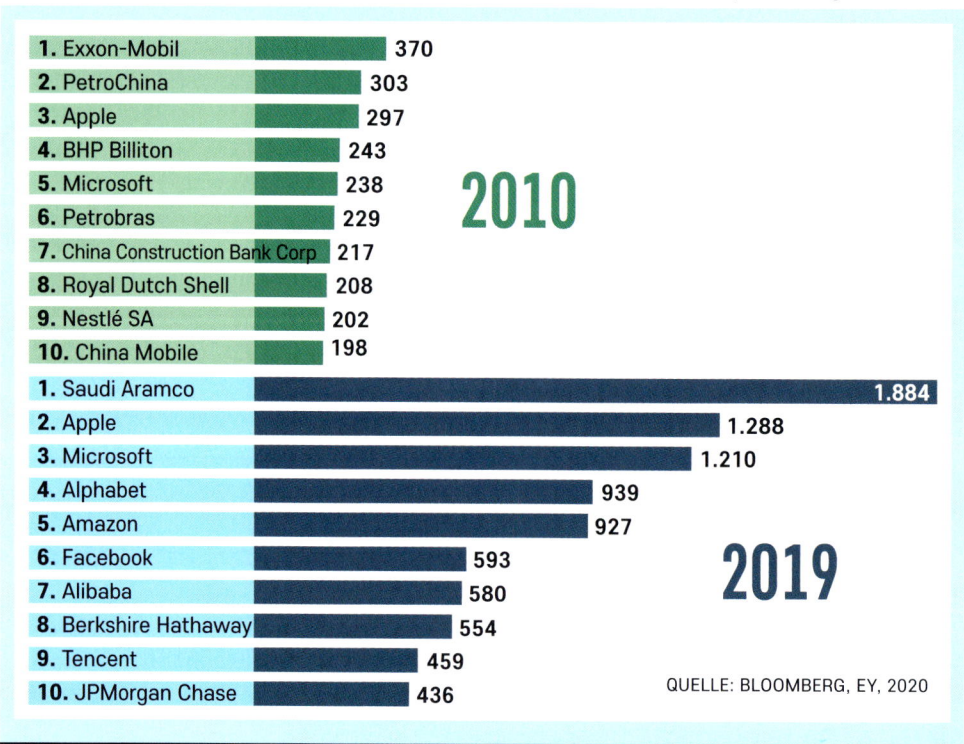

2010	
1. Exxon-Mobil	370
2. PetroChina	303
3. Apple	297
4. BHP Billiton	243
5. Microsoft	238
6. Petrobras	229
7. China Construction Bank Corp	217
8. Royal Dutch Shell	208
9. Nestlé SA	202
10. China Mobile	198

2019	
1. Saudi Aramco	1.884
2. Apple	1.288
3. Microsoft	1.210
4. Alphabet	939
5. Amazon	927
6. Facebook	593
7. Alibaba	580
8. Berkshire Hathaway	554
9. Tencent	459
10. JPMorgan Chase	436

QUELLE: BLOOMBERG, EY, 2020

Von der digitalen Disruption verschont geblieben sind bisher Politik und Verwaltung. Akten werden vielerorts noch in physischen Ordnern aufbewahrt und enthalten handschriftliche Hinweise auf andere Akten, die in Kellern und Archiven gesucht werden müssen – von klickbaren Links ist man hier weit entfernt. Die Kommunikation erfolgt häufig noch über Fax, ein Wort, das viele Jugendliche noch nie gehört haben. Im Alltag funktioniert eine solche Arbeitsweise, aber sie ist natürlich ineffizient. Und wenn ein Virus wie Corona jede physische Interaktion verhindert, dann steht die Verwaltung plötzlich vor einem Problem: Die Akten liegen in der Behörde, Faxe kann niemand zu Hause empfangen, und ummelden kann sich auch niemand mehr, weil das nur persönlich möglich ist.

Der Wandel ist fundamental, und nicht jeder marschiert freudig vorneweg. Im Gegenteil: Viele Menschen in unserem Land haben Angst vor der Geschwindigkeit der Digitalisierung und sehen in ihr mehr negative als positive Potenziale, wie das EU-Barometer immer wieder zeigt. Diese Angst ist nachvollziehbar, wenn wir uns den tatsächlich rasanten Verlauf der technologischen Entwicklung anschauen. Nach dem Moore'schen Gesetz von 1965 vergrößert sich die weltweite Rechenleistung exponentiell und wird schon 2045 die Leistung aller menschlichen Gehirne übersteigen. Erst der Computer, dann das Handy, der persönliche Assistent und das selbstfahrende Auto. Innovation wird immer schneller, und es fällt uns immer schwerer, mit ihr Schritt zu halten. Natürlich kann man dabei Angst vor dem bekommen, was noch kommen kann. Angst vor einer Regierung der Roboter, vor einer Welt ohne menschliche Interaktion, vor einer Totalüberwachung und der Einschränkung unserer Menschenrechte.

Aber die Zukunft ist nicht dunkel und schlecht, sondern bietet uns viele Chancen – wenn die Politik sie bewusst ergreift, sich der Risiken bewusst ist und einen Diskurs darüber eröffnet, wie wir mit ihnen umgehen wollen. Die Politik muss ein Mittler zwischen Mensch und Maschine sein: Sie muss dem Menschen die Möglichkeit geben, Maschinen zu nutzen, und ihn vor ihren negativen Möglichkeiten beschützen.

Auch hier war Corona wieder ein Game Changer – oder sagen wir besser: ein „Thought Changer". Pflegeroboter gibt es schon eine Weile. Sie könnten Pflegekräften schwere Arbeiten abnehmen und ihnen mehr Zeit für Zwischenmenschliches geben, haben sich aber noch nicht durchsetzen können, weil Kritiker die vollständige Entmenschlichung der Pflege befürchten. In Corona-Zeiten, in denen wir jeden Tag die Überlastung und den Pflegenotstand in den Krankenhäusern und Senioreneinrichtungen vor Augen haben, ändert sich die Sicht auf das, was zur Entlastung der Pflegekräfte nötig und machbar wäre. Mehr Zeit fürs Wesentliche hätten sich viele Pflegekräfte in diesen Wochen gewünscht – und die Hilfe eines Roboters gerne in Anspruch genommen. Das Gleiche gilt für die Telemedizin und ein digitales Meldewesen für Erkrankungen. Die Angst der Menschen, an Corona erkrankt zu sein, führte zu überlasteten Meldehotlines und Hausarztpraxen, die dann keinen Corona-Verdächtigen mehr über die Schwelle ihrer Praxis ließen. Mit der richtigen digitalen Infrastruktur wäre es dazu gar nicht erst gekommen.

> „Wir haben in der **Krise plötzlich Experimente** gewagt, die früher so nie genehmigt oder überhaupt beantragt worden wären.“
>
> Yuval Noah Harari, 2020

Aber nicht nur in der Medizin hat das Virus Lücken in unserer digitalen Entwicklung aufgezeigt. Wie Yuval Noah Harari sehr treffend in der Financial Times schrieb: Wir haben in der Krise plötzlich Experimente gewagt, die früher so nie genehmigt oder überhaupt beantragt worden wären. Digitaler Schulunterricht? Ein datenschutzrechtlicher Albtraum! Homeoffice? Das geht bei unserer teambasierten Arbeitsweise gar nicht, dann können Sie Ihren Sohn an seinem Geburtstag eben nicht sehen. Wenn es muss, geht es eben doch. Wir sehen jetzt nicht nur die Nachteile, sondern auch die Vorteile – und sollten diese Erkenntnisse für eine vorurteilsfreie Debatte darüber nutzen, wie wir Digitalisierung gestalten wollen.

Eine wichtige Rolle muss dabei die Klärung ethischer und rechtlicher Fragen spielen. Je mehr Daten Computer über uns haben, desto eher können sie missbraucht werden; je mehr Computer für uns tun, desto stärker werden wir von ihnen abhängig; je mehr Computer können, desto weniger verstehen wir sie; und je einfacher sie zu bedienen sind, desto weniger müssen wir sie verstehen – und versuchen es gar nicht erst. Wir brauchen deshalb klare, einfache und verständliche Regeln zu Datennutzung, Datenschutz und Datentransparenz.

Das erfordert zweierlei von den Bürgern: Verantwortung und Vertrauen. Damit weder der Staat noch Unternehmen persönliche Daten missbrauchen können, muss sich jeder mit dem Thema auseinandersetzen und verantwortliche Entscheidungen treffen. Die Politik muss den Rahmen dafür schaffen und offen mit den Chancen und Risiken neuer Technologien umgehen, damit diese Debatten und Entscheidungen fundiert sind. Wir müssen klären, wie wir mit künstlichen Intelligenzen umgehen und wie viele automatisierte Entscheidungen wir zulassen wollen. Wir müssen entscheiden, welche Daten der Staat von uns bekommen soll, um unsere Sicherheit und Gesundheit zu garantieren. Und wir müssen überlegen, wie weit wir Unternehmen vertrauen und wie stark wir sie regulieren müssen. Dieses Buch soll einen Beitrag zu dieser Diskussion leisten.

→ DIE NEUE INTERNATIONALE KONKURRENZ

Angela Merkel wurde vierzehnmal vom Forbes-Magazin zur mächtigsten Frau der Welt erklärt. Das mächtigste Land der Welt ist Deutschland aber trotzdem nicht. Die unangefochtene Weltmacht, der Hegemon in unserer heutigen Weltordnung, sind seit dem Niedergang der Sowjetunion und dem Ende des Kalten Krieges die USA. Sie steuern die Welt nach ihren Interessen, unterstützt von den Europäern und denjenigen, die sie gegen Zusicherungen auf ihre Seite ziehen.

Im Kampf gegen den Terrorismus waren die Nordamerikaner federführend – bevor sie keine Intervention starteten, wagte es auch kein anderer westlicher Staat. Auch in der Finanzkrise suchte Europa nach Orientierung in den USA. Was immer auf der Welt passierte, jeder wartete auf die Reaktion der USA – bis in der Flüchtlingskrise Europa plötzlich auf sich allein gestellt war und darum mit einigen arabischen Ländern und der Türkei Bündnisse schloss. Bis die USA ankündigten, aus dem Pariser Klimaabkommen auszutreten, und Donald Trump immer häufiger mit Alleingängen immer mehr Menschen auf der Welt ratlos machte. Hatten die Amerikaner als mächtiger Hegemon nicht eigentlich eine Vorbild- und Leitfunktion bei allen Themen der internationalen Gemeinschaft?

Stattdessen das deutliche Signal an Europa und die Welt: America First! Wir brauchen euch nicht, ihr interessiert uns nicht, löst eure Probleme doch allein. Tatsächlich, nach dem Zweiten Weltkrieg war Europa – und vor allem das geschwächte

Wir müssen entscheiden, welche Daten der Staat von uns bekommen soll, um unsere **Sicherheit und Gesundheit** zu garantieren.

und geteilte Deutschland – das Einfallstor zur Sowjetunion gewesen, der Leuchtturm, der den osteuropäischen Ländern zeigte, wie attraktiv der Kapitalismus war, eine blühende Wirtschaft im systematischen Gegensatz zum Kommunismus. Seit dem Zusammenbruch der Sowjetunion hat sich diese Rolle aber erübrigt, Deutschland ist für die USA nicht mehr als ein Konkurrent und Handelspartner.

Ob Europa sich in der Krise bewährt, ist offen

Europa ist auf sich allein gestellt. Aber auch in der EU bröckelt der Zusammenhalt. Mit dem Brexit gab es den ersten Ausstieg, auch in anderen europäischen Staaten wurden EU-kritische Regierungen gewählt. In der Bewährungsprobe Corona-Krise hat erst einmal jeder Staat an sich gedacht, Grenzen geschlossen und medizinisches Material gehortet, statt solidarisch anderen und schlimmer betroffenen Mitgliedsstaaten zu helfen. Im Laufe der Krise änderte sich das zwar langsam, man verständigte sich auf milliardenschwere Hilfspakete, französische und italienische Patienten wurden nach Deutschland zur Behandlung gebracht. Doch die Bilder von medizinischem Personal und tonnenweise Schutzkleidung, die von China nach Italien geflogen wurden, werden im Bewusstsein der Menschen wahrscheinlich hängen bleiben.

China, im Westen wegen der Ein-Parteien-Regierung und massiver Einschnitte in die Menschenrechte kritisiert, zeigte als autoritäres Regime gleichzeitig Vertuschung und Unterdrückung, aber eben auch radikale Entschlossenheit bei der Bekämpfung des Virus. Die uneingeschränkte Sammlung von Bewegungsdaten, Überwachungskameras mit Gesichtserkennung, eine Arbeitsdisziplin, die auch die Errichtung von Notkrankenhäusern in Rekordzeit ermöglichte, und die bedingungslose Durchsetzung der beschlossenen Maßnahmen waren Erfolgsgaranten im Kampf gegen Corona.

Nicht nur im Kampf gegen Corona funktioniert das chinesische Modell, sondern auch im Aufbau einer ökonomischen Weltmacht. Die Volksrepublik ist inzwischen die zweitgrößte Volkswirtschaft der Welt und hat das in einem beispiellosen Tempo erreicht: Nach Angaben der Weltbank hat China sein BIP pro Kopf zwischen 2005 und 2017, also in nur

Europa ist
**auf sich allein
gestellt.**

zwölf Jahren, verdoppelt. Die USA brauchten dafür 40 Jahre, das Vereinigte Königreich sogar 60 Jahre. Es ist lange her, dass China, das mächtige „Reich der Mitte", die rasante Entwicklung der USA und Europas durch die Industrialisierung unterschätzte und seine Position als Weltmacht verlor. Heute sind wir diejenigen, die Chinas Entwicklung zum Hegemon in der asiatischen und wahrscheinlich auch afrikanischen Welt, zum globalen Herausforderer der USA unterschätzen.

Konsens, Daten und der Wille zur Macht

Unser westliches Narrativ hat uns gelehrt, dass nur das westliche Ideal von Demokratie zu einer modernen Gesellschaft mit wirtschaftlichem Erfolg führen kann. Dass diese Annahme grundlegend falsch ist, hat China eindrücklich bewiesen. Das Reich der Mitte jagt nicht den westlichen Weltentwürfen nach und wird es auch in Zukunft nicht tun. Stattdessen erstarkt es mit einem neuen Selbstbewusstsein als politische und wirtschaftliche Macht auf globaler Ebene. Aber wie soll der Westen mit einer solchen Macht, die seinen Idealen komplett widerspricht, umgehen? China zu ignorieren, funktioniert nicht mehr, dazu ist es zu mächtig – politisch als Vetomacht im Sicherheitsrat und ökonomisch als wichtiger, wenn nicht sogar wichtigster Handelspartner. Europa schwankt zwischen den westlichen Werten von Demokratie und individueller Freiheit einerseits und der Notwendigkeit der Kooperation mit einem System, das dem vollkommen entgegensteht, andererseits.

China zu ignorieren, funktioniert nicht mehr, dazu ist es zu **mächtig – politisch und ökonomisch**.

Um mit China umzugehen, müssen wir es verstehen und nachvollziehen, wie seine ökonomische Macht zustande kam. Chinas Erfolg stützt sich auf drei wesentliche Bedingungen: erstens auf den gesellschaftlichen Konsens, dass Fortschritt eine gesamtgesellschaftliche Aufgabe ist und jeder seinen Teil dazu beiträgt, zweitens auf Unmengen von Daten, die über verschiedene Überwachungssysteme und in Zusammenarbeit mit den großen chinesischen Internetplattformen gesammelt werden, und drittens auf den rücksichtslosen Willen zur Macht der Partei.

Diese drei Erfolgsbedingungen funktionieren nur gemeinsam. Das autokratische System macht es der chinesischen Regierung sehr viel leichter, große Datenmengen zu aggregieren und zu nutzen. Gleichzeitig legitimiert die Partei diese intensive Datensammlung und Einschränkung von individuellen Rechten durch den kontinuierlichen wirtschaftlichen Fortschritt. Und weil der stattfindet, macht die Bevölkerung mit und akzeptiert die Machterhaltung der Partei. Das zeigt uns einerseits, wie wichtig Daten als Motor einer Wirtschaft sind, wie sie Effizienz schaffen – und andererseits, wie sie zur Unterdrückung missbraucht werden können. Die Datenaggregation ist Chinas großer wirtschaftlicher Vorteil, ein Vorteil, den wir Europäer wiederum stark unterschätzen.

Aber so wirtschaftlich erfolgreich es ist, so instabil ist das Regime. Denn ein Regime ist abhängig von seinem ökonomischen Erfolg. Eine Wirtschaftskrise könnte die Regierung massiv in Gefahr bringen und den Ruf nach westlichen Werten, nach Selbstbestimmung und individueller Freiheit laut werden lassen. Die Angst der politischen Elite vor diesem Szenario zeigt sich in seinem Umgang mit ausländischen und inländischen Kritikern und Bürgerrechtlern und auch in der anfänglichen Verheimlichung der Corona-Infektionen. Eine Gesellschaft, die immer reicher und gebildeter wird und über Handel und Reisen mit anderen Gesellschaftsentwürfen in Kontakt kommt, wird sich mit dem Status quo irgendwann nicht mehr zufrieden geben, sondern mehr und anderes einfordern. Taiwan und Hongkong zeigen zudem, dass auch Mitsprache und Gewaltenteilung in diesem Kulturkreis attraktiv sind. Während wir die wirtschaftliche Kompetenz Südostasiens unterschätzen, überschätzen wir die Stabilität des chinesischen Systems.

> Während wir die **wirtschaftliche Kompetenz** Südostasiens unterschätzen, überschätzen wir die Stabilität des chinesischen Systems.

Unser Platz im Kampf zwischen USA und China

Wie also sieht die neue Weltordnung aus? Es ist eine Ordnung, in der Daten über politische Macht und Einfluss entscheiden. Statt militärischer Aufrüstung wie im Kalten Krieg ist das Mittel der Wahl heute die digital-ökonomische Aufrüstung. Amazon gegen Alibaba, Microsoft und Apple gegen Huawei und Xiaomi, Facebook gegen WeChat. Die Weltmächte versuchen, die Welt nicht politisch, sondern ökonomisch zu kontrollieren. Die Pandemie wird die Welt wohl stärker von China entkoppeln, als Donald Trump das je ver-

> Corona wird die Welt wohl stärker von **China entkoppeln**, als **Donald Trump** das je vermocht hätte.

mocht hätte. Die Tendenz der sektoralen Deglobalisierung, die wir bei digitalen Diensten schon lange beobachten, wird sich auf weitere Branchen und Lieferketten ausdehnen. Und Europa hat dabei nicht viel zu sagen. Die digitalen Plattformen, die wir nutzen, kommen aus den USA, die Daten, die wir eingeben und speichern, gehen in die USA. Und gelegentlich auch nach China, auf Handelsplattformen, die versuchen, den europäischen Markt mit Billigpreisen und innovativen Produkten zu durchdringen.

Und wo ist der Platz Europas in dieser Weltordnung? Wir müssen unseren eigenen Weg zwischen den USA und China finden – einen Weg zwischen alter und neuer Konkurrenz. Wir werden China keinen Regime Change in alter kolonialistischer Manier aufzwingen können, dazu sind seine Stellung und sein Selbstbewusstsein längst zu stark. Umgekehrt dürfen wir unsere Werte und Weltanschauung nicht von Chinas ökonomischem Erfolg erschüttern lassen, sondern müssen seine autoritäre Vision ablehnen und uns unserer Stärken bewusst werden. Wir können uns gegenüber China und den USA als selbstbewusster Handelspartner positionieren, der eine liberal-demokratische und gleichzeitig solidarische Gesellschaft repräsentiert. Unsere Werte sind das, was uns von dem autokratischen System der Chinesen und dem eher individualistischen und unsolidarischen System der Amerikaner unterscheidet: politische und kulturelle Vielfalt, eine starke Zivilgesellschaft, die Wahrung der Rechte des Einzelnen in der Digitalisierung, die wirtschaftliche Kraft eines Binnenmarktes und einer Solidarunion. Wenn wir diese Werte selbstbewusst und aus tiefer Überzeugung nach außen vertreten und als Exportprodukt sehen, verschaffen wir uns eine starke eigene Stellung in der neuen Weltordnung. Dazu brauchen wir weniger nationale Lösungen, mehr Europa, mehr Solidarität und mehr Zusammenarbeit – nur dann können wir die Stärke zeigen, die wir seit dem Alleingang der Amerikaner zeigen müssen.

> Seit dem **Alleingang der Amerikaner** muss Europa eigene Stärke zeigen.

→ DER KLIMAWANDEL

In Zeiten, in denen die USA aus dem Klimaabkommen aussteigen und in China Atemschutzmasken wegen der Luftverschmutzung auch ohne Corona zum Alltag gehören, ist die Klimakrise einer der Bereiche, in denen Europa seine Stärke beweisen kann. Mit der „Fridays for Future"-Bewegung wurde hier auch nicht zufällig die weltweit wichtigste Klimaschutzinitiative geboren, die allgemeine Aufmerksamkeit für das Thema ist in den letzten Jahren stark angestiegen. Was wir aber noch unterschätzen, ist die Art der Entwicklung und damit auch die Tragweite unserer gegenwärtigen Entscheidungen. Denn das Klima verschlechtert sich nicht nur linear und gemäßigt mit unseren CO_2-Emissionen, sondern, sobald bestimmte Tipping Points oder Kipp-Punkte der Entwicklung erreicht werden, auch exponentiell und extrem – weil sich die Dynamiken über Rückkopplungen selbst verstärken. Schon wenn wir einen einzigen dieser Tipping Points erreichen, verlieren wir jede Kontrolle über die Krise. Zudem gibt es Wechselwirkungen zwischen ihnen, die das Risiko von Dominoeffekten unberechenbar erhöhen.

Kipp-Punkte verursachen Kontrollverluste

Das Abschmelzen der Eismassen an den Polen ist so eine Dynamik, die in einen Teufelskreis münden kann: Es führt nicht nur zu einem dramatischen Anstieg des Meeresspiegels, sondern zugleich auch zu einer sehr viel geringeren Reflexion des Sonnenlichts. Hierdurch steigt die Temperatur schneller an, was wiederum das Abschmelzen des Eisschildes und so das Schrumpfen der Reflexionsfläche beschleunigt – mit dem Ergebnis eines exponentiellen Temperaturanstiegs.

PERMAFROSTBÖDEN

Bei diesen Böden handelt es sich um dauerhaft gefrorene Oberflächen, die vor allem in der arktischen und antarktischen Tundra und im Bereich der borealen Wälder der Nordhalbkugel vorkommen. Rund 25 Prozent der Fläche in der nördlichen Hemisphäre befinden sich noch in diesem frostigen Zustand, der in Nordsibirien bis in eine Tiefe von 1500 Metern reicht und große Mengen organischen Materials einfriert. Zwar tauen die Böden saisonal etwa einen halben Meter tief auf, aktuell droht jedoch ein völliges Verschwinden dieser gewaltigen Struktur.

QUELLE: HELMHOLTZINSTITUT, 2020

Ein weiterer großer Kipp-Punkt liegt in den Weiten Sibiriens oder Kanadas. Hier sind mehrere Hundert Milliarden Tonnen Kohlenstoff und Methan in Fossilresten der sogenannten Permafrostböden gespeichert. Tauen die Böden auf, bauen Mikroorganismen die Fossilreste ab, setzen die Treibhausgase wieder frei, die daraufhin den globalen Temperaturanstieg und folglich den Tauprozess beschleunigen – auch hier beginnt eine Spirale der Erwärmung.

Das Abschmelzen der Gletscher im Himalaja birgt Gefahren, die wir bereits jetzt unmittelbar zu spüren bekommen. Noch wachsen diese Gletscher über den Winter, speist ihr Schmelzwasser im Sommer die größten Flüsse der Welt. Für Hunderte Millionen Menschen in Bhutan, Nepal, Pakistan, China und Indien sind sie der einzige Zugang zu Trinkwasser – das unumkehrbar versiegt, wenn das Eis der Gletscher sich nicht mehr erneuert.

Zudem droht Wasserknappheit durch nachhaltige Veränderung zentraler Luft- und Meeresströmungen. Der regelmäßige Sommermonsun beruht auf einem konstanten Luftaustausch zwischen feuchter Luft vom Meer und warmer Luft vom Land. Er verursacht bis zu 90 Prozent indischen Regens, versorgt so Milliarden Menschen mit Wasser, ermöglicht die Landwirtschaft in Südostasien und damit die Ernährung eines großen Teils der Weltbevölkerung. Mit der Luftverschmutzung in China und Indien jedoch geraten zu viele Aerosole in die Atmosphäre: Diese Schwebeteilchen streuen und reflektieren die Sonnenstrahlung, sodass sie die Luft über dem Land weniger erwärmt, der Luftaustausch sich abschwächt und der Sommermonsun chaotische Ausmaße zwischen extremen Dürren und Überflutungen annimmt.

Auch Europa ist direkt betroffen. So verlangsamt sich momentan der Jetstream, der Luftmassen über die halbe Welt hinweg bewegt und so auch die Hoch- und Tiefdruckgebiete in Deutschland verursacht. Käme er zum Erliegen, würden sich Wetterlagen sehr viel langsamer ändern. Hitzewellen würden erst nach Wochen von einem erlösenden Regen beendet, Stürme kämen nicht zur Ruhe, unaufhörlicher Regen nährte immer weiter verheerende Überschwemmungen.

Im Südpazifik sind es nicht die Luft-, sondern die Meeresströme, die zerstörerische Wirkungen entfesseln können: Sollte der sowieso schon gefürchtete El Niño nicht nur zu Weihnachten, sondern dauerhaft auftreten, wären die Folgen auf dem gesamten Globus zu spüren. Für El Niño sind Winde verantwortlich, die warmes Meereswasser von Südamerika nach Südostasien treiben. Sind die Winde zu schwach, erwärmt sich der Ozean vor Südamerika – sodass die Fische weniger Nahrung finden und abwandern – und bleibt vor Südostasien kalt, sodass kein Wasser mehr kondensiert und abregnet. Eine solche Situation hätte dauerhaft oder über längere Zeiträume schlimme Folgen für die Pazifikländer.

40 %

des von Menschen produzierten Kohlenstoffdioxids können Ozeane nur aufnehmen, solange sie nicht zu warm werden.

QUELLE: POTSDAMER INSTITUT FÜR KLIMAFOLGENFORSCHUNG, 2020

Die wohl wichtigsten Kipp-Punkte betreffen Ökosysteme, die CO_2 und andere Emissionen aufnehmen und verwerten. Dazu gehören Ozeane und Wälder. Ozeane konnten bisher 40 Prozent des von Menschen produzierten Kohlenstoffdioxids aufnehmen. Je mehr sie aber aufnehmen, desto mehr versauern sie, desto mehr Muscheln, Schneckenhäuser und jahrtausendealte Korallenriffe lösen sich auf, desto weniger Eiweiß steht anderen Meeresbewohnern als Nahrung zur Verfügung, und desto massiver wird das dadurch eingeleitete Artensterben. Die Erwärmung der Ozeane beschleunigt darüber hinaus die Freisetzung des Treibhausgases Methan aus dem arktischen Eis, was die Erwärmung der gesamten Erde antreibt.

Im Amazonas-Regenwald, oft auch die „Lunge dieser Welt" genannt, wird etwa ein Viertel des weltweiten CO_2 aus der Atmosphäre aufgenommen und in lebenswichtigen Sauerstoff umgewandelt. Die Klimaerwärmung führt aber auch hier zu weniger Niederschlägen, längeren Trockenzeiten und häufigeren Bränden; zusätzlich zerstört die Abholzung große Teile des Waldes. Der Regenwald kann dadurch in einen kritischen Bereich gelangen, in dem sein Wasserkreislauf irreversibel zusammenbricht

Die Sonnenaktivität erklärt die Erderwärmung nicht!

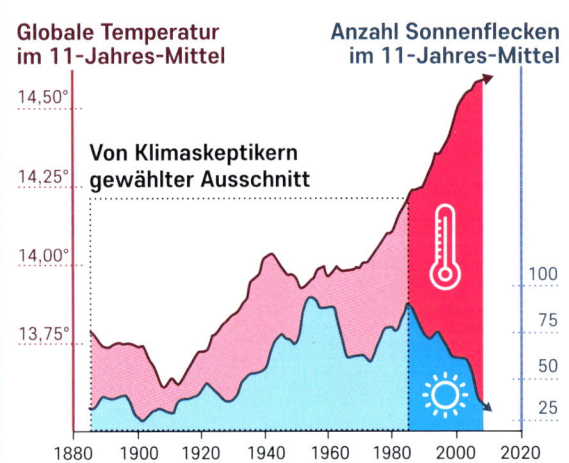

Globale Temperatur im 11-Jahres-Mittel

Anzahl Sonnenflecken im 11-Jahres-Mittel

Von Klimaskeptikern gewählter Ausschnitt

Seit den 80ziger Jahren verlaufen die Kurven nicht mehr parallel. Die Entwicklung der Erderwärmung kann also nicht von der Sonnenaktivität herrühren.

Hinweis: Die Graphen enden schon um 2010, weil sie jeweils den Durchschnitt der folgenden 11 Jahre abbilden.

KLIMA-IRRTUM 1 → „Die Sonnenaktivität ist für das Klima verantwortlich."
Einige Klimaskeptiker sind der Meinung, dass nicht menschliches Handeln für die Klimaentwicklung verantwortlich sei, sondern die Sonnenaktivität. Dabei zeigen sie ein Chart, das seit 1850 die durchschnittliche Temperatur auf der Erde sehr parallel zur Sonnenaktivität (abgetragen über das Mittel von 11 Jahren zum Ausgleich des Sonnenzyklus) zeigt. Die Charts der Klimaleugner enden regelmäßig um das Jahr 1980. Nun zeigen aktuellere Messungen, dass die von der Sonne kommende Energie seit ihrem Hoch um 1960 langsam wieder abnimmt – die Temperatur von Luft und Weltmeeren steigt seitdem dennoch weiter stark an. Daraus ergibt sich evident, dass es nicht die Sonne sein kann, die den gegenwärtigen Klimawandel verursacht.

QUELLE:WWW.KLIMAFAKTEN.DE, 2020

und er sich nach und nach in eine trockene Savanne verwandelt. Ein ähnlicher Kollaps erwartet uns auch in den borealen Wäldern, die sich über die Nordhalbkugel erstrecken. Mit ihnen würden 15 Millionen Quadratkilometer der weltweiten Waldfläche und beinahe jeder dritte Baum der Welt verschwinden. Noch können wir aufforsten, doch wenn die Biodiversität erst einmal verloren und der Boden ausgedörrt ist, ist einer unserer wichtigsten CO_2-Speicher verloren.

Was können wir also tun, um zu verhindern, dass diese Kipp-Punkte erreicht werden? Um Klimawandel und Artensterben abzuwenden, muss die internationale Gemeinschaft zusammenarbeiten. Das Klima ist ein globales Problem, das nicht national gelöst werden kann, denn Luft, Meer und ihre Verschmutzung halten sich nicht an Landesgrenzen. Zwar gibt es bereits internationale Klimaabkommen, die Maßnahmen und Emissionsziele festgelegt haben, erreicht sind sie aber noch lange nicht.

Die Industrienationen, die am meisten CO_2 emittieren, unternehmen insgesamt noch zu wenige große Schritte, um die Krise entschlossen zu bekämpfen. Die USA als zweitgrößter Emittent nach China vollziehen mit dem Austritt aus dem Pa-

KLIMA-IRRTUM 2 → „CO_2 ist ein Naturprodukt."
Klimaleugner nutzen das Argument, dass CO_2 letztlich ein harmloses Produkt der Natur wäre. Schließlich bräuchten die Bäume ja sogar CO_2 zum Überleben, und überhaupt würden Vulkane viel mehr CO_2 ausstoßen als der Mensch, der selbst ohnehin CO_2 beim Atmen abgebe. Allerdings stoßen Vulkane nur zwischen 0,15 und 0,26 Gigatonnen CO_2 im Jahr aus, während der Mensch nicht durchs Atmen, sondern vor allem über den Energie- und Logistiksektor sowie Heizvorgänge 41 Gigatonnen pro Jahr produziert. Der winzige Anteil davon, den wir ausatmen, ist genauso wie bei den Bäumen, in dem ewigen Kreislauf der Natur nahezu perfekt ausgewogen einkalkuliert: Was wir an CO_2 ausatmen und die Blätter beim Verwesen abgeben, wird von den Bäumen wieder aufgenommen.

KLIMA-IRRTUM 3 → „Die Atmosphäre ist CO_2 gesättigt, deshalb ist auch keine zusätzliche Erderwärmung zu befürchten."
Dieser Irrtum beruht auf ungenauen Messungen zu Beginn des 20. Jahrhunderts. Damals glaubte man, dass Wasserdampf und CO_2 die untersuchten Wärmestrahlen ohnehin maximal blockieren würden. Erdnahe Versuche legten diesen Schluss der CO_2-Sättigung nahe. Tatsächlich entscheidend aber ist die Absorption in der dünnen oberen Atmosphäre (die ungesättigt ist). Denn in diesen hohen Schichten befinden sich wenige Teilchen. Folglich führt eine Anreicherung dieser Schichten mit CO_2 dazu, dass eingehende Infrarotstrahlung viel weniger ins Weltall reflektiert wird. In diesen Regionen ist wenig Wasserdampf vorhanden. Da Wasserdampf bei niedrigen Drücken wie ein undichtes Sieb wirkt, führt das CO_2 zu einer Verdichtung, die zusätzlich mehr Wärme auf der Erde hält.

Zudem haben moderne Messmethoden ergeben, dass die Atmosphäre tatsächlich nicht einmal in niedrigeren Höhen gesättigt ist.

riser Klimaabkommen sogar einen Rückschritt, während gleichzeitig Entwicklungs- und Schwellenländer wichtige CO_2-Speicher wie den Regenwald zerstören. Gerade Europa muss darum als Vorbild vorangehen. Solange unser Energiemix weiterhin auf fossilen Brennstoffen basiert, wir Rindfleisch und exotische importierte Früchte im Übermaß verzehren und unsere Produktionsprozesse ineffizient gestalten, können wir keine glaubhafte internationale Klimapolitik mitgestalten. Wer selbst überproportional emittiert, kann auch keinen anderen Verzicht predigen.

Klimaschutz ist teuer, nichts tun noch teurer

Die Kosten sollten uns beim Klimaschutz nicht abschrecken, denn die Kosten des Nichtstuns sind wesentlich größer, als wir uns ausmalen können. Dämmen wir die Krise nicht ein, kommen wir in eine Spirale von Dürren, Stürmen und Überschwemmungen. Dann können wir nicht mehr agieren, sondern nur noch reagieren – Dämme bauen, Flutschäden reparieren und Brunnen bohren.

Die Konsequenzen wären aber noch wesentlich weitreichender. Ernteausfälle und Wasserknappheit würden zu Armut, Hunger und steigender sozialer Ungleichheit führen. Das wiederum gefährdet die politische Stabilität und den Frieden auf der ganzen Welt. Dazu kommen Klimaflüchtlinge, die vor Dürren und wachsenden Meeren fliehen – beim Überschreiten der Tipping Points müssten wir mit Flüchtlingsbewegungen von bis zu 200 Millionen Menschen bis 2050 rechnen.

Gesamtkosten der Klimaerwärmung selbst bei Einhaltung des 1,5°C-Ziels:

638.000.000.000.000 $

Direkte Klimafolgeschäden	Anpassungskosten	Abmilderungskosten
• Extreme Wetterereignisse	• Erhöhung von Deichen	• Investitionen in erneuerbare Energien
• Anstieg des Meeresspiegels	• Bohrung tieferer Brunnen	• Investitionen in Energieeffizienz
• Rückgang des verfügbaren Trinkwassers	• Weltweite Fonds zur Kompensation von Klimaschäden in Schwellenländern	• Investitionen in nachhaltige Mobilität
• Verlust der Artenvielfalt	• Aufforstung von Wäldern mit hitzeresistenteren Baumarten	• Investition in Innovationen!
• Ernteausfälle		

QUELLE: NATURE MAGAZIN, 2019

Zu handeln ist teuer, aber die Tipping Points zu überschreiten, führt in einen unkalkulierbaren Ruin, sowohl finanziell als auch menschlich. Wenn wir jetzt nicht handeln, werden wir genauso dramatisch an der Klimakrise scheitern, wie wir daran gescheitert sind, die Ausbreitung des Coronavirus rechtzeitig zu verhindern. Denn auch auf die Warnungen vor einer Viruspandemie haben wir nicht gehört. Bill Gates etwa führte schon 2016 aus, dass eine Pandemie viel wahrscheinlicher sei als ein neuer Krieg, doch die Welt hat das nicht hinreichend beachtet oder entsprechende Vorbereitungen getroffen. Ob in Ischgl oder im Berliner Club Trompete – es war ein Tanz auf dem Vulkan, und wir hätten es besser wissen müssen.

Corona- und Klimakrise haben zwei Dinge gemeinsam: Sie sind sehr abstrakt, bis sie ihre verheerenden Wirkungen entfalten, und diese lassen sich bei rechtzeitigen Maßnahmen und langfristigen Planungen stark minimieren.

→ DIE PANDEMIE-VORSORGE

Weder Naturkatastrophen noch Kriege kosteten in der Geschichte der Menschheit so viele Menschenleben wie Pandemien oder Epidemien. Auch Corona wird nicht die letzte Pandemie sein, die uns bedroht: Es gibt heute 4-mal so viele ansteckende Krankheiten wie vor 100 Jahren. Wir müssen aus der Vergangenheit lernen und es besser machen als je zuvor.

Eine der wohl größten, längsten, schrecklichsten Pandemien war die Pest. Im 6. Jahrhundert raffte sie als Justinianische Plage in mehreren Wellen rund 50 Millionen Menschen dahin. Als Schwarzer Tod kehrte sie im 14. Jahrhundert zurück und kostete weltweit rund 200 Millionen Menschen das Leben. Damals wurde in Italien und Frankreich die Quarantäne entdeckt. Mailand etwa mauerte erbarmungslos die Fenster und Türen der Häuser zu, in denen Infizierte wohnten, mit Erfolg: Während sich in anderen Städten rund 40 Prozent der Einwohner infizierten, waren es in Mailand nur 15 Prozent. In Venedig standen Reisende aus verpesteten Städten 40 Tage lang auf der Insel Lazzaretto Nuovo unter Beobachtung – vom italienischen Wort „quaranta" für 40 leitet sich der Begriff „Quarantäne" ab. Ebenfalls in Venedig richtete man das erste Pestkrankenhaus Europas ein, um die Erkrankten von den Gesunden zu isolieren.

4,30 $

„Jeder Dollar, der bis 2020 nicht in eine kohlenstoffarme Energieversorgung investiert wird, kostet nach 2020 etwa 4,30 Dollar an Investitionen, um die gestiegenen Emissionen dann doch wieder zu senken."

QUELLE: INTERNATIONALE ENERGIE-AGENTUR (IEA), 2011

Es gibt heute 4-mal so viele ansteckende Krankheiten wie vor 100 Jahren.

Auch während der Spanischen Grippe von 1918/19, der bei rund 500 Millionen Infizierten zwischen 50 und 100 Millionen Menschen zum Opfer fielen, setzte man auf soziale Distanz. In den USA, wo die ersten Erkrankten gemeldet wurden, stellte man das Spucken auf die Straße unter Strafe, machte in anderen Städten das Tragen eines Mundschutzes zur Pflicht. Die Gesundheitsbehörde sprach Verhaltensempfehlungen aus, nach denen Menschenmengen zu meiden waren, die Hände vor dem Essen gewaschen und die Fenster möglichst viel geöffnet werden sollten. Und schon damals galt: Wer früh reagiert, kann die Ausbreitung verlangsamen und viele Tode verhindern. Das zeigt der Vergleich zwischen New York und Pittsburgh: Während New York schon früh Schulen schloss, Versammlungen verbot, den öffentlichen Nahverkehr einschränkte, Erkrankte isolierte und Kontaktpersonen in häusliche Quarantäne schickte, reagierte man in Pittsburgh nur zögerlich und hob die Beschränkungen früh wieder auf. Das Ergebnis: Pittsburgh verzeichnete eine doppelt so hohe Todeszahl pro 100.000 Einwohner wie New York. Das erinnert alles schon sehr an die weltweit unterschiedlichen Maßnahmen und Erfolge gegen das Corona-Virus.

In Deutschland haben wir ein starkes Gesundheitssystem. Das hat uns bisher dabei geholfen, mit der Corona-Pandemie besser zurechtzukommen als viele andere Staaten. Doch auch wir müssen uns Nachfragen stellen: Hat sich unser System der Krankenhausfinanzierung in dieser Notsituation bewährt? Wie sorgen wir das nächste Mal für ausreichend Schutzkleidung und Desinfektionsmittel? Wie können Gesundheitsämter, Krankenhäusern und Robert Koch-Institut noch besser zusammenarbeiten? Müssen wir auch unseren Ärzten ermöglichen, im Ernstfall stärker aus dem Home-Office zu arbeiten? Können wir das Pflegepersonal langfristig mithilfe von Robotern entlasten?

Kooperation und Autonomie statt Abschottung

Auch über das Gesundheitssystem hinaus müssen wir über Konsequenzen aus unseren bisherigen Corona-Erfahrungen nachdenken. Wie können wir uns stärker gegen die Globalisierung der Risiken wappnen? Grundsätzlich ist unsere Antwort gerade für Deutschland und gerade in Zeiten globaler Herausforderungen sehr klar: An der Globalisierung, an der internationalen Zusammenarbeit führt kein Weg vorbei. Die Weltwirtschaft lebt vom grenzüberschreitenden Handel, der gesellschaftliche Fortschritt basiert auf dem weltweiten Informations- und Erfahrungsaustausch, das Reisen ist eine Voraussetzung und eine Form des friedlichen Zusammenlebens auf diesem Planeten. Natürlich kann es in Pandemie-Situationen zu Einschränkungen der Reisefreiheit kommen – aber das ändert nichts am Prinzip der offenen Gesellschaft und an den offenen Grenzen innerhalb der EU.

Wir brauchen globale Lösungen wie die verstärkte Kooperation im Rahmen der WHO, der UN-Millenniums-Ziele oder einer internationalen Geberkonferenz – und vielleicht auch eine Art „Gesundheits-NATO". Diese könnte aus dem bereits bestehenden Europäischen Zentrum für die Prävention und die Kontrolle von Krankheiten (ECDC) heraus entwickelt werden. Zu ihren Aufgaben gehörten gemeinsame Datenerhebung, Steuerung und Koordination von Laborkapazitäten, gemeinsame Beschaffung und Verteilung von Schutzausrüstung. Eine solche Struktur würde nicht die WHO ersetzen, die ja als dauerhafte globale Institution viele Aufgaben auch jenseits von Pandemien zu erfüllen hat, sondern sie würde zusätzliche Kapazitäten für Ausnahmesituationen schaffen.

Auch in Europa dürfen wir niemanden allein lassen, keinen Menschen und keinen Staat. Stattdessen müssen wir die gemeinsame Datenerhebung und Forschung projektieren, Testungen und die Suche nach Impfstoffen und Behandlungsmethoden koordinieren, die gemeinsame Produktion, Beschaffung und Verteilung von Schutzausrüstung sicherstellen. Es hilft nicht, wenn Mecklenburg-Vorpommern Schutzmasken bunkert, die italienische Krankenschwestern benötigen. Und wir müssen für den Krisenfall eine Grundautonomie bewahren, zumindest für Europa. Wenn die gesamte Textilproduktion nach Asien ausgelagert ist, können unsere Unternehmen kurzfristig den Bedarf an Schutzmasken nicht decken. Und wenn 80 Prozent unserer Medikamente in China produziert werden, gibt es im Ernstfall genau da eine Knappheit, wo wir sie uns am wenigsten leisten können. Auch hier sollten wir eine Versorgung sicherstellen, die kein Mitgliedstaat allein garantieren kann.

Eine Art „**Gesundheits-NATO**" könnte zusätzliche Kapazitäten für Ausnahmesituationen schaffen.

Von Asien lernen: Testen und Tracken

Verschiedentlich war das Argument zu hören, autoritäre Systeme wie China oder Singapur seien besser für den Kampf gegen eine Pandemie geeignet als offene Gesellschaften wie die europäischen. Der Verlauf der Corona-Pandemie spricht allerdings gegen diese Behauptung. Denn die demokratischen Systeme von Taiwan, Südkorea und Japan verzeichneten ähnliche oder sogar noch größere Erfolge im Kampf gegen das Corona-Virus als ihre autoritären Nachbarn. Ganz offensichtlich haben alle Staaten der ostasiatischen Region die Pandemie besser gemeistert als alle Staaten Europas. Welche Strategien haben zum Erfolg geführt? Und was davon ist mit den Werten der westlichen Welt vereinbar? Wo können wir von Asien lernen?

Diese Grafik aus der Financial Times argumentiert mit der Korrelation zwischen hoher Akzeptanz sowie Verbreitung von Gesichtsmasken und abflachender Fallzahlentwicklung. Das sieht nach einem kulturellen Unterschied zwischen Asien und Europa aus – hat aber vermutlich eher damit zu tun, dass in Ostasien Epidemien deutlich häufiger aufgetreten sind als in Europa:

Mehr Masken, weniger Fälle?

Corona-Fallzahlen, jeweils in den 60 Tagen nach dem ersten Tag mit 30 Infektionen.

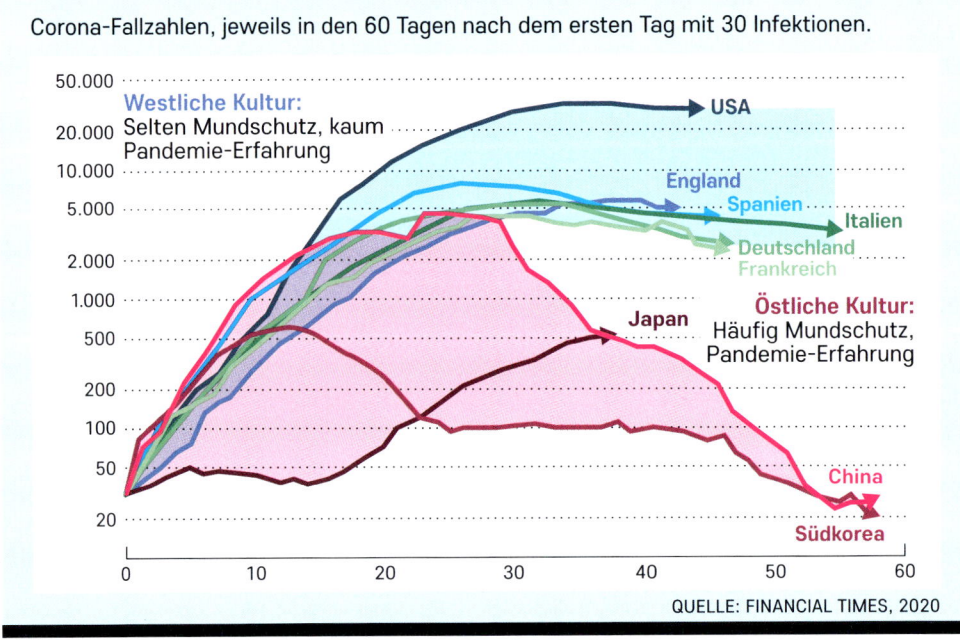

MERS und SARS, Vogel- und Schweinegrippe hatten sämtlich ihren Ursprung in Asien. Sowohl die Bürger als auch der Staat sind deshalb deutlich besser auf eine Pandemie vorbereitet, als Europa es bislang war. Wir können aus solchen Erfahrungen lernen.

Das gilt auch für den Einsatz von IT, Big Data und KI – für Südkoreas „Erfolgsrezept", einer Kombination aus Testen und Tracken, spielt der Technologie- und Dateneinsatz eine zentrale Rolle. Unsere europäische Antwort ist die von einem internationalen Forschernetzwerk entwickelte Lösung DP3T (Decentralized Privacy-Preserving Proximity Tracing Protocol). Auf dieser Basis wird durch die Nutzung der Bluetooth-Technologie die Nachverfolgung der Kontakte möglich. Erweist sich jemand als infiziert, können die Bluetooth-Kontakte seines Handys der vorangegangenen 14 Tage eine Warnmeldung bekommen und sich in Quarantäne begeben. Viel besser als jede Ausgangssperre ist es, wenn Menschen freiwillig über solche Tools Infektionsketten unterbrechen.

Bis wir das Corona-Virus besiegen können, ob durch einen Impfstoff oder ein Medikament, werden wir mit ihm leben müssen, in Deutschland wie in der EU, in Europa wie in der Welt. Aus dem Ausnahmezustand des Frühjahrs 2020 wird sich eine neue, vorsichtigere Normalität herausbilden. Welche Einschränkungen werden wir auf Dauer hinnehmen müssen? Welche Maßnahmen wollen wir uns leisten? Worauf können oder müssen wir verzichten? Was können oder müssen wir tun?

Öffnet man Festivals nur für Zuschauer mit Immunität oder maximal 24 Stunden altem Negativ-Test? Wird für jeden Ferienort eine Obergrenze der Besucherzahl vorgeschrieben? Müssen Messebesucher sich künftig verpflichten, während ihres Aufenthalts einen Tracking-Chip zu tragen? Werden die Streifenwagen nicht nur mit Röhrchen für die Alkoholkontrolle, sondern jetzt auch mit Testkits für Corona ausgestattet? Sicher ist nur: Je verantwortungsvoller wir agieren, desto mehr Spielraum wird uns bleiben.

Corona verleiht der Digitalisierung Flügel

Die neue Normalität wird Beweglichkeit und einen Sinn für Experimente von uns verlangen – die Bereitschaft, noch im Handeln zu lernen. Das betrifft die Wissenschaft – bei der Entwicklung von

Tests, Therapien und Impfstoffen. Das betrifft die Unternehmen – bei der Umgestaltung von Lieferketten, Herstellungsprozessen, Produkt- und Service-Angeboten. Und das betrifft den Staat, der sich über die bereits geschilderten globalen Themen hinaus auch noch auf diese Herausforderung einstellen muss. Die Pandemie-Gefahr erfordert auf allen Ebenen der öffentlichen Institutionen und auf dem Boden des demokratischen Rechtsstaats weiter Aufmerksamkeit und Reaktionsschnelligkeit.

Das hat in dieser Krise – für viele überraschend – relativ gut funktioniert. In einigen Bereichen sogar digital: fast alle 2,9 Mio. Studierende in Deutschland starten ihr Sommersemester 2020 zwar verspätet, aber mit Online-Unterricht. Doch wir können noch mehr, gerade mithilfe der Technologie. Wir brauchen eine sehr viel stärkere Digitalisierung der Gesellschaft, der Wirtschaft, der Verwaltung. Denn nur die Digitalisierung ermöglicht es uns, große Teile der Wirtschaft und des gesellschaftlichen Lebens in der Isolation weiterzuführen. Wer im Home-Office arbeitet, im Internet Live-Konzerte sieht und seine Kinder mit digitalen Lernprogrammen unterrichtet, hat ein wesentlich geringeres Risiko, sich anzustecken. Wir müssen eine digitale Infrastruktur schaffen, die auch bei einer plötzlich hohen Nachfrage nicht zusammenbricht, und wir brauchen Regelungen für Datenschutz und digitale Kommunikation, die eine bundesländer- und staatenübergreifende Kooperation von Verwaltungen ermöglichen. Wie genau wir das umsetzen können, müssen wir lernen.

Als 1892 in Hamburg die Cholera ausbrach, zog die Stadt umfangreiche Konsequenzen auf mehreren Ebenen. Es wurde eine Müllverbrennungsanlage gebaut, der Zugang zu gefiltertem Trinkwasser für alle ermöglicht, es gab Gesetze gegen den Bau unhygienischer Wohnverhältnisse und eine Verfassungsänderung für mehr Bürgerbeteiligung. Kurz: Um eine erneute Epidemie zu verhindern, reformierte und modernisierte sich die Stadt. Mit unseren Vorschlägen in diesem Buch wollen wir Wege aufzeigen, wie wir nach dieser Krise in Deutschland und Europa besser und schneller werden können.

→ DER WANDEL DER GESELLSCHAFT

Alles, immer, sofort und kostenlos: Das ist die Maxime, nach der wir heute denken und leben dürfen. Privat haben wir nahezu unendliche Möglichkeiten in fast jeder Lebenssituation. Die junge Generation wächst mit diesem gewaltigen Spielraum auf und wird aus ihm heraus handeln, sobald sie in Entscheidungspositionen kommt.

Doch wie sich die Gesellschaft verändert, hängt nicht nur von ihr ab. In einer alternden Gesellschaft müssen Generationenkonflikte ausgehandelt werden: Visionäre gegen Etablierte im Ringen um den Klimaschutz, Young Professionals gegen Babyboomer im Streit um die Renten. Doch obwohl es Interessengegensätze gibt, zeigt sich in der Corona-Krise: Um ihre Großeltern zu schützen, sind die Jungen bereit, sich einzuschränken. Und als die Oma als „Umweltsau" karikiert wurde, war der Aufschrei von Alt und Jung gleichermaßen groß.

Differenzen herrschen zwischen Stadt und Land, die sich teilweise mit den Generationenkonflikten überschneiden. Vor allem die Jungen zieht es in die Städte, wo es bessere Berufs- und Ausbildungschancen gibt, während auf dem Land die Alten in der Überzahl sind. Auch andere Spannungen belasten unsere Diskurse, etwa zwischen: digital und analog bestimmten Lebenswelten, Freiheit und Sicherheit, Weltoffenheit und Fremdenhass, Fahrrad, Fußgänger und Auto, Mietwohnung und Eigenheim, Nomadentum und Ortsverbundenheit, Selbständigkeit und Familienbindung.

Die Sehnsucht nach der permanenten Gegenwart

Umgekehrt verliert das an Bindungskraft, was unsere Gesellschaft früher zusammengehalten, was ihr Struktur und Regeln gegeben hat. Kirchen, Gewerkschaften und Parteien fällt es immer schwerer, Mitglieder zu gewinnen. Kontinuierliches Engagement in Vereinen und Verbänden lässt nach, punktuelle Betätigung in Bürgerinitiativen und NGOs gewinnt an Bedeutung.

In der digitalen Welt brechen diese traditionellen sozialen Bindungen auf und werden durch neue, losere Zugehörigkeiten wie Facebook-Gruppen, Instagram-Follower und YouTube-Communities ersetzt. Gesellschaftliche Strukturen treten in den Hintergrund, individuelle nach vorn.

Von der einfachen Konsumentscheidung über die Studienplatz- bis hin zur Partnerwahl: Der Einzelne sieht sich mit unendlichen Möglichkeiten konfrontiert, die schneller und flexib-

Mitglieder in Kirchen

Evangelische wie katholische Kirche verlieren Mitglieder. Diese Entwicklung wird von den Kirchen selbst angenommen:

1990
57,9 Mio.

2017
44,8 Mio.

2035
34,8 Mio.

2060
22,7 Mio.

QUELLEN: DEUTSCHE BISCHOFS-KONFERENZ, 2018; EKD 2019

ler als früher – ja manchmal mit nur einem Klick – verfügbar sind. Diese Einfachheit kann der Staat in unserer komplexer werdenden Welt nicht bieten. Die Anforderungen des Einzelnen werden komplizierter, die gesellschaftlichen Ansprüche vielfältiger und häufiger widersprüchlicher. Unser Staat hat Probleme, dem allen gerecht zu werden und gleichzeitig den Wünschen der Bürger nach Einfachheit nachzukommen.

Viele Menschen ergreift die Sehnsucht nach der permanenten Gegenwart. In einer sich ständig ändernden Welt wissen sie nicht, was die Zukunft bringt, deshalb halten sie sich an die Gegenwart. Sie fürchten das Neue, haben Angst vor jeder Veränderung und misstrauen Medien, Institutionen und Politik, ja manchmal sogar den Nachbarn. Der Staat bietet Ihnen kein optimistisches Bild von der Zukunft. Sie erleben Bürokratie und sehen die Überforderung in einer komplexen Welt. Einige von ihnen öffnen die Türen für Populisten, die mit einfachen und unterkomplexen Scheinwahrheiten, mit Rückbesinnungen auf die Vergangenheit trügerische Sicherheit versprechen. Ihre Mittel: Abschottung und Spaltung auf der einen und Sozialismus auf der anderen Seite. Soziale Medien wirken dabei oft wie Echokammern: Algorithmen bestätigen die eigenen Denkmuster und stärken so die Pole der Diskursfelder.

Von der Pyramide zur Urne

Die Entwicklung der Altersstruktur in Deutschland seit 1950 und bis 2060

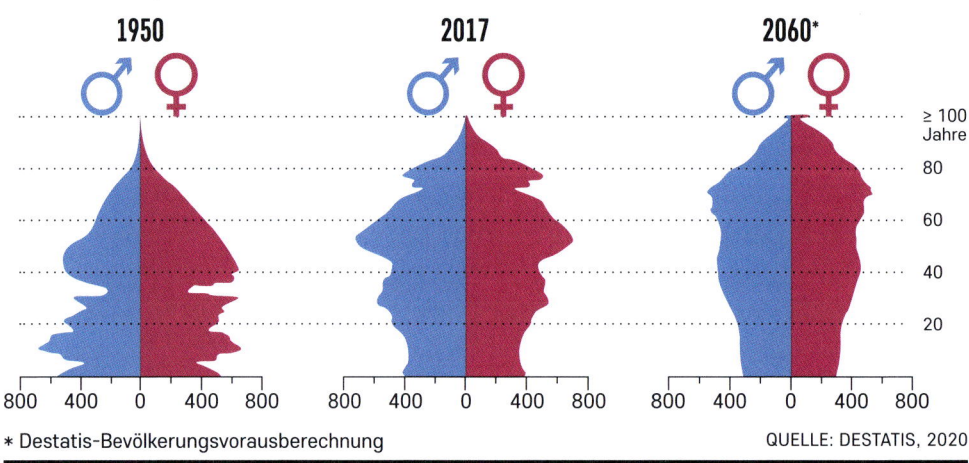

* Destatis-Bevölkerungsvorausberechnung

QUELLE: DESTATIS, 2020

Die Macht der Individualisierung, der Polarisierung und des Populismus dürfen wir nicht unterschätzen. Corona überdeckt diese Entwicklungen nur temporär. Die beginnende Wirtschaftskrise droht die Suche nach Orientierung und das Gefühl des „ungerecht behandelt seins" eher zu verstärken. Der Staat darf die bestehenden und wachsenden Gesellschaftskonflikte nicht ignorieren, muss auf die Einzelnen eingehen und der Gesellschaft als Ganzes einigende Zielvorstellungen bieten.

Denn nicht nur Algorithmen, auch politische Konzepte können ihren Teil zur Reduktion von Komplexität beitragen, auch ein klares politisches Leitbild kann Orientierung, Hoffnung und Zuversicht geben: **„Wohlstand für alle"**, **„Mehr Demokratie wagen"**, **„Wandel durch Annäherung"**, **„Freiheit statt Sozialismus"**, **„Wir sind ein Volk"** und **„Yes We Can"** haben das in ihren jeweiligen Zeiträumen geschafft.

Unser Leitbild - der Lernende Staat

Deutschland und Europa steht eine Transformation mit weitreichenden Konsequenzen bevor. Um diesen Wandel bewältigen zu können, muss die Politik ihn aktiv mitgestalten. Dazu bedarf es einer mutigeren und diversifizierteren Politik als bisher. Es bedarf eines Narrativs, wie wir uns unsere Politik ausrichten und damit unser Land in den kommenden Jahrzehnten gestalten wollen. Unser neues Leitbild ist der **Lernende Staat.** Er basiert auf einem neuen Instrument: den **datenbasierten Entscheidungen.**

Dafür müssen wir zunächst unser Fundament festigen: unsere Demokratie. Dabei lassen wir die Gewaltenteilung, den Rechtsstaat und individuelle Freiheiten nicht nur unangetastet, sondern wir stärken sie. Wir stellen unsere Grundwerte und unser christliches Menschenbild nicht infrage, sondern wir bauen auf diesen Fundamenten auf. Wir wollen kein anderes System, sondern unser System ausrüsten für den Wandel, der von den fünf genannten Schicksalsfragen befeuert wird. Selbstverständlich soll das Volk als Souverän weiterhin über Wahlen die Entscheidungsfindung in Parlamenten und Regierungen delegieren und legitimieren. Doch die Entscheidungsfindung selbst muss sich künftig viel stärker als bisher auf die Analyse von Daten stützen: Der Staat muss jenseits von Meinungen und politischem Gusto evidenzbasiert handeln. Und die Daten selbst müssen öffentlich einsehbar und für jeden nachvollziehbar sein – damit wir die Transparenz von Beweggründen politischer Entscheidungen und ihre Akzeptanz in der Bevölkerung deutlich erhöhen.

Evidenzbasierte Politik

Als Beispiel könnte man hier die engagierte Diskussion um das Tempolimit nehmen. Die einen argumentieren dafür, die anderen dagegen. Auf einer soliden Datengrundlage ließe sich viel evidenter sehen, wo die eine und wo die andere Annahme mit der Faktenlage übereinstimmt. Dadurch können pauschale Entweder-oder-Konfrontationen durch einen für alle nachvollziehbaren Prozess befriedet werden. Wir schaffen den Ausgleich konkurrierender Interessen, die vorher nicht vereinbar schienen: Automatisierung und sichere Arbeit, Digitalisierung und Datenschutz, Klimaschutz und Urlaub auf Mallorca. Zugleich entzieht mehr Evidenz auch populistischen und rein emotionsbasierten Argumenten den Nährboden und engt den Raum für eine antidemokratische Stimmungsmache bedeutend ein. Ein solcher

Passende Hilfe für Obdachlose in Berlin

Leben ohne eigene Wohnung oder auf der Straße ist für die Betroffenen ein schlimmes Schicksal und eine besondere Herausforderung für den Sozialstaat. Den oft sozial isolierten und manchmal auch deprimierten Menschen zu helfen, wird stark erschwert, wenn das Hilfesystem keine passenden Hilfen anbietet, die Betroffenen nicht in der Lage sind, die ihnen zustehende Hilfe anzunehmen oder ungeeignete Hilfe aufgedrängt wird. Berlin ist unter den deutschen Städten leider stark betroffen. Schon vor zehn Jahren brachte ein Skandal um den Verein Treberhilfe und seinen Maserati-fahrenden Geschäftsführer die linke Sozialsenatorin an den Rand des Rücktritts. Bis heute wird in Berlin auf unsicherer Basis

gearbeitet. Der Senat ging bis zuletzt von geschätzt 6.000 bis 10.000 Obdachlosen aus. Dann zählten im Frühjahr 2020 rund 2.700 Freiwillige in der „Nacht der Solidarität" nach und heraus kamen genau 1.976 angetroffene Obdachlose - gut zwei Drittel weniger als bisher angenommen. Während einige Aktivisten die Zahlen anzweifelten, will der Senat jetzt auswerten, eine Strategiekonferenz im Herbst abhalten und 2021 erneut zählen. Hieraus lässt sich manches lernen. Zahlenbasiertes Arbeiten und Untersuchen sind wichtig. Entscheidend ist aber, sich realistische Ziele zu setzen und die Maßnahmen daran zu messen (→ Neue Gesetze).

QUELLE: BERLINER SENATSVERWALTUNG FÜR INTEGRATION, ARBEIT UND SOZIALES, 2020

Weg der Entscheidungsfindung sollte auch nicht als Diktat des Alternativlosen verstanden werden, sondern als eine Chance, den Erfolg und Misserfolg einzelner politischer Maßnahmen und ganzer Strategien für alle Bürger nachvollziehbar zu machen.

Und wenn wir über eine solide und transparente Datengrundlage verfügen, verfügen wir auch über eine unverzichtbare Grundlage des Lernenden Staates. Viele Reformvorhaben der Vergangenheit und Gegenwart nehmen für sich in Anspruch, den Bürger in ihre Mitte zu stellen. Dennoch verlangt die Politik den Menschen immer mehr Flexibilität und Belastbarkeiten ab – ohne dass der Staat sich selbst mit ähnlicher Entschlossenheit ändert. Aktuell funktioniert er an vielen Stellen noch besser als in anderen Ländern, aber Stresstests wie die Flüchtlingssituation ab dem Sommer 2015 haben unsere Verwaltung an den Rand der Funktionsfähigkeit gebracht. Man muss sich nur das besonders drastische Beispiel des Berliner Landesamts für Gesundheit und Soziales vor Augen führen, um zu begreifen, dass sich angesichts der wachsenden Herausforderungen auch in der öffentlichen Verwaltung etwas ändern muss.

> **Der Staat muss jenseits von Meinungen und politischem Gusto** evidenzbasiert handeln.

Dazu müssen wir zuallererst eine Strategie auszuformulieren, die sich reevaluieren und anpassen lässt. Wir müssen unsere politischen Handlungen in immer kürzeren Abständen an ihrer Effektivität und Nachhaltigkeit messen: Was nachweislich funktioniert hat, wird beibehalten, was nicht, wird angepasst oder beendet. Mit anderen Worten: Wir müssen besser schneller und schneller besser werden.

Dafür sollten wir stärker in Szenarien denken – um auch unsere Strategie bei einer grundsätzlichen Änderung der Dinge sofort anpassen zu können. Die Welt wird schneller, also müssen wir mögliche Entwicklungen auch schneller antizipieren. Zukunftsforschung und Szenarienanalyser 'ten immer mehr Einzug in die deutsche Hochschulwelt, ﹍ in großen internationalen Organisationen verbreitet und finden langsam auch in der Politik Anwendung, etwa in der britischen Regierung. Sowohl beim Blick in die Vergangenheit als auch beim Blick in die Zukunft muss sich der Staat auf nachvollziehbare Daten stützen.

Der Erfolg asiatischer Staaten beruht ganz wesentlich auf ihrer Fähigkeit, zügig und präzise auf Probleme zu reagieren.

> Wir müssen unsere **politischen Handlungen** in immer kürzeren Abständen an ihrer Effektivität und Nachhaltigkeit messen: Was nachweislich funktioniert hat, wird beibehalten, was nicht, wird angepasst oder beendet. ▬▬▬▬

Dabei nutzen sie nicht - wie wir - die freie Gesellschaft und ihren Diskurs, sondern datenbasierte Analysen. Wir können beides nutzen: Diskurs und Daten.

Schon beim Ausbruch der Corona-Pandemie haben wir eine Entwicklung zu einem **Lernenden Staat** beobachtet, der seine Entscheidungen schnell und agil auf wissenschaftliche Daten und Fakten gründet: Nachdem die Regierung mit der Schließung von Schulen und Kitas erste Maßnahmen ergriffen hatte- beobachtete sie zunächst mit Experten die Entwicklung in den Kennzahlen der Seuche, bevor sie weitere freiheitsbeschränkende Maßnahmen ergriff. Was den staatlichen Normalbetrieb angeht, so unterscheidet sich die hier vorgeschlagene Vision eines Lernenden Staats teilweise erheblich von unserer Lebenswirklichkeit. Das sollte uns aber nicht davon abhalten, radikale Änderungen vorzunehmen, die wir brauchen, um unsere Lebensweise und unseren Wohlstand trotz wachsender Risiken zu erhalten. Klar ist: Die Liste der Vorschläge, die wir auf den kommenden Seiten unterbreiten, ist weder unstrittig noch abschließend. Wir freuen uns, wenn Sie sie kritisieren, ergänzen und ändern – und am Ende mit uns lernen, welche Maßnahmen wirklich halten, was wir uns heute von ihnen versprechen.

ZUM WEITERLESEN

- **Stephan Grünewald, 2019: Wie tickt Deutschland? Psychologie einer aufgewühlten Gesellschaft**
- **Frank Sieren, 2019: Zukunft? China!: Wie die neue Supermacht unser Leben, unsere Politik, unsere Wirtschaft verändert**
- **Stefan Baron, Guangyan Yin-Baron, 2018: Die Chinesen – Psychogramm einer Weltmacht**
- **Stephan Scheuer, 2018: Der Masterplan: Chinas Weg zur Hightech-Weltherrschaft**

Kapitel 3

Neue Aufgaben für die Politik

Staat-up

Neue Gründerzeit für neuen Wohlstand

Deutschland kam spät. Erst ab den 1860er-Jahren entwickelte es sich von einem Agrar- in einen modernen Industriestaat. Aber dafür kam Deutschland umso stärker: Zwischen 1871 und 1914 versechsfachte sich die deutsche Industrieproduktion, ihr Weltmarktanteil stieg auf rund 15 Prozent – und lag damit sogar einen Prozentpunkt vor Großbritannien, dem Geburtsland der **Industriellen Revolution**. Millionen Menschen zogen vom Land in die produktiven Zentren, nach Berlin, Oberschlesien, ins Aachener Becken, ins Rhein-Main- oder Ruhrgebiet, wo der Krupp-Konzern mehr als 80.000 Mitarbeiter beschäftigte.

Diese enorme wirtschaftliche Dynamik im Deutschland der Gründerzeit beruhte zu einem guten Teil auf politischen Reformen im Preußen des frühen 19. Jahrhunderts. Die Stein-Hardenberg-Reformen ab 1807 modernisierten die Verwaltung und führten Gewerbefreiheit ein, und die Bildungsreformen Wilhelm von Humboldts ab 1808 machten Preußen zur Hochburg von Wissenschaft und Forschung. So hatte Deutschland früh die Grundlagen gelegt, um zwei, drei Generationen später zum Weltmarktführer der damaligen Hightech-Branchen zu werden: Maschinenbau, Großchemie und Elektroindustrie. 1914 stammte weltweit jede zweite elektrische Maschine und Installation von der Allgemeinen Elektricitäts-Gesellschaft (AEG) oder von Siemens. Chemiegiganten wie die Badischen Anilin- und Soda-Fabriken (BASF), Bayer und Hoechst vertrieben Farbstoffe und pharmazeutische Produkte, die Zeiss-Werke Mikroskoptechnik und Hochleistungsoptik. Die Einkommen wuchsen, die Wochenarbeitszeit sank, der Wohlstand stieg ebenso wie die Lebenserwartung.

Moderner Staat und moderne Bildung allein machen noch keine Gründerzeit – auch Kapital gehört dazu. Vor 150 Jahren kam es für die forschungsintensiven Unternehmen des verarbeitenden Gewerbes gerade zur rechten Zeit: Unter den rund 3000 Aktiengesellschaften, die bis 1890 gegründet wurden –

vor 1870 waren es nur 245 –, befanden sich auch die Deutsche Bank (1870), die Commerzbank (1870) und die Dresdner Bank (1872). Alles in allem waren die Bedingungen für neue Unternehmen in den Hightech-Sektoren im damaligen Deutschland so gut wie im heutigen Silicon Valley.

Lernen aus der Industriellen Revolution

Auch im 21. Jahrhundert kommt Deutschland spät. Nach dem Zweiten Weltkrieg setzte die Bundesrepublik mit überwältigendem Erfolg auf seine bewährten Industrien – Kohle, Stahl, Elektrotechnik, Auto-, Lokomotiven-, Anlagen- und Maschinenbau. Doch Wirtschaftswunder, Vollbeschäftigung und Exportrekorde machten auch blind für den nächsten großen technologischen Umbruch: die **Digitale Revolution**. In den USA befreite die nächste große Gründergeneration den Computer aus den Forschungsinstituten und Banken und nutzte ab 1989 die Entwicklung des World Wide Web zur Begründung der Plattformökonomie. Hießen die größten US-Konzerne noch 2008 Exxon Mobil, General Electric, Microsoft, Walmart und Procter & Gamble, stehen heute die Big Five der Digitalwirtschaft an der Spitze: Apple, Amazon, Alphabet (Google), Microsoft und Facebook.

Und mit den alten Industrien lassen sie auch die deutschen Konzerne weit hinter sich, obwohl diese ihre Produktion mit modernster digitaler Steuerungstechnik immer weiter automatisieren. Beim Einsatz von Industrierobotern nimmt Deutschland mit 338 pro 10.000 Beschäftigten weltweit Platz 3 ein, allein die deutsche Automobilindustrie bestellt fast ein Drittel der Roboter-Weltproduktion. Doch egal, welche zwei der „Big Five" man auswählt: Sie sind so viel wert wie alle 763 börsennotierten deutschen Unternehmen zusammen.

Alle deutschen Aktien vs. Amazon & Microsoft

Alle deutschen Aktien: 2027 Mrd. US-Dollar
Amazon & Microsoft: 2047 Mrd. US-Dollar
Börsenwerte in Mrd. Dollar

QUELLE: BLOOMBERG, EY, 2020

Rückstand Europas

Von den 60 wertvollsten
Plattformen der Welt sind
64 Prozent US-amerikanisch,
31 Prozent asiatisch –
und **3 Prozent** deutsch.

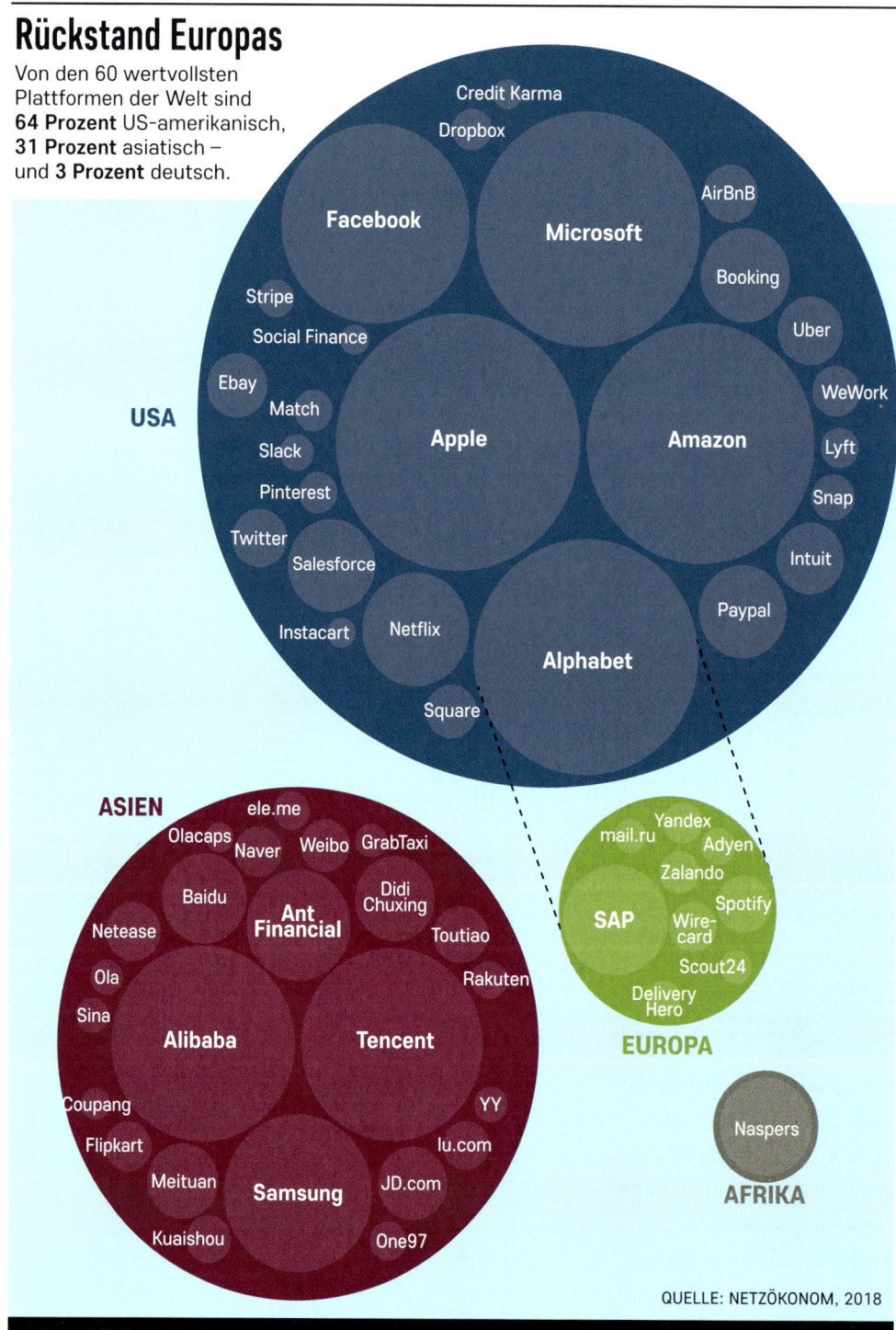

QUELLE: NETZÖKONOM, 2018

„Die Denkmäler des Alltags beiseite räumen"

Auch wenn man dabei die international einzigartige Stärke des deutschen Mittelstandes außer Acht lässt, ist die Digitalisierung „eine gigantische Herausforderung", wie VW-Chef Diess angesichts des notwendigen Umbaus auch seines Unternehmens zu einem „digitalen Tech-Konzern" bemerkte: „Es klingt unwahrscheinlich, dass man sie bewältigen kann." Ein Firmenchef warnt also – vor der Corona-Krise – vor dem möglichen Untergang seines eigenen Konzerns. Zugleich zeigte er einen gangbaren Weg auf: „Wenn dieses Unternehmen kein Industriedenkmal werden soll, dann müssen Sie die Denkmäler des Alltags beiseite räumen".

Denn auch in dieser Revolution kommt Deutschland zwar spät – aber wiederum nicht zu spät. Auch jetzt kann es mit guten Aussichten zur Aufholjagd ansetzen, wenn es eine **neue** Gründungsdynamik entfaltet. Natürlich geht es dabei nicht darum, mit neuen Stahl- oder Chemiefabriken die Rezepte von vor 150 Jahren zu kopieren. Aber die fundamentalen Erfolgsfaktoren haben sich seither erstaunlich wenig verändert. Ein vitales **Start-up-Ökosystem** im 21. Jahrhundert wird von denselben drei Säulen getragen wie die Gründerzeit des 19. Jahrhunderts: **Staat, Kapital und Wissen.** Ein moderner, funktionierender Staat mit kluger Regulierung, guten Bedingungen für Forschung und Wissenstransfer sowie aktivem und einsetzbarem Risikokapital ist auch heute in der Lage, eine enorme wirtschaftliche Dynamik zu entfesseln. Dazu kommt eine vierte Säule, die vor 150 Jahren nur begrenzt berücksichtigt wurde: die Mitarbeiter. Je einfacher und besser sie am Erfolg eines Start-ups beteiligt werden können, desto größer die Motivation für den Einzelnen und damit die Erfolgschancen für das Unternehmen.

Zur ersten, wohl wichtigsten Säule: Wirtschaftlicher Erfolg und gesellschaftlicher Wohlstand hatten schon immer ihr Fundament in funktionierenden staatlichen Strukturen und Systemen. Fehlt es daran, helfen keine Förderprogramme und keine Industriepolitik, keine Planwirtschaft, keine Ausgabenpläne und keine Konjunkturhilfen. Um den Staat nicht nur irgendwie am Laufen zu halten, sondern ihn zukunftsfähig zu machen, benötigen wir eine grundlegende Reform der staatlichen Verwaltung. Wir ent-

> Wirtschaftlicher Erfolg hatte schon immer ihr Fundament in **funktionierenden staatlichen Strukturen und Systemen.** ▬

wickeln im gesamten Buch 103 konkrete Änderungsvorschläge, die fast alle staatlichen Handlungsfelder erfassen. Der so reformierte **Lernende Staat** entfaltet eine Dynamik, von der neue und bestehende, innovative Unternehmen nur profitieren können.

Je sichtbarer sie sind, desto mehr können sie (und damit wir alle) profitieren. Aber sichtbar sind im politischen Prozess vor allem diejenigen, die heute bereits Einfluss haben. Fast 800 Interessenvertreter und -vertreterinnen verfügen derzeit über einen Hausausweis für den Deutschen Bundestag. In den Fluren, Sitzungsräumen und Restaurants sprechen sie regelmäßig mit den Abgeordneten über die Anliegen des Sozialsektors, der Automobilindustrie, der Agrar-, Immobilien- und Bauwirtschaft, der Energiekonzerne, der Gewerkschaften und Umweltverbände, der Banken, Ärzte oder Arbeitnehmer – und erfüllen damit eine wichtige Aufgabe. Denn die Produkte und Dienstleistungen in hoch entwickelten Gesellschaften sind heute so komplex, dass die politische Entscheidungsfindung ohne den Sachverstand der jeweiligen Branche und der Experten von NGOs kaum mehr möglich ist.

Lobbyliste

Beim Bundestag gibt es gegenwärtig 2.314 registrierte Verbände. In dieser im Bundesanzeiger und im Internet veröffentlichten Lobbyliste sind auch Namen, Anschrift, Telefon und Mailadressen aller Interessensvertreter aufgeführt. Das Spektrum der Interessen ist riesig: von Kinderrechten über Umweltschutz bis zu praktisch allen Branchen. Zukünftig entstehende Unternehmen sind nicht vertreten. Einzelheiten: www.bundestag.de/parlament/lobbyliste

Zugleich aber verzerrt die Einflussnahme auch den Wettbewerb zugunsten der alten und umsatzstärksten Techniken und Geschäftsmodelle. Denn wer seine Zukunft noch vor sich hat, hat selten Interessenvertreter hinter sich. So einflussreich etwa in den 1980er Jahren die Lobbyisten der Energiebranche auch waren, keiner von ihnen vertrat die Interessen der deutschen Hersteller von Windrädern – denn die gab es damals noch nicht. Im vergangenen Jahrzehnt wäre es sicher hilfreich gewesen, eine starke Lobby der deutschen Hersteller von Autos mit Elektro- oder Hybridantrieb zu haben – aber es gab diese Unternehmen nicht und damit auch keine oder zumindest zu wenig Fürsprecher.

Sitzt die Zukunft aber nicht mit am Tisch, hat den Schaden auch unser Gemeinwesen. Wollen wir uns von dem Tunnelblick auf die alten Industrien befreien, müssen wir der Zukunft eine Stimme geben. Nur so kann sich die Politik rechtzeitig informieren, dann vorausschauend handeln und als lernendes System zu einem echten Partner des Start-up-Ökosystems werden. Ein Weg, um diejenigen mit in die Debatte zu integrieren, die es noch gar nicht gibt, ist die Einrichtung einer Zukunftslobby.

VORSCHLAG 1: Die Zukunftslobby

Mit einer Zukunftslobby können neue Ideen früher auf die Tagesordnung gesetzt werden. Die Zukunftslobby arbeitet als Interessenvertretung von entstehenden Branchen und gibt ihnen eine Stimme im politischen Prozess. Sie unterstützt junge Unternehmen und Technologien, die noch keine Expertise in der Platzierung ihrer Anliegen haben. Dafür agiert sie überall dort, wo auch andere Interessenvertreter tätig sind: von Verbändeanhörungen der Ministerien über Expertengespräche im Bundestag bis zu Stellungnahmen zu EU-Verordnungen. Für diese und viele weitere Formate, die nur Spezialisten kennen, muss man sich in Berlin und Brüssel vernetzen und die Unmengen an Papier lesen, die durchaus öffentlich sind, aber schwer zu verstehen. Ein Start-up kann das nicht leisten – und sollte auch nicht seine knappen Ressourcen darauf verwenden. Stattdessen sollten das Zukunfts-Interessenvertreter tun.

Ansatzweise mit einer Zukunftslobby vergleichbar ist in Großbritannien die NESTA Foundation. Gegründet auf Parlamentsbeschluss, arbeitet NESTA heute als Stiftung, fertigt Innovationsmaps und Trendanalysen für die Politik an und verbindet junge Unternehmen mit politischen Stakeholdern.

Start-ups sind wie Raupen. Sie haben nimmersatten Hunger, wachsen schnell, und die wenigsten überleben lang genug, um sich als schillernde Schmetterlinge zu entpuppen. Die digitale Gründerzeit entwickelt dabei sogar einen noch stärkeren Appetit als die industrielle – und verlangt noch lauter nach frischem Kapital. Der Wettbewerb ist global, und die Regeln der Plattformökonomie begünstigen nur die Besten, Schnellsten, Größten: Es gilt das „Winner takes it all"-Prinzip. Wer mithalten will, muss auf schnelles und kapitalintensives Wachstum setzen. Und die passende Kapitalform für diesen ebenso großen wie frühen Kapitalbedarf ist Wagniskapital.

Gerade bei dieser zweiten Säule eines Start-up-Ökosystems bieten Europa und Deutschland ein ernüchterndes Bild: Im Jahr 2018 wurden in ganz Deutschland gerade einmal 4,6 Milliarden Euro Wagniskapital investiert – weniger als ein Zehntel dessen, was US-amerikanischen Start-ups zugutekommt. 2019 lagen England und Frankreich bei VC-Investitionen in junge Unternehmen vor Deutschland. Und: Auch ganz Europa gerät ins Hintertreffen, nicht nur gegenüber den USA. Während sich die Investitionen in Europa zwischen 2012 und 2017 immerhin fast verdreifachten, sprangen sie in Asien auf fast den 15-fachen Betrag – und damit auf das Niveau der USA.

Besonders groß ist der Finanzierungsnachteil der jungen Unternehmen in Europa während der späteren, besonders kapitalintensiven Wachstumsphase. In Europa wird pro Finanzierungsrunde deutlich weniger Geld eingesammelt als in Asien und den USA. Facebook, Tesla und Uber haben während ihrer Entwicklung durchschnittlich gut 5 Milliarden Dollar eingesammelt – was sie konnten, weil Wagniskapitalgeber in den USA grundsätzlich mehr als 50 Prozent ihrer Mittel in dieser Phase investieren. In Europa sind es dagegen nur 38Prozent. Darüber hinaus sind die Unterschiede nicht nur beim gesamten Investitionsvolumen, sondern auch bei den durchschnittlichen Investitionen pro Unternehmen gravierend (siehe Grafik).

Der Mangel an Wagniskapital in Deutschland hat verheerende Folgen: Jedes vierte Start-up will ins Ausland gehen, weil zu Hause das Geld fehlt und weil Mitarbeiterbeteiligungen zu kompliziert und zu teuer sind. Das Geschäft wird häufig im Ausland gemacht. Das Datenkompressionsverfahren MP3 etwa wurde in Erlangen entwickelt und von der Fraunhofer-Gesellschaft patentiert. Doch deutsche Firmen wie Siemens zögerten, auf diese neue Technologie zu setzen – mit dem Ergebnis, dass der erste MP3-Player in Korea produziert wurde. Deutschland meldet in Europa die meisten Patente an, doch weil das Wagniskapital fehlt, heißt es oft: Invented in Germany, sold somewhere else.

„Ein Großteil der Gelder in der Wachstumsphase unserer Start-ups kommt aus dem Ausland. Daraus erzielen wir national keinerlei Renditen. Wie sehr können wir uns dann über den Erfolg von N26 oder GetYourGuide freuen? Denn am Ende des Tages werden die Gewinne ins Ausland abfließen."

Johannes Reck, GetYourGuide-Gründer, 2019 ▬▬▬

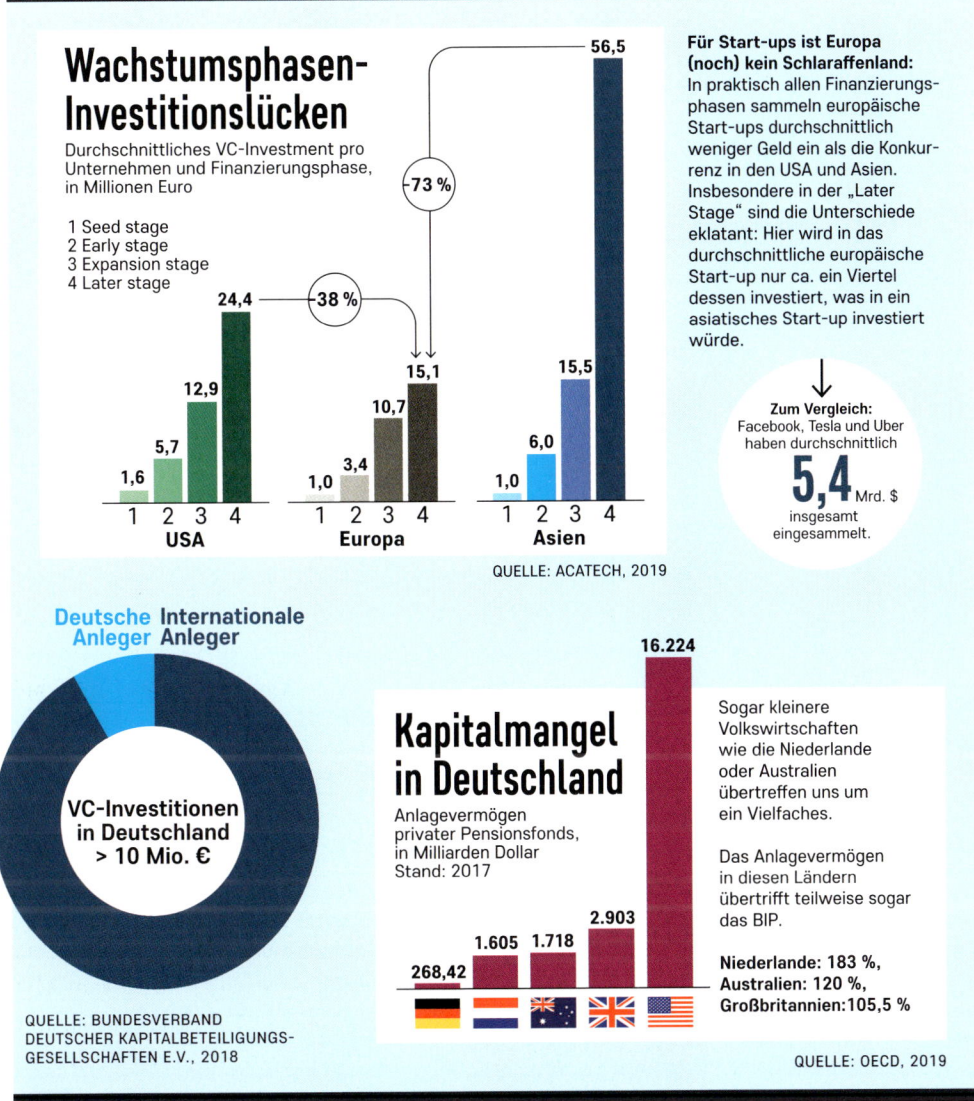

Wachstumsphasen-Investitionslücken

Durchschnittliches VC-Investment pro Unternehmen und Finanzierungsphase, in Millionen Euro

1 Seed stage
2 Early stage
3 Expansion stage
4 Later stage

USA: 1,6 — 5,7 — 12,9 — 24,4

Europa: 1,0 — 3,4 — 10,7 — 15,1

Asien: 1,0 — 6,0 — 15,5 — 56,5

−73 %
−38 %

QUELLE: ACATECH, 2019

Für Start-ups ist Europa (noch) kein Schlaraffenland: In praktisch allen Finanzierungsphasen sammeln europäische Start-ups durchschnittlich weniger Geld ein als die Konkurrenz in den USA und Asien. Insbesondere in der „Later Stage" sind die Unterschiede eklatant: Hier wird in das durchschnittliche europäische Start-up nur ca. ein Viertel dessen investiert, was in ein asiatisches Start-up investiert würde.

Zum Vergleich: Facebook, Tesla und Uber haben durchschnittlich

5,4 Mrd. $ insgesamt eingesammelt.

Deutsche Anleger   Internationale Anleger

VC-Investitionen in Deutschland > 10 Mio. €

QUELLE: BUNDESVERBAND DEUTSCHER KAPITALBETEILIGUNGS-GESELLSCHAFTEN E.V., 2018

Kapitalmangel in Deutschland

Anlagevermögen privater Pensionsfonds, in Milliarden Dollar
Stand: 2017

268,42 — 1.605 — 1.718 — 2.903 — 16.224

Sogar kleinere Volkswirtschaften wie die Niederlande oder Australien übertreffen uns um ein Vielfaches.

Das Anlagevermögen in diesen Ländern übertrifft teilweise sogar das BIP.

Niederlande: 183 %, Australien: 120 %, Großbritannien:105,5 %

QUELLE: OECD, 2019

Dass US-Unternehmen schneller und früher mit mehr Wagniskapital rechnen können und auch größere Finanzierungsrunden möglich sind, liegt vor allem an zusätzlichen Akteuren auf dem Markt: den mächtigen Pensionskassen und Versicherungen. Wollen wir eine neue Gründerzeit in Deutschland auslösen, brauchen wir darum zunächst einmal bessere Bedingungen für solche institutionellen Investoren. Einen großen Schritt in diese Richtung hat die Bundesregierung gerade mit einem

Groß zu werden, ist schon sehr schwierig, groß zu bleiben, noch schwieriger. ▬

Zukunftsfonds für Wachstumskapital getan. Er soll es institutionellen Anlegern vereinfachen, in Venture-Capital-Fonds zu investieren. Eine erste Tranche von zwei Milliarden Euro wurde im April 2020 beschlossen, insgesamt soll der Fonds binnen zehn Jahren auf ein Volumen von zehn Milliarden Euro anwachsen. Gemeinsam mit den bereits bestehenden Instrumenten für Wachstumsfinanzierung wie HTGF, Coparion, KfW Capital und EIF verfügt die Bundesrepublik damit erstmals in seiner Geschichte über eine veritable Finanzierungslandschaft für Wagnis- und Wachstumskapital.

Dazu passt die von uns vorgeschlagene **Doppelrente** (mehr dazu → Doppelrente). Sie könnte bis 2050 bis zu 3,4 Billionen Euro in deutsche Pensionskassen spülen – und so den empfindlichen Mangel an Wagniskapital beheben.

Aber auch darüber hinaus kann Deutschland mit einem ganzen Bündel von Maßnahmen zusätzliche Anreize schaffen, damit institutionelle Anleger mehr Wagniskapital zur Verfügung stellen.

VORSCHLAG 2: Staatliche Anreize für Wagniskapital

Es gibt keinen Grund, warum institutionelle Anleger in Deutschland steuerlich schlechter gestellt sein sollten als sonst in der EU. Deshalb sollte das Management von Venture-Capital-Fonds („Management-Fee"), wie in anderen EU-Ländern üblich, von der Umsatzsteuer befreit werden. Weitere Möglichkeiten für steuerliche Anreize gibt es bei der Beteiligung an innovativen kleinen bis mittleren Unternehmen – hier könnte die Investition als Sonderabschreibung von Betriebsausgaben geltend gemacht werden. Zudem könnten Veräußerungsgewinne im Falle einer Reinvestition auf neue Investitionen übertragen werden – mit aufschiebender Wirkung auf die Versteuerung des Gewinns.

Einen ähnlich großen Effekt wie Steuererleichterungen können auch Bürokratieerleichterungen haben. Man kann sich vorstellen, wie die Welle an Formularen, die auf Neugründer erbarmungslos zurollt, Enthusiasmus dämpfen kann. Vom Notar zum Handelsregister, vom Ordnungsamt zum Finanzamt: Gründer müssen einen Bürokratiemarathon durchstehen, bevor sie durchstarten können. Junge Unternehmer gestalten die digitale Welt, doch können sie häufig angesichts einer analogen Verwaltung verzweifeln (→ Neuer Service).

VORSCHLAG 3: Welpenschutz für europäische Start-Ups

> **Um Start-ups gerade in den ersten Jahren** von Bürokratie entlasten zu können, müssen wir auf europäischer Ebene abgrenzen, welche Unternehmen wie lange und bis zu welcher Größe als Start-ups gelten sollen. Erst wenn wir diese Definition haben, bekommen wir den Weg frei für umfassenden „Welpenschutz" - etwa bei Nachweispflichten, Dokumentationen und vielleicht sogar im Arbeitsrecht.

Den großen Märkten in den USA oder China begegnen wir am besten mit einem gemeinsamen Start-up-Binnenmarkt. Nur so entsteht ein geeigneter Raum für die schnelle Skalierung von Geschäftsmodellen. Wie jede EU-weite Harmonisierung ist auch dieser Prozess zäh und langwierig – aber wie jeder dieser Prozesse würde auch die Verbesserung der Bedingungen für EU-Start-ups massiv von einer Unterstützung durch Deutschland profitieren.

Eine wichtige Aufgabe kann der EU auch im weiteren Wachstumsverlauf zukommen. Groß zu werden, ist schon sehr schwierig, groß zu bleiben, noch schwieriger. Ist ein neues Unternehmen – gerade in den digitalen Sektoren – erfolgreich, hagelt es Kaufangebote wie bei Fußball-Jungstars. Die Offerten kommen regelmäßig aus dem Ausland, sind häufig milliardenschwer und stammen oft von Wettbewerbern (man denke nur an Facebooks erfolgreiche Jagd auf WhatsApp und Instagram). In Europa gibt es nur wenig bis keine solcher Käufer.

VORSCHLAG 4: Exit-Perspektive für Start-ups

> **Als Antwort** bietet sich eine Forcierung europäischer Börsengänge an. Denn die Supertanker aus China und den USA sind alle börsennotiert und wegen ihrer entsprechenden Größe potenzielle Aufkäufer. Hier kann ein entsprechendes europäisches Börsensegment helfen – und ein europäischer Market Maker. Die Europäische Investitionsbank (EIB) sollte den Auftrag bekommen, sich gezielt an Erstnotierungen zu beteiligen. Das kann zuerst den Börsengang erleichtern und danach in den meist sehr volatilen ersten Börsenmonaten für mehr Liquidität bei den Aktien sorgen.

„If you have a baby, **you need to raise it.**"

Prof. David Cheriton ▬▬

Um die dritte Säule eines verbesserten Ökosystems zu stärken, das Wissen, müssen wir die Universitäten zu kräftigeren Treibern der Gründungs- und Transformationsdynamik machen – wie schon im 19. Jahrhundert in Deutschland und wie heute in den USA. Natürlich spielen auch im heutigen Deutschland die Universitäten eine entscheidende Rolle für die Entwicklung marktträchtiger Ideen. Deutschland gibt anteilig mehr für Forschung aus als die USA, China oder Frankreich; von 2005 bis 2018 haben sich die Forschungsausgaben des Bundes verdoppelt, Technische Hochschulen wie das KIT, die RWTH Aachen oder die TU München haben einen hervorragenden Ruf. Auch Institutionen wie die wirtschaftsnahen und praxisorientierten Fraunhofer-Institute suchen in der Welt ihresgleichen. Doch mit den Worten von Hans-Jörg Bullinger, dem früheren Präsidenten der Fraunhofer-Gesellschaft: „Forschung macht aus Geld Wissen, Innovationen machen aus Wissen Geld".

Denn so gut der Wissenstransfer zwischen Hochschulen und den bestehenden deutschen Unternehmen oft funktioniert, so sehr fehlt es an Aus- und Neugründungen. Und an Storys wie der von Larry und Sergey, zwei Studenten der kalifornischen Universität Stanford, die 1997 während ihres Studiums eine zündende Idee entwickelten. Bereits nach wenigen Wochen wandten sie sich an Professor David Cheriton, um über Möglichkeiten der Finanzierung zu sprechen. Cheriton empfing die beiden nonchalant auf seiner Veranda, gab ihnen den Rat: „If you have a baby, you need to raise it" und stellte ihnen einen Scheck über 200.000 Dollar aus – der die ersten Schritte von Google finanzierte und Larry (Page), Sergey (Brin) und ihn selbst zum Milliardär machte. 2011 waren bereits rund 1.300 Stanford-Absolventen bei Google angestellt.

Auch in Deutschland gibt es viele Studenten, Absolventen, Doktoranden, Assistenten, die an der Universität eine zündende Idee entwickeln.

FIRST MOMENTUM VENTURES

Am Karlsruher Institut für Technologie hat ein fünfköpfiges Gründerteam den studentischen Venture-Capital-Fonds First Momentum Ventures gegründet. Er will sich deutschlandweit mit Beträgen zwischen 25.000 und 100.000 € an Start-ups mit Tech-Fokus beteiligen, Know-how zur Prototypen-Entwicklung bieten und den Kontakt zu Mentoren und Folgeinvestoren herstellen.

QUELLE: KIT, 2020

Aber nur die wenigsten von ihnen schaffen es, daraus markt-
fähige Produkte und florierende Unternehmen zu machen –
denn der Weg von der Forschungsphase bis zur Markteinfüh-
rung führt in der Regel durch das sogenannte Death Valley, in
dem die notwendigen Investitionen steigen und die Erlöse noch
nicht da sind. Für diese Durststrecke bis zum Marktstart benötigen die meisten Start-ups eine Finanzierung. Wenn wir solche
Start-ups fördern wollen, müssen die Universitäten selbst zu
Investoren werden – ein eigener Universitätsfonds kann dazu
beitragen.

VORSCHLAG 5: Der Universitätsfonds

Der Universitätsfonds stellt ausgewählten Universitäten Kapital für Beteiligungen
an Start-ups zur Verfügung, sofern dies auch Privatinvestoren zu denselben
Konditionen tun. Diese Bedingung soll dafür sorgen, dass es beim *University
Venture Capital* nicht zu Gefälligkeits-Investitionen kommt, sondern tatsächlich
ein Markterfolg anvisiert wird. Zusätzliche Privatinvestoren sollen den Fonds
aufstocken. Als Vorbild kann in diesem Fall „Oxford Sciences Innovation" dienen.
Das Venture-Capital-Unternehmen unterhält eine Partnerschaft mit der
University of Oxford und sammelte bereits im Gründungsjahr 2015 bei prominenten
Finanziers wie Google rund 600 Millionen Pfund ein, um sich an Ausgründungen
aus der britischen Universität zu beteiligen.

Die vierte Säule unseres Start-up-Ökosystems gehört den
Mitarbeitern. Start-ups müssen bei der Suche nach hoch
qualifizierten Talenten unterstützt werden. Rund zwei Drittel
der deutschen Start-ups klagen über Schwierigkeiten bei der
Personalsuche, weil etablierte Unternehmen mehr Sicherheit
und höhere Gehälter bieten. Im globalen War for Talents bekommen sie die jungen und risikoaffinen, nicht aber die er-
fahrenen und stabilisierenden Mitarbeiter. Daher setzen viele Start-ups auf eine moderne Unternehmenskultur, flache
Hierarchien, verantwortungsvolle Aufgaben und eben Mitarbeiterbeteiligungen, die Angestellte am Erfolg des Unternehmens teilhaben lassen.

Mitarbeiterbeteiligungen können die Wettbewerbsnachteile der Start-ups zumindest verringern, indem sie bei langfristiger Bindung eine Aussicht auf zusätzliche Entlohnung
eröffnen. Zudem machen sie Mitarbeiter im besten Fall zu

Business Angels und seriellen Entrepreneuren, die ihr Geld nach und nach in weitere, ob eigene oder andere Start-ups stecken und sie über die wechselseitigen Beteiligungen noch enger vernetzen. Im Falle eines Exits bedeutet das, dass Mitarbeiter wie die Gesellschafter einen Teil des Verkaufspreises erhalten. Bei sehr guten Exits kann dieser kleine Teil durchaus in die Millionen gehen, und es ist diese Aussicht,

MITARBEITER-BETEILIGUNGEN

Die Mitarbeiterbeteiligung in Deutschland blickt auf eine fast 200 Jahre alte Geschichte zurück.

Der Überlieferung nach wurde das Personal eines landwirtschaftlichen Betriebs in der Nähe von Breslau als Erstes am Gewinn des Landguts beteiligt. Über die Jahrhunderte fanden Mitarbeiterbeteiligungen in all ihren Facetten breite Anwendung. Je nach politischer Schlagrichtung sollten sie entweder ein Mittel sein, um am kapitalistischen System teilzuhaben, oder aber, um es zu überwinden. Der Grundgedanke war und ist jedoch immer, den Erfolg des Unternehmens zu teilen. Dieser Erfolg kann an der Höhe des Umsatzes oder des Gewinns gemessen werden, am Erreichen bestimmter Leistungskennzahlen oder an der Wertsteigerung des Aktienkurses. Bei Start-ups wird Erfolg oft an den Erlösen beim Exit gemessen – also beim Verkauf an ein etabliertes Unternehmen oder beim Gang an die Börse.

die viele dazu bewegt, Abstriche beim Festgehalt zu machen. Mitarbeiterbeteiligungen im Falle eines Exits sind also enorm wichtig, sowohl für die Angestellten als auch für die Start-ups selbst. Nicht selten ist die Form der Beteiligung eine der ersten Fragen, die in Bewerbungsgesprächen gestellt werden.

Warum Gründer eine neue Rechtsform brauchen

Was sich in der Theorie einfach anhört, erweist sich in der Praxis allerdings oft als schwierig. Mitarbeiterkapitalbeteiligungen verfolgen im Grunde zwei Ziele: Sie sollen erstens motivieren; das wird durch die Teilhabe am Exit-Erlös und die Aussicht auf eine überproportionale Vergütung erreicht. Zweitens sollen wichtige Angestellte an das Unternehmen gebunden werden. Darum wird die Beteiligung nicht schon zu Beginn eingeräumt, sondern über typischerweise zwei bis drei Jahre mit kontinuierlichem Zuwachs erarbeitet (Anwachsungsklausel) und darüber hinaus vereinbart, dass die Beteiligung bei früherer Kündigung ganz oder teilweise verfällt (Verfallsklausel). Beide Klauseln sind mit der GmbH als häufigster Rechtsform der Start-ups kaum wirtschaftlich umzusetzen. Denn jede Anteilsübertragung bedarf einer notariellen Beurkundung und Aktualisierung des Handelsregisters. Zudem bringen echte Anteile auch unabdingbare Informations-, Einsichts-, Anfechtungs- und Stimmrechte mit sich, die Gesellschafterversammlungen sehr kompliziert machen. Anders als die

Die erste Gründerzeit

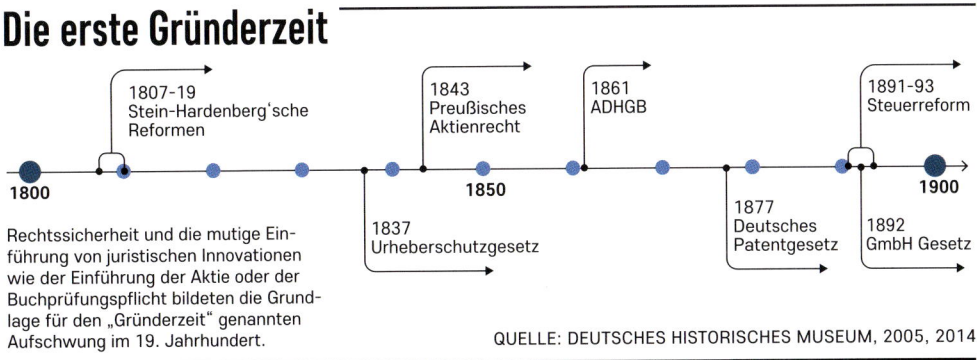

1807-19
Stein-Hardenberg'sche
Reformen

1843
Preußisches
Aktienrecht

1861
ADHGB

1891-93
Steuerreform

1800

1850

1900

1837
Urheberschutzgesetz

1877
Deutsches
Patentgesetz

1892
GmbH Gesetz

Rechtssicherheit und die mutige Einführung von juristischen Innovationen
wie der Einführung der Aktie oder der
Buchprüfungspflicht bildeten die Grundlage für den „Gründerzeit" genannten
Aufschwung im 19. Jahrhundert.

QUELLE: DEUTSCHES HISTORISCHES MUSEUM, 2005, 2014

AG ist die GmbH also schon strukturell nicht auf viele und häufig wechselnde Minderheitsgesellschafter ausgelegt.

Von daher könnte man meinen, dass die AG die Gesellschafts-form der Wahl sei - was wenig verwundern würde. Schon in der Gründerzeit des 19. Jahrhunderts hatte das **Gesellschaftsrecht** zur dynamischen Entwicklung beigetragen – nach gründlicher Vorarbeit. Den Stein-Hardenberg-Reformen ab 1807 folgte eine ganze Kaskade von juristischen Reformen. Nach dem Urheber-schutzgesetz von 1837 wurde 1843 das preußische Aktienrecht eingeführt, 1861 folgte mit dem ADHGB das erste gesamtdeutsche Gesetzbuch, 1877 das Deutsche Patentgesetz. Als Gottlieb Daimler 1884 in seinem Gewächshaus mit Wilhelm Maybach am Verbren-nungsmotor bastelte und sein Vermögen nicht ausreichte, um seine Entwicklung zu finanzieren, waren alle rechtlichen Voraus-setzungen vorhanden, die er zur Gründung seiner Aktiengesell-schaft DMG brauchte. Erst sie brachte ihm finanzstarke Aktionä-re ins Haus und legte das Fundament des späteren Weltkonzerns.

Die Tatsachen allerdings sprechen dagegen, dass jungen Unternehmen heute noch mit der AG gedient wäre. Anders als in der Schweiz sind die allermeisten Kapitalgesellschaften in Deutschland eine GmbH. Das hat verschiedene Ursachen: Die Gründung einer AG ist deutlich aufwendiger und kostspieliger – das erforderliche Stammkapital ist mit mindestens 50.000 Euro doppelt so hoch wie bei der GmbH. Sodann ist die Struktur der AG komplizierter - der Aufsichtsrat als weiteres Organ neben Gesellschafterversammlung und Management ist vorgeschrie-ben. Und schließlich ist das Aktienrecht zwingend, während das GmbH-Recht abweichende Satzungsregelungen zulässt. Die

GmbH ist damit sehr viel flexibler und kann besser auf die Bedürfnisse der Gesellschafter und des Managements ausgerichtet werden. Diese Nachteile können die Vorteile der leichten Übertragbarkeit der Aktien offenbar nicht ausgleichen.

Zudem gibt es ein Lösungsmodell für die Beteiligung an der GmbH: Die Mitarbeiter erhalten keine echten, sondern „virtuellen Anteile", die Angestellte wirtschaftlich so stellen sollen, als wären sie Gesellschafter. Mitarbeiter werden ohne Notar- oder Gerichtskosten am Erfolg des Unternehmens beteiligt, Anwachsungs- und Verfallsklauseln sind leicht umzusetzen, und die Gesellschafterrechte werden auch nicht erworben. Allerdings gibt es für diese Vertragswerke keinen dezidierten Rechtsrahmen. Sie stehen und fallen mit der konkreten Vertragsgestaltung - sind die unklar oder lückenhaft, kann es passieren, dass die Mitarbeiter am Ende leer ausgehen. Hier besteht also ein dringender gesellschaftsrechtlicher Handlungsbedarf.

VORSCHLAG 6: Die Zukunfts-GmbH

Zentrales Merkmal der Zukunfts-GmbH ist die digitale Abbildung von echten anstatt virtuellen Unternehmensanteilen. Hierdurch wird die Beteiligung von Mitarbeitern am Unternehmen wesentlich erleichtert. Digitale Anteile ermöglichen nicht nur Kleinsttransaktionen von Geschäftsanteilen, sondern erlauben auch eine Automatisierung der Zuteilung. Die Digitalisierung der Geschäftsanteile soll neben der Verbesserung der Mitarbeiterbeteiligung auch der schnelleren, rechtssicheren Gründung und der einfacheren Eigenkapitalbeschaffung dienen.

Diese Zukunfts-GmbH soll die Rechtsform der GmbH nicht ersetzen, sondern ergänzen. Ihr Rechtsrahmen soll speziell auf die Bedürfnisse der Mitarbeiterbeteiligung zugeschnitten werden. Das heißt, dass eine rein wirtschaftliche Beteiligung ebenso möglich sein muss wie eine Mikrotransaktion, die im Handelsregister idealerweise kostenfrei umgesetzt wird. Diese Ziele können mit einer vollständig digitalen Infrastruktur etwa auf DLT-Basis (→ Blockchain) leicht erreicht werden. Die zentralen Parameter der Beteiligung werden einmal programmiert und dann weitestgehend automatisiert umgesetzt. Hierzu können Notare direkte Schreibrechte für das Mitarbeiterbeteiligungsregister bekommen, sodass die zuständigen Gerichte entlastet werden und ein Kostenpunkt eliminiert wird. Wir stärken so die Rechtsposition der Mitarbeiter, weil sie nunmehr echte Gesellschafter werden und sich nicht auf die Vertragswerke der Start-ups verlassen müssen. Außerdem können Musterverträge durch einen digitalen Generator zur Verfügung gestellt werden, der ausgewogene Inhalte kostengünstig bereitstellt. Auf diese Weise sind die Mitarbeiterbeteiligungsprogramme auch skalierbar, sodass man nicht nur Führungskräfte, sondern grundsätzlich alle Angestellten am Erfolg des Unternehmens beteiligen kann.

Zusätzlich zum Regelungsrahmen für eine digitale Kapitalgesellschaft muss sichergestellt sein, dass die Zukunfts-GmbH auch in steuerlicher Hinsicht zukunftsfähig ist. Insbesondere „trockenes" Einkommen sollte vermieden werden - zu versteuerndes Einkommen, das noch gar nicht realisiert wurde, darf auch zu keiner Steuerschuld führen.

Darüber hinaus halten Gesellschafter ihre Anteile grundsätzlich in Holding-Gesellschaften. Der Vorteil ist, dass ein Erlös aus dem Verkauf von Anteilen dann nahezu steuerfrei ist - es greift weder die Körperschafts- noch die Einkommenssteuer. Erst wenn es zu einer Auszahlung an den Gesellschafter kommt, sind die Entnahmen steuerlich relevant, Erlöse können fast vollständig weiter investiert werden.

> **„Der internationale Talentpool ist für unsere Start-ups trockengelegt durch unattraktive Regelungen für Mitarbeiterbeteiligungen.** Es ist internationaler Standard, dass Mitarbeiter in jungen Unternehmen nicht mit dem Gehalt, sondern mit einer Beteiligung am Unternehmen gewonnen werden. **Die Rahmenbedingungen dafür sind in Deutschland nicht wettbewerbsfähig."**
>
> Christian Miele, Präsident des Start-up Bundesverbands, 2020

Fehlt es dagegen an einer Holding, sind Erlöse mit bis zu 45 Prozent Einkommenssteuer belastet, sodass für andere Investitionen nur gut die Hälfte der Erlöse zur Verfügung steht.

Die Erfahrung zeigt ohnehin, dass größere Erträge durch Beteiligungen oft im Start-up-Ökosystem bleiben. Die Mitarbeiter von heute sind nicht selten die Gründer von morgen. Das nochmalige oder erstmalige Gründen sollte daher nach einem Exit auch steuerlich begünstigt werden. Der Betrag, der in eine neue operative Gesellschaft fließt, sollte steuerlich absetzbar sein. Damit würden Mitarbeiter gegenüber der allgegenwärtigen Holding-Konstruktion sogar begünstigt, während gleichzeitig frisches Kapital in Start-ups fließt.

Ein Fonds für alle Start-ups

Wenn die Beteiligung von Mitarbeitern am Unternehmen erleichtert wird, entsteht allerdings ein ganz eigenes Risiko: Es wird alles auf die Karte eines einzigen Unternehmens gesetzt. Zur Wahrheit gehört aber auch, dass die allermeisten Start-ups scheitern, bevor Mitarbeiterbeteiligungen werthaltig werden. Allein dieser Aspekt kann viele Menschen davon abhalten, im Start-up-Sektor zu arbeiten. Könnte man das Risiko des Totalverlusts minimieren und stattdessen die überproportionale Verdienstaussicht erhalten, würde das Start-up-Ökosystem in Deutschland insgesamt einen enormen Schub bei der Einstellung von exzellentem Personal verzeichnen. Deshalb plädieren wir für die Einrichtung eines Mitarbeiterbeteiligungsfonds.

VORSCHLAG 7: Der Mitarbeiterbeteiligungsfonds

Dieser von der öffentlichen Hand geförderte Fonds kann Anteile an allen Unternehmen erwerben, die ihre Mitarbeiter am Unternehmenskapital beteiligen. Das soll folgendermaßen funktionieren: Wenn Start-ups normale Mitarbeiterbeteiligungen in Höhe von 5 Prozent ausgeben und dann weitere 5 Prozent in den Fonds einzahlen, sichern sie sich zwei Gegenleistungen: Erstens erhalten sie aus dem Fonds einen entsprechenden Beitrag als Kapitalerhöhung, und zweitens werden entsprechende Fondsanteile auf die Mitarbeiter übertragen.

Kommt es bei einem der Unternehmen, an denen der Fonds beteiligt ist, zu einem Exit, können die Mitarbeiter einerseits direkt am Erfolg partizipieren – über die Anteile, die sie persönlich halten. Andererseits partizipieren sie auch indirekt – über die Beteiligung des Fonds, genau wie auch dessen andere Teilhaber. Eine solche indirekte Erfolgsbeteiligung erhalten sie aber auch, wenn es bei einem anderen Unternehmen, an dem der Fonds Anteile hält, zu einem Exit kommt. Dadurch wird eine effektive Diversifizierung des Risikos erreicht, das mit der Kapitalbeteiligung einhergeht; die Attraktivität von Start-ups als Arbeitgeber erhöht sich.

Die Attraktivität des Fonds kann zudem dadurch gefördert werden, dass die Start-ups, die eine bestimmte Anzahl von Anteilen in den Fonds einbringen, einen dem Wert der Anteile entsprechenden Betrag erhalten. Die Bewertung der Anteile sollte sich dabei am Nominalwert bzw. am Wert der letzten Finanzierungsrunde bemessen. Beispiel: Werden 5 Prozent des Stammkapitals an Mitarbeiter zu einer Bewertung von 10 Mio. Euro ausgegeben, dann erwirbt auch der Fonds für 500.000 Euro im Wege der Kapitalerhöhung 5 Prozent Anteile an dem Start-up. Gleichzeitig erhalten die Mitarbeiter des Start-ups kostenlos Anteile an dem Fonds und dadurch eine Beteiligung an allen Unternehmen, in die der Fonds eingestiegen ist.

Jede Gründerzeit basiert auf neuen Geschäftsideen. Davon gibt es heute mehr denn je, aber nicht so sehr bei uns. Wo sie wachsen können, hängt sehr vom Klima ab - von Mitarbeitern, Kapital und Rechtssicherheit. Für das unmittelbare Ökosystem der jungen Unternehmen haben wir unsere Vorschläge gemacht. Sie allein genügen allerdings noch nicht, wir müssen größer denken: in der Regulierung, bei den Talenten und in der Finanzierung. Freuen Sie sich auf die nächsten Anregungen in diesem Buch. ∎

ZUM WEITERLESEN

- Acatech, 2019: Innovationskraft in Deutschland verbessern: Ökosystem für Wachstumsfinanzierung stärken
- BVK, Roland Berger, Internet Economy Foundation, 2018: Treibstoff Venture Capital – Wie wir Innovation und Wachstum befeuern.
- Newsletter & Podcast des Tech Briefings von Christian Miele

Eine Doppelrente für Deutschland

Wie Deutschland dem Kollaps des Rentensystems entgeht
und die Rente langfristig sichert

Unser derzeitiges
Rentensystem
ist **ein Kind der
Nachkriegszeit.**

Seit Einführung der gesetzlichen Rente durch die Bismarck'schen Sozialreformen wurde das schützende Dach über dem Rentenalter in Deutschland immer breiter. Dieses Dach ruht auf drei Säulen: auf der gesetzlichen Rentenversicherung mit einem Volumen von ca. 330 Mrd. Euro pro Jahr, auf den betrieblichen Rentenversicherungen mit einem Volumen von ca. 30 Mrd. Euro pro Jahr und auf der privaten Altersvorsorge, insbesondere der Riesterrente, mit einem Volumen von ca. 10 Mrd. Euro pro Jahr. Die größte und wichtigste unter diesen Säulen ist die gesetzliche Rentenversicherung. Sie basiert auf dem sogenannten Umlagesystem. Zwei Drittel der Rentenauszahlungen werden durch einen Direkttransfer der monatlich gezahlten Beiträge der jüngeren Generationen gedeckt. Diese Umlage kann aber aufgrund des demografischen Wandels den Bedarf nicht vollends decken. Das fehlende Drittel wird darum über einen Steuerzuschuss aus dem Bundeshaushalt querfinanziert. Dieser beläuft sich im Jahre 2018 auf ca. **70 Mrd. Euro**.

Unser derzeitiges Rentensystem ist ein Kind der Nachkriegszeit. Am 21. Januar 1957 erlebte der Bundestag eine der wichtigsten und weitreichendsten Abstimmungen seiner Geschichte. Die Gesetze zur Neuregelung der Rentenversicherung wurden mit den Stimmen von CDU und SPD verabschiedet. Von nun an zahlte die junge, erwerbstätige Generation Beiträge in die Rentenkasse ein, aus denen die Renten für die nicht mehr erwerbstätige alte Generation gezahlt wurden – das sogenannte Umlageverfahren. Zudem wurde die Rentenhöhe jährlich an die Lohnentwicklung angepasst: steigende Löhne, steigende Einnahmen, steigende Renten. Für diese neu gefundene Rentenformel setzte sich schnell der Begriff „Generationenvertrag" durch – die Jungen finanzieren die Alten, und wenn sie eines Tages selbst alt sind, werden sie wiederum von der nächsten Generation finanziert.

70
Milliarden €

Rentenzuschuss
aus Bundesmitteln
im Jahr 2018

Die drei ungleichen Säulen

Im deutschen Rentensystem gibt es drei Säulen: gesetzliche, betriebliche und private Altersvorsorge. Allerdings sollte sich ein Baumeister sehr genau überlegen, ob er auf diese Säulen auch noch ein Dach setzt. Denn wenn die erste Säule zu bröckeln beginnt, können die beiden anderen ihre Schwäche nicht abfangen. Die Union möchte sie deshalb seit Langem stärken, und das erscheint auch uns dringend nötig. Unser Vorschlag einer Doppelrente soll die bisherigen Bemühungen nicht ersetzen, sondern kommt als weiterer Vorschlag hinzu.

Das deutsche Rentensystem

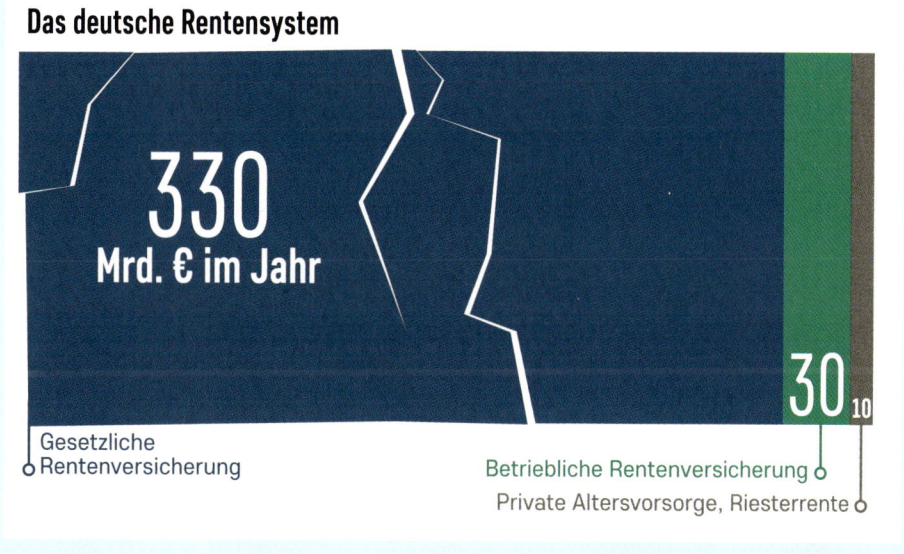

330 Mrd. € im Jahr

Gesetzliche Rentenversicherung

Betriebliche Rentenversicherung — 30

Private Altersvorsorge, Riesterrente — 10

QUELLE: DEUTSCHE RENTEN-VERSICHERUNG, 2019

Der damalige Wirtschaftsminister Ludwig Erhard plädierte für ein anderes System: das sogenannte Kapitaldeckungsverfahren. Hier sollten die Beiträge während des eigenen Erwerbslebens angespart und dann – im Idealfall verzinst – bei Renteneintritt schrittweise ausgezahlt werden. Jede Generation hätte so für sich selbst gespart. Aber damit konnte er sich gegen Bundeskanzler Konrad Adenauer und sein Umlageverfahren nicht durchsetzen.

Für die Abgeordneten, die dem Vorschlag Adenauers folgten und die neue Rente verabschiedeten, war es genau die richtige Entscheidung, um den sozialen Frieden und den Zusammenhalt der Gesellschaft zu sichern. Und in der Tat: Die Rentenreform von 1957 passte hervorragend zur Situation einer jungen, kinderreichen, wachsenden Gesellschaft, wie sie die Bundesrepublik Deutschland damals war. Den Generationen von Weltkrieg und Wiederaufbau wurde damit garantiert, dass sie am gerade begonnenen Wirtschaftswunder teilhaben konnten. Sie durften die Früchte ihrer Lebensleistungen auch im Alter genießen.

Das demografische Problem unserer Rente

Doch alle drei Säulen, auf denen die Rentenformel basiert, begannen schon bald zu bröckeln. Es gab weniger Nachwuchs: Brachten Frauen damals im Schnitt noch gut zwei Kinder zur Welt, sind es seit 1970 relativ konstant knapp 1,5 Kinder. Es gab weniger Wachstum: Waren in den Jahren des Wirtschaftswunders noch Wachstumsraten zwischen fünf und zehn Prozent die Regel, sind es seit den Ölkrisen der 1970er-Jahre meist zwischen einem und drei Prozent. **Und die Deutschen werden immer älter:** Die Länge der Ruhestandsphase, die im Jahr 1960 noch 30 Prozent des Arbeitslebens entsprach, stieg seit Beginn des 21. Jahrhunderts auf mehr als 40 Prozent an. Insgesamt gibt es also weniger Einzahler und mehr Empfänger, die außerdem

Rentenzuschuss aus Bundesmitteln
Ein Anstieg von 4.000 Prozent seit 1957

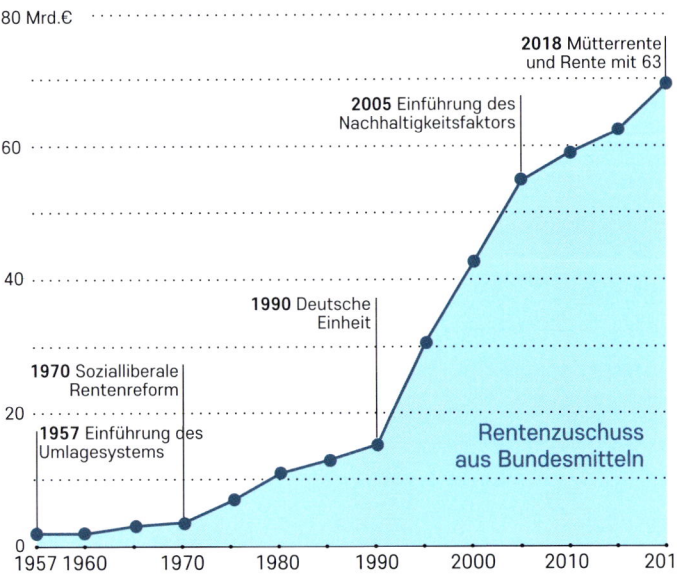

Der Rentenzuschuss aus Steuermitteln ist heute auf gut 70 Mrd. € angestiegen. Hinzu kommen weitere 30 Mrd. € Bundeszuschuss für versicherungsfremde Leistungen wie z. B. Kinder-erziehungszeiten.

QUELLE: STATISTA, 2019

noch länger Rente beziehen. Die Annahmen bei Einführung des Rentensystems passen immer weniger zur deutschen Realität.

Seit nunmehr vier Jahrzehnten wird es deshalb immer wieder passend gemacht: mit Beitragserhöhungen und Leistungskürzungen, mit Änderungen der Rentenformel – und mit staatlichen Zuschüssen. Sie betrugen zum Zeitpunkt der Adenauer'schen Rentenreform noch weniger als zwei Milliarden Euro. In den 70er- und 90er-Jahren indessen nahmen sie mehr und mehr zu. Trotz der guten wirtschaftlichen Entwicklung seit 2005 und der vom früheren SPD-Vorsitzenden Franz Müntefering eingeführten „Rente mit 67" stiegen sie weiter auf 70 Milliarden Euro im Jahr 2018 – eine Steigerung von 4000 Prozent seit 1957! Hinzu

Veränderung des Steuerzuschusses

3 Modellszenarien für den demografischen Wandel

	Szenario 1	Szenario 2	Szenario 3	Szenario 4
Wachstum Renten-einzahlungen ab 2026:	1,5 %	**1,0 %**	1,0 %	1,0 %
Wachstum Renten-auszahlungen ab 2031:	2,0 %	**2,0 %**	3,0 %	4,0 %
Steuerzuschuss:	280 Mrd. € im Jahr	**330 Mrd. € im Jahr**	470 Mrd. € im Jahr	640 Mrd. € im Jahr

Die Einnahmen der Rentenkasse wachsen gemäß den Lohnsteigerungen, allerdings verringert um die sinkende Zahl an einzahlenden Arbeitnehmern. Aus Lohnerhöhungen wird die Steigerung der Renten und damit der Auszahlungen berechnet. Der Effekt vergrößert sich durch die steigende Zahl der Rentenbezieher (gemindert um einen Nachhaltigkeitsfaktor).

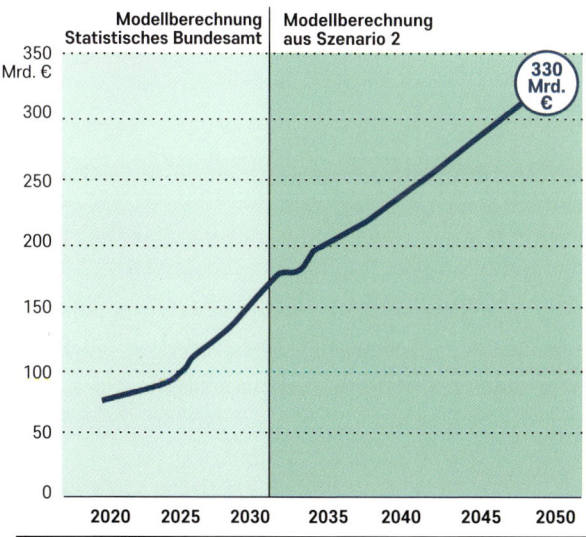

Modellberechnung Statistisches Bundesamt | Modellberechnung aus Szenario 2

Die Prognose links stammt bis zum Jahre 2032 vom Statistischen Bundesamt, danach aus Szenario 2 als dem wahrscheinlichsten Fall. ZUM VERGLEICH: Im gesamte Bundeshaushalt 2019 waren Ausgaben von 356 Mrd. € vorgesehen.

In diesen Modellberechnungen wird davon ausgegangen, dass alle anderen Faktoren der sehr komplizierten Rentenformel unverändert bleiben.

QUELLE: EIGENE MODELLRECHNUNG

kommt ein weiterer Zuschuss von über 30 Milliarden Euro für sogenannte versicherungsfremde Leistungen wie die Mütterrente oder zukünftig die Grundrente. Diese Summe von insgesamt 100 Milliarden Euro wird lediglich konsumiert und nirgends angelegt. Sie entspricht fast einem Drittel des Bundeshaushalts für 2020, der mit einem Volumen von 356 Milliarden geplant wurde.

Und ein Ende der steigenden Zuschüsse ist nicht in Sicht, ganz im Gegenteil. Denn die größte Herausforderung steht dem Rentensystem noch bevor: die Rente der Babyboomer. Noch stehen diese besonders geburtenstarken Jahrgänge der 1960er-Jahre in Lohn und Brot. Doch wenn sie in den kommenden 15 Jahren aus dem Arbeitsmarkt ausscheiden, wechseln sie in Massen von der Seite der Renteneinzahler auf die Seite der Rentenempfänger. Einigermaßen stabile Renten werden angesichts dieser demografischen Entwicklung nur bei weiter steigenden Steuerzuschüssen möglich sein. Was genau das heißt, haben wir einmal hochgerechnet.

59,2 : 100

Im Jahr 2050 ist dies das Verhältnis von Rentnern zu Werktätigen.

QUELLE: STATISTA, 2017

Schon bei einer eher konservativen Modellrechnung wären, um die Rente auf heutigem Niveau zu sichern, im Jahr 2050 satte 330 Milliarden Euro als Steuerzuschuss nötig. Noch einmal zum Vergleich: Der Bundeshaushalt 2020 hat ein Gesamtvolumen von etwa 356 Milliarden Euro. Würde man den Zuschuss auf 200 Milliarden Euro pro Jahr deckeln, entstünde bis 2050 eine Deckungslücke von insgesamt einer Billion Euro. Durch die Ansprüche der derzeit noch einzahlenden Menschen bestehen diese Verbindlichkeiten bereits jetzt als sog. implizite Staatsverschuldung. Wie auch immer wir es drehen und wenden: Langfristig wird das Umlagesystem Lasten erzeugen, die unser Staat nicht tragen kann. Der Generationenvertrag, mit dem sich die Bundesrepublik des Jahres 1957 Luft verschaffte, führt nun im 21. Jahrhundert zu Atemnot.

Das wird auch durch die Ergebnisse der Rentenkommission bestätigt. Diese erkennt an, dass in regelmäßigen Intervallen das Rentenniveau und die einzuzahlenden Rentenbeiträge neu diskutiert werden müssen. Dies ist ein demokratischer Verhandlungsprozess, der die Lasten zwischen den Generationen verteilt. Diese Verteilung zwischen Rentnern und Arbeitenden gerecht auszutarieren, wird eine politische Aufgabe der nächsten Jahrzehnte bleiben. Wir fragen uns, ob wir, davon unabhängig, unser Rentensystem effizienter und damit zukunftssicherer machen können. Lässt sich unser Umlagesystem weiter entwickeln?

Dazu müssen wir verstehen, was die genauen Vor- und Nachteile eines Umlageverfahrens, wie Adenauer es für Deutschland durchgesetzt hat, und einer Kapitaldeckung, des von Ludwig Erhard bevorzugten Systems, tatsächlich sind.

Für ein umlagefinanziertes System spricht, dass es gegenüber der Inflation gesichert ist, da Rentenbeiträge von der derzeit arbeitenden Bevölkerung erbracht werden. Allerdings ist damit auch ein Nachteil erläutert. Böse formuliert, lebt die kollektive Rentenversicherung im Umlageverfahren von der Hand in den Mund: Was Arbeitnehmer als Rentenbeiträge einzahlen, wird den Rentnern ausgezahlt. Damit sind zukünftige Einzahler in einem Land wie Deutschland mit länger lebenden Beziehern und perspektivisch schrumpfender Erwerbsbevölkerung steigenden Lasten ausgesetzt. Dafür sind die Risiken des Kapitalstocks dem Umlageverfahren wiederum fremd: Es gibt nicht nur keine Wertschwankungen des Anlagevermögens, sondern auch keine politischen Begehrlichkeiten. Diesen fiel der Kapitalstock der Rentner im Deutschen Reich zum Opfer. Er wurde im Ersten Weltkrieg zu dessen Finanzierung missbraucht und so weitgehend vernichtet.

Damals war der Kapitalstock noch rein national – in einer Welt mit harten Grenzen auch für Kapital. Heute kann Anlagevermögen so gestreut werden, dass man an wachsendem Wohlstand überall in der Welt teilhaben, das Risiko also viel besser streuen und damit reduzieren kann. So lassen sich weltweite Renditen auch in Rentenkassen wiederfinden.

> „Es ist wissenschaftlicher Konsens, dass Altersvorsorge möglichst **aus einem Mix aus Umlageverfahren und Kapitaldeckungsverfahren** erfolgen sollte."
>
> **Prof. Dr. h. c. Axel Börsch-Supan** ▬

Eine Kombination der Systeme

Betrachtet man die Vorteile und Risiken beider Systeme, würden wir mit Einführung eines Kapitalelements in unsere Umlagefinanzierung die Systeme miteinander kombinieren. „Es ist wissenschaftlicher Konsens", sagt Prof. Axel Börsch-Supan, Direktor des Munich Center for the Economics of Aging, „dass Altersvorsorge möglichst aus einem Mix aus Umlageverfahren und Kapitaldeckungsverfahren erfolgen sollte" – und wir schlagen einen Weg vor, auf dem der Übergang in ein derartiges System erreicht werden kann. Einen Weg, der Erhard und Adenauer zusammenführt.

VORSCHLAG 8: Die Doppelrente

2,5% des Bruttolohns – derzeit etwa 32 Mrd. € pro Jahr – fließen statt in die Rentenversicherung in den Aufbau eines Kapitalstocks.

Dieser Kapitalstock wird von einem Staatsfonds verwaltet und gewinnbringend investiert.

Zum Ausgleich in der Rentenversicherung baut der Staat eine Rentenbrücke, für die er in gleicher Höhe – also ebenfalls derzeit 32 Mrd. € – Anleihen auf dem Kapitalmarkt emittiert.

Nachdem der Kapitalstock ausreichend gewachsen ist, zahlt der Staatsfonds die Staatsverschuldung der Rentenbrücke zurück.

Die Doppelrente ersetzt nicht die private Vorsorge, sondern macht die Säule der gesetzlichen Rentenversicherung zukunftsfest. Wir wollen weiterhin den Wettbewerb von öffentlicher und privater Rente.

Die Chancen, die der Aufbau eines solchen Kapitalstocks bietet, zeigen die Beispiele der Staatsfonds in Norwegen und Schweden. So lag die durchschnittliche Rendite des norwegischen Pensionsfonds zwischen 1998 und 2018 bei 5,5 Prozent pro Jahr, sein schwedisches Pendant erreichte sogar 6,1 Prozent. Und das, obwohl in diesen zwanzig Jahren mit der Dotcomblase (2001/02) und der Finanzkrise (2008/09) zwei heftige Verlustperioden stattfanden. Und auch unter Einbeziehung der Verluste während der ja noch anhaltenden Corona-Krise ändert sich das Bild nicht. Zwar gibt es dramatische Verluste. Dennoch haben die Norweger über die letzten 20 Jahre ein sehr gutes Geschäft gemacht, selbst wenn sich die bisher aufgelaufenen Verluste wegen Corona noch einmal verdoppeln würden.

Bei der Anlagestrategie können wir uns ebenfalls an den Fonds aus Norwegen und Schweden orientieren: Globale Investitionen mit breiter Streuung und langfristigem Anlagehorizont sind der Schlüssel zu hoher Sicherheit und stabilen Renditen. So ist beispielsweise der norwegische Fonds Anfang April 2020 an 9.202 Unternehmen in 74 Ländern beteiligt. Jedes Markttiming wird bewusst vermieden, stattdessen wird kontinuierlich anhand nachhaltiger Richtlinien, die auch ethische und ökologische Aspekte mit einbeziehen, investiert. Ende April 2020 betrug das Fondsvolumen knapp 1,025 Billionen Dollar.

Der deutsche Fonds soll genau wie seine skandinavischen Vorbilder keine staatlichen Finanzlöcher der öffentlichen Hand stopfen, sondern die Alterssicherung zukünftiger Generationen gewährleisten: Der Kapitalstock ist ein gemäß Art 14 GG geschütztes Eigentum der heutigen Beitragszahler und zukünftigen Rentenbezieher. Das heißt, es wird garantiert, dass alle Entscheidungen nur im Interesse ihrer zukünftigen Renten und nicht nach anderen, tagespolitischen Gesichtspunkten getroffen werden dürfen. Keine Beteiligung darf höher als 5 Prozent ausfallen, es gibt keine Mitwirkung des Fonds in den Aufsichtsgremien der Unternehmen, an denen er beteiligt ist, und wenn nicht über Börsen gekauft wird, braucht es immer einen privaten Mitinvestor, der zu gleichen Konditionen und in gleicher Höhe investiert. So wird gewährleistet, dass der Fonds nicht zu einem eigenständigen finanzpolitischen Player wird, der Eigeninteressen vor die seiner Kapitaleigner stellen würde.

Um jeden späteren Missbrauch zu verhindern, sollte der Fonds der Aufsicht der Bundesbank unterstellt werden. Hierdurch wird der Fonds dem Zugriff der jeweiligen politischen Mehrheit entzogen, die versucht sein könnte, das Kapital des Fonds für Wohltaten zugunsten der eigenen Wählerbasis einzusetzen oder für andere politische Projekte umzuleiten. Dies bedeutet, dass hieraus keine Gelder für Hilfspakete wie etwa in der Finanz- oder aktueller der Corona-Krise entnommen werden können. Das ist die Lehre aus dem Ersten Weltkrieg und dessen Finanzierung aus der Rentenkasse. Der Fonds muss immer renditeorientiert investieren.

Zur Einrichtung eines Pensionsfonds norwegischer und schwedischer Prägung können 2,5 Prozent des Bruttolohns, das entspricht 13,4 Prozent aller Beiträge zur Rentenversicherung, weniger als ein Siebtel der gesamten Beitragszahlungen, in den Aufbau eines neuen Kapitalstocks fließen. Weil dann der Rentenkasse anfangs diese Beträge zur Auszahlung an heutige Rentner fehlen, begibt sie zum Ausgleich Anleihen. Diese Zwischenfinanzierung werden die Kapitalmärkte mit Kusshand

> Wie wirksam die Doppelrente und die Rentenbrücke sind, hängt vor allem davon ab, wie sich die **Rendite des Staatsfonds** auf der einen Seite und **die Zinsen für Staatsanleihen** auf der anderen Seite entwickeln.

5 %
Höher darf keine Beteiligung des Staatsfonds an Einzelpositionen ausfallen.

Mehr Rendite für die Rente

Durchschnittliche Jahresrenditen des norwegischen und schwedischen
Pensionsfonds im Vergleich zur Rendite deutscher Staatsanleihen

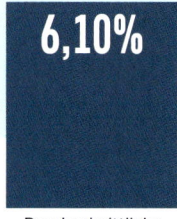

6,10%

Durchschnittliche
Jahresrendite
**Schwedischer
Pensionsfonds**
(1998–2018)

5,47%

Durchschnittliche
Jahresrendite
**Norwegischer
Pensionsfonds**
(1998–2018)

Besonders im Vergleich mit den bereits
etablierten Pensionsfonds in Norwegen
und Schweden zeigt sich die Chance,
durch ein globales Investment langfristig
hohe Überschussrenditen zu erzielen.

0,46%

Durchschnittliche
Rendite
**deutscher
Staatsanleihen 2018**

Modellrechnung für die Doppelrente

Zinsszenarien

	Szenario 1 Nettorendite 1 %	Szenario 2 Nettorendite 3,5 %	Szenario Norwegen Nettorendite 5,47 %	Szenario Schweden Nettorendite 6,1 %
Brückenverschuldung 2050 (bei 0,5 % Zins)	1.199 Mrd. €	**1.199 Mrd. €**	1.199 Mrd. €	1.199 Mrd. €
Kapitalstock 2050	1.294 Mrd. €	**1.933 Mrd. €**	2.713 Mrd. €	3.036 Mrd. €

Die Doppelrente in der Modellrechnung

Berechnung auf Grundlage von 3,5% Zinsdifferenz (Szenario 2)

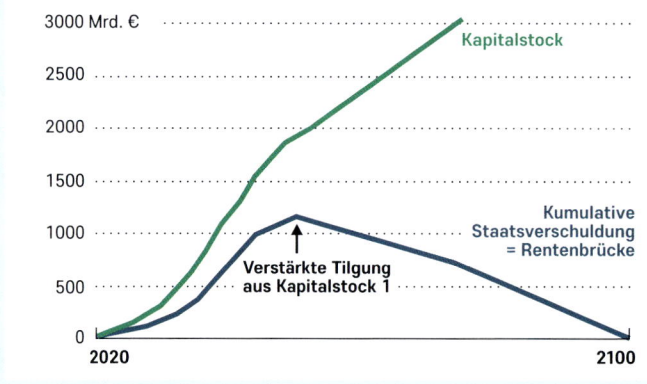

Einführung der Doppelrente
erfordert Umwandlung ver-
steckter Staatsverschuldung in
offene Staatsverschuldung.

Diese Rentenbrücke
ermöglicht Beschränkung
des Steuerzuschusses.

Gleichzeitig:
enormer Kapitalstock zur Investition in die Volkswirtschaft.

QUELLE: EIGENE
MODELLRECHNUNG

zur Verfügung stellen. Diese Übergangsfinanzierung nutzt die derzeitige Niedrigzinsphase, um sich zu extrem niedrigen Zinsen, im Moment sogar zu null Prozent, zugunsten der Bürger zu verschulden. Der Fonds baut für eine Übergangszeit eine Rentenbrücke, die gleichzeitig aus einem Kapitalstock und einer niedrigeren Staatsanleihenverschuldung besteht. In den kommenden Jahrzehnten wird diese Verschuldung aus den Erträgen des Fonds wieder getilgt.

Wie wirksam die Doppelrente und die Rentenbrücke sind, hängt natürlich vor allem davon ab, wie sich die Rendite des Staatsfonds auf der einen Seite und die Zinsen für Staatsanleihen auf der anderen Seite entwickeln. Vergleicht man für die vergangenen 20 Jahre die Rendite des norwegischen Staatsfonds (5,5 Prozent pro Jahr) mit den Zinsen, die Deutschland für seine Anleihen zahlen musste (0,5 Prozent pro Jahr), ergibt sich eine Nettorendite von 5 Prozentpunkten. In einem marktwirtschaftlichen System muss qua Definition verbrieftes Eigenkapital – also Aktien, Anlagen in Privatfirmen oder Immobilien – langfristig höhere Renditen einbringen, als es Staatsanleihen tun würden. Durch eine globale Anlage kann Deutschland ferner an dem wirtschaftlichen Erfolg anderer Länder teilhaben. Legt man konservativ eine Verzinsung von 3,5 Prozent zugrunde, so könnte der Staatsfonds bis 2050 bereits einen Kapitalstock von sagenhaften 1.933 Milliarden Euro erwirtschaftet haben. Erreicht man die Performance der Schweden sind es sogar noch einmal über 1.000 Milliarden Euro mehr.

Die Rentenbrücke, also die durch Staatsschulden aufgebrachte Übergangsfinanzierung, erreicht in dieser Rechnung ihr Maximum von 1.199 Milliarden Euro im Jahr 2050 und wird danach schrittweise wieder auf null gebracht. Das mag nach einer massiven Erhöhung der Staatsverschuldung klingen; aber anders als im Falle der weiter aufgedrehten Zuschüsse handelt es sich hier um Beträge, denen mit dem Rentenfonds auch ein entsprechendes Anlagevermögen gegenüberstehen wird. Ferner bestehen schon jetzt Rentenansprüche der Bürger, die der Staat im Umlagesystem ja auch bereits querfinanziert, Tendenz stark steigend. Die Verschuldung besteht also bereits implizit. Durch die Einrichtung des Fonds machen wir uns hier ehrlich und können garantieren, dass die bereits erworbenen

Durch globales Anlegen kann Deutschland am wirtschaftlichen Erfolg anderer Länder teilhaben.

Rentenansprüche der Bürger auch befriedigt werden können. Mit der Doppelrente wird es dem Staat ermöglicht, seiner Verpflichtung auch tatsächlich gerecht zu werden.

Langfristigkeit und Risikostreuung

Das offensichtliche Risiko der stark aktienlastigen Investitionsstrategie von Staatsfonds ist die Performance in Krisenzeiten. So brach zum Beispiel die Rendite des norwegischen Pensionsfonds während der Finanzkrise 2008 um 23,3 Prozent im Vergleich zum Vorjahr ein. Durch geschickte Absicherung konnte der Fonds jedoch bereits acht Jahre später den Einbruch wieder kompensieren. In Zeiten der Corona-Krise und damit einhergehender steil sinkender Aktienkurse ist diese Frage brandaktuell. So hat der norwegische Pensionsfonds bis Ende März 2020 bereits 100 Milliarden Euro an Wert verloren, das sind etwa 16 Prozent gegenüber seinem Höchststand, womit der gesamte Jahresgewinn für 2019 verloren gegangen ist.

Dennoch ist die Performance des Fonds über den Zeithorizont von 20 Jahren hinweg immer noch sensationell, gerade wenn man sich das Startkapital im Jahr 1999 vor Augen führt: 23 Milliarden Euro. An dieser hervorragenden Bilanz würde sich auch dann nichts ändern, wenn die Verluste noch einmal doppelt so hoch wären. Langfristig zeigt der Trend wieder steil nach oben. So bleibt die grundlegende Argumentation auch heute die gleiche: Betrachtet man den langen Investitionshorizont des norwegischen und des schwedischen Pensionsfonds, wie es für die Anlage von Renten sinnvoll ist, so werden selbst starke Einbrüche in Krisenzeiten weit überkompensiert.

Stattdessen bietet die Krise einen idealen Startpunkt für den Start eines solchen Fonds. Die Kurse an den Kapitalmärkten sind krisenbedingt stark gesunken. Durch ein breites Portfolio nach norwegischem und schwedischem Vorbild wird eine enorme Risikostreuung ermöglicht, die ein-

Was bedeutet die Doppelrente für die anderen Reformvorschläge in der Rentenpolitik?

Unser Vorschlag einer neuen Rentenformel bedeutet weder eine Zustimmung noch eine Ablehnung zu den verschiedenen Reformen, die derzeit in der Rentenpolitik debattiert werden – ob Mindest-, Grund- oder Sockelrente, umgebaute Riesterrente, höhere Eigenvorsorge, bessere Betriebsrente, Bürgerversicherung, höheres Rentenalter oder Einführung von Lebensarbeitszeitkonten. Wir haben die Entwicklung des unveränderten Systems und unserer Doppelrente auf Basis der aktuellen Rechtslage berechnet und verglichen.

Eine Kombination unserer Doppelrente mit anderen Reformvorschlägen wäre jederzeit möglich.

zelne Bürger gar nicht abbilden können. Zudem spart ein solcher Fonds wegen seiner Größe Milliarden an Gebühren, verglichen mit den Kosten normaler Portfolios. Der norwegische Pensionsfonds macht es uns vor: Trotz des Corona-Rückschlags soll weiterhin in Aktien investiert werden, wobei der Anteil sogar von aktuell 65 auf 70 Prozent hochgefahren wird.

Unser Vorschlag der Doppelrente **macht die Finanzierung der Rente im 21. Jahrhundert sicherer.** ▬

Unser Vorschlag der Doppelrente macht die Finanzierung der Rente im 21. Jahrhundert sicherer – weil er die impliziten Rentenansprüche mit tatsächlichen Vermögenswerten unterlegt. Er macht sie einträglicher – weil er die Differenz zwischen Anlageinvestitionen und Staatsanleihen nutzt. Er macht unsere Wirtschaft dynamischer, weil durch das Kapital des Staatsfonds höhere Investitionen in Zukunftstechnologien ermöglicht werden. Und vor allem: Jeder Rentner profitiert dank Doppelrente vom wirtschaftlichen Erfolg durch die neuen Technologien und vom Wachstum in anderen Regionen dieser Welt – so, wie es die Vermögenden schon heute tun. Der Effekt wird in den nächsten Jahrzehnten einen zwischendurch sicher schwankenden, aber dauerhaft vierstelligen Milliardenbetrag zugunsten der Rentenkasse ausmachen. Die Babyboomer und die nachfolgenden Generationen sollten sich diesen Beitrag zu ihrer Rente nicht entgehen lassen. ∎

ZUM WEITERLESEN

• **Axel Börsch-Supan, 2020: Alternativlose Rentenpolitik: Anpassung an die demografischen Veränderungen, in: Deutsche Rentenversicherung 1/2020, S. 77-91**
• **Clara Severinson / Fiona Stewart, 2012: Review of the Swedish National Pension Funds, OECD Working Papers on Finance, Insurance and Private Pensions, No. 17,e**

Daten für alle statt Daten für die Kraken

Wie open data, Interoperabilität und Datenteilung uns in die Zukunft helfen

DAS DATEN-THEMA IST EXPLOSIV; allein schon, weil es unsere Vorstellungskraft sprengt. Oder können Sie sich vorstellen, was ein Zetabyte ist? Das sind eine Trilliarde Bytes, ausgeschrieben 1.000.000.000.000.000.000.000, eine Eins mit 21 Nullen. Im digitalen Raum sind 2018 weltweit etwa 33 Zetabytes Daten produziert worden, für 2025 wird mit 175 Zetabytes gerechnet – eine Verfünffachung in sieben Jahren. Wäre jedes dieser 175 Trilliarden Bytes so groß wie ein Stecknadelkopf, sie würden das gesamte Festland der Erde mehr als einen Kilometer hoch bedecken. Stapelte man diese Bytes auf der Fläche von München, der Turm reichte bis zum Mond.

Und nicht nur die Menge der Daten, sondern auch die Rechenleistung wächst exponentiell. Noch 2018 bekam man für 1.000 US-Dollar nur eine Datenverarbeitungskapazität, die der eines Mäusegehirns entsprach. 2025 wird für denselben Betrag die numerische Rechenleistung eines menschlichen Gehirns zu haben sein, 2045 die Brainpower der ganzen Menschheit. Wir stehen vor einer doppelten Datenexplosion durch stetig wachsende Erhebungen und ebenso exponentiell steigende Auswertungen.

Eine solche explosionsartige Entwicklung birgt unvorstellbare Chancen und neue Gefahren. Um beides müssen wir uns kümmern, und beides hat auch die Bevölkerung im Blick: Es gibt mehr als 80 Millionen Smartphones in

PRIVACY PARADOX

Eng mit der Forderung nach sorgfältiger Datennutzung verbunden ist die Frage, wer die Kontrolle über die Daten hat. In mehreren Experimenten wurde gezeigt, dass Privatpersonen bei einer trivialen Belohnung, wie z. B. einer Pizza, bereitwillig ihre eigenen Daten und die Daten von Freunden preisgaben. Diesen Widerspruch zwischen tiefer Skepsis gegenüber Datensicherheit im Netz und untertäniger Akzeptanz, die eigenen Daten bei kleinsten Anreizen freizugeben, haben Wissenschaftler **Privacy Paradox** genannt.

QUELLE: STANFORD UNIVERSITÄT, 2019

Die Explosion der Rechenleistung

Wie viele Rechenoperationen pro Sekunde bekommt
man für 1000 Dollar?

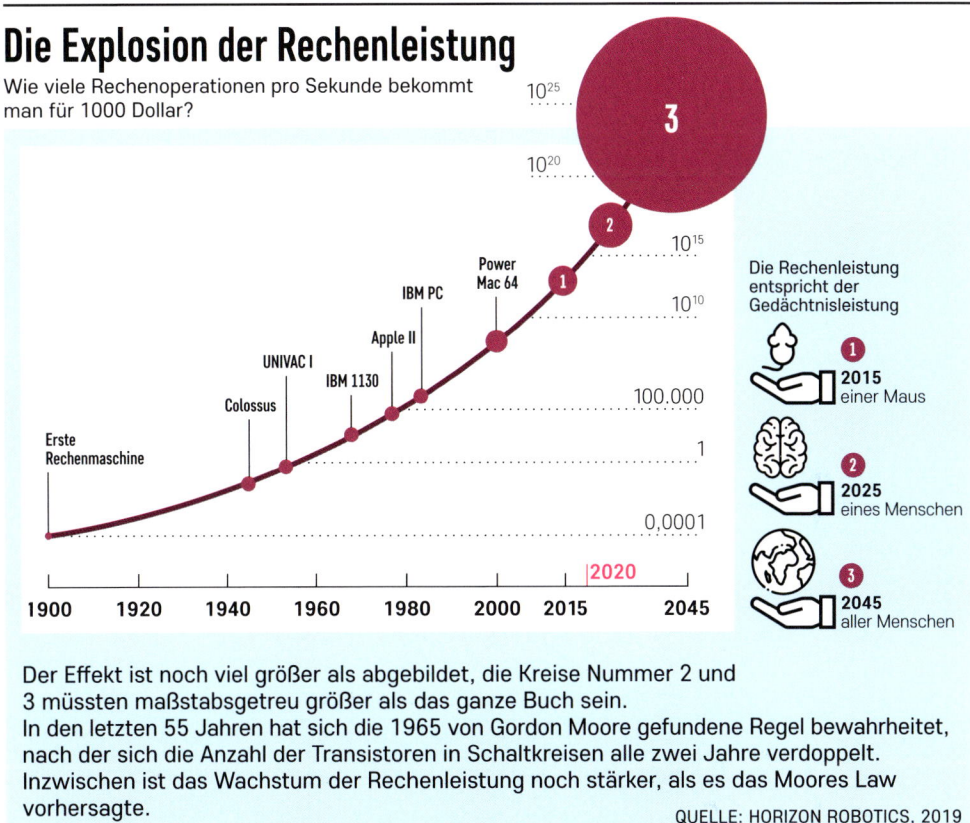

3

10^{25}

10^{20}

2

10^{15}

Power Mac 64

1

IBM PC

10^{10}

Apple II

UNIVAC I

IBM 1130

100.000

Colossus

1

Erste Rechenmaschine

0,0001

|2020

1900   1920   1940   1960   1980   2000   2015   2045

Die Rechenleistung entspricht der Gedächtnisleistung

1 2015
einer Maus

2 2025
eines Menschen

3 2045
aller Menschen

Der Effekt ist noch viel größer als abgebildet, die Kreise Nummer 2 und
3 müssten maßstabsgetreu größer als das ganze Buch sein.
In den letzten 55 Jahren hat sich die 1965 von Gordon Moore gefundene Regel bewahrheitet,
nach der sich die Anzahl der Transistoren in Schaltkreisen alle zwei Jahre verdoppelt.
Inzwischen ist das Wachstum der Rechenleistung noch stärker, als es das Moores Law
vorhersagte.

QUELLE: HORIZON ROBOTICS, 2019

Deutschland, und gleichzeitig hegen über 95 Prozent der Deutschen die auch von Experten immer wieder betonte Sorge, dass ihre Daten missbraucht werden.

Doch die Antwort darauf kann nicht heißen, dem technischen Fortschritt Einhalt zu gebieten. Erstens, weil es nicht geht – genauso wenig, wie die Maschinenstürmer im 19. Jahrhundert die Industrielle Revolution stoppen konnten. Und zweitens, weil es nicht sinnvoll ist: Daten sind heute so elementar für wirtschaftlichen Erfolg und gesellschaftlichen Fortschritt, wie es zur Zeit der Industrialisierung Erz, Kohle oder Maschinen waren. Und ihre Bedeutung wird weiter zunehmen. An unserem Umgang mit Daten und Algorithmen hängt darum nicht nur die Wettbewerbsfähigkeit unserer Wirtschaft, sondern auch die Leistungsfähigkeit unseres politischen Systems.

Daten bilden die Grundlage für Fortschritt. Wenn wir konstruktiv und sorgfältig mit ihnen arbeiten, werden wir sicherer, komfortabler und gesünder denn je leben können. Wenige Beispiele zeigen die enormen Chancen, die sich uns eröffnen: Unsere Gesundheit kann laufend in Echtzeit überprüft werden. Mit Daten können Notsituationen oder Angriffe gemeldet und Hilfe gerufen werden. Mit Daten lassen sich Unfälle verhindern und unsere Fotos sortieren. Sie können uns auch im Berufsleben von lästiger Such-, Registrier- und Routinearbeit entlasten. Und auf dem Weg aus der Klimakrise können uns Daten entscheidende Schritte voranbringen – wenn wir sie beispielsweise für ein vorausschauendes Management der Energienachfrage nutzen, das die Schwankungen regenerativer Energiequellen ausgleicht und so beherrschbar macht.

Neue Datengrundsätze

Die Aufgabe des Staates ist es, den Ordnungsrahmen so zu setzen, dass er den verantwortungsvollen Umgang mit Daten fördert – und verantwortungslosen Umgang verhindert oder sanktioniert. Der bestehende rechtliche Rahmen, der vor allem durch die Datenschutzgrundverordnung (DSGVO) definiert wird, leistet das grundsätzlich, ist aber sowohl aus Unternehmens- als auch aus Bürgersicht reformbedürftig. Wir schützen zwar digitale Bürgerrechte wesentlich stärker

> „Daten sind **der Rohstoff der Zukunft.“**
>
> Angela Merkel, 2015

als die USA – wo Unternehmen eine beinahe allgemeingültige „Lizenz zum Datensammeln" haben – oder als China, wo der Staat die neuen Datenquellen zur lückenlosen Überwachung seiner Bürger nutzt. Doch für die Herausforderungen, die sich der Gesellschaft durch die doppelte Datenexplosion stellen, reicht die DSGVO nicht aus. Sie braucht ein Update.

Die DSGVO basiert auf dem deutschen Datenschutzrecht, das mit dem Volkszählungsurteil des Bundesverfassungsgerichts das Grundrecht auf informationelle Selbstbestimmung etabliert hat und den Staat verpflichtet, so wenig Daten über seine Bürger wie möglich zu sammeln. Seitdem gehen wir von einem gut gemeinten, allgemein gültigen Grundsatz aus: der Datensparsamkeit. Entsprechend haben wir auch darauf gebaut, dass Unternehmen datensparsame Geschäftsmodelle entwickeln und Nutzer sie bevorzugen würden. Die ernüchternden Erfahrungen der letzten Jahre haben jedoch gezeigt, dass im Gegenteil solche Unternehmen dominieren, die über große Mengen an Nutzerinformationen verfügen und sie extensiv verwenden.

Im internationalen Wettbewerb bringt uns der Grundsatz der Datensparsamkeit also ins Abseits – und damit auch in die Abhängigkeit von den amerikanischen und asiatischen Platzhirschen einschließlich ihrer Auffassungen von Datenschutz, Transparenz und Meinungsfreiheit. Wir bremsen also nicht nur unsere Innovationskraft und wirtschaftliche Zukunft, sondern verpassen auch die Chance, digital nach unseren Werten zu leben. Wir müssen andere Schutzmechanismen finden – die uns Datennutzung und Datenteilung ermöglichen und gleichzeitig Missbrauch verhindern.

Wir sollten darum unseren strategischen Grundsatz ändern und nicht mit Daten knausern, sondern gewissenhaft mit ihnen umgehen. Wir sollten uns fragen, was wir mit generierten Daten machen, wer Herr über die Daten sein soll und wie wir es erreichen, dass mehr Daten geteilt werden können, ohne Persönlichkeitsrechte zu verletzen. **Statt auf Datensparsamkeit setzen wir auf Datensouveränität und Datensorgfalt.** Dieser Paradigmenwechsel lässt uns an dem riesigen Wertschöpfungspotenzial der Daten teilhaben, ohne dass wir unsere hohen Standards beim Verbraucher- und Bürgerrechtsschutz aufgeben. Wie kann das funktionieren?

DSGVO in Kürze

PLUSPUNKTE

- **Notwendigkeit der Einwilligung** zur Datenerhebung und Verarbeitung
- **Auskunftsrecht** über Speicherung und Nutzung persönlicher Daten
- **Recht auf Vergessenwerden** (Löschung von Daten auf Antrag)
- **Recht auf Datenmitnahme** (Datenportabilität) von einem Anbieter zum nächsten

MINUSPUNKTE

- **Geltungsbereich zu weit angelegt,** betrifft auch Datenerhebungen im Ehrenamt, bei Kleinstbetrieben, etc.
- **Datenportabilität in der Praxis wirkungslos,** da Daten nicht. interoperabel weitergegeben werden müssen
- **Prinzip der Datensparsamkeit steht im Konflikt mit Innovationen für Big Data und KI,** Datenexplosion führt zu Wettbewerbsnachteil für europäische Unternehmen

Datensouveränität

Wissen Sie, was genau in AGBs steht? Oder beantworten Sie Anfragen, ob Sie den jüngsten AGB-Änderungen oder der Verwendung von Cookies zustimmen, gewohnheitsmäßig mit einem Klick auf den „Okay"-Button? Dann sind Sie nicht allein, im Gegenteil. Kaum jemand setzt sich intensiv damit auseinander, was mit seinen persönlichen Daten geschieht – und das, obwohl die Mehrheit angibt, dass sie großen Wert auf den Schutz Ihrer Daten legt.

Unser politischer Ansatz ist, dass jeder selbst entscheiden soll, welche Daten wo preisgegeben werden und welche nicht. Schaut man sich den großen Unterschied zwischen theoretischer Einstellung zum Schutz persönlicher Daten und tatsächlicher Praxis an, stellt man allerdings fest, dass da etwas nicht stimmen kann. Entweder geben viele Nutzer ihr Problembewusstsein nur vor, oder sie scheuen die Mühen der Auseinandersetzung. Wir glauben, dass Letzteres der Fall ist.

Natürlich besteht auch jetzt schon eine Wahlmöglichkeit. Es steht ja jedem frei, AGBs und Zugriffsberechtigungen zu verweigern. Da die Zugriffsrechte allerdings tief in den juristischen Klauseln der AGBs vergraben sind und der User riskiert, dass der gesuchte Service blockiert wird, ist seine Entscheidung letztlich erzwungen: Friss oder stirb.

Derzeit fehlen nicht die Rechte, um persönliche Daten zu schützen. Die DSGVO ist eine starke Rechtsgrundlage. Es fehlt aber an einfachen Instrumenten. Aufgabe der Politik ist es, den Rahmen für solche Instrumente zu schaffen – Instrumente wie den DAD, den Digitalen Assistenten für Datensouveränität. Mit ihm erlangt der Nutzer wieder Hoheit über seine Daten und kann effektiv bestimmen, was mit ihnen passieren soll: Er bekommt den Steuerhebel seines Datencockpits in die Hand.

20 %

der Internetnutzer geben an, ihre Daten freiwillig mit Unternehmen zu teilen. Fast 100 Prozent befürchten Datenmissbrauch.

QUELLE: BERTELSMANN, 2017

„Competition is for Losers."

Peter Thiel, 2014

VORSCHLAG 9: Das Datencockpit

> **Im Datencockpit** macht ein Digitaler Assistent für Datensouveränität (DAD) den Nutzer wieder souverän. Mit ihm kann er seine individuellen Präferenzen zur Datenerhebung und -verarbeitung an Service-Anbieter und Plattformbetreiber melden. DAD verwaltet als eine Art Mittelsmann die Privacy-Einstellungen im Auftrag des Nutzers und teilt damit faktisch dessen Geschäftsbedingungen mit. Ein Beispiel: Man gibt vor, dass Standortdaten nur bei aktiver Nutzung von Navigationssystemen gesammelt werden dürfen. Wenn Websites und Apps Standortdaten erheben wollen, fragen sie den DAD – der dann automatisch die Nutzung für Navigationsdienste erlaubt und für andere Services und Produkte verbietet.

Damit der DAD mit den Programmen von Dienstleistern kommunizieren kann, arbeitet er mit einer standardisierten Schnittstelle. Staatliche Regulierung zwingt große Digitalanbieter, ihren Dienst kompatibel mit dieser Schnittstelle zu machen. Die verfügbaren Einstellungen im DAD sind dann von den Unternehmen zu akzeptieren und wer mehr Daten nutzen möchte, muss sich mit dem DAD auseinandersetzen. Der wiederum muss gesetzlich verpflichtet werden, die erweiterten Anfragen zu bearbeiten, um Innovationen und Tests zu ermöglichen.

Das Datencockpit ist aus bürgerrechtlicher Sicht sinnvoll, kann allerdings nicht allein die großen Fehlentwicklungen der Datenökonomie, vor allem nicht die Monopolisierungstendenzen in den Griff bekommen.

Denn Plattformmärkte tendieren zur Monopolbildung, die Mechanismen funktionieren nach dem ABBA-Prinzip „The winner takes it all" und unterscheiden sich damit fundamental von den meisten anderen Wirtschaftszweigen: Sie schieben sich zwischen Anbieter und Kunden, kumulieren alle marktrelevanten Informationen, verbessern mit der Datenmenge ihr Angebot und zementieren so immer stärker ihre Machtstellung. Wenn wir die Bildung von Monopolen und die Erzielung von Monopolgewinnen verhindern wollen, müssen wir weitere Maßnahmen zur Stärkung unserer Souveränität ergreifen.

Ein potenziell starkes Werkzeug zur Eindämmung von Monopolen und Lock-in-Effekten hat die DSGVO den Nutzern bereits in die Hand gedrückt. Gemeint ist das Recht auf Datenportabilität: Jeder soll auf Antrag seine Daten von einem

Anbieter zum nächsten transferieren können. Wer jemals auf einem neuen Handy seine Einstellungen neu konfigurieren oder gar seine Kontakte neu einspeichern musste, versteht die Logik: Je einfacher die Mitnahme von Daten und Einstellungen für den Kunden ist, desto leichter ist auch der Wechsel zu einem Konkurrenzanbieter und desto stärker der Wettbewerb im Markt.

Doch leider ist die Umsetzung dieser Logik im Recht auf Datenportabilität nicht konsequent genug. Zwar ist in Art. 20 bereits eine Pflicht zur Bereitstellung und zur maschinenlesbaren Übertragung enthalten, in der Praxis verstehen sich Systeme aufgrund unterschiedlicher Standards und Schnittstellen aber zu häufig nicht. Die Wirkung der Datenportabilität verpufft.

VORSCHLAG 10: Dynamische Datenportabilität mit Konnektivitätszwang

Das Recht auf Datenmitnahme wollen wir erweitern. Statt der punktuellen Datenabfrage soll es permanent möglich sein, seine Daten auszuleiten. Das heißt, dass der Nutzer nur einmal die Datenmitnahme beantragen muss – etwa über das Setzen eines Häkchens in den Einstellungen – um die bis dahin gesammelten Daten zu einem anderen Anbieter mitzunehmen. Das ermöglicht dem Nutzer den Wechsel zu und die Konnektivität mit anderen Plattformen. Damit die Portabilität auch wirkt, müssen die Daten in interoperablem Format über eine standarisierte Schnittstelle übermittelt werden.

An sich sind uns solche Lösungen bereits vertraut: Bei E-Mail und Telefon ist Interoperabilität zwischen den Providern Standard. Mit einem Mailaccount bei GMX können Sie Mails an ein Web.de-Postfach senden, mit einem Vertrag bei der Telekom sind Sie in der Lage, einen O2-Kunden anzurufen. Doch obwohl für große Teile der Bevölkerung soziale Netzwerke und Nachrichtendienste wie WhatsApp längst alltägliche Kommunikationswege darstellen, haben wir den Schritt zu einer dezentralen Kommunikationsinfrastruktur kompatibler Plattformen noch nicht gewagt. Dabei äußerte das Bundeskartellamt schon 2016, es sei „denkbar, dass marktbeherrschende Unternehmen kartellrechtlich zu Interoperabilität verpflichtet werden". Das heißt: Einem Telegram-Nutzer soll es möglich sein, auch mit einem Threema-, Signal- oder WhatsApp-Nutzer Nachrichten auszutauschen. Was uns im Telekom-Markt gelungen ist, sollte uns auch im Daten-Markt gelingen. Natürlich bleiben die Nutzer frei – wenn ein Telegram-Kunde keine WhatsApp-Nachrichten empfangen möchte, kann er das auch so einstellen. Die Anbieter aber müssen die Verbindung ermöglichen.

Der EU-Binnenmarkt-Kommissar Thierry Breton warnte vor Kurzem, dass 80 Prozent der globalen Daten von einer Handvoll Großkonzerne verarbeitet würden. Das verhindere Innovation in fundamentalen Bereichen unseres Lebens. Ob wir in den Genuss von Fortschritten bei Gesundheit, Mobilität oder Bildung kommen, hängt faktisch davon ab, ob die entsprechende Nutzung den ökonomischen Interessen des jeweiligen Monopolisten entspricht. Wir dürfen nicht zulassen, dass wir einigen wenigen die Hoheit über die Ressource der Zukunft überlassen. Solange die großen Player sich auf ihr Recht zur exklusiven Nutzung unserer persönlichen Daten berufen, sie wie Dagobert im Datenspeicher horten und im Eigeninteresse verwerten, zementiert das Marktmacht und führt zu Marktmissbrauch. Den Zugang zu Daten haben sich auch die obersten Wettbewerbshüter auf die Fahnen geschrieben. Wir meinen: zu Recht!

80 %

der globalen Daten werden von einer Handvoll Großkonzerne verarbeitet.

EU-KOMMISSAR THIERRY BRETON, 2020

VORSCHLAG 11: Marktmächtige müssen teilen

Unserer Auffassung nach ist das Horten von personenbezogenen Daten zum systematischen Benachteiligen von Konkurrenten ein untragbarer Verstoß gegen faire Wettbewerbsgrundsätze. Dieser Lesart folgt auch der derzeitige Entwurf zur Anpassung des Wettbewerbsrechts in Deutschland, die sogenannte GWB-Novelle. Danach sollen Unternehmen, die eine missbräuchliche Marktdominanz ausüben, zur Offenlegung bestimmter Daten verpflichtet werden können. Diesen Ansatz unterstützen wir!

„Competition is for Losers", sagte der deutsch-amerikanische Investor und Facebook-Verwaltungsrat Peter Thiel. Jeder, der sich der Wettbewerbspolitik Ludwig Erhards verpflichtet fühlt, muss sich dieser Haltung widersetzen. Stärken wir unsere Datensouveränität, heizen wir auch den Wettbewerb zwischen den Anbietern wieder an – und wir lassen Marktmechanismen besser wirken.

Einer für alle, alle für einen – die Chancen von Datenteilung im Privatsektor

Unser Blick wäre verengt, wenn wir nur auf den Datenreichtum der großen Plattformen schauen würden. Auch unser Mittelstand besitzt eine Menge wertvoller Daten, deren Mehrwert enorm wäre, wenn sie nicht in Silos gelagert würden, sondern gemeinschaftlich genutzt werden könnten. In zahlreichen Gesprächen mit Verbands- und Unternehmensvertretern hören wir, dass sich dieses Bewusstsein im Privatsektor immer weiter durchsetzt. Bei vielen besteht eine generelle Bereitschaft, Daten untereinander zu teilen und so auf breiterer Basis von einer besseren Informationslage zu profitieren. Im Versicherungssektor wurde das über eine gemeinsame Datenbank zur Kalkulation von Schadensfällen bereits umgesetzt.

Solche Initiativen sind bisher selten, häufig überwiegen noch die Probleme beim Datenteilen: Die Datensätze unterscheiden sich in puncto Formate, Labels und Schnittstellen, bisher fehlt eine leistungsfähige Infrastruktur, es herrscht große Rechtsunsicherheit. Und: Es mangelt an Vertrauen.

VORSCHLAG 12: Datentreuhand

Die Datentreuhand schaltet sich als Verwalterin zwischen die Infrastruktur und die Nutzer. Die Daten werden an die Treuhand gegeben, die alle Daten im Auftrag der Teilnehmer administriert, zusammenführt und zur Auswertung aufbereitet. Die Akteure legen vertraglich fest, wer auf welche Datensätze Zugriffsrechte haben soll, welche Bearbeitungsrechte erteilt werden und wie eine Monetarisierung der Daten abgewickelt wird – und die Treuhand übernimmt die technische Operationalisierung der vereinbarten Rahmenbedingungen. Dadurch kann Missbrauch verhindert und Vertrauen gestärkt werden. Mit einer gesetzlichen Verankerung des Datentreuhändersystems wollen wir diesen Ansatz stärken.

Erste Modelle, wie eine solche Treuhand in der Praxis funktionieren kann, gibt es bereits. Das Steinbeis-Institut hat beispielsweise über das Modell einer Datengenossenschaft eine treuhänderische Schnittstelle für die Milchwirtschaft geschaffen. Verschiedene Molkereien, Logistikanbieter und Bauernhöfe tauschen Daten aus, unter welchen Bedingungen Milch gelagert, zum Transport abgepumpt oder verarbeitet wird. Die

Gaia-X: eine Infrastruktur zum Datenteilen

Zur Verbesserung der europäischen Dateninfrastruktur wurde im vergangenen Jahr das Projekt Gaia-X auf den Weg gebracht. Getragen von Bundesregierung, Wirtschaft und Wissenschaft soll die Initiative Gaia X – die griechische Erdgöttin Gaia entstand dem Mythos zufolge aus dem Chaos – das Vertrauensdefizit auf der Infrastrukturebene lösen. Das Ziel: Bis Ende 2020 soll eine leistungsstarke, sichere und unabhängige Cloud-Infrastruktur „made in Europe" aufgebaut werden.

Auf ihrer Basis können Daten von privaten Akteuren, Staat und Forschung gespeichert, bearbeitet und ausgetauscht werden. Gaia-X hat einen entscheidenden Vorteil gegenüber privatwirtschaftlichen Cloud-Lösungen aus den USA oder China: Sie wird auf Basis der digitalen Werte Europas, nämlich IT-Sicherheit, Datenschutz, Interoperabilität und Transparenz konzipiert. Hinter Gaia-X steht kein eigenwirtschaftliches Interesse, die Cloud steht nicht im Verdacht, die auf ihr gespeicherten und genutzten Daten selbst monetarisieren zu wollen.

Möglichkeiten des Qualitätsmanagements und der Prozessoptimierung werden dadurch vergrößert. Akteure, die ihre Daten vorher für sich behielten, arbeiten jetzt über die Vertrauens- und Wertschöpfungsinfrastruktur der Datengenossenschaft zusammen.

Gleichwohl gibt es aber noch viel Rechtsunsicherheit und Regelungsbedarf. So kann nach DSGVO die Einwilligung zur Datennutzung nicht ohne Weiteres an eine Treuhand oder Genossenschaft delegiert werden. Zudem gehen Datenaufsichtsbehörden von einer zusätzlichen Zustimmungspflicht aus, wenn Daten in Datenpools neu zusammengefasst und verarbeitet werden. Ohne eine Zustimmung oder gesetzliche Erlaubnis läge ein Verstoß gegen das Prinzip der Zweckbindung und damit gegen die DSGVO vor.

Datensorgfalt und Rechtssicherheit schaffen Vertrauen

Rechtssicherheit ist das dringendste Bedürfnis der Marktakteure. Sucht man nach den Gründen für die Zurückhaltung beim Datenteilen in Deutschland und Europa, wird man von den Unternehmen meist auf fehlende Rechtssicherheit verwiesen. Wer sich gewiss sein kann, dass der andere rechtmäßig

Wer sich gewiss sein kann, dass der andere **rechtmäßig und sorgfältig** mit den Daten umgeht, ist eher zum Teilen bereit.

und sorgfältig mit den Daten umgeht, ist eher zum Teilen bereit. Und, wer darauf vertrauen kann, dass er für sein Handeln rechtlich nicht belangt wird, traut sich den Vorstoß in neue Gefilde zu.

Die Regelungen der DSGVO, vor allem deren Umsetzung in nationales Recht, sind dabei nicht immer hilfreich. Davon können viele Unternehmen, Behörden und Institutionen ein Lied singen.

So kann das Anonymisieren von Daten unter bestehender Rechtssetzung bereits als Datenverarbeitung interpretiert werden – sodass eine Organisation, die ohne ausdrückliche Zustimmung personenbezogene Daten anonymisiert, um sie zu schützen, bereits gegen die DSGVO verstößt. Es braucht nicht viel Fantasie, um sich vorzustellen, wie aufwendig, teuer, unpraktikabel und demotivierend solche Interpretationen der DSGVO in Deutschland für Unternehmen oder Behörden sind.

VORSCHLAG 13: Rechtssicherheit durch Rechtsklarheit

> **Die Politik** muss in Kooperation mit den Aufsichtsbehörden und den betroffenen Akteuren sehr viel klarer sagen, was geht und was nicht geht. Ein einfaches Beispiel: Erhöht eine Firma durch Anonymisierung erhobener Daten das Schutzniveau, so sollte das keinen Verstoß gegen die DSGVO sein. Das kann durch gesetzliche Klarstellung geschehen oder durch das Instrument der verbindlichen Auskunft (→ Vorschlag 79, Neuer Service)

In der dynamischen Welt der Daten braucht es auch dynamische Regelungen, nicht alles kann der Gesetzgeber antizipieren. Wir sprechen uns deshalb für einen Mechanismus aus, den die DSGVO zwar vorsieht, der aber noch viel zu selten genutzt wird. Der Mechanismus heißt „Koregulierung", das Instrument „Codes of Conduct".

VORSCHLAG 14: Datensorgfalt durch Codes of Conduct

Branchenspezifische Gremien aus Vertretern von Politik, Wissenschaft, Gesellschaft und Unternehmen erarbeiten sogenannte Codes of Conduct. Das heißt, sie treffen Absprachen, welche Praktiken sie für ihre Branchen als zulässig anerkennen und stimmen sich dabei mit der staatlichen Aufsicht ab. Hieraus entstehen Leitfäden, die den Firmen klare Regeln mit auf den Weg geben. So wurde 2019 begonnen, ein Code of Conduct für den Bereich der Pseudonymisierung zu entwickeln. Der Entwurf des Branchenverbands Bitkom und der Gesellschaft für Datenschutz und Sicherheit enthält Vorschläge, welche prozessualen Vorgaben zu beachten sind und welche Techniken – z. B. Hashing – eingesetzt werden können. Auch Anwendungsbeispiele werden aufgenommen.

Codes of Conduct schaffen Klarheit zwischen Marktakteuren und Aufsicht. Das ist insbesondere für deutsche Marktakteure von enormer Bedeutung. Denn unsere Datenaufsicht ist besonders speziell: Zum Bundesdatenschutzbeauftragten gesellen sich noch 16 Landesdatenschutzbeauftragte. Und es ist keineswegs gesagt, dass der Datenschutzbeauftragte in Sachsen-Anhalt einen Fall genauso bewertet wie der Hamburger Datenschützer.

VORSCHLAG 15: Weniger und Mehr: Modernisierung der Datenschutzaufsicht

Wir brauchen weniger Datenschutzaufsichtseinheiten in Deutschland, die dafür mit einem breiteren Mandat ausgestattet werden – wie es auch die Datenethikkommission der Bundesregierung sagt. Eine zentralere, koordinierende Aufsichtslandschaft ist nicht nur schlagkräftiger, sondern kann auch zu einheitlicheren Auslegungen von Datenpraktiken führen.

Das Personal aus den bestehenden Aufsichtsbehörden soll darum aber nicht abgebaut werden, denn wir brauchen nicht weniger, sondern mehr Personal in den Behörden, weil wir ihren Arbeitsauftrag erweitern wollen: Statt wie bisher ausschließlich Mängel aufzuzeigen und unzulässige Praktiken zu beanstanden, sollen die Behörden eine konstruktivere, beratende Rolle einnehmen. Die Stellen sollen verbindliche Auskünfte darüber geben, welche Anpassungen man vornehmen muss, um eine Genehmigung zu erreichen. Dies soll in enger Abstimmung mit den neu einzuführenden Datenwirtschaftsprüfern geschehen.

VORSCHLAG 16: Der europäische Datenwirtschaftsprüfer

Wir führen für große Unternehmen das Institut des Datenwirtschaftsprüfers ein, der die oben beschriebene Datensorgfalt prüft. Diese Kontrollinstanz orientiert sich am Berufsstand des Wirtschaftsprüfers, soll privatwirtschaftlich organisiert und vom Staat europaweit zertifiziert sein.

Nach bestandener Prüfung wird ein Testat ausgesprochen – so, wie es für das Rechnungswesen heute vom Wirtschaftsprüfer ausgesprochen wird. Das Testat soll für den Nutzer leicht verständliche Informationen beinhalten, welche Daten in welcher Form genutzt werden. Es gilt als paneuropäischer Standard für alle Unternehmen, die eine bestimmte Größe haben und eine bestimmte Menge an Daten verarbeiten. So können Bürger in Sekundenschnelle nachvollziehen, ob ein Unternehmen sorgsam mit ihren Daten umgeht. Unternehmen ab einer gewissen Größe dürfen nur mit Testat mit personenbezogenen Daten agieren. Kleine Unternehmen sind von der individuellen Prüfung befreit.

Die Prüfung konzentriert sich auf drei Aspekte: Hält sich das Unternehmen an die bestehenden allgemeinen und branchenspezifischen datenschutzrechtlichen Anforderungen? Ist die Datenerhebung und -verarbeitung zweckmäßig im Hinblick auf das Produkt oder die Dienstleistung des Unternehmens? Und schließlich: Nimmt das Unternehmen keine De-Anonymisierung von Datensätzen vor? Rückschlüsse auf Einzelpersonen aus Metadatensätzen werden zum Schutz von Persönlichkeitsrechten nur in relevanten Ausnahmefällen gestattet – etwa auf Wunsch des Nutzers im Gegenzug für eine Auskunft. Werden außerhalb dieser engen Grenzen Rückschlüsse auf Einzelpersonen festgestellt, indem sie beispielsweise in dokumentationspflichtigen Logfiles auftauchen, muss das Unternehmen mit harten Sanktionen rechnen.

Damit der Datenwirtschaftsprüfer in der Praxis unabhängig und wirksam tätig sein kann, müssen seine Ausbildung und Arbeit in enger Abstimmung mit den staatlichen Aufsichtsbehörden koordiniert werden. Berufsanforderungen wie ein staatlicher Aufnahmetest sind dabei bewährte Methoden.

Durch eine klarere Rechtsgrundlage und die Testierung von Datenpraktiken bringen wir Licht in das Paragrafendunkel des Datenschutzrechts. Doch ist das nicht alles zu aufwendig? Aus zwei Gründen lohnt es sich, so entschlossen zu handeln: Erstens sind die Bürgerrechte ein hohes Gut. Und zweitens lässt sich der Aufwand durch den technischen Fortschritt begrenzen. KI-Lösungen ermöglichen beispielsweise eine fortlaufende Testierung: Die Software des Datenwirtschaftsprüfers kann auf diese Weise weltweit und laufend mitlesen und verstehen, was tatsächlich auf den Servern und in den Clouds der Daten verarbeitenden Industrie passiert. Bei fragwürdigem Verhalten schlägt sie Alarm und veranlasst eine menschliche Prüfung.

Auch wer außerhalb Europas personenbedingte Daten aus Europa nutzen möchte, muss sich ab einer gewissen Größe weltweit überprüfen lassen. So schützen wir unsere Bürger, unsere Werte und unseren Wettbewerb. Und wenn mehr Klarheit darüber herrscht, wer sorgsam mit welchen Daten umgeht, können diese Bürger auch besser beurteilen, welches Produkt und welchen Service sie nutzen möchten, und souverän entscheiden.

Wenn wir nicht wollen, dass Unternehmen aus Angst vor der Rechtslage Daten nicht verarbeiten oder teilen und wenn wir nicht wollen, dass wir mit dem Dogma der Datensparsamkeit Innovationen verhindern, müssen wir Datensorgfalt schaffen.

Die vorgeschlagenen Maßnahmen und Verfahren zur Prüfung und Sicherung unserer Daten sind effektiv, sowohl für Unternehmen als auch Verbraucher leicht verständlich und rechtssicher. Datensorgfalt schafft Vertrauen und Wohlstand.

Open Data – der Staat als Vorbild bei Datenteilung

Wenn unserer Gesellschaft qualitativ hochwertige Daten in großer Menge zur Verfügung stehen sollen, dann sollte der Staat mit gutem Beispiel vorangehen und eine Initialzündung geben. Die Schweiz macht uns das vor: Im Herbst 2019 wurde das Schweizer Bundesamt für Statistik beauftragt, die Nationale Datenbewirtschaftung umzusetzen. Sie verwaltet bereits große Mengen hoch-

ANONYMISIERTE DATEN, SYNTHETISCHE DATEN

Wir wollen den starken Schutz der Privatsphäre, der in der DSGVO angelegt ist, durch unsere Maßnahmen nicht aufweichen. Um Daten ohne Abstriche bei der Privatsphäre verfügbarer zu machen, müssen die Daten vor dem Teilen anonymisiert werden.

Eine mögliche Definition der Schwelle, ab wann Daten anonymisiert sind, wäre, dass die Kosten zur Rückführung auf eine Einzelperson unverhältnismäßig hoch wären. Um Rückschlüsse auf Einzelpersonen in der Praxis wirklich zu unterbinden, machen wir sie zum Prüfkriterium des Datenwirtschaftsprüfers.

Zurzeit verringert sich bei der Anonymisierung von Daten häufig noch ihre Aussagekraft und somit ihr Nutzen für die Analyse. Eine vielversprechende Methode, um Daten gleichzeitig zu anonymisieren und qualitativ zu erhalten, ist die Datensynthetisierung. Hier wird eine künstliche Intelligenz eingesetzt, die in der Lage ist, die statistischen Strukturen und Aussagen des Originaldatensatzes zu erkennen und einen vollkommen neuen Datensatz zu erstellen, der vergleichbare Informationen und Strukturen enthält und nicht auf echte Menschen zurückgeführt werden kann.

Die EU-Kommission schätzt das **wirtschaftliche Potenzial** aus Verwaltungsdaten in Europa auf jährlich **140 Mrd. €.**

QUELLE: KAS, 2016

wertiger Datensätze und arbeitet nun an einer Plattform, die schrittweise alle relevanten Daten der Öffentlichen Hand zur Verfügung stellen und aufbereiten soll. Behörden müssen so Daten nicht ständig neu erheben, sondern können auf das breite Wissen anderer Einheiten zurückgreifen.

Die Vorteile einer solchen Praxis sind vielfältig: Bürger werden nicht mehr nach den immer gleichen Angaben und Nachweisen gefragt, die Informationen werden transparenter, für Start-ups und neue Geschäftsmodelle gibt es leichteren Zugang. Auch die Verwaltung selbst profitiert, wenn die eigenen Silos aufgebrochen werden. So lassen sich beispielsweise aus den gesammelten Daten der Kfz-Zulassungsstellen, Mautstellen und Nahverkehrsunternehmen sehr detaillierte Modelle für Verkehrsflüsse darstellen. Diese Modelle sind dann bei der Planung des Infrastrukturausbaus pures Gold: Wie entwickelt sich die Auslastung einer Straße oder S-Bahn-Linie? Brauchen wir eine neue Fahrspur oder eine engere Taktung der Züge? Wie führen wir Umleitungen? Wo besteht der größte Bedarf an Mobilitätslösungen wie Ride-Sharing, Mitnahmeparkplätzen oder Elektrorollern? Solche Fragen ließen sich durch die Konsolidierung und Zugänglichmachung öffentlicher Verwaltungsdaten viel genauer beantworten. Verwaltung wie Unternehmen könnten ihre Ressourcen effizienter steuern, die Wissenschaft besser forschen. Die EU-Kommission schätzt das wirtschaftliche Potenzial aus Verwaltungsdaten in Europa auf jährlich 140 Milliarden Euro.

Um Datenmissbrauch und unberechtigten Zugriff zu verhindern, benötigt eine solche Plattform selbstverständlich ein sorgfältiges Rechte- und Freigaberegime. Es muss klar geregelt sein, wer auf welche Datensätze – beispielsweise nur auf die des eigenen Fachbereiches – und in welcher Form – nur anonymisiert? – zugreifen darf. Das ist eine notwendige Voraussetzung jeder datenbasierten Politik (→ Schicksalsfragen).

Grundsätzlich ist die Pflicht der Verwaltung, ihre Daten zugänglich zu machen, schon seit 2017 im EGov-Gesetz festgeschrieben, in der Fläche ist sie aber noch keine Realität. Problematisch in der Praxis ist, dass sich das Gesetz nur auf die Daten bezieht, die der Bund bereitstellen kann, und auch, dass lediglich Rohdaten und aktiv erhobene Daten zur Verfügung gestellt werden.

Überhaupt stehen eine ganze Reihe von Gründen der Übergabe im Wege, einen Anspruch auf die Daten gibt es nicht.

Und dann gibt es auch noch den Föderalismus: Die Länder haben sich zwar verpflichtet, Open-Data-Gesetze zu schaffen – ob, wie und in welcher Güte das jeweils geschehen ist, steht aber auf einem ganz anderen Blatt.

VORSCHLAG 17: Open-Government-Data-Initiative

Wir wollen den Datenschatz aller Ebenen der Verwaltung öffnen, nicht nur für den Informationsaustausch zwischen Behörden, sondern auch für Forschung und Wirtschaft. Das betrifft natürlich nur anonymisierte Daten sowie Datensätze, bei denen kein Interessenkonflikt mit Motiven wie Vertraulichkeit besteht. Über eine standardisierte, offene Schnittstelle sollen die Daten maschinell lesbar und leicht verwertbar sein.

Das steht seit 2017 so im Gesetz, ist in der Fläche aber noch keine Realität. Viele Behörden erkennen noch nicht genug, welcher Schatz bei ihnen vergraben liegt. Geben wir ihnen die Schaufel in die Hand: Wir wollen ein konsistentes Regelwerk von der kommunalen bis zur europäischen Ebene schaffen. Die Umsetzung der PSI-Richtlinie, die die Weiterverwendung von Informationen des öffentlichen Sektors in der EU regelt, bietet Gelegenheit dazu. Die GovData-Koordinierungsstelle des Bundes soll zu einem egov-Institut weiterentwickelt und Ansprechpartner für die Umsetzung des Open-Data-Gesetzes werden. Dafür müssen wir es mit den entsprechenden personellen Ressourcen und Kompetenzen ausstatten.

Das Datenthema bleibt explosiv. Es geht um die Wahrung unserer Bürgerrechte und zugleich um die Sicherung unserer Wettbewerbsfähigkeit. Unsere Maßnahmen gründen auf unseren Werten, auf Transparenz und Kooperation, Schutz der Privatsphäre und Mündigkeit – und zielen auf ein digitales Ökosystem, das zwischen dem Datenkapitalismus der USA und der Datendiktatur Chinas einen eigenen europäischen Weg bereitet. ■

ZUM WEITERLESEN

- Initiative D21, 2019: Denkimpuls innovativer Staat: Datensouveränität - Datenschutz neu verstehen
- Marc Rysman, 2009: The economics of two-sided markets, Journal of Economic Perspective, 23 (3), S. 125-143.

Ohne KI gehen wir k.o.

Auswege aus dem europäischen Dilemma

OB GESUNDHEIT, VERKEHR ODER WOHNEN: Künstliche Intelligenz (KI) durchdringt längst unseren Alltag. In Smartwatches erlauben intelligente Algorithmen die frühe Erkennung von Herzrhythmusstörungen. Im Verdachtsfall werden Nutzer dazu aufgefordert, medizinische Hilfe in Anspruch zu nehmen, Herzprobleme können so verhindert oder frühzeitig behandelt werden. Auch den Verkehrsinfarkt kann KI verhindern. Mit einer App, die Autofahrer in Echtzeit zu freien Parkplätzen führt, und einer intelligenten Ampelsteuerung macht sie die Straßen sauberer, grüner und ruhiger.

Und natürlich spielt KI wirtschaftlich eine wachsende Rolle. Sie ermöglicht Produktivitätsgewinne - etwa durch Automatisierung und unterstützende Expertensysteme - und Umsatzgewinne durch zunehmend personalisierte Angebote. Und sie hat in all diesen Bereichen großes Potenzial für zukünftiges Wachstum.

Doch so wichtig KI auch heute schon ist – was sie morgen leisten wird, dürfte unsere kühnsten Vorstellungen übertreffen. Die EU geht davon aus, dass KI für 14 Prozent zusätzliches Wachstum innerhalb der nächsten zehn Jahre verantwortlich sein wird. Der Grund dafür ist die doppelte Datenexplosion. Denn sowohl die produzierte Datenmenge als auch die verfügbare Rechenleistung zu ihrer Erschließung steigen exponentiell (im vorherigen Kapitel → Daten gibt es dazu mehr Informationen und eine anschauliche Grafik). KI lebt von Daten, und je mehr Daten verarbeitet werden, desto größer ist der potenzielle Lerneffekt und desto vielfältiger und verblüffender der gesellschaftliche Nutzen. Völlig zu Recht hat deshalb die Europäische Kommission diese Technologie zu einer Top-Priorität

OHNE ALGORITHMEN KEINE KI

Allgemein gesprochen, sind Algorithmen eine methodische Abfolge von Schritten zur Lösung einer Aufgabe. Sie gleichen Handlungsanweisungen, die wir aus dem Alltag kennen, z.B. Kochrezepten oder Gebrauchsanweisungen. In der IT werden Algorithmen kodiert und ergeben gebündelt ein Programm. Werden in die Algorithmen lernende Komponenten kodiert, spricht man beim entstehenden Programm von KI.

erklärt: In nahezu allen Bereichen der Gesellschaft können durch KI gewaltige Fortschritte erzielt werden.

Die schöne Unbekannte

Doch auch der intelligentesten Maschine übergeben wir offenbar ungern eine entscheidende Rolle in der Gesundheitsversorgung oder das Steuer unseres Autos – obwohl wir es ja längst gewohnt sind, unser Leben einem Herzschrittmacher oder einem Autopiloten im Flugzeug anzuvertrauen. In der öffentlichen Meinung überwiegt derzeit die Skepsis gegenüber der Technologie. 63 Prozent der Deutschen sind der Meinung, dass KI für die Gesellschaft eher Risiken als Chancen birgt. Allerdings beruht dieses Urteil auf einer schmalen Informationsbasis, denn im Bereich KI ist vieles noch ungeklärt oder unbekannt. Und auch die Kenntnis der verfügbaren Fakten ist gering. So wissen etwa die Hälfte der Europäer nicht, was ein Algorithmus ist. Ihre Vorstellungen werden weniger von wissenschaftlichen Szenarien als von populären Inszenierungen geprägt. Wenn

KI UND POPKULTUR

Die öffentliche Vorstellung von Künstlicher Intelligenz wird durch Popkultur, Filme und Serien geprägt – und zwar vor allem von den einflussreichsten Science-Fiction-Sagas des 20. Jahrhunderts: Star Wars, Star Trek und Terminator. Das ergab eine Allensbach-Umfrage aus dem Jahr 2019, bei der nach Maschinen gefragt wurde, die unsere Vorstellung von Künstlicher Intelligenz am stärksten beeinflussten. Auf Platz Eins landete in Deutschland der knuffige Star-Wars-Roboter R2D2 (20 %), dicht dahinter folgten der Star-Trek-Android-Commander Data sowie Arnold Schwarzeneggers Terminator (beide je 17 %) und David Hasselhoffs sprachbegabtes Auto K.I.T.T. aus der TV-Serie Knight Rider (16 %).

Was wie ein trivialer Fun Fact daherkommt, steht in Form des Terminators gewissermaßen symptomatisch für die gesellschaftliche Haltung gegenüber KI. Oft liegt die Angst vor einem System, das ein gefährliches Eigenleben entwickelt, näher als das Bild eines unterstützenden oder lästige Arbeiten abnehmenden Programms. Um im Bild der Filmfiguren zu bleiben, ist unser Plädoyer daher: Verstehen wir KI nicht als Terminator, sondern eher als Wall-E.

QUELLE: INSTITUT FÜR DEMOSKOPIE ALLENSBACH, 2019

bei einer zentralen Zukunftstechnologie so viel Unwissenheit und Unsicherheit herrschen, gehört es zu den Aufgaben des Staates, Aufklärung zu betreiben und damit Offenheit und Vertrauen zu schaffen.

Im aktuellen Koalitionsvertrag, der Basis für das Handeln der Bundesregierung, wird KI als „technologische Basis und Triebfeder der Digitalisierung" bezeichnet. Trotzdem scheint es so, als bereite Deutschland noch seinen Startblock vor, während die Konkurrenz bereits die erste Runde gelaufen ist. Fast alle der führen-

Künstliche Intelligenz kurz erklärt

Künstliche Intelligenz

Teilgebiet der Informatik, welches sich mit der Automatisierung intelligenten Verhaltens und von Entscheidungsfindung befasst

Machine Learning

Oberbegriff für die „künstliche" Generierung von Wissen aus Erfahrung (= Lernen), Ziel häufig vorgegeben, sucht nach effizientestem Weg

Deep Learning

Nutzt neuronale Netze. Die Lernmethoden richten sich nach der Funktionsweise des menschlichen Gehirns. Häufig mit Freiraum, auch in der Zielsuche.

Von Künstlicher Intelligenz gibt es keine einheitliche Definition. Grundsätzlich handelt es sich bei KI um ein Teilgebiet der Informatik, das sich mit der Automatisierung von intelligentem Verhalten und Entscheidungen befasst. Eine Expertengruppe im Auftrag der EU-Kommission definiert KI als „Systeme, die intelligentes Verhalten zeigen, indem sie ihre Umgebung analysieren und – mit einer bestimmten Autonomie – handeln, um ein bestimmtes Ziel zu erreichen". Eine prominente Subkategorie der Künstlichen Intelligenz ist das Machine Learning. Hier bekommt ein System eine Datenbasis und ein Ziel. Das System lernt, was aus den Daten zum Ziel führt, kann es bei Erfolg auf ein vorher unbekanntes Datenset übertragen und den Weg kontinuierlich verbessern. Je größer die Datenmenge ist, desto besser sind die Ergebnisse. Ein klassisches Beispiel hierfür sind

KI-Bilderkennungsprogramme: Ein Programm wird mit einer großen Anzahl von Bildern gefüttert, die mit der Beschreibung „Katze" versehen sind, und erkennt, welche Merkmale eine Katze ausmachen: Schnurrhaare, dichtes Fell, vier Pfoten mit Krallen etc. Legt man dem Programm in einem nächsten Schritt vorher unbekannte Bilder von Katzen vor, wird das Programm bei erfolgreichem Lernen diese erkennen und kennzeichnen – und anhand dieser Bilder weiter lernen, immer genauer zu werden.

Noch anspruchsvoller ist Deep Learning, das beim Lernen neuronale Netze nutzt. Die Vorgehensweise ähnelt dabei der Funktionsweise des menschlichen Gehirns. Es werden Daten eingespeist und das System ermittelt selbstständig, welche Ziele mit den Daten erreicht werden können, weder Lösungswege noch Ziele sind vorgegeben.

den KI-Start-ups sind außerhalb der EU gegründet worden: Unter den Top 100 KI-Start-ups in der 2019er-Rangliste des Beratungsunternehmens CBInsights befinden sich nur zwei aus der EU (TwentyBN und Mapillary), weitere sechs kommen aus Großbritannien. Von den zehn aktivsten Wagniskapitalgebern für KI kommen zehn aus den USA. Das gleiche Bild zeigt sich beim Investitionsvolumen: 2016 investierte die EU 3,2 Milliarden Euro in Forschung, Entwicklung und Anwendung von KI, in Asien war es doppelt so viel (6,5 Mrd. Euro), in den USA fast das Vierfache (12,1 Mrd. Euro).

Auch China ist uns in der Entwicklung einer ganzheitlichen KI-Strategie weit voraus – dort ist KI zentraler Bestandteil der wirtschaftspolitischen Gesamtstrategie „Made in China 2025". Den Anstoß gab ein Spiel: die Go-Partie im September 2016, in der die von Google Deep-Mind entwickelte KI AlphaGo den

Deutschlands lernende Systeme

Zahl der KI-Forschungsinstitutionen pro Standort

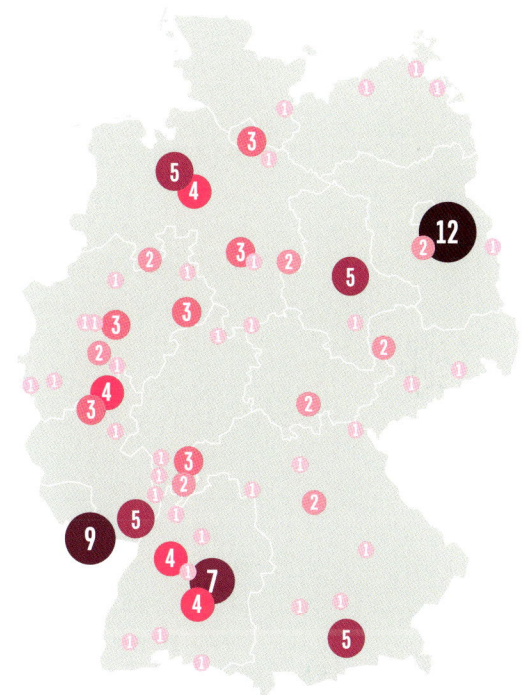

Gute Startbedingungen: 130 hervorragende Forschungsstätten für lernende Systeme mit Clustern in Saarbrücken und Berlin. Dieser technologische Vorsprung bei Künstlicher Intelligenz mündet noch zu wenig in erfolgreiche Anwendungen.

QUELLE: PLATTFORM LERNENDE SYSTEME, 2020

wohl stärksten Go-Spieler der Welt, den Südkoreaner Lee Sedol, bezwang. Ein schwerer Schock für die Go-begeisterten Chinesen: Während seit Jahren auch einfache Schachcomputer in der Lage sind, Weltranglistenerste zu besiegen, galt das Strategiespiel Go, bei dem sehr viel mehr verschiedene Züge als beim Schach gespielt werden können, lange Zeit als unbezwingbares Bollwerk menschlicher Überlegenheit. AlphaGO bescherte China eine Art Sputnik-Moment und verschob die Forschungspriorität in Richtung KI.

Europa und Deutschland hingegen blieben ohne so einen alarmierenden Sputnik-Moment – und riskieren, auch die nächste Innovationswelle zu verpassen. In wichtigen Märkten, die derzeit die Innovation in der KI vorantreiben und erhebliche Auswirkungen auf den Einzelnen haben, agiert Europa aus einer Position der Schwäche. Ob Online-Suche, soziale Netzwerke, Apps und App Stores, ob mobile Infrastruktur, Cloud-Dienste oder Halbleitertechnik – die entscheidenden Anwendungs- und Infrastrukturfelder für KI werden von nicht-europäischen Unternehmen dominiert.

Dabei müssen wir uns eigentlich beim Thema KI nicht verstecken: Deutschlands Forschung zu Künstlicher Intelligenz und unsere IT-Ausbildung gehören zur Weltspitze. Die KI-Strategie der Bundesregierung legte Ende 2018 - für KI-Maßstäbe vor einer Ewigkeit - Grundlagen für den Bereich, das Wirtschaftsministerium unterhält eine Stabsstelle Künstliche Intelligenz. Durch die Schaffung zahlreicher neuer Professuren und Netzwerke, wie der europäische KI-Forschungsverbund CLAIRE, haben wir unsere international starke Position bei Forschung und Entwicklung gefestigt. Was junge Unternehmen angeht, so gibt es Hoffnungsträger wie das Deutsche Start-up DeepL, dessen Übersetzungssoftware längst die Qualität von Googles Übersetzungsdiensten übertrifft. Auch die deutschen Plattformunternehmen GetYourGuide oder AboutYou sind bekannte Unicorns, die KI einsetzen. Unbekannter sind Start-ups mit innovativen und vielversprechenden KI-Geschäftsmodellen, wie etwa die Berliner Firma neurocat, die KI-Systeme auf Robustheit und Sicherheit prüft. Noch ist der Wettlauf nicht beendet, noch können wir unsere traditionellen Stärken im B2B-Markt ausspielen und in erfolgreiche Unternehmen übersetzen.

Deutschlands Forschung zu Künstlicher Intelligenz und unsere IT-Ausbildung gehören zur Weltspitze.

Das europäische Dilemma

Beim Thema KI manifestiert sich das europäische Dilemma. Dieses Bild hat Andreas Liebl, Geschäftsführer des universitären Ausgründungszentrums UnternehmerTUM in München, entworfen. Es beruht auf der großen Bedeutung, die humane und soziale Werte in Europa haben. Werte wie Pluralismus, Privatsphäre, Rede- und Meinungsfreiheit sowie Menschenwürde verlangen nach ethischer Abwägung und Augenmaß im Umgang mit dem technologischen Fortschritt. Aber Wirtschaft und Werte sind in Märkten, in denen der Erste alles gewinnt und mitnimmt, mitunter schwer zu vereinbaren. Und mit solchen Märkten haben wir es

(Wann) sind uns Maschinen überlegen?

Der Weltmeister in Schach hat heute keine Chance mehr gegen die meisten Schachprogramme, Go wurde ebenfalls von einer KI stärker gespielt als von Menschen. Bereits viel früher besiegte IBMs „Watson" medienwirksam Kandidaten in der US-Spielshow Jeopardy. Und trotzdem ist Künstliche Intelligenz weiterhin weit von menschlicher entfernt. Wie passt das zusammen?

Bei den beschriebenen Systemen handelte es sich um sogenannte „schwache KI" oder „narrow AI". Wie der englische Begriff bereits nahelegt, haben diese Systeme einen sehr verengten Horizont, sie sind Inselbegabte. Ein Schachcomputer spielt sehr gut Schach. In Mühle, Risiko, Monopoly oder Kartenspielen ist er aber bereits weit schlechter oder gar völlig nutzlos, ganz zu schweigen von Kontexten, die kein Gesellschaftsspiel sind.

Schwache KIs sind derzeitiger Stand der Technik. Systeme werden mit klaren Regeln trainiert, errechnen anhand klarer Parameter Lösungswege und optimieren sie. Deshalb funktionieren sie beispielsweise bei Spielen so gut: Es gibt klare Regeln, eindeutige Schemata, prognostizierbare Verhaltensweisen. Hier schlagen uns Maschinen mit ihrer Rechenpower.

Eine generelle Überlegenheit ist daraus allerdings keineswegs abzuleiten. Systeme, die außerhalb ihres engen Feldes improvisieren können oder ihr „Wissen" in größerem Umfang in andere Bereiche übertragen, gibt es noch nicht. Eine „starke" KI, die menschliche Intelligenz mit ihren Schlussfolgerungen, Querverbindungen und ihrer Intuition abbilden kann, ist bisher reine Science-Fiction.

hier zu tun, denn für KI-getriebene Geschäftsmodelle sind die sogenannten First-Mover-Vorteile besonders wichtig. Zwar haben zentrale Bereiche für die KI-Infrastruktur und Anwendungsfelder noch keinen dominierenden Akteur. Aber Google, Facebook & Co investieren gegenwärtig schon mehr als alle anderen. Sobald ein Spieler eine ausreichende Größe erreicht, sammelt er mehr Daten, um seine Künstliche Intelligenz damit zu füttern, wird dadurch so attraktiv, dass er von den meisten Nutzern verwendet wird. So kann er noch mehr Daten sammeln und das Produkt weiter optimieren, bis es konkurrenzlos ist.

Die Ersten werden die Besten sein. Für dieses Konzept haben Reid Hoffmann und Chris Yeh in einem gemeinsamen Buch den Namen „Blitzscaling" geprägt. So wie ein Formel-1-Auto auf jedes Bauteil, das nicht absolut notwendig ist, verzichtet, stellt man im Silicon Valley und in China vieles zurück, was nicht dazu dient, dem Markt davonzurasen: Arbeitsethik, Sozial- und Sicherheitsstandards werden gerne mal zur Nebensache.

Uber hat aktiv versucht, Wege zu finden, um Arbeits- und Sozialstandards für ihre Fahrer zu umgehen, Tesla hat autonome Fahrfunktionen auf der Straße getestet, während andere noch zögerten. Die globale Innovation folgt dem Weg des geringsten Widerstands und der größten Marktchance zum Erfolg. Sie kennt nur ein Motiv: Effizienz. Pluralismus jedoch ist nicht effizient. Rücksichtnahme auf Redefreiheit oder Privatsphäre sind nicht effizient. Die unbedingte Achtung der Menschenwürde ist nicht effizient.

Können wir allerdings in diesem Rennen um die Technologieführerschaft nicht mithalten, machen wir uns abhängig von den blitzskalierenden Anwendungen aus Amerika und Asien und werden so auch Teile der Wertesysteme akzeptieren müssen, die in ihnen „verbaut" sind. Bei Facebook setzen wir ja schon heute das Häkchen unter die AGBs – nicht weil wir uns sicher sind, dass diese unbedenklich sind, sondern weil es keine echte Alternative gibt.

Wir müssen das europäische Dilemma also selbst auflösen – Europa darf weder sich noch seine Werte verkaufen, um sich bei neuen Technologien an die Spitze zu spielen. Aber wie kann Europa bedeutende Innovationen schaffen und gleichzeitig seine ethischen Maßstäbe erhalten und stärken? Weder China noch die USA können hier als Vorbild wirken, Europa muss eine eigene Antwort finden.

Zu dieser Antwort hat die EU-Kommission in ihrem „Weißbuch zur Künstlichen Intelligenz" zwei Ansätze vorgelegt. Der erste baut auf **Exzellenz:** Forschung und Entwicklung sowie Anschubfinanzierung in Form von Wagniskapital sollen verstärkt, die Kompetenzen beim Anwender sowie in der Allgemeinbevölkerung erhöht werden. Wenn Sie das Kapitel → „Staat-up" gelesen haben, kennen Sie bereits einige unserer Ideen, um dieses Ökosystem der Exzellenz zu stärken. Wir werden hierzu später noch weitere Vorschläge vorstellen (→ Wohlstandardisierung).

Der zweite Ansatz der Europäischen Union baut auf Vertrauen: Er soll einen Rechtsrahmen schaffen, der **Vertrauen** in KI-Anwendungen schafft und europäische Werte schützt. Zudem

Im Ökosystem der Agilität steht die **Experimentierfreude** im Vordergrund.

sieht die Datenstrategie der EU-Kommission einen verbesserten Zugang zu einem europäischen Datenraum für Forschung, Unternehmen, Behörden vor.

Gesucht: Exzellenz, Vertrauen und Agilität

Die Ansätze der EU-Kommission halten wir für richtig. Das Ökosysteme der Exzellenz und des Vertrauens ergänzen wir um ein Ökosystem der **Agilität**. Denn wir brauchen systematische Beschleunigung der europäischen Innovation und klar definierte Initiativen zur Förderung der europäischen Technologieführerschaft – damit wir im Wettbewerb der Wirtschaftsgroßmächte langfristig souverän bleiben können.

Im Ökosystem der Agilität steht die Experimentierfreude im Vordergrund. Um neue, bahnbrechende Ideen auszutesten, brauchen junge Unternehmen einen Experimentierraum für Geschäftsmodelle und Technologieanwendungen – so wie Kinder im Sandkasten Formen, Bauwerke und Werkzeuge frei ausprobieren können. In einem KI-Sandkasten müssen und können stark verschlankte rechtliche Rahmenbedingungen herrschen. Nur so kann radikal Neues schnell und dynamisch erprobt werden – mit Lerneffekt für Unternehmen und Gesellschaft und das, ohne unsere gesellschaftlichen Werte insgesamt zu gefährden. In einem solchen Experimentierraum könnten beispielsweise autonom fahrende Autos im Straßenverkehr getestet werden. Einige Straßen würden dann vorübergehend von Rechtsvorschriften wie etwa Teilen der StVO, befreit werden. In China ist die Vision bereits Realität: In Shenzhen fahren autonome Fahrzeuge auf speziellen Teststrecken in eigens designten Stadtteilen.

VORSCHLAG 18: Europäische Sandkasten-Agentur

Ohne Erfahrungen zu sammeln, kann man nicht lernen. Wenn wir nach Amerika und China blicken, sehen wir: Wir müssen unser Lerntempo steigern. Das geht, indem wir gezielt das Probieren über das Studieren setzen. Deutschland ist „book smart", was uns fehlt, ist der Mut zum Machen. Wir wollen deshalb eine europäische Sandkasten-Agentur schaffen, die gesetzliche Lockerungen erarbeitet, um für verschiedene Sektoren solche Experimentierräume zu schaffen.

THE PESSIMIST ARCHIVE

Eine „Teufelsmaschine", die Seelen zerstört: So sprach man vor etwa einem Jahrhundert über das Automobil. Gegen die Erfindung, die die Welt veränderte, wurden damals vehement Bedenken vorgebracht: So druckte die New York Times 1904 unter dem Titel „Das Automobil-Gehirn" eine Diskussion, in der es um den schädlichen Effekt des Autos auf unsere psychische Gesundheit ging. Autofahrer würden bald an den Folgen ihres Mobilitätsexzesses leiden und in Scharen in den Irrenhäusern sitzen. Solche Horrorvisionen waren nicht nur auf das Automobil beschränkt: Der Roman war „verderblich", die U-Bahn „frevelhaft", der Walzer „obszön" - Fast alle großen Neuerungen konnten sich bisher ebenso großen Vorbehalten gegen sie sicher sein. Das Pessimist Archive sammelt Material und Anekdoten unserer schwierigen Beziehung zu Innovation. Sie zeigen uns: Während wir an weitreichende Veränderungen selbstverständlich verantwortungsvoll und kritisch herangehen müssen, sollten wir dabei stets einen kühlen Kopf bewahren. Sonst stehen wir am Ende da wie Wilhelm II., der gesagt haben soll: „Ich glaube an das Pferd. Das Automobil ist eine vorübergehende Erscheinung."

Wenn im Sandkasten auf dem Spielplatz etwas schiefgeht, ist das kein Problem. Im Gegenteil, Kinder lernen erst aus diesen Fehlern, welche Türme stabil stehen und welche nicht, welche Schaufel wofür geeignet ist. Fehler werden auch in den KI-Sandkästen der echten Welt zwangsläufig passieren. Wie Menschen müssen auch Systeme irren, um daraus zu lernen und ihr Verhalten zu optimieren. Da aber bei den anvisierten Systemen Fehler mitunter Konsequenzen haben können, muss der Staat Sicherheit bieten. Wichtiger Bestandteil der Sandkastensysteme sollte daher eine Versicherung sein, die die Betroffenen von negativen Auswirkungen maschineller Fehlurteile zumindest finanziell entschädigen kann und Unternehmen die Möglichkeit gibt, für Schadensfälle vorzusorgen.

Fortschritt können wir nur erreichen, wenn wir mutig sind. Wenn es niemals Ärzte und Patienten gegeben hätte, die mutig beispielsweise die Organtransplantation getestet hätten, könnten wir heute nicht so viele Menschenleben mit diesem Verfahren retten. So könnte trotz aller Risiken auch die vollständige Implementierung moderner Technologien in einem Krankenhaus, von der Patientenerfassung und digitalen Krankenakte über automatisierte Auswertung von Testergebnissen und algorithmische Diagnosen bis hin zu Pflegerobotern, in einem Sandkasten erprobt werden. Patienten stünde es natürlich frei, sich in dem Krankenhaus behandeln zu lassen, konventionelle Optionen gäbe es stets parallel. Zudem gibt es schon jetzt etwa Fortschritte in der bildgebenden Diagnostik, die den Verzicht auf digitale Systeme zum größeren Risiko machen: KI erkennt schon heute Krankheiten mindestens ebenso gut wie menschliche Diagnostiker. So oder so: Wir trauen den Ärzten zu, mit dem gewonnenen Freiraum gewissenhaft umzugehen.

Zurzeit ist KI für weite Teile der Bevölkerung noch ein Rätsel. Wir ahnen bereits, dass die Technologie uns unvorstellbar wertvolle Lösungen bieten kann, aber Unwissenheit und Unklarheit führen zu Skepsis und Ablehnung des Fremden. Das können wir uns nicht erlauben, wir müssen uns trauen, mit der schönen Unbekannten zu tanzen. Das Ökosystem des Vertrauens ist hier zentraler Bestandteil einer europäischen KI-Strategie. Der Staat hat den Auftrag, der öffentlichen Unsicherheit und Skepsis mit Maßnahmen zu begegnen, die das Kontrollgefühl und damit auch das Vertrauen erhöhen - mit Aufklärung, Transparenz und Leitplanken, die zugleich vor Abgründen schützen und Platz für Tempo lassen. Der nächste Vorschlag stellt so eine Leitplanke dar.

VORSCHLAG 19: Ungleich riskante KI-Anwendungen auch ungleich regulieren

Grundsätzlich bedarf nur ein kleiner Teil der KI-Systeme einer gezielten Steuerung durch den Staat. Die öffentliche Debatte, die sich hauptsächlich um selbstfahrende Autos, Gesichtserkennung und Scoring-Systeme dreht, während im Hinterkopf noch der Terminator kämpft, gibt an dieser Stelle ein verzerrtes Bild ab: Denn der Großteil der KI-Systeme sind Industrieanwendungen und überwiegend unproblematisch. Man kann hier beispielsweise an die zahlreichen Programme denken, die in Produktion und Logistik zum Einsatz kommen: Automatisierte Steuerung von Fräsen und Produktionsmaschinen in der Industrie, Optimierung von Lieferrouten – wenn hier etwas schiefgeht, ist das kein Beinbruch. Menschen kommen nicht zu Schaden, Regulierung besteht bereits durch Industrienormen und existierende Gesetze. Besonderes staatliches Eingreifen wäre hier eine unnötige Belastung.

Lediglich bei denjenigen Systemen, die mit personenbezogenen Daten arbeiten und direkt oder indirekt über Menschen entscheiden, ist der Staat gefragt. Innerhalb dieser kleinen, potenziell problematischen Gruppe unterscheiden sich die Systeme erneut nach Kritikalität. So arbeiten zwar beispielsweise die Algorithmen von Parship und Tinder mit Personendaten und beeinflussen durch ihre Entscheidungen – zur Vorauswahl potenzieller Partner – auch Menschen. Doch politische Strenge würde hier unnötig den Nutzen beschränken. Wo Menschen in ihrem Zugang zu Ressourcen wie Krediten, Arbeitsplätzen oder ähnlichem betroffen sind, wo ihre Gesundheit oder Unversehrtheit betroffen sein kann, da braucht es zweifellos auch effektive Regeln. Wo Programme Schrauben sortieren, wo Kleidung für den nächsten Herbst empfohlen wird, da ist der Bedarf von Regulierung entsprechend wesentlich niedriger.

Kategorien der Künstlichen Intelligenz

Nur ein Bruchteil von Entscheidungssystemen bedarf einer politischen Steuerung

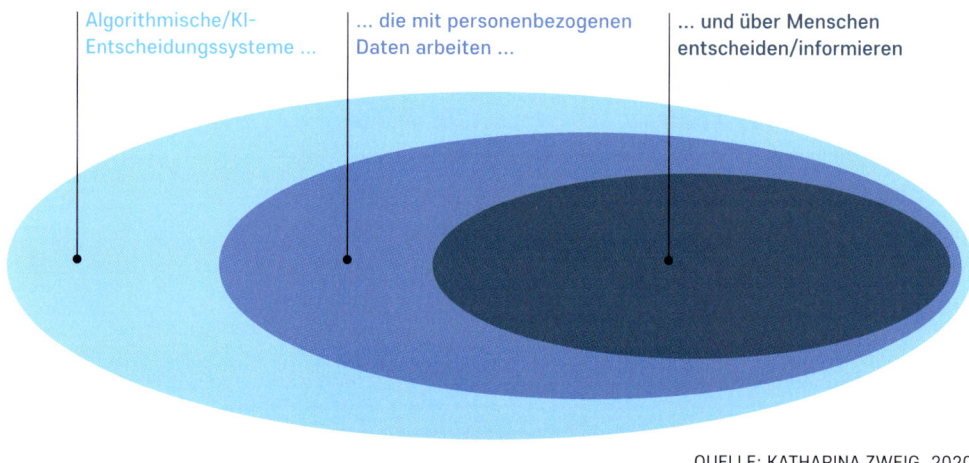

Algorithmische/KI-
Entscheidungssysteme ...

... die mit personenbezogenen
Daten arbeiten ...

... und über Menschen
entscheiden/informieren

QUELLE: KATHARINA ZWEIG, 2020

Innerhalb des innersten Kreises der Grafik braucht es nun eine erneute Unterscheidung, denn auch hier sind nicht alle Anwendungskontexte auch nur annähernd gleich kritisch. Als Ausgangspunkt ist eine Risikobewertung hilfreich, die sowohl den potenziellen Gesamtschaden als auch die Wettbewerbsintensität des Marktes berücksichtigt. Dass bei höherem Schadenspotenzial für Einzelne oder gar die Gesellschaft als Ganze die Notwendigkeit von politischem Handeln steigt, liegt auf der Hand. Allerdings sinkt diese Notwendigkeit wieder, wenn es am Markt starken Wettbewerb gibt. In diesen Fällen können Nutzer auf Konkurrenzprodukte ausweichen. Ein Wettbewerb um mehr Sicherheit, weniger Fehler, höhere Treffergenauigkeit wird die Programme bereits in die richtige Richtung entwickeln. Der Staat muss hier nicht so stark eingreifen wie in Fällen, in denen der Markt von einem Anbieter dominiert wird. Diese beiden Kriterien – Schadensintensität bei Fehlern und Wettbewerbsintensität im Markt – sind gute Leitfäden für die Orientierung, ob ein System kritisch ist und (stark) reguliert werden muss. Eine generelle Regulierung von KI, die Systeme in Klassen oder Stufen einteilt und entsprechend steuert, lehnen wir aber ab.

Denn KI-Systeme können aus unserer Sicht nur in ihrem konkreten Anwendungskontext beurteilt werden. Ein Beispiel hierfür ist der Einsatz von Software zur Erkennung von Personen. Bei Großveranstaltungen kann sie beispielsweise eingesetzt werden, um unter anderem Evakuierungspläne oder die Platzierung von Sanitäreinrichtungen sinnvoller zu gestalten. Ein Programm kann etwa daraus lernen, wie sich verschiedene Personengruppen auf verschiedenen Musikfestivals, bei Fußballspielen oder Ähnlichem bewegt haben, und entsprechend die Platzierung von Notausgängen und mobilen Toiletten auf dem Gelände vorschlagen. Hierfür bräuchte man keine Rückschlüsse auf Einzelpersonen, lediglich Informationen über generelle Bewegungsflüsse größerer Menschengruppen und ihrer Untergruppen, wie Männer und Frauen, Jugendliche, Mittelalte und Senioren.

Wenn dagegen in Form von Gesichtserkennung nach Straftätern gefahndet wird, sind Rückschlüsse auf Einzelpersonen unbedingt notwendig. Geschützte, persönliche Daten sind für das effektive Arbeiten dabei essenziell. Fehler im Algorithmus oder ein fehlerhafter Datensatz können darüber hinaus dazu führen, dass unbescholtene Bürger überprüft werden und gesuchte Straftäter auf freiem Fuß bleiben. Je nach Kontext variiert das Gefahrenpotenzial von KI-Anwendungen mit Personenerkennung also enorm, eine „One-size-fits-all"-Lösung für KI gibt es nicht, je nach Anwendungsszenario braucht es unterschiedlich starke und spezifische Regularien.

Das Gleiche gilt auch für eine Differenzierung nach Branchen. Ein Empfehlungs-Algorithmus, der anhand von Mustern historischer Daten Vorschläge erarbeitet, ist im Einzelhandel weniger risikobehaftet als im Gesundheitssektor: Schlägt das Programm anhand meiner vergangenen Käufe ein neues Produkt vor, trifft das bei Fehlern womöglich nicht meinen Geschmack. Schlägt ein digitaler Gesundheitsassistent einem Arzt anhand meines Krankheitsbildes eine Behandlung vor, ist der Schaden bei Fehlern wesentlich größer.

Wer aber soll die kontextbezogene, komplizierte Einschätzung zur Regulierung dann vornehmen? Der Staat hat einerseits

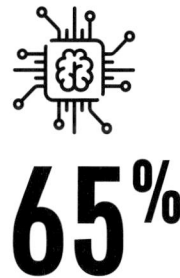

65%

der Befragten sind der Meinung, öffentliche Einrichtungen sollten Vorreiter beim Einsatz von KI sein.

QUELLE: BITKOM, 2018

weder die personellen Ressourcen noch die Prozesse, um mit den rasanten technologischen Entwicklungen im Einzelfall mitzuhalten und entsprechend differenziert regulieren zu können. Dafür ist die Komplexität von KI zu groß, die Halbwertszeit von Anwendungen zu gering. Wenn wir andererseits vorschnell Regulierungsanweisungen geben, ist die Gefahr groß, dass sie destruktiv wirken: Generalisierende Regulierungen könnten sehr leicht Innovationen ersticken, weil sie ungleiche Anwendungen über den gleichen Kamm scheren. Zudem besteht das Risiko, dass Anwendungen im Zweifel eher über- als unterreguliert werden und der Staat so übers Ziel hinausschießt, weil im Zweifel immer noch die Vorsicht der beste Ratgeber zu sein scheint.

Wenn mit dem Holzhammer reguliert wird, verliert Deutschland indessen doppelt: Wirtschaftlich machen wir es Unternehmen schwer, mit neuen Ideen zu international relevanten Playern werden. Gesellschaftlich blockieren wir KI-Lösungen, die alle Bereiche unseres Lebens einfacher und sicherer machen könnten. Setzt sich ein „One-size-fits-all"-Ansatz durch, bei dem der Staat starre Regeln vorgibt, streuen wir dort Gift, wo wir eigentlich Dünger bräuchten. Wir schlagen vor, KI je nach Risiko unterschiedlich zu regulieren. Der nächste Vorschlag geht darauf ein, in welchem Prozess der Staat das organisieren kann.

VORSCHLAG 20: Sektorspezifische KI-Gremien

Wir brauchen wir eine europäische Institution, die übergeordnete Grundsätze und Richtlinien zum Umgang mit Künstlicher Intelligenz in Europa erarbeitet. KI darf in Europa unseren Grundwerten nicht widersprechen. KI darf z.B. nicht diskriminieren, keinem Menschen körperlich schaden (auch nicht indirekt) und muss nachvollziehbar und transparent sein. Diese Grundsätze werden dann von agilen Gremien auf Einzelfälle der verschiedenen Branchen angewandt – am besten auf europäischer Ebene. Hier bieten sich das Modell und die Arbeitsweise von Normungsorganisationen wie z. B. dem DIN als Vorbild an. Die Gremien sollen aus Fachvertretern aus Wirtschaft, Gesellschaft, Wissenschaft und Politik zusammengesetzt sein und verbindliche Normen für Anwendungsfälle von KI innerhalb des jeweiligen Anwendungssektors festlegen.

Hauptaufgabe dieser sektorenspezifischen Gremien ist es, die Kritikalität des Einsatzes von KI-Systemen in Einzelfällen zu beurteilen und so die Schwellen verschiedener Regulierungsarten festzulegen. Kontrolliert werden sie von der übergeordneten politischen Institution. Wenn ein Gremium das Risiko des Einsatzes eines KI-Systems als niedrig einstuft, müssen Unternehmen Sorge tragen, dass die Anwendungen keine vorhersehbaren Schäden verursachen. Falls sie diese Sorgfalt verletzen, können sie dafür im Nachgang gerichtlich haftbar gemacht werden. Das geltende (Produkt-)Haftungsrecht ist in solchen Fällen auch für KI-Systeme anwendbar.

Bei Anwendungen mit hohem Risikopotenzial müssen wir bereits vor der Inbetriebnahme einer Anwendung sicherstellen, dass sie sicher ist. Daher muss die

DIN

DIN A4 kennt jedes Kind – Doch das Deutsche Institut für Normung (DIN) leistet viel mehr: Als einzige staatlich anerkannte nationale Normungsinstitution, entwickelt es Normen, bisher über 30.000. Per Staatsvertrag ist geregelt, dass das DIN das öffentliche Interesse berücksichtigt und umgekehrt der Bund DIN-Normen anerkennt und nutzt. Beim DIN kann jeder einen Normungsantrag stellen. Die Inhalte der Norm werden dann in einer Projektgruppe erarbeitet. Hierbei stellen rund 32.000 Experten aus Wirtschaft, Forschung und Gesellschaft die Beachtung aller Interessen sicher. Breite Beteiligung, Transparenz und Konsens sind Grundprinzipien des Arbeitsprozesses. Danach wird der Entwurf von der Öffentlichkeit kommentiert und schließlich für alle Interessierten nutzbar gemacht.

Einhaltung der KI-Grundsätze und der daraus abgeleiteten sektorenspezifischen Normen vor dem Einsatz gewährleistet sein. Hierzu beauftragt die zuständige Sektorkommission eine unabhängige, private Instanz mit staatlichem Auftrag, zum Beispiel den Datenwirtschaftsprüfer (→ Vorschlag 16, Daten), der solche Systeme einer gründlichen Untersuchung unterzieht. Dadurch, dass diese Instanz privat und im Wettbewerb organisiert ist, wird es spezialisierte Angebote und Prüfexperten für Nischen und eine effizientere Prüfung geben. Da die KI-Systeme lernen und sich die Anwendungskontexte ändern können, muss die Überprüfung fortlaufend und auch selbst mithilfe schneller, lernender Systeme, also Künstlicher Intelligenz, erfolgen.

Im CertLab des DFKI sowie beim DIN werden jeweils bereits Konzepte für die Überprüfung von besonders risikoreichen Anwendungen im Bereich KI entwickelt. Wichtige Kriterien sind dabei, dass die Systeme sehr zielgenau und treffsicher arbeiten, dass sie robust gegenüber fehlerhaften Datenpunkten und externen Angriffen und dass ihre Ergebnisse nachvollziehbar und transparent sind.

Grundsätzlich wird unterschieden zwischen Empfehlungssystemen, die Daten für eine menschliche Entscheidung aufbereiten, und Entscheidungssystemen, die in ihrem Anwendungsbereich autonom operieren. Bei Ersteren bleibt der Mensch im Fahrersitz und behält die Verantwortung und Kontrolle über die jeweilige Einzelentscheidung, bei Letzteren sind die Ansprüche an Ethik, Haftung und Nachvollziehbarkeit größer und komplexer.

VORSCHLAG 21: Prüfrecht bei automatisierten Entscheidungen

Wichtig ist, dass automatisierte KI-Entscheidungssysteme grundsätzlich – und das heißt unabhängig von ihrem genauen Risikopotenzial – kenntlich gemacht werden. Der Nutzer muss stets leicht sehen und nachvollziehen können, dass soeben ein automatisches System entschieden hat, und muss dann in der Lage sein, im Fall von Unzufriedenheit unbürokratisch Beschwerde einzulegen. Dann wird die KI-Entscheidung von einem menschlichen Mitarbeiter überprüft. Durch ein solches Prüfrecht kann der Automatisierungsgrad und damit die Effizienz verschiedener Anwendungen deutlich ansteigen, ohne dass irgendjemand befürchten müsste, hilflos einer Entscheidung von Algorithmen ausgeliefert zu sein. (→ Neuer Service).

Mit diesem Konzept wollen wir bestehende und kommende Anwendungen nach unserem Werte- und Rechtssystem ausrichten. Eine weitere Herausforderung ist, dass KI auch dazu führen wird, dass wir neue oder lange vergessene ethische Fragen, die jenseits unseres Rechtssystems liegen, dringlicher stellen müssen. Diskussionen drehen sich aber zu oft um die falschen Beispiele: So sind Diskriminierungsfälle durch KI, beispielsweise bei der Auswahl von Bewerbern auf eine offene Stelle, in Deutschland bereits unter bestehender Rechtslage grundsätzlich illegal. Der prominente Job-Algorithmus, der anhand historischer Daten gelernt hatte, dass mehr Männer Führungspositionen innehaben, daraus folgerte, Männer seien für Führungspositionen zu bevorzugen, und Frauen ausschloss, wäre in Deutschland nicht rechtens und würde bereits heute erhebliche Strafen für ein Unternehmen nach sich ziehen.

Denn: In Deutschland verbietet das AGG (Allgemeines Gleichbehandlungsgesetz) Diskriminierung und Ungleichbehandlung aufgrund geschützter Merkmale wie Geschlecht, Herkunft, religiöser Überzeugung oder sexueller Orientierung. Übertragen auf die Regulierung algorithmischer Recruiting-Systeme bedeutet das, dass eine AGG-Konformität zwangsläufig Teil einer neuen Norm wäre. Bei besonders riskanten Systemen müsste sie im Voraus durch ein Zertifizierungs- oder Prüfsystem wie den Datenwirtschaftsprüfer (→ Daten) sichergestellt werden, bei Niedrigrisikosystemen wäre sie Teil der nachträglich überprüfbaren Sorgfaltspflicht.

> # Wichtig ist, dass automatisierte KI-Entscheidungssysteme grundsätzlich **kenntlich gemacht** werden. ▬▬▬

KI-Systeme und Algorithmen haben in Bezug auf Diskriminierung sogar oft einen entscheidenden Vorteil: Sie machen Entscheidungsparameter transparenter und decken dadurch häufig erst Diskriminierung auf – ob bewusste oder unbewusste. Wenn ein Personalmanager einen Bewerber nicht einstellt, weil ihm sein Geschlecht, seine Herkunft oder sein Hemd (unterbewusst) missfällt, ist das kaum zu beweisen. Bei KI-Systemen indessen können solche Fehler leichter entdeckt und korrigiert werden. Entscheidungen werden transparenter und klarer steuerbar. Eine KI kann sich nicht rausreden. Nichtsdestotrotz sind Wertefragen im Kontext von KI sehr relevant, eben nur in anderer Form. Denn KI-Systeme werfen in manch neuen Anwendungsfällen Fragestellungen auf, die politisch und gesellschaftlich beantwortet werden müssen. Ein Beispiel aus dem Versicherungssektor verdeutlicht das: Wenn Nutzer über neue Tools wie z. B. Wearables Daten produzieren, auf die eine Versicherung Zugriff hat, erlauben diese Daten Rückschlüsse auf Verhaltensweisen. So könnte durch bestimmte Parameter mit hoher Wahrscheinlichkeit erkannt werden, ob sich ein Versicherter gesundheitsfördernd verhält, ob er zum Beispiel regelmäßig Sport treibt und sich ausgewogen ernährt. Sollte er dann für niedrigere Gesundheitsrisiken auch niedrigere Beiträge oder Prämien erhalten? Darf der Tarif also angepasst werden, wenn das elektronische Armband ein niedri-

Mit einer **Ökosystem-Trias** aus Exzellenz, Agilität und Vertrauen kann Europa die notwenige **Aufholjagd** im Bereich KI starten.

geres Risiko für Herzinfarkte oder Arthrosen prognostiziert? Sollte der Staat solche Anreizsysteme erlauben? Werden hierdurch Bevölkerungsgruppen benachteiligt, die sich z. B. aufgrund körperlicher Voraussetzungen nicht in gleichem Maße betätigen können? Stehen wir bei Versicherungen als Gesellschaft solidarisch für das Verhalten anderer ein, oder spiegelt der Beitrag einfach nur die jeweilige Lebensweise? Solche Wertfragen müssen gesellschaftlich und politisch diskutiert und Lösungen gefunden werden, die sektorenspezifische Gremien dann befolgen und anwenden.

Europas eigener Weg

Mit dem Zusammenspiel zwischen einer übergeordneten politischen Institution, die Grundsätze für unseren Umgang mit KI formuliert, und sektorspezifischen Fachgremien, die diese passgenau und dynamisch anwenden, schaffen wir es, Skepsis durch Sicherheit und Vertrauen zu ersetzen. So schaffen wir Offenheit und Fortschritt, während wir gleichzeitig unseren Werten treu bleiben. Wir wollen die Akzeptanz Künstlicher Intelligenz in der Bevölkerung durch mehr Klarheit in den Regularien steigern, wollen Innovation fördern und die Sozialverträglichkeit der Anwendungen sicherstellen. Ein solches Ökosystem des Vertrauens ist essenzieller Bestandteil von Europas eigenem Weg in die Zukunft.

Die KI wird die Welt erschüttern. Will die EU auf Dauer wettbewerbsfähig bleiben, wirtschaftlich wie auch als Wertegemeinschaft, muss sie unbedingt gemeinsam agieren und sich die Potenziale dieser Entwicklungen zu eigen machen. Mit einer Ökosystem-Trias aus Exzellenz, Agilität und Vertrauen kann Europa die notwendige Aufholjagd im Bereich KI starten und seine Zukunft mitgestalten. ■

ZUM WEITERLESEN

- Reid Hoffmann, Chris Yeh: Blitzscaling – The Lightning-Fast
  Path to Building Massively Valuable Companies
- Europäische Kommission: Weißbuch zur Künstlichen Intelligenz
  – ein europäisches Konzept für Exzellenz und Vertrauen
- The Pessimist Archive. A history of why we resist new things

Wohlstandardisierung

Digitale Leitkultur als wichtigste Aufgabe der Wirtschaftspolitik

Das erste Längenmaß der Welt reichte vom Ellenbogen bis zur Spitze des Mittelfingers. Die sogenannte Elle, die vor 4000 Jahren bereits in Ägypten und Mesopotamien gebräuchlich war, machte vieles leichter. Man konnte ein Stück Stoff damit abmessen oder das Fundament eines Tempels, und man konnte genau sagen, wie viel Material man für den Bau brauchen würde. Später legten die Römer strengere Maße an: Sie sprachen von Füßen, Fingern und Schritten. Römische Legionäre marschierten Meile um Meile, von denen jede einzelne – das wusste man genau – tausend Doppelschritten à fünf Fuß entsprach. Diese Standardisierungen zahlten sich aus: Das Militär sicherte jahrhundertelang Roms Weltmachtstellung, im Bauwesen wurde eine geradezu unmoderne Produktivität erreicht: Das Kolosseum wurde unter Vespasian in 8 Jahren fertiggestellt. Am BER dagegen wird seit 14 Jahren gewerkelt – und das heißt noch lange nicht, dass er auch nur annähernd so lange stehen bleiben wird wie das römische Amphitheater.

Ohne Normen verirren wir uns im Urwald der Unterschiedlichkeiten: In den zahlreichen Fürstentümern des Mittelalters wollte jeder Herrscher „seine eigene" Elle anerkannt sehen. So war die Bamberger Elle 67 Zentimeter lang, die Braunschweiger Elle 57, die aus Regensburg 81. Als 1984 in der Lübecker Altstadt die Wechselkasse eines Hansekaufmanns aus dem frühen 16. Jahrhundert ausgegraben wurde, enthielt sie 865 verschiedene Münzsorten aus mindestens 84 verschiedenen europäischen Münzstätten. Für Produktion und Handel hieß das: Verlust durch Vielfalt.

Heute setzt nicht mehr die Armlänge des Fürsten unsere Standards. Das Deutsche Institut für Normung (DIN) definiert, staatlich anerkannt, die deutsche „Standardsprache", indem DIN das öffentliche Interesse berücksichtigt und umgekehrt die Bundesregierung DIN-Normen anerkennt und nutzt.

Breite Beteiligung, Transparenz und Konsens sind Grundprinzipien des Arbeitsprozesses. Insgesamt rund 32.000 Ex-

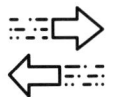

Interoperabilität

Wenn verschiedene unabhängige Systeme reibungslos interagieren können, bezeichnet man das als Interoperabilität (latein. inter = zwischen und opus = Arbeit). Das bedeutet, dass beispielsweise technische Produkte gegenseitig in einer für andere verständlichen Art und Weise benötigte Daten abfragen oder bereitstellen können, ohne dass weitere Schritte notwendig sind. Dazu müssen gemeinsame Standards definiert und eingehalten werden.

Diese Standards müssen möglichst offen sein, d. h. für alle leicht zugänglich und umfassend dokumentiert. Dann können sie kontinuierlich weiterentwickelt werden. Eines der bekanntesten Beispiele offener Standards ist TCP/IP, das eine der Grundvoraussetzungen für die Kommunikation im Internet ist.

Auf den verschiedenen Schichten des TCP/IP-Modells kommen unterschiedliche Internetprotokolle zur Anwendung. Auf der Anwendungsschicht ganz oben läuft u.a. das beim Aufruf von Webseiten täglich verwendete Protokoll HTTP. Auf der Netzzugangsschicht ganz unten werden dabei ganz selbstverständlich nicht nur offene Standards, sondern auch offene Schnittstellen genutzt. Das beste Beispiel hierfür ist das Ethernet-Kabel, dessen Stecker in unseren Computer auf der einen und den Router auf der anderen Seite passt. Und auch zwischen den einzelnen Ebenen des TCP/

IP-Referenzmodells ist über Schnittstellen genau festgelegt, wie die einzelnen Ebenen ihre Datenpakete an die angrenzenden Level übergeben können. Ohne solche offenen Schnittstellen würde das System nicht funktionieren, und man würde eine Webseite am anderen Ende der Welt nicht öffnen können.

Offene Schnittstellen sind auch bei Software wichtig. Um interoperabel zu sein, müssen sie an ihrer Oberfläche Anknüpfungspunkte bereitstellen, an denen andere Programme Daten abfragen können und auch genau wissen, welche Daten dort zur Verfügung gestellt werden. Diese Oberfläche nennt man API (Application Programming Interface). An der umfangreichen Öffnung solcher Schnittstellen haben viele Plattformkonzerne kein Interesse. So könnten nämlich Nutzer beispielsweise von Facebook ihre Nachrichten an Nutzer von Twitter schicken könnten, ohne dort ein Konto zu haben. Was hier heute leider noch nicht funktioniert und Monopole weiterhin existieren lässt, hat die Erfolgsgeschichte des Mobilfunks erst ermöglicht. Es spielt keine Rolle mehr, bei welchem Netzanbieter Sie sind oder welches Handy Sie nutzen, um andere Menschen zu erreichen, die in einem anderen Netz eingeloggt sind und höchstwahrscheinlich auch ein anderes Handy nutzen als Sie. Dies zeigt, wie wichtig die öffentliche Normungsarbeit zur Schaffung wirklicher Interoperabilität ist.

1. Technologie
offene Schnittstellen

2. Daten
Standardisierung

3. Institutionen
Einigung auf Use Cases

perten aus Wirtschaft, Forschung und Gesellschaft erarbeiten Normen in zahlreichen Gremien und stellen die Beachtung aller Perspektiven sicher. Die Inhalte einer Norm werden jeweils in einer Projektgruppe erarbeitet, dann von der Öffentlichkeit kommentiert und schließlich für alle Interessierten nutzbar gemacht.

Wer wirtschaftlich nicht nur durchschnittlich sein will, muss standardisieren. Eine Reihe von Studien haben unabhängig voneinander errechnet, dass wir einen guten Teil unseres Wirtschaftswachstums dem Beitrag von Standards verdanken. Der Freiburger Ökonomieprofessor Knut Blind hat ermittelt, dass in den Jahren von 1960 bis 1996 Standardisierung für mehr als ein Viertel des BIP-Zuwachses in Deutschland verantwortlich war. Standards schaffen Win-win-win-Situationen. Standardisierung bedeutet Wohlstandardisierung.

NORMEN

Standardisierung in Deutschland wird durch Normen und Standards in Regelwerken realisiert. Das Deutsche Institut für Normung (DIN) erklärt: „Eine Norm ist ein Dokument, das Anforderungen an Produkte, Dienstleistungen oder Verfahren festlegt. Sie schafft somit Klarheit über deren Eigenschaften, erleichtert den freien Warenverkehr und fördert den Export. Sie unterstützt die Rationalisierung und Qualitätssicherung in Wirtschaft, Technik, Wissenschaft und Verwaltung. Sie dient der Sicherheit von Menschen und Sachen sowie der Qualitätsverbesserung in allen Lebensbereichen." Das Deutsche Normenwerk umfasst heute rund 34.000 Normen und zieht sich – vom Babyschnuller bis zum Grabstein – durch unser ganzes Leben. Die Anwendung einer Norm ist freiwillig und jedem möglich. Erst durch gesetzliche Vorschriften zur Anwendung kann sie verpflichtend werden.

Insbesondere den Erfolg des deutschen Maschinenbaus und der Automobilindustrie verdanken wir maßgeblich den Anstrengungen deutscher Akteure im Bereich S&I (Standardisierung und Interoperabilität). Interoperabilität senkt in der Industrie die Produktionskosten erheblich, weil sich beispielsweise verschiedene genormte Einzelteile nach Baukastensystem unterschiedlich kombinieren lassen. Zudem basieren rund zwei Drittel des internationalen Normenwerks für den Maschinenbau auf deutschen Industrienormen. Die Einhaltung von Normen gibt Unternehmen Sicherheit und schenkt Verbrauchern Vertrauen, was sich in einer höheren Akzeptanz genormter Produkte auf internationalen Märkten ausdrückt. Neben Patenten sind Normen ein wichtiges Vehikel, um Innovationen am Markt zu etablieren. Wenn sich die Interessen der deutschen Hersteller international in den angewandten Normen widerspiegeln, gewinnt unsere Volkswirtschaft. Wer Standards exportiert, spielt seine Stärken aus.

Heute laufen wir Gefahr, dass diese Stärken leer laufen. Standards schreiben Geschichte – doch auf die Sprache der Zukunft haben wir uns noch nicht geeinigt. Während Standardisierung durch die etablierten Normungsorganisationen im analogen Bereich dem Gemeinwohl in Deutschland und Europa sehr wirksam dient, zeigt sich in der digitalen Welt ein anderes Bild. Ob Blockchain oder Cybersecurity – den klassischen Normungsorganisationen ist es hier noch nicht gelungen, weitreichende Standards zu etablieren. Es existieren zwar eine Vielzahl von Normen, die spezifische Details betreffen. Aber sie führen noch nicht zu einem wirklich offenen Wettbewerb.

Das liegt nicht an Unfähigkeit oder gar böser Absicht, es liegt am Tempo sowie an der Aufteilung von Themen bei den deutschen und europäischen Normungsorganisationen, DIN, DKE, CEN, Cenelec und ETSI. Denn so ausgeklügelt unsere Normungsprozesse auch funktionieren, so langsam sind sie. Schließlich muss man eine Vielzahl internationaler Experten an einen Tisch bekommen und alle Interessengruppen berücksichtigen. Es gibt Beschleunigungsansätze wie die unverbindlichen DIN-SPEC-Verabredungen, die allerdings keine vollwertigen Normen schaffen können. Und um eine neue Norm auf den Weg zu bringen, wird Konsens verlangt. Das dauert: Während unsere Normungsgremien über einen Stecker diskutieren, geht die Welt zur Induktion über. Das Beispiel zeigt, dass wir auch mehr Selbstbewusstsein brauchen, Normen auch gesetzlich durchzusetzen. Jede Stecker-Einigung wurde von Apple mit fadenscheinigen Argumenten unterlaufen.

Wer wirtschaftlich nicht nur durchschnittlich sein will, **muss standardisieren.**

Der Kampf um die Standards

Die Standards werden unterdessen außerhalb dieser Gremien gesetzt: nämlich von einzelnen marktmächtigen Unternehmen und ohne dass ein Konsens erforderlich wäre. Durch die Monopolisierungstendenzen der Plattformökonomie gibt es de facto einen Suchstandard (Google), einen Nachrichtenstandard

(WhatsApp und Facebook Messenger) und einen Standard für Bürosoftware (Microsoft Office). Die größten Unternehmen der Welt scheuen weder Kosten noch Mühen, um ihre Herrschaft über die Standards zu sichern und zu erweitern. Google zahlt jedes Jahr Milliardenbeträge an Apple, um auf jedem iPhone als Suchmaschine und Browser voreingestellt zu sein. Bei Microsoft arbeiten rund 1000 Mitarbeiter im Bereich Standardisierung, die vorrangig das Ziel verfolgen, deren Interessen in Standardisierungsgremien durchzusetzen. Oft entsteht bei kleineren Technologiefirmen der Eindruck, dass Fortschritte in der Standardisierung gezielt blockiert und verzögert werden, indem Zustimmungen in Ausschüssen des DIN und anderer Normungsorganisationen verweigert werden. Und wenn in eben diesen DIN-Ausschüssen Konsens oder sogar Einstimmigkeit erzielt werden muss, läuft das faktisch darauf hinaus, dass sich Standards zu sehr am privaten Nutzen Einzelner orientieren. In solchen Situationen arbeiten die großen sonst konkurrierenden Unternehmen sehr gerne zusammen, um Mehrheiten zu organisieren.

Wo sich die Konzerne nicht im Alleingang durchsetzen können, verbünden sie sich: Am 18. Dezember 2019 wurde das „Project connected home over IP" vorgestellt, eine Allianz, angeführt von Apple, Amazon, Google und der Zigbee alliance. Das Projekt hat das erklärte Ziel, einen gemeinsamen offenen Standard im Bereich Smart Home zu entwickeln, um mehr Interoperabilität im Internet of Things zu ermöglichen. Plattformen

INTERNET OF THINGS

Das Internet of Things (IoT), oder Internet der Dinge, besteht aus untereinander über das Internet vernetzten Gegenständen. Als der Begriff vor gut zwanzig Jahren vom IT-Vordenker Kevin Ashton geprägt wurde, umfasste er hauptsächlich Desktop-PCs. Bald waren auch Laptops und Smartphones in das IoT integriert. Inzwischen sind zahlreiche Lebensbereiche eng mit dem Internet of Things verwoben. Von den Jalousien bis zum Kleiderschrank, von der Haustür bis zum Auto – moderne Technologien tauschen intelligent Daten aus und können uns das Leben so massiv erleichtern, beispielsweise indem unser Türschloss automatisch schließt oder unser Auto von selbst einen freien Parkplatz findet. Doch das Internet of Things macht unser Leben nicht nur bequemer: Wenn beim Smart Farming durch genau auf den Bedarf abgestimmten Einsatz von Wasser, Dünger oder Futter Erträge gesteigert und Ressourceneinsatz reduziert werden, leben wir nachhaltiger; wenn Wearables uns auf die Gefahr eines Herzfehlers hinweisen und uns so frühe Vorsorge ermöglichen, leben wir gesünder. In der Industrie 4.0 kommunizieren Maschinen im IoT und optimieren so die Produktion. Kurzum: Die Potenziale sind enorm. Und die Chancen explodieren durch den technologischen Fortschritt immer weiter: Während 2015 noch gut 15 Milliarden Geräte mit dem Internet verbunden waren, hat sich die Anzahl Prognosen zufolge 2018 bereits mehr als verdoppelt, bis 2020 wird sie sich vervierfacht haben.

QUELLE: STATISTA, 2020

stellen also selbstständig Weichen, die Staat und staatliche Institutionen munter verschlafen. Das ist schlimmer, als es klingt: Gibt es erst einmal einen privat beherrschten Standard für Siri, Alexa und den Google-Sprachassistenten, werden viele Branchen von der Autoindustrie bis zum Elektrohandwerk von ihm abhängig sein. Suchanfragen können dann bei Google, Bestellungen bei Amazon monopolisiert werden. Im schlimmsten Fall führt das Konsortium konkurrenzlose Nutzungsgebühren ein.

Offene Schnittstellen würden es anderen Anbietern ermöglichen, ihre Anwendungen einfach an die größeren anzudocken. Das fördert den Wettbewerb und unterstützt vor allem kleinere Marktteilnehmer. Insofern sind Normung und deren Durchsetzung in der Industrie 4.0 keine Frage der Bürokratie – im Gegenteil, für junge Unternehmen hätten offene Standards ultimativen Sex-Appeal.

VORSCHLAG 22: „Project connected world over IP"

Auf europäischer Ebene soll ein viel stärkeres Mandat erteilt werden, um die organisatorischen und technischen Fragen für die Schaffung von Interoperabilität aller Anwendungsbereiche des Internet of Things (IoT) zu klären. Es muss das Ziel sein, offene Normen und Standards für das Entstehen eines ganzheitlich interoperablen vernetzten IoT zu schaffen. Ein solches Mandat kann an bereits bestehenden europäischen Normungsorganisationen wie CEN/Cenelec oder ETSI vergeben werden, die bereits im Auftrag der Europäischen Kommission handeln. Denkbar ist auch, dass eine separate Stelle geschaffen wird, die sich dem Thema IoT noch fokussierter widmet. In jedem Fall sollte eine enge Verzahnung mit der bestehenden Normungslandschaft gewährleistet werden, um bestehende Ressourcen bestmöglich zu nutzen und die Kohärenz des Normenwerks zu wahren.

Aufgrund der Internationalität und Dringlichkeit des Themas muss Europa im Internet of Things aktiv werden, vornehme Zurückhaltung ist hier grob fahrlässig. Es ist eine Illusion, dass ein von Großkonzernen wie Apple, Amazon und Google entwickelter Standard tatsächlich offen sein könnte: Weder Verbraucherverbände noch Behördenvertreter sitzen mit am Tisch. Auch das für Datensicherheit zuständige BSI wird sich vermutlich nicht einbringen können. Dabei haben die smarten Assistenten, für die da gerade Privatstandards gesetzt werden, durchaus das Potenzial, smarte Lauscher zu sein.

Die jetzigen Entscheidungssysteme internationaler Normung verhindern faktisch nicht, dass einzelne Großunternehmen die Spielregeln bestimmen. Das kann schnell zu einer „falschen" Interoperabilität führen, wie Milliarden von Nutzern sie täglich im Android- bzw. Apple-Appstore erfahren. Die Anwendungen sind zwar interoperabel – jedoch nur im plattformspezifischen Ökosystem, nach den Spielregeln und Profitinteressen der jeweiligen Plattformkonzerne. Für Cybersicherheit, Volkswirtschaft und Datensouveränität in Deutschland stellen solche Privatstandards ein ernsthaftes Risiko dar.

Indem wir die Standards von Großkonzernen importieren, importieren wir ihre Werte. Große Teile unseres Lebens, sowohl privat als auch gesellschaftlich, spielen sich im digitalen Raum ab. Im Rahmen des IoT wird unser Leben weiter von digitalen Technologien und Systemen durchdrungen werden. Hier sind Programmierer die neuen Gesetzgeber, die den Rahmen unseres Handelns festlegen. „Code is law", formulierte Harvard-Professor Lawrence Lessig bereits um die Jahrtausendwende. Wenn ein Unternehmen es schafft, seine eigenen Formate, seine eigenen Schnittstellen und sein eigenes Ökosystem zum Standard zu machen, hat es in diesem Bereich die Gestaltungshoheit inne.

DIN hat sich unserem Staat gegenüber vertraglich verpflichtet, beim Erstellen von Normen das öffentliche Interesse zu berücksichtigen. Unternehmen wie Apple, Google, Facebook oder Microsoft haben keinen derartigen Vertrag unterschrieben – und werden es wohl auch niemals tun. Wenn wir in Zukunft

Standards schreiben Geschichte

QUELLE: EIGENE DARSTELLUNG

| 1750 | 1793 | 1808  | 1808  |

Standardisierung in allen Bereichen der Gesellschaft zieht sich wie ein roter Faden durch die Geschichte erfolgreicher Staaten und Staatenverbünde. **Die preußische Münzreform 1750** erleichterte den Handel zwischen Provinzen und sorgte so für wirtschaftlichen Aufschwung. **Das metrische System** ermöglichte später im 18. Jahrhundert die Verbreitung der ersten industriellen Produktionsanlagen, denn die überregionale Standardisierung von Maßeinheiten bildete die Basis für die Interoperabilität von Bauteilen und damit für größere Märkte. **Standardisierte Bildungswege** und Schulformen hoben in Preußen das Bildungsniveau der Bevölkerung. Durch die **Standardisierung von Verwaltungsakten** wurden mehr Transparenz und Effizienz erreicht

Werte des Grundgesetzes wie Privatsphäre, Meinungsfreiheit und Menschenwürde souverän behaupten wollen, müssen wir sicherstellen, dass wir uns nicht in die Abhängigkeit anderer begeben. Die Souveränität im Netz zu verlieren, wäre fatal.

Standards sind digitale Leitkultur, heimliche Gesetzgebung der digitalen Welt. Eine entsprechend wichtige Rolle spielen Standardisierung und Interoperabilität denn auch auf der politischen Bühne – in China. Der deutsche Maschinenbau-Verband VDMA hat bereits 2008 dokumentiert, wie China der Standardisierung Priorität einräumt, und mit welchen Strategien die Weltmacht dort voranschreitet. Eine davon: mehr Einfluss in Standardisierungsgremien. Chinas Anteil an Sekretariatsposten hat sich dort zwischen 2011 und 2018 verdoppelt bis verdreifacht. Zwar machen die ISO-Sekretariate des DIN heute etwa 18 Prozent aus und die chinesischen erst 7 Prozent. Folgt man aber der aktuellen Entwicklungskurve, ist es nur eine Frage weniger Jahre, bis China gleichzieht und uns sogar überholt. Eine andere Strategie: mehr Investitionen in die Forschung – an chinesischen Universitäten haben Standardisierung und Interoperabilität einen weit höheren Stellenwert als in Deutschland.

Egal ob chinesische Regierung oder amerikanische Plattformkonzerne: Wer die Standards in seinem Sinne setzt, gestaltet die Zukunft. „Wissen ist Macht", schrieb 1597 der englische Philosoph Francis Bacon. „Standards sind Macht", heißt es im 21. Jahrhundert.

> **Standards sind digitale Leitkultur,** heimliche Gesetzgebung der digitalen Welt.

1892 · **1896**  **1913**  **1973**

– ein Vorbild für die damalige freie Wirtschaft. Im 19. Jahrhundert führte die Notwendigkeit, für die Eisenbahn einheitliche Fahrpläne zu erstellen, zur Einrichtung von **Zeitzonen**; Mobilität wurde berechenbar. Die gesamte Elektrotechnik beruht auf **standardisierten Stromspannungen**, die Ende des 19. Jahrhunderts erkämpft wurden. Anfang des 20. Jahrhunderts war Henry Fords Haupt-

leistung nicht die Einführung des Fließbandes, sondern die vorgelagerte **Standardisierung von Bauteilen, Arbeitsprozessen und Betriebsmitteln.** Ende des 20. Jahrhunderts erleichterte IT-Standardisierung wie das **Internet Protocol (IP)** den Einsatz von Elektronik und IT zur weiteren Automatisierung der Produktion. Und auch das wird noch nicht das Ende der Geschichte sein.

Und Deutschland? Und Europa? Wir laufen Gefahr, von strategisch klüger und weitsichtiger agierenden Konkurrenten in die Ecke gedrängt zu werden – als eine Art Museumskontinent, früher einmal machtvoll und dynamisch, heute eher bedächtig und rückständig. Wir halten eine solche Entwicklung nicht für wünschenswert, und wir glauben, dass man ihr begegnen kann. Gemeinsam sind Deutschland und Europa zu einem Hotspot für Standardisierung und Interoperabilität geworden. Doch dieses Standardisierungssystem, um das wir international vielfach beneidet wurden, ist unter Druck geraten. Es leidet an mangelndem Nachwuchs von Experten, der sich dann vor allem auch in internationalen Gremien bemerkbar macht. Denn es gibt zu viele Standardisierungsgremien außerhalb des europäischen Systems, die wegen der Expertenknappheit nicht alle bedient werden können. Hinzu kommen Probleme in der Kooperation zwischen den europäischen Standardisierungsorganisationen und der Europäischen Kommission, die zu Vertrauensverlusten führen. Dabei haben wir hervorragende Voraussetzungen, die wir nur besser nutzen müssen: Europas technische Expertise, seine Vielzahl an Nationalstaaten, seine starke Exportwirtschaft und die Abwesenheit von heimischen Großplattformen; wir können uns statt am Shareholder-Value am Gemeinwohl orientieren.

> Wir haben keine heimischen Plattformgiganten, **die ihre eigenen Standards durchsetzen.**

Außerdem können wir uns auf eine europäische Erfolgsgeschichte berufen: In den 1980er-Jahren waren Markt und Technik der Telekommunikation in fester Hand von Monopolen. Das 1988 gegründete European Telecommunications Standards Institute (ETSI) durchbrach den Stillstand. Es entwarf den GSM, einen digitalen Mobilfunkstandard, der zum ersten Mal grenzüberschreitende Kompatibilität bzw. Interoperabilität zwischen unterschiedlichen nationalen Netzen ermöglichte. Sowohl Verbraucher als auch Europas Telekommunikationsbranche profitierten enorm. Nokia und Ericsson gäbe es heute so nicht. Motorola, das sich lange dem GSM-Standard verweigerte, wurde aufgespalten und verlor seine Eigenständigkeit.

Obwohl es schon 20.000 europäische Normen gibt, die der europäischen Wirtschaft gute Dienste leisten, gibt es aktuell leider weder in Deutschland noch in Europa eine vergleichbare Erfolgsgeschichte. Es gibt zu wenig Finanzierung von Standardisierung, und wenn gefördert wird, dann oft keine Infrastruktur, sondern Einzelprojekte. Wichtige Teile der Wirtschaft rufen bisher vergeblich nach staatlichem Eingreifen. So fordert die Wirtschaftsinitiative Smart Living, der die führenden Unternehmen und Verbände der Wohn-, Einrichtungs- und Installationsbranchen angehören, verbindliche technische Standardsetzung als Grundlage einer erfolgreichen Energiewende. Mögliche Vorschläge liefert hier z. B. der gemeinnützige Verein EEBUS, der als branchenübergreifendes Netzwerk herstellerunabhängige Standards für das Internet of Things entwickelt. Fest steht: Nur durch freien Informationsaustausch kann ein intelligentes Stromnetz aus verschiedenen intelligenten Komponenten Verbrauch und Erzeugung in Einklang bringen. Gleichzeitig sind die hierfür notwendigen Daten hochsensibel. Der Staat muss besonders in solchen kritischen Anwendungsbereichen aktiv nicht-proprietäre Standards fördern, um unabhängig zu bleiben und nachhaltige Innovation zu fördern.

20.000

europäische Normen gibt es derzeit.

QUELLE: DIN, 2020

Was also können wir tun, um zusammen mit Europa die Schlacht um die Standards zu gewinnen? Der Staat muss Leitplanken verlegen und proaktiver agieren. Und: Wenn wir nicht in Zukunft für unsere Uneinsichtigkeit bezahlen wollen, müssen wir jetzt Geld in die Hand nehmen.

VORSCHLAG 23: Das Interoperabilitätsbudget

Standardisierung und Interoperabilität brauchen Fürsprecher und Geld. Deshalb schaffen wir für alle staatlichen Bereiche, wo Software zur Aufgabenerfüllung wird, ein Interoperabilitätsbudget. Ein solches Budget demonstriert nach innen wie nach außen, dass der Staat es ernst meint mit der Wohlstandardisierung.

Der zentrale Pfeiler der deutschen Standardisierungs-Infrastruktur ist seit Jahrzehnten DIN, es wohlstandardisiert für Deutschland. Eine entsprechend zentrale Rolle muss und wird DIN auch bei einer Standardisierungsstrategie für das 21. Jahrhundert spielen.

VORSCHLAG 24: Mehr DINamik

Nicht nur das Tempo der Gesetzgebung, sondern auch das Tempo der Normungs-gremien muss sich der Geschwindigkeit des digitalen Wandels anpassen. Dafür muss die Zusammenarbeit zwischen dem Staat und dem DIN in vielen Zukunftsfeldern enger werden. Wir müssen dem Thema mehr Aufmerksamkeit widmen und die Strukturen für Standardisierung besser finanzieren, um die Prozesse des DIN schneller zu machen. Aber auch der Staat muss besser werden und Empfehlungen des DIN schneller umsetzen.

Bei neuen Technologiefeldern sieht das übliche Prozedere so aus, dass zunächst in einem Mapping die bestehende Normen-landschaft gesichtet wird. Das Mapping bildet dann die Basis für eine Normungsroadmap, die auch eine Reihe von Handlungs-empfehlungen an die Politik formuliert. So entsteht beispiels-weise gerade eine Normungsroadmap Künstliche Intelligenz, die in einer ersten Version hoffentlich zum nächsten Digital-gipfel vorliegt. Genauso muss es besser morgen als übermorgen unbedingt eine Normungsroadmap zur Blockchain-Technolo-gie geben, da hier akuter Bedarf besteht (mehr dazu -> Geld-standard). Zur Wahrheit gehört aber auch: Bereits 2018 hat DIN in der Normungsroadmap Industrie 4.0 Handlungsempfehlun-gen zum Einsatz von Open-Source-Entwicklungsarbeiten im Bereich Blockchain vorgelegt und die Umsetzung von Pilotpro-jekten vorgeschlagen. Wer A sagt, muss also auch B sagen. DIN muss schneller werden, aber der Staat auch. Wir müssen uns gemeinsam ehrgeizige Ziele setzen.

Durch die Partnerschaft mit DIN kann auf bestehende und bewährte Governancestrukturen zurückgegriffen werden. DIN ist auf agile Prozesse und größtmögliche Teilhabe ausgerichtet. Der Vertrag zwischen dem DIN und der Bundesregierung ist ein gut funktionierendes Vehikel für einen proaktiven Umgang mit Standardisierung durch den Staat. Denn über diesen Vertrag ist bereits seit 1975 geregelt, dass die Bundesregierung wichtige Normungsarbeiten initiieren, beeinflussen und beschleunigen kann. Wir haben bereits alle Möglichkeiten, wir müssen sie nur ergreifen und das Thema zu einer Herzensangelegenheit staat-lichen Handelns machen.

Um in Zukunftsfeldern die richtigen Standards zur richtigen Zeit zu schaffen und nicht erst Jahre, nachdem sich eine Technologie bereits im Massenmarkt durchgesetzt hat, muss die Gremienarbeit des DIN vor allem effizienter werden. Deshalb wollen wir im Rahmen des Vertrags die Fristen für die Normung knapper setzen und zur Beschleunigung der Normung motivieren. Aufs Tempo zu drücken, wird Mehrkosten verursachen – aber das sollte es uns wert sein, wenn es um die Milliardenmärkte von morgen geht.

Connectathon

Hersteller und Software-entwickler können hier die Kompatibilität und Interoperabilität ihrer Produkte über offene Standards testen.

Auch für die Bundesregierung möchten wir Fristen setzen, in denen Handlungsempfehlungen des DIN in der Praxis getestet werden müssen. Damit erarbeitete Standards auch im Markt ankommen und breite Verwendung finden, ist eine Testphase mit Abstimmung von interessierten Anwendern notwendig. Bei einem sogenannten Connectathon können Hersteller und Softwareentwickler die Kompatibilität und Interoperabilität ihrer Produkte über entwickelte offene Standards bzw. Schnittstellen untereinander testen. Connectathons werden zurzeit von der zukunftsweisenden Interoperabilitätsinitiative Integrating the Healthcare Enterprise (IHE) einmal im Jahr veranstaltet und sind ein effektiver „Praxischeck" für interoperable Lösungen. Wir sollten dieses Konzept in die Testphase staatlich unterstützter Standards aufnehmen und zur Verpflichtung machen.

Die Wurzeln für praxisfeste und zukunftsweisende Standards liegen in der Forschung. Hier hat Deutschland Heimvorteil. Unsere Hochschullandschaft ist exzellent, beim Transfer von Forschungsergebnissen in die Wirtschaft hinkt Deutschland allerdings hinterher. Um diese Pipeline aufzufüllen, brauchen wir einen neuen Umgang mit Standards in der Wissenschaft.

VORSCHLAG 25: Forschungsinitiative „Exzellenz setzt Standard"

Durch eine Forschungsinitiative „Exzellenz setzt Standard" wird die Standardisierung ins Rampenlicht einer transferaktiven Wissenschaft befördert. An Normen mitgearbeitet zu haben, wird zum Berufungskriterium für Professuren – ebenso, wie wissenschaftlich publiziert zu haben. Hinzu kommt die Förderung von Forschung und Lehre durch Ausschreibung und Finanzierung von Professuren im Bereich S&I. Um den produktiven Austausch von Wissenschaft und Wirtschaft anzuregen, werden Standards zum verpflichtenden Projekt-Deliverable von staatlich geförderten Forschungsprojekten.

Damit auf Grundlage der Forschung bei der Normung eine informierte, konsensorientierte Entscheidung getroffen werden kann, müssen im Prozess alle Stimmen gehört werden. Die Realität sieht aber leider oft anders aus. Bei der Teilnahme und Mitarbeit von Vertretern des Öffentlichen Dienstes an der Normung ist noch Luft nach oben, obwohl diese Mitarbeit in der Normungsverordnung sogar verpflichtend geregelt ist. Auch aus der Wirtschaft werden oft nicht alle notwendigen Stimmen gehört. Wenn die Entsendung nicht schon an den Reisekosten scheitert, gibt es für kleine Unternehmen, insbesondere Start-ups, weitere Hürden vor der Partizipation: Die auf die Ausschussarbeit entfallende Arbeitszeit und die damit einhergehenden Lohnkosten machen die Teilnahme in Normungsinstitutionen oft unattraktiv. Dazu kommen die Mitgliedsbeiträge, die man unter anderem auch beim DIN bezahlen muss. Man muss zwar kein DIN-Mitglied sein, um in der Normung mitzuarbeiten, aber wie überall kann es für Outsider schwierig werden, die richtigen Informationen zur richtigen Zeit zu bekommen. Für große Unternehmen sind die Beiträge ein Klacks, für das Team einer Neugründung können schon Gebühren in Höhe von 250 Euro abschreckend wirken. Besonders bei Technologiethemen sind Start-ups und nicht-etablierte Unternehmen die Vorreiter. Ihre Stimme aber wird in klassischen Normungsgremien zurzeit von den etablierten Unternehmen, die bestehende Standards schützen wollen, oft kraftvoll übertönt. Aber nicht, weil Start-ups ausgeschlossen werden, sondern weil die großen Player viel mehr Ressourcen für die Prägung der Normung gemäß ihren Interessen einsetzen.

VORSCHLAG 26: Das Standardisierungsstipendium

Wir brauchen ein monetäres Anreizsystem, um KMUs und Start-ups die Partizipation an der Standardisierung zu erleichtern. Hierzu schlagen wir die großzügige staatliche Erstattung von Kosten im Rahmen eines Standardisierungsstipendiums vor. Diese soll auch den Zeitaufwand von Gründern, Mitarbeitern oder von denen mandatierten Experten abdecken. Das Stipendium wird aus dem Interoperabilitätsbudget bezogen. Anreize, sich an Standardisierung zu beteiligen, könnten zudem auch über Steuervergünstigungen für kleinere Unternehmen gesetzt werden. Auch die Zukunftslobby (-> Neue Unternehmen) könnte hier aktiv werden.

Standards haben unserer heutigen Wirtschaftsstärke den Weg geebnet. Doch in den letzten Jahren haben Amerika und China vorgelegt. Wie entschlossen wir hier unsere Erfolgsgeschichte fortschreiben und unsere Interessen gegenüber unseren Wettbewerbern vertreten, ist die zentrale wirtschaftspolitische Frage für Deutschland und Europa im 21. Jahrhundert. Wer für morgen Wohlstand sichern will, muss heute um die Normen kämpfen. ∎

ZUM WEITERLESEN

- **T3N, 2016: Wie funktioniert eigentlich TCP/IP?**
- **Knut Blind / Andre Jung / Axel Mangelsdorff, 2011:**
  Der gesamtwirtschaftliche Nutzen der Normung
- **Lawrence Lessig, 2000: Code Is Law – On Liberty in Cyberspace**

Kampf um den Geldstandard

Die Blockchain-Technologie bietet eine historische Chance

Geld regiert die Welt. Das war nicht immer so. Aber nachdem jede Wertschöpfung zunächst auf Eigenversorgung und Warentausch basierte, ist Geld zum zentralen Steuerungselement jedes Wirtschaftssystems geworden. Und nachdem bereits vor mehr als 2500 Jahren die ersten Münzen eingeführt wurden, haben wir heute globalisierte und vernetzte Zahlungsabwicklungssysteme, die zunehmend phygital ausgestaltet sind – also sowohl physische als auch digitale Komponenten haben.

Bei Zahlungen mit Karten beispielsweise – in Deutschland meist Mastercard oder VISA – sind vier verschiedene Parteien beteiligt. Der Händler arbeitet mit dem sogenannten Acquirer zusammen, der ihm als Dienstleister gegen eine Servicegebühr die Möglichkeit der Kartenzahlung bereitstellt. Der Acquirer bittet dann die Bank des Kunden – die als „Issuer" die Karte ausgestellt hat –, ihm das Geld vom Konto des Kunden zu überweisen, behält davon einen kleinen Prozentsatz als Interbankenentgelt ein und schickt alles Übrige weiter an den Händler.

Die allein in Deutschland und Europa unzähligen Acquirer und Issuer sollen unter sich die Höhe des Interbankenentgelts aushandeln. Gibt es zwischen zwei Dienstleistern keine Vereinbarung, greifen Regelwerke, die Mastercard und VISA festgelegt haben. Die Kartenanbieter sind an den Transaktionen nicht direkt beteiligt, tragen auch kein Zahlungsausfallrisiko, verlangen von den Banken aber hohe Lizenzierungsgebühren, damit sie ihren Kunden diese Form der Zahlungsabwicklung anbieten können.

Damit ist ein Netzwerk von Systemen entstanden, das zu wenig dem Allgemeinwohl und zu stark wenigen Großkonzernen dient. Und, noch empfindlicher: Die Zahlungssysteme sind zu einem geostrategischen Faktor geworden. Deutschland und Europa haben kein eigenes Zahlungsabwicklungssystem – wir sind abhängig von der Zahlungsinfrastruktur anderer Weltregionen. In Zukunft wird man in politischen Konflikten eher die Zahlungssysteme abstellen als die Gaspipeline. Aber wir

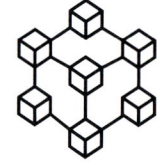

Systeme zur Zahlungsabwicklung sind zunehmend „phygital": Sie enthalten sowohl physische als auch digitale Komponenten.

bieten unseren nationalen und europäischen Akteuren keinen finanziellen Anreiz, die bestehenden Ineffizienzen und Sicherheitsrisiken durch die Schaffung eines eigenen interoperablen Systems zu beheben. Die reine Zahlungsabwicklung und Buchführung ist für viele Beteiligte schon lange kein Business Case mehr. Hier zeigt sich besonders deutlich, dass der Staat in bestimmten Schlüsselbereichen die Rahmenbedingungen für Geschäftsmodelle nach seinen Maßstäben verändern muss. Tut er es nicht, kommen Teilnehmer auf den Markt, die das Spiel nach ihren Regeln einrichten – sodass etwa mehr Convenience mit Abstrichen im Datenschutz einhergeht.

Heute stehen wir vor einer gigantischen Disruption durch Player, die das Potenzial erkannt haben, nicht nur ein günstigeres Zahlungsabwicklungssystem zu schaffen, sondern auch einen neuen privaten Geldstandard zu etablieren. Facebooks Ankündigung einer Digitalwährung namens Libra hat die internationale Politik in Aufruhr versetzt: eine Währung, die von keinem Staat, sondern von einigen Tech-Giganten kontrolliert wird? Auf regulatorischer Ebene gab es schnell Vorstöße, jeden privaten Geldstandard zu verbieten. Doch eine Idee mit solch einem Potenzial lässt sich schlecht aufhalten. Auch in China arbeitet man an einer eigenen staatlichen Digitalwährung, die in Kürze in die Testphase gehen soll, schließlich passt das digitalisierte Tracking aller Zahlungen fugenlos in die chinesische Praxis des Social Scorings. Europa dagegen erkennt erst langsam den Wert eines eigenen Zahlungsabwicklungssystems nach eigenen Standards.

Indem wir Standards importieren, importieren wir Werte, ob chinesische oder amerikanische. Mit der Einführung einer digitalen Basisinfrastruktur und eines digitalen Euros haben wir umgekehrt die Möglichkeit, einen internationalen Zahlungsstandard zu schaffen und zu exportieren, bevor andere, die über große Wettbewerbsvorteile verfügen, dies tun. Denn wer würde sich nicht dafür entscheiden, per WhatsApp oder Facebook Messenger Geld in Echtzeit und kostenlos an das andere Ende der Welt zu schicken? Wenn Sie einen der heutigen Transaktions-Dienstleister nutzen, werden häufig 10 Prozent der Transaktionssumme als Gebühr fällig.

> In Zukunft wird man in politischen Konflikten eher **die Zahlungssysteme abstellen als die Gaspipeline.**

Der Staat schafft Standards und nicht Innovationen

Allerdings: Innovationen, die vom Staat initiiert wurden, scheitern oft spektakulär. Die DE-Mail beispielsweise war ein solches Projekt mit großen Ambitionen und kleinem Erfolg. Sie hatte das Ziel, ein sicheres, vertrauliches und nachweisbares Mailing möglich zu machen. Doch nachdem große politische Anstrengungen unternommen worden waren, den Dienst zu etablieren – sogar mit einem eigenen Gesetz –, endete der Dienst als Flop. Kaum aktive Nutzer, viel zu kompliziert. Nicht einmal in der Kommunikation zwischen Bundesbehörden konnte sie sich durchsetzen.

Was wir daraus lernen, hat die CDU 2019 in der Innovationsplattform: D beschrieben: Der Staat sollte nicht selbst versuchen, innovative Produkte hervorzubringen, sondern Innovationen unterstützen, die vom Markt entwickelt werden – indem er Regulierung schafft, Spielregeln formuliert, Standards setzt und Interoperabilität fördert. Ein Beispiel für eine solche Innovation, die aus dem Markt kommt und die bestehenden Zahlungssysteme ins Wanken bringt, ist die Blockchain-Technologie, ein Anwendungsfall der sogenannten Distributed Ledger Technology (DLT, mehr dazu → Exkurs Blockchain). Sie organisiert Datenbanken durch verteilte Register, die fälschungssicher und für alle Teilnehmer nachvollziehbar miteinander verkettet werden. Ein Anwendungsbeispiel für den Öffentlichen Dienst: Mit der Einführung digitaler Zertifikate, die auf der Blockchain-Technologie basieren, kann die Echtheit von öffentlichen Dokumenten und Lizenzen nachgewiesen werden.

VORSCHLAG 27: Einführung von digitalen Zertifikaten zum Echtheitsnachweis

Mithilfe von sogenannten Gültigkeits-Tokens auf einer Blockchain basierten Beglaubigungsinfrastruktur kann fehlerfrei nachgeprüft werden, ob ein bestimmtes Dokument oder Zeugnis echt ist. Hierzu wollen wir Pilotprojekte im Hochschulwesen fördern und sukzessive auf öffentliche Dokumente wie Führerscheine und Fahrzeugpapiere ausweiten. Außerdem wollen wir den Einsatz solcher Gültigkeits-Token bei Software und Maschinen vorantreiben. So ließe sich beispielsweise nachvollziehen, ob eine Softwarelizenz oder ein Maschinenersatzteil vom autorisierten Hersteller stammt.

Die Blockchain-Technologie kann eine neue Innovationskette in Gang setzen

Ob sich die Blockchain oder eine Nachfolgetechnologie flächendeckend im Markt durchsetzen, ist zum heutigen Zeitpunkt unklar. Immerhin aber halten viele sie für die größte technische Evolution seit Bestehen des Internets. Ihr wohl größtes Anwendungspotenzial liegt derzeit im Finanzmarkt, etwa in der Unternehmens- und Projektfinanzierung – und die Geschichte zeigt: Innovationen in der Unternehmensfinanzierung führen regelmäßig zu weiteren Innovationen in der Realwirtschaft. Das bekannteste Beispiel hierfür ist die Einführung der Allgemeinen Aktiengesellschaft, die als Erstes die Finanzierung des Eisenbahnbaus in den Vereinigten Staaten ermöglichte. Der Staat sollte die richtigen Rahmenbedingungen schaffen, um Wettbewerb im Markt zu befördern und Lock-in-Effekte zu vermeiden.

Viele der jüngsten Entwicklungen kommen zudem aus Deutschland. Das, gemessen an seiner Marktkapitalisierung, zweitgrößte Blockchain-Netzwerk Ethereum wurde maßgeblich durch die deutsche Blockchain-Community geprägt. Schon 2016 fand das erste Entwickler-Treffen in Berlin-Kreuzberg als kleines Meet-up statt, mittlerweile ist daraus eine jährlich stattfindende, internationale Institution namens DEVCON geworden.

Die Unionsfraktion im Deutschen Bundestag beschäftigt sich schon seit Längerem mit der Frage, wie wir Deutschland und Europa als Standort für die Blockchain-Branche noch attraktiver machen können. Im Juni 2019 wurde ein detailliertes Impulspapier zur Förderung der Blockchain-Technologie beschlossen, die Blockchain-Strategie der Bundesregierung vom Herbst 2019 basiert auch auf diesem Papier. Bereits im November 2018 hat die Digital-AG der Fraktion einen Vorschlag zur Einführung digitaler Wertpapiere im deutschen Zivilrecht veröffentlicht. Auch diesem Memorandum ist die Bundesregierung gefolgt; in einem Eckpunktepapier vom März 2019 kündigte sie an, solche elektronischen Schuldverschreibungen im Zivilrecht einzuführen und Krypto-Token zu regulieren. Bislang besteht nämlich noch das Papiererfordernis, damit das Sachenrecht und somit etwa der gutgläubige Erwerb Anwendung finden können. Ein Token ist keine Sache, sondern ein digitales Etwas, das einen

Wert oder ein Nutzungsrecht repräsentiert. Wir möchten, dass hier die gleichen Rechtsgrundlagen wie für ein Stück Papier gelten. Der Grundsatz dazu heißt „substance over form". Nicht die Form, sondern die Substanz ist entscheidend.

Als die Bundesregierung ankündigte, digitale Wertpapiere einzuführen, schlug das in Fachkreisen internationale Wellen. Man hat uns als Vorreiter gelobt und gespannt darauf geschaut, wie wir diese Neuerung kodifizieren. Leider ist es uns bis heute jedoch nicht gelungen, ein solches Gesetz zu verabschieden, der Gesetzentwurf lag sehr lange im Justizministerium, die Veröffentlichung wurde mehrere Male verschoben. Für uns ist klar: Wir müssen das Tempo der Gesetzgebung dem Tempo des digitalen Wandels anpassen. Detaillierte Ideen für schnellere öffentliche Prozesse haben wir im nächsten Teil dieses Buches unter dem Leitbild des **Lernenden Staats** festgehalten.

VORSCHLAG 28: Elektronische Wertpapiere im Zivilrecht einführen und Rechtsklarheit für deren Emission und Verwahrung schaffen

Das zivile Wertpapierrecht muss dringend dematerialisiert werden, um für elektronische Wertpapiere die gleichen Bedingungen zu schaffen wie für verbriefte Wertpapiere. Damit soll vor allem der Gutglaubensschutz, der im Sachenrecht Anwendung findet, auf elektronische Schuldverschreibungen ausgeweitet werden.

Im Idealfall sollte das Papiererfordernis zugleich auch für Aktien und Investmentfondsanteile wegfallen. Die Emission elektronischer Wertpapiere soll nicht nur lizenzierten Finanzintermediären vorbehalten sein, das stünde der Innovationskraft der Blockchain-Technologie diametral entgegen. Das bislang existierende Emittenten-Privileg soll auch bei der Emission elektronischer Wertpapiere gelten und explizit auch auf die Verwahrung der emittierten Kryptowerte durch den Emittenten erweitert werden.

Überregulierung, beispielsweise durch zwingend vorgeschriebene Smart Contract-Audits, möchten wir vermeiden, zumal unklar ist, welchen Mehrwert sie überhaupt stiften könnten. Vielmehr sollten wir einen Annex zur europäischen Prospektverordnung vorantreiben, der einheitliche Mindestanforderungen für Prospekte von tokenisierten Wertpapieren regelt.

Über die Einführung digitaler Wertpapiere hinaus wollen wir eine europäische interoperable Basisinfrastruktur zur Abwicklung und Buchführung des Zahlungsverkehrs sowie eines digitalen Euro etablieren (dazu später mehr). Die Bereitstellung von digitalen Identitäten sowohl für Menschen als auch für Maschinen wird immer wichtiger – beides kann die Blockchain-Technologie günstig und fälschungssicher auf hohem Datenschutzniveau bereitstellen (auch dazu später mehr).

Die Blockchain-Technologie hat auch viele Kritiker, und sie ist nicht das Allheilmittel aller Probleme. Es gibt viele offene Fragen und ungelöste Schwierigkeiten, vielleicht ist sie schon in wenigen Jahren technologisch überholt. Nur wenn der Energieverbrauch deutlich gesenkt und so die Skalierbarkeit hergestellt wird, kann sich die Technologie in der Breite durchsetzen. Sicher ist jedoch: Nicht nur kleine Unternehmen, sondern auch Tech-Konzerne arbeiten daran.

Wird die Blockchain-Technologie das Backend im Internet der Zukunft?

Wer hätte vor 50 Jahren gedacht, was da entsteht? 1969 wurden zwischen Los Angeles und dem Silicon Valley zwei Computer miteinander verbunden und erstmals Daten ausgetauscht. 1984 kam das Internet dann nach Deutschland: Der erste Netzwerkknoten entstand an der Uni in Karlsruhe. Das World Wide Web startete 1989, heute wird es von vier Milliarden Menschen weltweit genutzt. Die Teilnehmer schicken täglich unzählige E-Mails hin und her, aber nur ein winziger Bruchteil von ihnen versteht, wie ein Mailserver funktioniert. Was sind eigentlich POP3 und IMAP, und welche Ports nutzt der SMTP-Server? – Man kann heute auch E-Mails schreiben, ohne das zu verstehen.

Was gerade mit der Blockchain-Technologie passiert, ist ähnlich: Es entsteht etwas Neues, wenige verstehen es wirklich, aber viele erkennen das Innovationspotenzial. Wir befinden uns mit der Blockchain auf der Internetskala gerade irgendwo zwischen 1969 und 1989, und die Geschwindigkeit von Technologiezyklen wird immer schneller. So wie heute jeder selbstverständlich Mailserver verwendet, werden wir in wenigen Jahren selbstverständlich die Blockchain oder eine Nachfolgetechnologie verwenden.

Zum 1. Januar 2020 ist eine Novelle in der Geldwäschegesetzgebung in Kraft getreten, in der auch umfänglich die Verwahrung von Kryptowerten geregelt wird. Erstmals wird es hiermit für bereits regulierte Dienstleister im Sinne des Kreditwesengesetzes möglich, das Kryptoverwahrgeschäft für andere anzubieten. In der Praxis heißt das: Banken dürfen ihren Kunden jetzt eine Wallet anbieten, auf der sie Krypto-Assets wie Bitcoin verwahren können. Das ist eine grundlegende Neuerung. Vielfach sind bereits Anträge von Banken für die dafür benötigte Lizenz bei der deutschen Finanzdienstleistungsaufsicht eingegangen.

Der Konzern-Angriff auf die Blockchain

Im Blockchain-Rennen der Konzerne liegt Facebook in Führung – mit der Idee einer eigenen Blockchain, einer eigenen Digitalwährung namens Libra, einer eigenen Wallet-Lösung namens Calibra und einem eigenen Konsortium in Form einer Stiftung.

Facebooks Kryptowährung Libra wird sich grundlegend von bekannten Kryptowährungen wie Bitcoin und Ethereum unterscheiden. Libra soll nämlich ein Netzwerk sein, das im Zugang beschränkt ist, sodass nur eine kleine, von Libra kontrollierte Zahl von Teilnehmern das Recht erhalten, Transaktionen zu validieren und Blöcke zu schreiben. Dadurch wären wesentlich weniger Rechenleistung und Energieverbrauch erforderlich als für Bitcoin und sein Konsensverfahren Proof of Work, auch die Transaktionsgeschwindigkeit wäre deutlich höher und leichter skalierbar. Eine Blockchain nach dem Plan von Facebook wäre aber zentralisierter: Im Whitepaper v2.0 heißt es, dass Teilnehmer und Validatoren „eine robuste Due Dilligence" durchlaufen müssen.

KRYPTOWÄHRUNGEN

Kryptowährungen oder auch Krypto-Assets sind digitale Werte, die von ihren Nutzern als Recheneinheit, als Tausch- und Wertaufbewahrungsmittel verwendet werden können. Die Assets liegen auf einer Blockchain, die dezentral verwaltet wird. Um auf sie zugreifen zu können, benötigt man eine Wallet – eine App oder Software, die als eine Art digitale Brieftasche fungiert.

Bitcoin und Ethereum sind die beiden größten Blockchain-Netzwerke weltweit. Die Bitcoin-Blockchain dient dabei nur der Registerführung der eigenen digitalen Währung. Bei solchen Krypto-Assets, für die eine eigene Blockchain geführt wird, spricht man von Coins. Krypto-Assets hingegen, die nicht auf einer eigenen Blockchain verwaltet werden, sondern ein anderes Netzwerk nutzen, heißen Token. Ethereum etwa hat eine Kryptowährung namens Ether, die auf der Ethereum-Blockchain verwaltet wird, aber ermöglicht es auch allen Teilnehmern, das Netzwerk zu nutzen, um eigene Token darauf zu emittieren und zu verwalten – darin liegt ein großer Unterschied zu Bitcoin.

Der gefährliche Weg zur privaten Weltwährung

Krypto-Assets wie Bitcoin und Ether sind sehr volatil, ihr Wert schwankt erheblich. Das ist ein „cooles" Spiel für Early Adopter und Menschen, die an den Zusammenbruch des Finanzmarktes glauben, aber weder für den Massenmarkt noch als Finanzinfrastruktur geeignet. Ein Stable Coin löst dieses Problem, weil sein Wert mit realen Werten besichert ist.

Krypto-Assets wie Bitcoin sind zu volatil, um sich als Finanzinfrastruktur zu eignen. Ein „Stable Coin" löst dieses Problem, weil sein Wert mit realen Werten besichert ist.

Facebooks Libra soll so ein Stable Coin werden. Dafür sollte ursprünglich ein Währungskorb aus verschiedenen nationalen Währungen herhalten. Da sich die aufsichtsrechtliche Zulassung - rund um den Globus - seit Monaten schwierig gestaltet, möchte Libra stattdessen verschiedene Digitalwährungen einführen, im ersten Schritt den LibraUSD, den LibraEUR, den LibraGDP und den LibraSGD (Singapur-Dollar). Für alle Menschen, die nicht in den entsprechenden Währungsräumen leben, wird es dann einen Libra-Libra geben, der aus dem Korb der nationalen Libras besichert ist. Libra wäre nicht nur eine Infrastruktur zur Zahlungsabwicklung, sondern auch ein privatwirtschaftlich kontrolliertes Wertaufbewahrungsmittel.

Würde sich der gebündelte Libra zu einer neuen Weltwährung entwickeln, hätte Facebook es geschafft, einen privaten Geldstandard zu schaffen, der flächendeckend akzeptiert wird. Dagegen müssten Konkurrenten erst einmal ankommen, wenn die derzeit 3,1 Milliarden Nutzer von Facebook, WhatsApp und Instagram die Digitalwährung Libra als nettes Add-on Feature in ihrer App vorfänden und per One-Click Transaktionen untereinander tätigen könnten. Man müsste keine IBAN mehr kennen, sondern könnte einfach nur auf den Kontakt klicken und statt eines Emojis ein bisschen Geld versenden.

Auch die digitale Währung, an der China arbeitet, hätte eine große Nutzerbasis. Anders als der Libra soll sie allerdings von der chinesischen Zentralbank ausgegeben werden. In Zusammenarbeit mit der staatsnahen Industrie werden hier gerade Pilotprojekte ausgerollt. Die Frage, wer das Rennen machen wird, entscheidet sich in den kommenden wenigen Jahren. Facebook, China oder vielleicht doch die EU?

Facebook will den **Standard für digitale Identitäten** setzen.

Der Machtkampf um die Vorreiterstellung tobt auch bei digitalen Identitäten. Blockchain-basierte digitale Identitäten ermöglichen eine Fülle von Innovationen, beispielsweise kann mithilfe eines Zero-Knowledge-Proofs im Supermarkt geprüft werden, ob der Kunde volljährig ist, ohne dass er sämtliche Daten seines Ausweises preisgeben muss. In der Industrie werden digitale Identifizierungen nicht nur für Menschen, sondern auch für Maschinen eine wichtige Rolle spielen – schließlich müssen sich in einer zunehmend vernetzten Welt zukünftig auch Geräte gegenseitig identifizieren. Beim autonomen Fahren etwa muss ein Auto wissen, ob das Signal „Ich bremse!" wirklich von dem Auto vor ihm und nicht etwa von einem Hacker kommt.

Viele Unternehmen arbeiten bereits an digitalen Identitäten, auch die Bundesregierung beschäftigt sich mit diesem Thema. Entscheidend wird sein, wer den Standard setzt. Wenn Libra das Rennen macht, wird Facebook zum größten KYC-Provider der Welt. KYC ist die Abkürzung für Know Your Customer und damit für die regulatorische Vorgabe für Identitätsprüfungen, etwa beim Eröffnen von Bankkonten. Der „Login mit Facebook-Konto", den wir schon heute von vielen Internetseiten kennen, wird dann zu „Bankkonto eröffnen mit Facebook-Login". Schon heute arbeitet Facebook mit mehreren Hundert Softwareentwicklern weltweit daran, einen solchen KYC-Standard zu schaffen. Wenn Facebook sowieso alle zukünftigen Nutzer der Digitalwährung Libra identifizieren muss, wäre es ein Klacks, die KYC-Daten anderen Organisationen zur Verfügung zu stellen. Der Nutzer wird es lieben, weil er nicht noch einmal in den Videochat – oder noch schlimmer: zur Postfiliale – muss. Stellen Sie sich einmal vor, Sie eröffnen online ein neues Bankkonto und brauchen nichts weiter zu tun, als sich mit Ihrem Facebook-, WhatsApp- oder Instagram-Konto einzuloggen.

VORSCHLAG 29: Schaffung eines Standards für digitale Identitäten

Wir sehen die Chance, mit der Einführung digitaler Identitäten durch den Staat die hohen europäischen Standards für Datenschutz durchzusetzen. Auch für Wirtschaft und Industrie wird die eineindeutige digitale Identifizierung zum Beispiel von Geräten und Maschinen eine hohe Bedeutung haben. Im Internet der Dinge ermöglichen Blockchain-Anwendungen beispielsweise die Verifizierung von Zugriffsrechten oder die eindeutige Ausweisung von Geräten in der Smart Factory. Mit der Einführung einer digitalen Identifizierungsmöglichkeit in Form eines „Personalausweises" für Geräte und Maschinen wollen wir diese Herausforderung angehen. Wir wollen die technische Lösung als Open Source bereitstellen und internationaler Vorreiter werden. Damit möchten wir die Grundlage schaffen, aus der sich ein weltweiter Standard ergeben kann.

Der Staat soll spezialisierte Notare berufen, die nach erfolgter Prüfung eine digitale Identität erhalten, die staatlich anerkannt und bekannt ist, und dann ihrerseits Firmen, Personen oder Maschinen digital identifizieren. Hierfür sollen sie entsprechende digitale Zertifikate ausstellen.

Die digitale Identität kann auch Nichtdeutschen als Dienstleistung gegen Gebühr angeboten werden, die sich beispielsweise in den Botschaften oder Konsulaten der Bundesrepublik identifizieren. Denkbar wäre auch, dass nach Deutschland nur einwandern darf, wer sich mittels eindeutiger digitaler Identität nach den Vorgaben der Bundesrepublik ausweisen kann. Der Prozess der Beantragung sollte vollständig digitalisiert ablaufen.

Es ist auch denkbar, dass der Staat die Behörden und Ämter mit digitalen Identitäten versieht. So könnten Bürger im Kontakt mit Behörden sowie Behörden untereinander sicherstellen, dass es sich bei ihrem Ansprechpartner um keinen Fake handelt.

Es geht nicht nur um eine Währung, sondern um den Standard der Basisinfrastruktur

Facebook möchte nicht nur eine eigene Digitalwährung und einen eigenen Standard für digitale Identitäten einführen, Facebook möchte auch den internationalen Token-Standard bauen. Libra soll eine geschlossene Plattform bleiben,

Wer zu spät auf das Libra-Netzwerk reagiert, muss, um kompatibel zu sein, **den von Facebook gesetzten Standard adaptieren.**

die gleichzeitig einen „offenen, transparenten und wettbewerbsfähigen Markt" für Anwendungen schafft. Damit bleibt Facebook scincm Geschäftsmodell wie eh und je treu. Es geht vor allem darum, eine marktrelevante Nutzerbasis zu erreichen: User werden incentiviert, das Netzwerk zu nutzen und sich an die netzwerkeigene Währung, also Libra Coins, zu gewöhnen. Je mehr Libra Coins im Umlauf sind, desto mehr finden sie den Weg in den Alltag, ohne dass die Nutzer die Blockchain-Technologie dahinter bemerken. Sie sehen nur, dass sie in Sekundenschnelle kostenlos oder sehr günstig Geld an ihre Kontakte schicken können. Facebook wird es früher oder später mit Sicherheit auch anderen Akteuren ermöglichen, eigene Token auf der Libra-Infrastruktur zu emittieren und zu verwalten. Alle Transaktionsgebühren werden dann in der netzwerkeigenen Währung Libra bezahlt. Es wird sich ein Token-Standard auf Libra durchsetzen, so wie derzeit auf der Ethereum-Blockchain - mit dem Unterschied, dass Etherum ein offenes Netzwerk ist.

Wir müssen jetzt die Rahmenbedingungen für diese innovative Technologie setzen

Wenn auf diese Weise die Blockchain, auf der Libra aufsetzt, zu einer neuen Basisinfrastruktur wird, macht sie Libra zu einer privaten Weltwährung. Ein Unternehmen bekommt dann eine ähnliche Rolle wie heute die Notenbanken – bei deutlich weniger Kontrolle, ohne öffentliche Verantwortung, allein den Aktionärsinteressen im Libra-Konsortium verpflichtet. Der Staat wird solche privaten Währungen nicht vollständig verbieten können, aber er kann und muss die Rahmenbedingungen für fairen Wettbewerb schaffen. Kein einzelner Marktteilnehmer soll die Basisinfrastruktur dominieren: Der Wettbewerb muss auf der Anwendungs-, nicht auf der Protokollebene stattfinden. Wir sehen mit der Blockchain-Technologie eine historische Chance, diese Infrastruktur zu standardisieren und für alle zugänglich zu machen.

VORSCHLAG 30: Einführung eines digitalen Euro durch die EZB

Europäische und deutsche Regulierung genießen weltweit ein gutes Ansehen. Mit der Einführung eines Blockchain-basierten digitalen Euro durch die EZB und die Bundesbank können wir den internationalen Zahlungsverkehr revolutionieren, die Position des Euro als Zahlungsmittel weltweit stärken und eine seriöse Schnittstelle zwischen dem Fiatsystem und der Token-Ökonomie schaffen – ohne Volatilität oder Abhängigkeit von privaten Akteuren. Der E-Euro soll als Zahlungsmittel auf einer standardisierten und frei zugänglichen Infrastruktur fungieren, an die sich Banken, Unternehmen und auch andere Staaten andocken können. Die Wertschöpfung und der Wettbewerb geschehen dann über die Services auf dieser Infrastruktur. Damit schaffen wir eine neue europäische Souveränität in der Zahlungsabwicklung und vermeiden Abhängigkeiten von den Systemen anderer Weltregionen.

In einem ersten Schritt soll der E-Euro von den Zentralbanken ausgegeben und im Interbankenverkehr eingesetzt werden. Die Geschäftsbanken können sich dann an die offene Infrastruktur anschließen und E-Euro an Privatkunden ausgeben. Darüber hinaus sollen Bundesbank und EZB prüfen, ob in einem späteren Schritt auch digitales Bargeld direkt an Bürger ausgegeben werden kann. In jedem Fall sollte die Basisinfrastruktur so gestaltet sein, dass sich sämtliche Akteure der Privatwirtschaft zu Zwecken der Zahlungsabwicklung und Buchführung daran anschließen können. Die Frage, ob der auf dieser Plattform betriebene digitale Euro nur an Geschäftsbanken oder auch an Bürger ausgegeben werden kann, spielt für die Architektur der Infrastruktur selbst keine Rolle.

Der Charme der Tokenisierung

Ein zentraler Vorteil der Blockchain-Technologie ist, dass man mit ihr alles, was wirtschaftlich in der analogen Welt passiert, auch digital abbilden und bearbeiten kann. Dazu dienen die sogenannten Token. Ein Token ist so etwas wie eine digitale „Hülle", die mit verschiedenen Inhalten gefüllt

Mit der Blockchain-Technologie kann man alles, was in der analogen Welt passiert, **auch digital abbilden und bearbeiten.** ▬

sein kann, ob sie einen Wert oder ein Recht an einer Sache repräsentieren. Genauso ist es bei einem Stück Papier, das je nach Herstellung und Autorisierung ein Geldschein, ein Scheck, ein Wertpapier oder auch nur ein Einkaufszettel sein kann. Die Tokenisierung macht es möglich, Eigentum oder Rechte an Sachen der physischen Welt digital abzubilden, zu teilen, zu übertragen oder zu handeln. So kann beispielsweise ein Haus, das eine Million Euro wert ist, in eine Million Token mit einem Wert von jeweils einen Euro geteilt werden. Über Blockchain-basierte Register könnten diese Token nun günstig in digitaler Form und in Echtzeit zwischen verschiedenen Parteien ausgetauscht werden. Zudem können über sogenannte Smart Contracts Ereignisse für bestimmte Fälle programmiert werden – zum Beispiel automatisierte Dividendenzahlungen für Investoren.

Diese Vorteile haben in den vergangenen zehn Jahren zu einem rasanten Wachstum der Kryptowährungen geführt, auch wenn sie noch immer nur einen kleinen Bruchteil des Kapitalmarkts darstellen. Innerhalb weniger Minuten können sich Menschen auf der ganzen Welt eine Wallet einrichten und Krypto-Assets handeln. Das ist vor allem in Staaten relevant geworden, in denen die nationalen Währungen keinen sicheren Hafen für die Bewohner darstellen oder der Zugang zum Bankensektor erschwert ist. So wurde es zum Beispiel bei diversen privaten Sozialprojekten in Entwicklungsländern zum Standard, dass Lohnzahlungen in Form von Bitcoin und Co. an die Mitarbeiter ausgezahlt werden. Es gibt aber auch viele Investoren, die einfach darauf wetten, dass der Wert solcher Krypto-Assets so exorbitant steigen wird, wie es beispielsweise 2017 passiert ist.

Erlöse, die Verkäufer von Kryptowährungen erzielen, werden in Deutschland derzeit meist als privates Veräußerungsgeschäft eingestuft. Bis zu einem Betrag von 600 Euro pro Jahr sind solche Erlöse steuerbefreit. Werden die Kryptowährungen länger als ein Jahr gehalten, ist der gesamte

Betrag steuerfrei. Die aktuelle Praxis sieht aber so aus: Die meisten Krypto-Investoren tauschen im rasenden Tempo des Marktes von Bitcoin in Ether, von Ether in unzählige weitere kleine Währungen und schließlich wieder zurück in Bitcoin, immer in der Hoffnung, dass die Kurse irgendwo explodieren. Die Ehrlichen unter den Investoren drucken dann Dutzende Seiten ihrer Handelshistorie aus und schicken sie ans Finanzamt. Wer soll das dort prüfen?

VORSCHLAG 31: Rechtsklarheit bei der Besteuerung von virtuellen Vermögenswerten

Wir schlagen vor, dass sich die private Besteuerung an der tatsächlichen Realisation von Wertzuwächsen bemisst, so wie es auch bei der handelsrechtlichen Realisation der Fall ist. Bei dieser „französischen Lösung" können Investoren so lange im Krypto-Ökosystem verschiedenste Assets handeln, bis sie Erlöse im Fiatgeld-System realisieren, also zum Beispiel zurück in Euro tauschen. Wir schließen damit nicht nur das Defizit der Steuerbehörden bei der Bewertung steuerbarer Ereignisse, sondern machen die Besteuerung auch für den Steuerpflichtigen einfacher und transparenter.

Die Token Economy macht manches Undenkbare möglich: Programmable Money etwa ist eine wahre Revolution für den internationalen Warenverkehr. Heute müssen Logistikunternehmen unzählige Formulare auszufüllen, wenn sie Ware von A nach B transportieren, und zwar in jedem einzelnen Staat. Die verschiedenen Zollgebühren und Steuern überblicken selbst Behörden häufig nicht. Mit einer interoperablen Basisinfrastruktur ließen sich unglaubliche Effizienzsteigerungen erzielen. Die Buchhaltungskette würde über verschiedene Währungen und Länder hinweg sowohl automatisch als auch fälschungssicher und transparent ablaufen. Es wäre auch denkbar, dass bei Auslösung einer Zahlung die Transaktionsdaten direkt an die jeweiligen Zoll- und Steuerbehörden übermittelt werden, sodass die dort genutzten Systeme sie ohne Medienbruch weiterverarbeiten könnten.

Auch die internationale Blockchain-Wirtschaft sieht das Potenzial, dass **in Deutschland ein neues Silicon Valley für Blockchain entstehen kann.**

Ausblick: Blockchain made in Germany

Das Internet kam irgendwann aus Amerika nach Europa und nach Deutschland. Zukünftige Technologien kommen vielleicht eher aus Asien. Obwohl die Blockchain noch in den Kinderschuhen steckt, steht aber Deutschland sehr gut da. Wir haben die Chance, auf diesem Feld zum internationalen Vorreiter zu werden. Auch die internationale Blockchain-Wirtschaft sieht das Potenzial, dass in Deutschland ein neues Silicon Valley für Blockchain entstehen könnte. Die Frage ist: Schaffen wir es, schnell mit Standards und Vertrauen zu überzeugen? Ergreifen wir die Chance, können wir unsere nationalen und europäischen Alleinstellungsmerkmale wie zum Beispiel das hohe Datenschutzniveau ausspielen, können ein weiteres Mal über Standards unsere Werte exportieren und können bestehende Probleme im derzeitigen System der Zahlungsabwicklung lösen – ohne eine Weltwährung, die privaten Interessen folgt, und ohne Social Scoring durch den Staat. Dafür müssen wir uns als Gesellschaft und Gesetzgeber mehr trauen, in kleinen Gesetzeskörben fortlaufend Regeln schaffen, anpassen und verwerfen. Nur so können wir das Tempo mithalten. Im digitalen Zeitalter ist eine Entscheidung, die man nach zwei Jahren wieder korrigiert, immer noch besser als eine Entscheidung, die man fünf Jahre lang nicht trifft.

VORSCHLAG 32: Datenschutzgesetzgebung Blockchain-konform gestalten

In der Datenschutzgesetzgebung soll festgeschrieben werden, dass sogenannte Hashwerte (siehe Anhang), die auf der Chain gespeichert werden, keine personenbezogenen Daten darstellen. Ohne diese Klarstellung können weder Start-ups noch Konzerne ihre Anwendungen rechtssicher anbieten, viele Projekte werden eingestellt, bevor sie auf den Markt kommen. Außerdem bedarf es einer Klarstellung, ob das Recht auf Löschung und Berichtigung in DLT- und Blockchain-Netzwerken angewendet werden kann, wenn über reine Hashwerte hinaus personenbezogene Daten auf der Chain gespeichert werden.

Als Pionierprojekt ist hier die bundesweite Genossenschaft govdigital zu nennen, die von Kommunen und Bundesbehörden wie der Bundesdruckerei Ende 2019 gegründet wurde. Der Leitgedanke ist dabei die Integration innovativer IT-Lösungen der digitalen Daseinsvorsorge im öffentlichen Sektor – mit dem Ziel, Voraussetzungen „für die gemeinsame Entwicklung, Implementierung und den gemeinsamen Betrieb von IT-Systemen zur Gewährleistung einer IT-Infrastruktur" zu schaffen. Einen besonderen Fokus legt govdigital auf die Herstellung von Interoperabilität bei Anwendungen der Blockchain-Technologie.

VORSCHLAG 33: Schaffung einer Bundes-Chain

Die Bundesrepublik soll eine eigene Blockchain-Infrastruktur aufbauen und unterhalten. Die dafür notwendige Software ist zum großen Teil als Open-Source-Software verfügbar und kann relativ leicht genutzt werden. Projekte wie die bundesweite Genossenschaft govdigital sollen als Vorbild dienen und in die Entwicklungen eng eingebunden werden. Die Transaktionskosten sollten lediglich die Unterhaltung der Infrastruktur finanzieren. Mit der Etablierung einer solchen Infrastruktur für die öffentliche Verwaltung soll das Ziel verfolgt werden, Verwaltungsvorgänge für Bürger einfacher, schneller und digital zu machen.

Mit der Bundes-Chain soll eine Blockchain in öffentlicher Hand entstehen, an die sich auch private Lösungen anschließen können.

Die Bundes-Chain soll eine Blockchain in öffentlicher Hand sein, an die sich auch private Lösungen anschließen können, soll von Maßnahme zu Maßnahme in ihrer Funktionalität wachsen und alle bisher vorgeschlagenen Komponenten integrieren – um ein sicheres, schnelles, günstiges und interoperables Fundament zu bauen, das allen offen steht. Nur so können wir den Vorteil der Standardisierung ausspielen.

Die Bundes-Chain soll außerdem die europäischen Entwicklungen und Bestrebungen zur Schaffung von Blockchain-Infrastrukturen berücksichtigen, Projekte wie Gaia-X einbeziehen und die Kompatibilität zu einer europäischen Basisinfrastruktur für die Zahlungsabwicklung herstellen.

Und das alles: schnell.   ■

ZUM WEITERLESEN

- Tim Schreder (2018): Das neue Geld.
- Schroen, Oliver Christian, 2019: Sind „Bitcoin und Co." Wirtschaftsgüter gemäß der gefestigten BFH-Rechtsprechung?, Deutsches Steuerrecht 57 (26)
- Libra, 2020: White Paper v2.0 from the Libra Association Members
- CDU/CSU-Bundestagsfraktion, 2019: Zukunftstechnologie Blockchain – Chancen für Deutschland nutzen
- Blockchain-Strategie der Bundesregierung, 2019
- Blockchain Bundesverband e.V., 2020: Aktionspapier zur Blockchain-Strategie der Bundesregierung

Exkurs: Wie funktioniert die Blockchain?

Funktionsweise und Eigenschaften der Technologie

WER BLOCKCHAIN HÖRT, DENKT ZUERST AN BITCOIN. Die Bitcoin-Blockchain ist zurzeit die prominenteste aller Blockchains. Unter dem Pseudonym „Satoshi Nakamoto" wurde im Oktober 2008 das Bitcoin-Whitepaper publiziert. Bis heute ist unklar, welche Person oder Personengruppe sich hinter diesem Pseudonym verbirgt. Am 3. Januar 2009 wurden die ersten 50 Bitcoins geschaffen und ein paar Tage später die erste Version der Software als Open-Source-Code veröffentlicht.

Die Idee hinter Bitcoin war die Eliminierung der zentralen Instanzen im Geldsystem. Es sollte ein neues elektronisches Bezahl- und Wertaufbewahrungssystem geschaffen werden, das niemandem gehört und ohne die Kontrolle durch Zentralbanken, Geschäftsbanken oder andere große Player auskommt. Die Transaktionskosten sollten gering sein und Überweisungen schnell gehen. Zudem wurde schon zu Beginn die Inflationsbegrenzung im Source-Code angelegt, indem die maximale Anzahl der jemals zu schaffenden Bitcoins auf 21 Millionen Stück begrenzt wurde.

Sollte Ihr Interesse an Blockchain jetzt erschöpft sein, lesen Sie bei Bildung weiter (nach den hellblau eingerahmten Seiten).

Welche Eigenschaften unterscheiden Blockchains von anderen Speicherverfahren?

Verkettung: Blockchains bestehen aus einer verketteten chronologischen Folge von Datenblöcken, die über die Zeit weitergeschrieben wird.

Dezentralität: Die Daten werden nicht zentral gespeichert, sondern in verteilte Register geschrieben. Alle Teilnehmer speichern eine eigene Kopie und schreiben sie fort.

Konsens: Jedem Teilnehmer muss eine identische Kette vorliegen. Hierzu werden durch Validatoren (bei Bitcoin heißen sie „Miner") Vorschläge für neue Blöcke erarbeitet. Dann einigen sich alle Teilnehmer elektronisch, welcher Vorschlag tatsächlich in die Kette geschrieben wird.

Transparenz: Alle auf der Blockchain gespeicherten Daten sind für alle Teilnehmer einsehbar. Sensible oder personenbe-

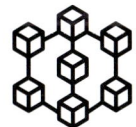

Am 3. Januar 2009 wurden die ersten 50 Bitcoins geschaffen. Nur noch maximal 20.999.950 weitere Bitcoins dürfen ihnen folgen.

Was ist überhaupt eine Blockchain?

Stellen Sie sich einmal vor, Sie würden mit einer Gruppe von Leuten an einem Tisch sitzen und hätten sich die neue Währung „Taler" ausgedacht. Jeder von Ihnen hat einen Zettel und einen Stift vor sich liegen. Nun beginnen Sie, untereinander irgendwelche Waren und Dienstleistungen zu handeln und als Zahlungsmittel dafür die nur fiktiv existierenden Taler auszutauschen. Physische Taler gibt es nicht. Möchte Christian Jennifer drei Taler geben, ruft er einfach quer durch den Raum: „Ich zahle drei Taler an Jennifer!" Jennifer weiß nun direkt Bescheid, dass sie drei neue Taler hat. Gleichzeitig schreiben alle, die am Tisch sitzen und von der Transaktion gehört haben, die Transaktion auf ihren Zettel. Die fleißigen Buchschreiber notieren in dieser Art alle Transaktionen, die ihm Raum passieren.

Da steht untereinander zum Beispiel: Christian gibt drei Taler an Jennifer, Jule gibt zehn Taler an Tanja, Manfred gibt fünf Taler an Beatrix, Timo gibt acht Taler an Tobi und so weiter. Zwischendurch schauen sie immer mal wieder bei ihrem Nachbarn über die Schulter und überprüfen, ob dessen Eintragungen korrekt sind. Alle zehn Minuten müssen die Zettelschreiber ihre Notizen abgeben. Diejenige Person, die als Erstes meint, alle Transaktionen korrekt protokolliert zu haben, steht auf und schreit quer durch den Raum: „Ich bin fertig!" Nun überprüfen alle anderen Personen am Tisch, ob der Zettel tatsächlich alle Transaktionen korrekt protokolliert. Wenn das der Fall ist, bestätigen alle diesen Zettel als korrekt, und er wird in der Mitte des Tisches als erste Seite in ein Buch geheftet. Dann geht das ganze Spiel wieder von vorne los.

Durch dieses System ist sichergestellt, dass in der Mitte des Tisches jederzeit ein Buch liegt, in dem alle getätigten Transaktionen, die jemals am Tisch stattgefunden haben, vollständig, korrekt und von allen Teilnehmer bestätigt notiert sind. Es herrscht unter allen Teilnehmern jederzeit Einigkeit darüber, dass das Buch korrekt ist, und dank dieser Transparenz haben alle Teilnehmer Vertrauen in eine korrekte Buchführung und in das gemeinsame Währungssystem. Und das Ganze ohne zentrale Institution!

Nach jeder zehnminütigen Runde macht sich jeder Teilnehmer noch schnell eine Kopie des Buches und legt sie auf seinen Schoß. Selbst wenn jetzt das Buch in der Mitte wegkommen oder kaputtgehen würde, gäbe es somit noch genügend intakte Kopien, um das System fortzuführen. So läuft das System nun immer und immer weiter. Das ist im Grunde schon alles, nun haben Sie die Grundlagen der Blockchain verstanden.

(Zitat aus: Tim Schreder (2018): Das neue Geld. ISBN 978-3492307468) zogene Daten können aber auch verschlüsselt oder „offchain" gespeichert werden, sodass nur bestimmte Teilnehmer Zugriff auf den Inhalt erhalten.

Nichtabstreitbarkeit: Es ist immer nachvollziehbar, welcher Teilnehmer welche Daten hinterlegt hat (z. B. ausgeführte Transaktionen). Dies wird möglich durch digitale Signaturen.

Fälschungssicherheit: Durch Kryptografie wird ein sogenannter Hashwert aus dem Inhalt des vorherigen Blocks berechnet – so etwas wie eine Quersumme – und an die erste Stelle des nächsten Blocks geschrieben. Ändert ein Teilnehmer nachträglich einen Datensatz, verändert sich auch der Hashwert, sodass jeder nachfolgende Block ungültig wird.

Block an Block an Block an ...

Wie Daten sicher gespeichert und verkettet werden können

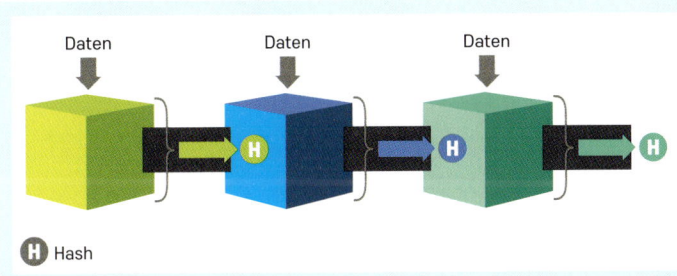

Daten   Daten   Daten

H Hash

Der Inhalt eines Blocks wird in einen Hash-Wert umgewandelt. Dieser bildet den ersten Eintrag des nächsten Blocks. Wird ein Datensatz geändert, werden alle nachfolgenden Blöcke ungültig.

Die einzelnen Hashwerte sind immer gleich lang. Nur wer einen bestimmten privaten Schlüssel besitzt, kann das ursprüngliche Datenpaket mithilfe des Hashwertes lesen. So werden beispielsweise auch Passwörter auf Computern gespeichert: Es wird nicht das Passwort, sondern der Hashwert abgelegt. Wird ein Passwort eingegeben, vergleicht der Computer den zugehörigen Hashwert mit dem Hashwert des gespeicherten Passworts. Stimmen die Werte überein, darf man sich einloggen.

Welche Arten von Blockchains gibt es, und wie unterscheiden sie sich?

Public Blockchains wie Bitcoin und Ethereum sind öffentlich zugänglich. Jeder kann sich beteiligen, also lesen, schreiben, verifizieren, Transaktionen senden und empfangen – aber niemand hat die Gesamtverantwortung. Die Netzwerke werden von einer globalen Community betrieben, es gibt keine zentralen Ansprechpartner.

Private Blockchains, wie sie oft in Unternehmen oder Verwaltungen existieren, stehen nur einer bestimmten Gruppe von Teilnehmern zur Verfügung. Es gibt einen oder mehrere Verantwortliche, die bestimmen, wer welche Aktionen ausführen darf. Die Blockchain wird dadurch exklusiver, aber dennoch fälschungssicher gespeichert.

Permissioned vs. Permissionless: Oft werden Public und Private Blockchains auch noch weiter unterteilt, je nachdem, ob Teilnehmer nur lesen oder auch schreiben dürfen. Eine Public Permissioned Blockchain wäre beispielsweise für alle einsehbar, aber nur ausgewählte Teilnehmer hätten Schreibrechte. Eine Public Permissionless Blockchain wäre für alle einsehbar, und alle Teilnehmer hätten Schreibrechte – wie bei Bitcoin.

Wie stellen die Teilnehmer Konsens darüber her, wer neue Blocks in die Chain schreiben darf?

Es gibt verschiedene Konsensverfahren zur Fortschreibung der Blockchain, die auf jeweils unterschiedlichen Anreizsystemen basieren.

Beim **Proof-of-Work-Verfahren** müssen Teilnehmer eine komplizierte kryptografische Aufgabe lösen und damit die Transaktionen validieren. Mit der Zeit wird der Schwierigkeitsgrad immer höher. Wer das Rätsel zuerst löst, darf den Block schreiben und erhält eine Belohnung. Neue Coins werden geschürft und an den Miner ausgegeben. Vielfach wird zu Recht als Nachteil kritisiert, dass mit diesem Verfahren ein erheblicher Energieverbrauch einhergeht, denn die Wahrscheinlichkeit, das kryptografische Rätsel zu lösen, steigt proportional zur Rechenleistung, die der Miner einsetzt. Daher sind Blockchains, die mit Proof of Work arbeiten, in ihrer Skalierbarkeit beschränkt.

Beim **Proof-of-Stake-Verfahren** wird über die Frage, welcher Teilnehmer den nächsten Block erzeugen darf, anhand einer gewichteten Zufallsauswahl bestimmt, wobei die Gewichte der Teilnehmer aus dem jeweiligen Vermögen des Teilnehmers, dem sogenannten „Stake", ermittelt werden. Mit ihrem Anteil an der digitalen Währung des Netzwerks validieren Teilnehmer die Transaktionen auf der Blockchain und erhalten dafür Zinsen. Teilnehmer können ihre Anteile auch an andere Validatoren delegieren, dadurch wird mehr Vermögen gebündelt, und die Wahrscheinlichkeit, den Block zu erzeugen, wird erhöht.

Wie unterscheiden sich die Blockchains voneinander? Bitcoin vs. Ethereum und Coin vs. Token

Krypto-Assets, die nicht auf einer eigenen Blockchain verwaltet werden, sondern ein anderes Netzwerk nutzen, heißen Token.

Bitcoin und Ethereum sind die beiden größten Blockchain-Netzwerke weltweit. Die Bitcoin-Blockchain dient dabei nur der Registerführung für die eigene digitale Währung. Bei solchen Krypto-Assets, für die eine eigene Blockchain geführt wird, spricht man von „Coins".

Krypto-Assets hingegen, die nicht auf einer eigenen Blockchain verwaltet werden, sondern ein anderes dafür zur Verfügung stehendes Netzwerk nutzen, heißen „Token". Die Token werden wiederum unterschieden in Payment-, Utility- und Security-Token, je nach zugrunde liegendem Wert: Kann man mit ihnen zahlen, eine Dienstleistung im Netzwerk abrufen, oder steckt hinter ihnen ein realer Wert wie eine Immobilie? Ethereum hat eine eigene Kryptowährung namens Ether, die auf der Ethereum-Blockchain verwaltet wird, aber ermöglicht es auch allen Teilnehmern, das Netzwerk zu nutzen, um Token darauf zu emittieren und zu verwalten – darin liegt ein großer Unterschied zu Bitcoin. Um das Netzwerk zu nutzen, wurden von der Community diverse Standards entwickelt. Sie unterscheiden sich beispielsweise darin, ob der Token technisch fungibel, also übertragbar, sein soll. Diese Frage ist vor allem für die Finanzdienstleistungsaufsicht relevant, nämlich dann, wenn es um die zugrunde liegende Regulierung verschiedener Finanzprodukte geht. Für die allermeisten Token im Ethereum-Netzwerk wird technisch der ERC-20-Standard genutzt. Token können im gesamten Netzwerk an die Adresse jedes

Teilnehmers geschickt werden, man zahlt an das Netzwerk nur eine sehr kleine Transaktionsgebühr, die in der netzwerkeigenen Währung Ether fällig wird und je nach aktueller Auslastung des Netzwerks etwas variiert.

Wie lassen sich Transaktionen im Netzwerk und zwischen Netzwerken abwickeln?

Dazu müssen wir zunächst die Frage klären, wie solche Krypto-Assets gespeichert werden: Denn die Coins bzw. Token liegen auf einer Blockchain. Um auf sie zugreifen zu können, benötigt man eine Wallet – eine App oder Software, die als eine Art digitale Brieftasche fungiert. Die Wallet eines Teilnehmers hat eine öffentliche Adresse im Netzwerk, den sogenannten Public Key. An diese Adresse können andere Teilnehmer Krypto-Assets senden, der Public Key funktioniert daher wie eine Kontonummer, die Sie aus dem Bankensystem kennen. Um eine Transaktion zu signieren, also zu autorisieren, benötigt man noch einen sog. Private Key. Wer Zugriff auf diesen Key hat, hat auch Zugriff auf die hinterlegten Krypto-Assets. Er ist also etwas Ähnliches wie eine PIN oder TAN.

Weit schwieriger ist der Austausch von Daten zwischen verschiedenen Blockchain-Netzwerken: Denn die existierenden Blockchains sind zunächst einmal geschlossene Systeme. Man kann also keine Bitcoins von der eigenen Wallet etwa an eine Ethereum-Adresse schicken. Die meisten Wallet Provider unterstützen aber in der Regel die gängigen Coins oder Token. Das bedeutet, Sie haben in Ihrer Wallet verschiedene Adressen für verschiedene Krypto-Assets, und die Adressen sind innerhalb der verschiedenen Systeme kompatibel zu anderen Adressen desselben Netzwerks. Sie können daher Bitcoins zu anderen Bitcoin-Adressen und Token, die auf Ethereum laufen, zu anderen Ethereum-Adressen schicken. Dennoch werden Ihnen alle Ihre Krypto-Assets in der gleichen Wallet angezeigt, sofern sie mit dem jeweiligen Coin oder Token kompatibel ist. Wenn Sie das mit Ihrem Bankkonto vergleichen, wäre es so als hätten Sie in derselben Kontoansicht Ihre jeweiligen Guthaben in Euro, Dollar oder Pfund, die Sie besitzen. Das wäre ziemlich innovativ. Leider sind die

Blockchains noch nicht wirklich interoperabel. Es gibt aber im Markt schon verschiedene Projekte und Ansätze, Interoperabilität zu schaffen, wie zum Beispiel das zukunftsweisende Netzwerkprotokoll Polkadot.

Wie steht es um die Transaktionsgeschwindigkeit und Skalierbarkeit von Blockchains?

Die Transaktionen werden in einem Block gespeichert, und diese Blöcke haben nur begrenzten Platz. Es gibt also ein Limit von Transaktionen pro Zeiteinheit. Dieses liegt bei Bitcoin theoretisch bei sieben pro Sekunde. Bei VISA liegt das Limit bei 24.000 Transaktionen pro Sekunde. Blockchains wie Bitcoin und Ethereum sind daher nur begrenzt skalierbar. Das ist auch der meist genannte Kritikpunkt an der noch jungen Technologie.

Das Transaktionslimit bei Bitcoin liegt bei 7 pro Sekunde. Bei VISA liegt es bei 24.000 Transaktionen pro Sekunde.

Doch auch der erste USB-Stick war so groß wie ein ganzes Zimmer – die Blockchain-Netzwerke arbeiten natürlich bereits an Lösungen für das Skalierungsproblem. So sollen Daten beispielsweise auf sogenannten Sidechains gespeichert werden, nur einzelne Hashwerte werden in die Mainchain geschrieben. Auf diese Weise können beliebig große Datensätze verhasht und verarbeitet werden. Ethereum plant einen Relaunch mit Ethereum 2.0, dabei soll vom Proof-of-Work- auf das Proof-of-Stake-Verfahren umgestiegen werden. Andere Blockchain-Netzwerke wie beispielsweise Tezos wollen ihre Konkurrenten überholen, indem sie von Anfang an auf die Proof-of-Stake-Methode setzen. Außerdem arbeiten viele Entwickler-Communities daran, Cross-Blockchain-Transaktionen zu ermöglichen – sodass zwischen den verschiedenen Blockchain-Netzwerken Daten ausgetauscht werden können. ■

Humboldt für alle

Die Bildung der Zukunft ist individuell und digital

ES IST GERADE FÜNF JAHRE HER, da löste eine 17-jährige Schülerin mit 21 Wörtern eine der erbittertsten Bildungsdebatten aus, die Deutschland je erlebte: „Ich bin fast 18 und hab keine Ahnung von Steuern, Miete oder Versicherung. Aber ich kann 'ne Gedichtsanalyse schreiben. In 4 Sprachen." Das schrieb Naina K. im Januar 2015 auf Twitter, und binnen Stunden diskutierten dort Tausende mit. Nainas Positionen wurden auf Pro7 gesendet und in der ZEIT gedruckt, der STERN rüffelte sie per offenem Brief („Du hast es so viel leichter als Hunderte Generationen vor dir"), und die FAZ interviewte Bildungsforscher zur „Naina-Debatte": „Stehen Gedichtanalyse und Finanzwissen überhaupt im Gegensatz zueinander?" Nein! Doch! Oh!

Naina schweigt inzwischen. Aber die Debatte wogt weiter. Wie viel sollte man für die Schule lernen? Wie viel für das Leben? Wie viel für den Job? Und wie viel für sich selbst? Aus Wirtschaft und Gesellschaft werden vielerlei Ansprüche an das Bildungssystem gestellt:

> „Ich bin fast 18 und hab keine Ahnung von **Steuern, Miete oder Versicherung**. Aber ich kann 'ne Gedichtsanalyse schreiben. In 4 Sprachen."
>
> Naina K., 2015 auf Twitter

Mehr Technikunterricht! Denn bis zum Jahr 2023 fehlen in Deutschland 1,1 Millionen zusätzliche Arbeitskräfte mit technologischen Fähigkeiten.

Mehr Wirtschaftsunterricht! Drei Viertel aller Deutschen wünschen sich eine stärkere Vermittlung wirtschaftlicher Kompetenzen an den Schulen und damit mehr Chancengerechtigkeit. Bei den Jugendlichen selbst sind es sogar 88 Prozent.

Mehr Informatikunterricht! Allerdings: Wenn das Fach Informatik bundesweit Pflichtfach wäre, würden etwa 25.000 neue Informatiklehrer benötigt.

Mehr Kulturtechniken! Lesen, Schreiben, Rechnen sind nationale Kulturgüter, und sie werden im Unterricht zurzeit vernachlässigt.

Mehr Manieren! Bei einer YouGov-Umfrage aus dem Jahr 2019 plädierten 56 Prozent der Befragten für ein Pflichtfach „Benehmen" an Deutschlands Schulen. Es war damit das am häufigsten genannte Wunschpflichtfach.

Und mehr Inklusion, mehr Integration, mehr Förderung in der Breite, mehr Förderung unten, mehr Förderung in der Spitze … und alles sofort und auf einmal. Wir wollen hier nicht noch weitere Forderungen an das Bildungssystem stellen, nicht noch mehr To-dos auf den ohnehin schon hohen Berg schichten. Wir wollen nur einige Vorschläge machen, mit denen es uns gelingen kann, die Aufgaben in diesem zukunftsentscheidenden Bereich besser zu bewältigen.

Wir gehen dafür zwei Jahrhunderte zurück zu jenem Punkt, an dem das Fundament für das Bildungssystem der Moderne gelegt wurde: zu den Reformen des preußischen Kultusstaatssekretärs Wilhelm von Humboldt zwischen 1808 und 1810. Und wir zitieren dafür zwei Maximen von Humboldts, die auch im 21. Jahrhundert nichts an Aktualität eingebüßt haben.

Die eine: „Jeder ist offenbar nur dann ein guter Handwerker, Kaufmann, Soldat und Geschäftsmann, wenn er an sich und ohne Hinsicht auf seinen besonderen Beruf ein guter, anständiger, seinem Stande nach aufgeklärter Mensch und Bürger ist. Gibt ihm der Schulunterricht, was hierfür erforderlich ist, so erwirbt er die besondere Fähigkeit seines Berufs nachher sehr leicht und behält immer die Freiheit, wie im Leben so geschieht, von einem zum anderen überzugehen."

Und die andere: „Die Bestimmung des Menschen ist die Ausbildung seiner Individualität zu dem harmonischen Kunstwerk einer in all ihren Anlagen entwickelten Persönlichkeit, die zu allen Seiten der Welt ein positives Verhältnis hat."

Bildung soll also aus Jugendlichen aufgeklärte Menschen machen und ihre Potenziale zu voller Entfaltung bringen. Dieses doppelte Ideal, das sowohl den Ansprüchen der Gesellschaft als auch denen des Einzelnen entgegen kommt, entspricht ziemlich genau der Schulbildung, die Wilhelm von Humboldt gemeinsam mit seinem Bruder Alexander genießen durfte: mit

Privatunterricht im elterlichen Schloss und in dessen Park. Die hundertjährige Eiche, in deren Schatten sie oft beim Unterricht saßen, steht übrigens immer noch dort – jetzt 350 Jahre alt.

Zu Humboldts Lebzeiten war es völlig illusorisch, dieses Ideal für alle Schüler zu verwirklichen. Umso erstaunlicher, dass er mit seinen Schulreformen genau das versuchte: Die Schulpflicht und das humanistische Gymnasium sollten die Bildung, die er genossen hatte, grundsätzlich jedem Schüler und jeder Schülerin zugänglich machen, unabhängig von der sozialen Herkunft. Auch das dreigliedrige Schulsystem, endgültig nach dem Ersten Weltkrieg etabliert, sollte jeden nach seinen eigenen Fähigkeiten und das hieß in möglichst homogenen Gruppen fördern. Schüler mit ähnlichen Anforderungen lassen sich sehr viel leichter und zielgerichteter unterrichten als eine heterogene Gruppe mit ganz unterschiedlichen Bedürfnissen.

Doch dieser im 20. Jahrhundert lange sehr hilfreiche Ansatz entspricht nicht mehr der realen Situation. Nicht nur die Gesellschaft individualisiert sich und fächert sich immer weiter auf, sondern auch die Schülerschaft. Die individuellen Potenziale und Bedürfnisse nehmen an Bedeutung zu, die Förderung der jeweiligen Stärken wird wichtiger. Daraus folgt eine wachsende Bandbreite an Ansprüchen, die das Bildungssystem mangels Mittel und Kapazitäten kaum erfüllen kann. Wir haben eine „wachsende Heterogenität in einem auf Homogenität ausgerichteten Schulsystem", beschreiben zwei Bildungsexperten der Bertelsmann-Stiftung diesen Grundbefund in ihrem Buch „Die digitale Bildungsrevolution". Schülerinnen und Schüler bringen vollkommen unterschiedliche Lebensläufe infolge vollkommen unterschiedlicher Ausgangssituationen mit, sei es durch Migration, soziale Hintergründe, körperliche

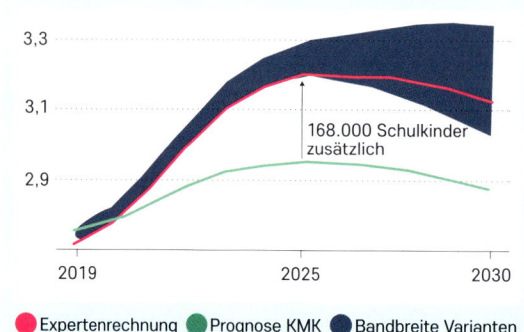

Unterschätzte Schülerzahlen

Prognosen für Grundschulen in Deutschland, in Mio.

168.000 Schulkinder zusätzlich

● Expertenrechnung ● Prognose KMK ● Bandbreite Varianten

Die steigenden Schülerzahlen wurden von der Kultusministerkonferenz lange unterschätzt – der heutige Lehrermangel ist die Folge. Das Problem wiederholt sich. Die Bertelsmann-Stiftung geht wieder von deutlich höheren Zahlen aus. Ein Beispiel dafür, dass wir besser und genauer mit Daten arbeiten müssen.   QUELLE: TAGESSCHAU, 2019 oder geistige Einschränkungen. Lehrerinnen und Lehrer sollen Wissensvermittler sein und gleichzeitig Erzieher, Sozialarbeiter, Integrationshelfer, Elternberater, Berufseinstiegsbegleiter und vieles mehr. Am Wollen mangelt es dabei nicht. Aber die Politik macht es den Lehrern nicht gerade leicht. Jahrzehntelang wurde an unserem Bildungssystem herumgedoktert, eine Strukturreform jagte die nächste. Leider hat man darüber aber vergessen, ausreichend Lehrer auszubilden. Der heute allseits bekannte und beklagte Lehrermangel war absehbar und wird sich alsbald noch stark verstärken. Es verwundert nicht, dass Schule es unter den bestehenden Rahmenbedingungen nicht schafft, auf alle Schüler individuell einzugehen und sie gemäß ihren Fähigkeiten bestmöglich zu fördern. Verlierer sind seit Jahren die Schülergruppen an beiden Enden des Leistungsspektrums, wie auch die letzte PISA-Studie bestätigt: Der Anteil der leistungsstarken Schüler nimmt ab, während der Anteil leistungsschwächerer Schüler steigt.

35.000
Lehrer
fehlen bis 2025 allein an Grundschulen.

QUELLE: BERTELSMANN-
STIFTUNG, 2018

Viele Eltern spüren längst, dass ihre Kinder nicht mehr optimal gefördert werden. So gibt es eine stark wachsende Minderheit früh und intensiv geförderter Kinder aus dem Bildungsbürgertum, die mit deutlich besseren Voraussetzungen die Schule durchlaufen. Ihre überdurchschnittlich solventen und bildungsnahen Eltern suchen immer häufiger Zuflucht in Alternativen: Der Anteil an Privatschulen in Deutschland hat in den letzten 25 Jahren um mehr als 80% zugenommen, jedes 10. Kind besucht mittlerweile eine Privatschule. Eine ehrgeizige Oberschicht sucht sich ihren eigenen Bildungsweg, der anderen verschlossen bleibt.

Diese zunehmende Flucht aus dem staatlichen Schulsystem muss alle Verantwortlichen alarmieren. Was muss Schule heute leisten, welchem Leitbild wollen wir heute folgen? Wie entwickeln wir die Persönlichkeit jeder Schülerin und jedes Schülers, welche Rolle spielen dabei heute Lehrerinnen und Lehrer? Und wie schaffen wir „Humboldt für alle" im 21. Jahrhundert? Diese Grundfragen können wir im Rahmen eines einzelnen Kapitels natürlich nicht ausführlich behandeln, ebenso wenig die Frage, wie sich die Digitalisierung inhaltlich, organisatorisch und didaktisch in den Schul- und Unterrichtsalltag integrieren lässt. Dieses Thema würde ein eigenes Buch füllen.

Was wir hier tun können, ist allerdings, einige Anregungen zu geben, wie wir die neuen Medien im Sinne einer „dienenden Digitalisierung" für den Aufbau personalisierter Lernumgebungen nutzen können.

Personalisierung für jeden

Denn die gute Nachricht ist: Heute ist das möglich. Mithilfe der Digitalisierung kann das Bildungssystem den individuellen Bedürfnissen und Fähigkeiten jedes einzelnen Schülers gerecht werden. Mithilfe der Digitalisierung können die völlig unterschiedlichen Lebensläufe und Ausgangssituationen der Schüler weit besser berücksichtigt werden, als es in der ausschließlich analogen Schule gelingt. Und mithilfe der Digitalisierung können wir es schaffen, eine personalisierte Lernumgebung für jeden zu schaffen: Millionen von digitalen Humboldt-Eichen.

> Daniel Jung hat schon mehr **Ärsche gerettet** als Fitnessstudios und Schönheitschirurgen zusammen.

> Daniel Jung ist ein absoluter **Ehrenmann**. Der bringt mich durchs Abitur.

> Daniel Jung kann **Chuck Norris** verprügeln.

> Ohne Witz, der Daniel Jung carried mich sowas von **durchs Abi**. Ehrenmann.

Obwohl Daniel Jung mit einfachsten Mitteln arbeitet und seine Konzepte nicht die modernsten sind, sprechen diese beispielhaften Reaktionen der Schüler in den sozialen Medien für die Wirksamkeit von digitalem Unterricht.

QUELLE: DANIEL JUNG, 2020

Die Schüler haben das längst begriffen: Fast die Hälfte von ihnen nutzt YouTube für die Nachbereitung der Schulthemen oder die Vorbereitung auf Klausuren. Ein Pionier der Szene ist Daniel Jung. Er produziert einfache Mathevideos mit nur einer Kameraeinstellung und tristen Hintergründen – dennoch werden seine Erklärvideos mitunter auch mal millionenfach geklickt, z. B. wenn er Parabeln und quadratische Funktionen erklärt. Dass digitale Lerninhalte so beliebt sind, ist dabei nicht verwunderlich: Anders als die Worte von Lehrern im Klassenzimmer, lassen sie sich beliebig oft wiederholen, stoppen, beschleunigen, vor- und zurückspulen. Die perfekten Voraussetzungen, um Frequenz und Tempo des Lernens selbstbestimmt festzulegen.

Weltweit gibt es eine Vielzahl von Programmen und Unternehmen, Schulen und Institutionen, die neue Wege zum digitalen und individualisierten Lernen beschreiten. In den USA gehören hier-

Kreativitätskiller Schule?

Was könnten Sie alles mit einer Büroklammer machen? Sie dürfen jetzt gerne ein wenig brainstormen – und sich danach vielleicht bei der NASA bewerben. Diese nutzte einen solchen „Alternative-Uses-Task" als Test für divergentes Denken, also die Fähigkeit, offen, spielerisch und unsystematisch an ein Problem heranzugehen. Aufgabe war es, möglichst viele neue Anwendungsmöglichkeiten für Alltagsgegenstände (z.B. eine Büroklammer) zu finden. So wollte die Raumfahrtagentur für ihre Projekte die kreativsten und innovativsten Köpfe finden.

Den Test setzten Prof. George Land und Beth Jarman in einer Langzeitstudie mit 1.600 Kindern fort, um zu prüfen, wie sich Kreativität im Laufe des Lebens entwickelt. Die Ergebnisse waren extrem. Als Fünfjährige waren die Kinder durch die Bank „genial": 98 Prozent von ihnen stufte der Test als „hochgradig kreativ" ein. Mit zehn Jahren zählten zu dieser Gruppe noch 30 Prozent, mit fünfzehn Jahren waren es nur noch zwölf.

Die NASA ließ über 200.000 Erwachsene am Test teilnehmen. Nur zwei Prozent befanden sich mit ihren Leistungen in der Spitzenkategorie. Die gute Nachricht ist also: Am Anfang sind wir alle kreativ und zu divergentem Denken fähig. Die schlechte wiegt jedoch schwer: Wir verlieren diese Fähigkeit im Laufe unseres Lebens und unserer (schulischen) Ausbildung. Für die Aufgaben der Zukunft wird es aber nicht reichen, nur bei einem Bruchteil unserer Kinder ihre hohe Kreativität ins Erwachsenenalter zu retten. Wir müssen aus den Beobachtungen des „Büroklammertests" lernen, wenn wir über die Bildung der Zukunft nachdenken.

QUELLE: TEDX-TALK
VON GEORGE LAND, 2011

zu die Silicon-Valley-Gründung „Alt School" oder das Programm „Teach To One" der New-Classrooms-Initiative. An Uruguays Schulen wird im Mathematikunterricht eine Software des Berliner Unternehmens Bettermarks eingesetzt. Alle Initiativen haben eines gemeinsam: Ihr Unterricht wird unterstützt von individualisierten, intelligenten Lernprogrammen, die genau verstehen, welche Inhalte der anwendende Schüler verstanden hat, warum er bestimmte Lösungswege vielleicht noch nicht gefunden hat und welche Hilfestellungen ihm oder ihr den Weg zur nächsten Erkenntnis ebnen. Entsprechend passen sie die Lerninhalte und -methoden an. Was analog kaum möglich erschien, wird digital plötzlich denkbar: Unterschiedlich leistungsfähige Kinder können im selben Klassenraum, zur selben Zeit lernen und trotzdem individuell betreut werden.

Ein großer Schritt gelang auch Neurowissenschaftlern der Universität Zürich und Informatikern der Elite-Hochschule ETH. Sie haben gemeinsam Lernprogramme für die schulischen Grundfertigkeiten der Rechtschreibung und Mathematik entwickelt. Die Lernprogramme „Orthograph" und „Calcularis" sind ab der 1. Klasse bis ins Erwachsenenalter einsetzbar und helfen nachweislich auch bei Dyslexie und Dyskalkulie. Wissenschaftliche Studien ergaben nach 12-wöchiger Nutzung der Software etwa 30 Prozent weniger Fehler im Deutschen beziehungsweise 30 bis 45 Prozent mehr korrekt gelöste Rechenaufgaben.

Die Programme sind weltweit an mehr als 1.000 Schulen im Einsatz. „Es geht nicht darum, den Mathelehrer zu ersetzen", sagt Prof. Michael von Aster, Neurowissenschaftler am Kinderspital Zürich und einer der Calcularis-Initiatoren: „Es geht darum, den Lehrer zu unterstützen." Die Digitalisierung macht die Lehrkräfte nicht überflüssig, sondern schenkt ihnen den Raum und die Zeit, ihre eigentliche Rolle einzunehmen: die des Lernbegleiters.

„Es ist schon beeindruckend, wie viele Schüler sagen, sie würden ihren Computer oder ihr Smartphone zu Hause für die Schule nutzen, indem sie Vokabeln lernen, recherchieren oder sich bei YouTube ein Lernvideo anschauen. In der Schule liegen diese Fähigkeiten dann oft brach. "

Professor Birgit Eickelmann, Autorin der Studie ICILS, die die Digitalkompetenz von Schülern international vergleicht

QUELLE:
ZEIT ONLINE, 2019

Letztlich machen intelligente Lernprogramme das, was Pädagogen auch tun würden, wenn die Lerngruppen nur klein genug wären: Sie gehen auf die Bedürfnisse jedes einzelnen Kindes ein. Mensch und Maschine können das gemeinsam sogar noch viel genauer als je allein. Digital können wir genau die Personalisierung abbilden, die Schule analog überfordert.

So rasant, wie sich der Bereich der Bildungstechnologie entwickelt, wäre es schlechte Politik, sich auf eine einzige der hier angebotenen Lösungen festzulegen. Welche dieser Wege sich als Haupttrassen für viele erweisen, muss sich zeigen – umso wichtiger ist es aber für uns, bei dieser internationalen Erkundung des Terrains dabei zu sein.

VORSCHLAG 34: Mehr (digitale) Pilotschulen

Wie in anderen Ländern schon geschehen, sollten wir Pilotschulen und andere Experimentierräume fördern, die intelligente Lernprogramme ganz oder partiell im Unterricht einsetzen und weiterentwickeln. Die Gefahr übermäßiger Digitalnutzung an deutschen Schulen besteht wirklich nicht. Aber mit der Furcht vor dem Übermaß wird oft jedes digitale Element abgelehnt, obwohl es sich in vielen Fällen nachweislich als hilfreich erwiesen hat. Wo sind die Projekte, die inklusiven Mathematikunterricht mit dem Computer erproben, wo ist der Versuch, über Drohnenprogrammierung Technikinteresse zu wecken, und wo ist der didaktische Ort für Videokonferenzen, in denen Schüler ihre Fragen an sonst unerreichbare Unternehmer, Professoren oder Prominente stellen können? Es gibt sie, aber leider viel zu selten.

Von der Forschung begleitet, sollten wir analysieren: Was funktioniert, was nicht? Was funktioniert nur unter bestimmten Bedingungen, was muss man wie umstellen, damit es funktioniert? Diese Erkenntnisse sollten wir nutzen, um Lern- und Lehrkonzepte laufend zu verbessern. Der **Lernende Staat** macht auch vor der Bildung nicht halt. Dabei muss und soll es nicht bei einer Pilotierung bleiben. Es ist wie immer bei Innovationen: In einem Wettbewerb der Ideen werden sich die besten Konzepte durchsetzen und Stück für Stück Einzug ins (Schul-)Leben halten.

Mehr Freiraum für Schulen und neue Konzepte

Digitale und individuelle Lernprogramme können eine Lösung sein, sind aber sicher nicht die einzigen Bausteine für die Bildung der Zukunft. So braucht Schule mehr Raum für Sandkästen und Pilotprojekte. Jahrelang jagte eine Schulreform die nächste, ohne messbare Erfolge. Jedes Schuljahr und jede Schulstunde ist überfüllt mit den Inhalten eng getakteter Lehrpläne. Schüler, Eltern und Lehrer kommen oft kaum noch hinterher. Daher wollen wir nicht noch eine weitere Reform auferlegen, die das Hamsterrad noch weiter beschleunigt. Stattdessen wollen wir den Raum dafür schaffen, dass Pädagogen und mit ihnen die Schüler hin und wieder dieses starre Korsett ablegen und sich ihre eigenen Gedanken machen können: Welche Themen halten wir für zukunftsentscheidend? Welche neuen Instrumente können wir nutzen, um Interesse, prosoziales und teambezogenes Verhalten, Kreativität und Fähigkeiten zur Selbstorganisation zu för-

Die **Digitalisierung** macht die Lehrkräfte nicht überflüssig, sondern **schenkt ihnen den Raum** und die Zeit, ihre eigentliche Rolle einzunehmen: die des Lernbegleiters. ■

dern? Der nächste Vorschlag nimmt diese Fragen auf – Und wird von innovativen Bildungsinitiativen schon angeboten:

VORSCHLAG 35: Zeit und Raum für Neues

Einen Tag in der Woche räumen wir frei für innovative Lernformen. Projekte vertiefen Inhalte übergreifender Themen. Lehrkräfte und Schüler sollen die Zeit zur freien Erschließung selbst gewählter Lernziele nutzen, in die sich aber auch Themen des Lehrplans gut integrieren lassen. Die Lehrkräfte können in Absprache entscheiden, welche Methoden sie in den Mittelpunkt stellen. Entscheidend ist, dass sie mit den Schülern Neues ausprobieren und für sich selbst die produktivste Form des Lernens finden. Der **Lernende Staat** braucht auch lernende Schulen.

Schule muss Kindern die Schlüssel in die Hand geben, die sie zu selbstständigen Staatsbürgern machen, zu mündigen und wertebasiert handelnden Mitgliedern unseres Zusammenlebens. Wer sich in einer globalisierten, vernetzten und digitalisierten Welt zurechtfinden soll, braucht neue Kompetenzen.

VORSCHLAG 36: Computing wird Grundkompetenz

Für uns ist der sachgerechte Umgang mit digitalen Möglichkeiten eine Kulturtechnik, ebenso wie Lesen, Rechnen und Schreiben. Sie muss als Grundkompetenz gelernt und in allen Fächern angewandt und genutzt werden. Die Rahmenbedingungen für die Umsetzung kann jedes Land und jede Schule selbst festlegen, ein Grundsatz sollte aber einheitlich gelten: Computing bedeutet für uns nicht die isolierte Vermittlung einzelner Technologien oder Programmiersprachen. Wenn wir Schülerinnen und Schüler zu einem nachhaltigen und verantwortungsvollen Umgang mit neuen Technologien befähigen wollen, müssen wir mehrere Perspektiven in den Blick nehmen, entwickelt von der Gesellschaft für Informatik:
Die technologische Perspektive: Wie funktioniert das?
Die gesellschaftlich-kulturelle Perspektive: Wie wirkt das?
Die anwendungsbezogene Perspektive: Wie nutze ich das für meine Ziele?

Um beispielsweise soziale Netzwerke selbstbestimmt nutzen zu können, müssen alle drei Ebenen verstanden werden: Wie nehme ich Grundeinstellungen rund um die Privatsphäre vor? Was bedeutet die Funktionsweise eines Algorithmus für die Verbreitung und die Glaubwürdigkeit der Daten, welche Folgen hat das für die eigene Wahrnehmung? Und wie kann ich das Netzwerk verantwortungsvoll für meine Zwecke, etwa für den Austausch über Hausaufgaben, nutzen?

Wenn wir Computing nach diesen Grundsätzen definieren, vermittelt es also nicht nur technisches Wissen, die Grundlagen des Programmierens, algorithmisches Denken oder Datenauswertung, sondern auch vernetztes Denken und Arbeiten, Kreativität, Selbstmanagement und die Übernahme von Verantwortung bis hin zu ethischen und gesellschaftlichen Fragestellungen rund um die Themen KI und Digitalisierung.

Nur mit digitaler Bildung lässt sich das ganzheitliche Humboldt'sche Bildungsideal heute noch verwirklichen, nur mit ihr die Komplexität der heutigen Welt begreifen. Auch neue Formen der Zusammenarbeit wird man ohne digitale Bildung nur unvollständig einüben können, das Prinzip des Lernenden Staates setzt Digitalkompetenz voraus. Und schließlich kommt unsere Wirtschaft nur voran, wenn unsere Arbeitnehmer, Gründer und Unternehmensführer digitale Techniken verstehen, anwenden und neu denken können. Befragt man Unternehmen aller Branchen, welche Fähigkeiten sie in Zukunft als besonders relevant ansehen, landen technische, kreative und kooperative Kompetenzen ganz oben auf der Liste. Zugleich fehlen die benötigten Techspezialisten schon für den derzeitigen Bedarf, in Zukunft wird sich der Mangel noch dramatisch verschlimmern.

1,1 Millionen

mehr Technologieexperten werden bis 2023 zusätzlich gebraucht. Das entspricht der Gesamtanzahl der IT-Erwerbstätigen, die 2017 in ganz Deutschland tätig waren!

QUELLE: STIFTERVERBAND FÜR DIE DEUTSCHE WISSENSCHAFT E. V. UND BUNDESAGENTUR FÜR ARBEIT, 2020

DEUTSCHE SCHÜLER SIND BEI DER DIGITALEN BILDUNG NUR MITTELFELD

Ein Drittel der deutschen Schüler verfügen nur über sehr rudimentäre computer- und informationsbezogene Kompetenzen. Das ist das Ergebnis der International Computer and Information Literacy Study (ICILS). Forscher der Uni Paderborn untersuchen im Rahmen dieser Studie regelmäßig gemeinsam mit internationalen Partnern die computer- und informationsbezogenen Kompetenzen von Schülerinnen und Schülern der 8. Jahrgangsstufe. Neben den Fähigkeiten der Schüler geht es auch um die Digitalkompetenz der Lehrkräfte sowie um Ausstattung der Schulen mit digitaler Infrastruktur.

Dramatische Erkenntnis: Seit der ersten Erhebung im Jahr 2013 hat sich in Deutschland kaum etwas getan. In der letzten vorgestellten Studie von 2018 landet Deutschland insgesamt unverändert im Mittelfeld, vor Frankreich, aber hinter Spitzenreiter Dänemark. „Wir haben ja gute Ideen und gute Konzepte, aber wir brauchen unheimlich lange in Deutschland, um die in die Tat umzusetzen", sagt dazu Professor Birgt Eickelmann, die Autorin der Studie.

Völlig klar ist, dass wir Computing nicht von heute auf morgen flächendeckend in allen Schulen einführen können. Wir brauchen dafür die technischen Ausstattungen, Lehrerweiterbildungen und pädagogischen Konzepte. Der Digitalpakt Schule, der 2019 zwischen Bund und Ländern geschlossen wurde, hat dafür eine Arbeitsteilung vorgesehen: Der Bund unterstützt bei der Technik, Länder kümmern sich um Lehrerweiterbildung und pädagogische Konzepte. Das Signal ist: Wir haben eine gemeinsame Verantwortung!

Und auch bei der Vermittlung wollen wir die Schulen nicht allein lassen. Dazu bedienen wir uns eines alten, aber immer noch aktuellen und sehr erfolgreichen Konzepts: jenes der Musikschulen. Kinder folgen hier über die schulisch vermittelten Basiskompetenzen hinaus ihrer besonderen Begabung oder auch nur ihrem besonderen Interesse. Diese Zweiteilung aus Basis- und vertiefendem Unterricht wollen wir auf das Thema Digitalisierung übertragen.

VORSCHLAG 37: Digitalschulen

Analog zu den öffentlichen Musikschulen wollen wir den Ausbau von Digitalschulen fördern. Dabei sollte „Qualität statt Gießkanne" gelten: Nicht jede allgemeinbildende Schule muss jede Soft- und Hardware vor Ort anbieten, nicht jeder Lehrer muss ein eigenes Digitalkonzept entwickeln, nicht jeder Schüler muss Programmierer werden. Die Basis soll in der Schule vermittelt werden, die Spezialisierung kann für Interessierte und Begabte außerhalb und in der Freizeit erfolgen. Frühe Förderung ist entscheidend. Das gilt fürs Programmieren wie für das Beherrschen eines Instruments. Profi wird nur, wer in jungen Jahren gefördert wurde.

Digitalschulen können auch Projekttage an Schulen anbieten und die Lehrkräfte bei der Konzeptentwicklung einbinden – die auf diese Weise langfristig befähigt und ermutigt werden, digitale Inhalte in ihren Unterricht zu integrieren. In Deutschland existieren bereits zahlreiche Initiativen der digitalen Bildung, die ähnliche Modelle verfolgen. Um flächendeckend voranzukommen, braucht es staatliche Unterstützung. Das BMBF hat im Herbst 2019 eine Förderrichtlinie für MINT-Cluster veröffentlicht, die auch die Förderung von Digitalschulen ermöglicht – ein Schritt in die richtige Richtung, dem bald weitere folgen sollten. ∎

Gemeinsame Standards für die Bildung trotz Länderzuständigkeit?

Dieser Ruf rüttelt immer wieder am deutschen Föderalismus: Bildung sei zu wichtig, als dass wir sie allein den Ländern überlassen dürften. Wenn Länder nur Untergeordnetes bewältigen sollten, dann dürften wir ihnen weder die Sicherheit noch den Datenschutz, noch die Gesundheitseinrichtungen überlassen. Länder und Kommunen haben übrigens mit jeweils mehr als 400 Mrd. Euro höhere Etats als der Bund. Zum Föderalismus kommen wir noch genauer im Kapitel „Neues Denken". Was unserer Bildungspolitik aber fehlt, sind Einigkeit in gemeinsamen Belangen und Entschlossenheit beim Thema Standards.

Um lernen zu können, brauchen wir gemeinsame technische Standards für die Lernsysteme. Die Inhalte und Methoden sollen vielfältig, veränderbar und föderal gesteuert sein. Aber so, wie wir unser Zahlensystem, unsere Sprachen oder unsere Schrift einheitlich nutzen, sollte auch das „Betriebssystem der Schulen" bundesweit und möglichst bald europaweit einem gemeinsamen Standard folgen. Erst so können alle voneinander lernen, können Schüler umstandslos Wohnort und Klasse oder Lehrer die Schule wechseln, können Lernstand und Lernhistorie weiter verwendet werden. Wir brauchen ein Bildungsregister, damit Abschlüsse fälschungssicher dokumentiert und Bildungswege besser erforscht werden können. Spätestens seit der Corona-Krise wünschen sich Schüler, Eltern und Lehrer eine Bildungscloud, in die Lerninhalte von unterschiedlichen Anbietern integriert werden können. Ob Sofatutor, SchuleToGo oder die HPI Cloud – wie schön wäre es, das Beste von allem individuell zusammenzustellen und in eine personalisierte Lernumgebung integrieren zu können! Was es dazu braucht, sind Standards und Schnittstellen (mehr dazu → Neue Standards, → Wohlstandardisierung).

ZUM WEITERLESEN

- Jörg Dräger und Ralph Müller-Eiselt, 2015: Die digitale Bildungsrevolution: Der radikale Wandel des Lernens und wie wir ihn gestalten können
- Gesellschaft für Informatik e.V., 2016: Frankfurt-Dreieck zur Bildung in der digital vernetzten Welt, Der Dagstuhl-Prozess
- Innovative Bildungsinitiativen zum Durchklicken: FREI DAY | Haus der kleinen Forscher | Forever Day One | Junge Tüftler | Zukunftsbauer

Mehr Autonomie wagen

Die Zukunft der Arbeit ist flexibel, sicher und selbstbestimmt

INFLUENCER, die ihren Lebensunterhalt damit verdienen, dass sie unter großer Onlineaufmerksamkeit von sich und ihren Vorlieben erzählen. Letsplayer, die davon leben, dass andere ihnen beim Spielen zuschauen. Oder Suchmaschinenoptimierer, Social Media Marketer und Drohnenpiloten: Menschen gehen heute Berufen nach, die sich noch vor einem Jahrzehnt kaum jemand hätte vorstellen können.

Und auch in weiteren zehn Jahren werden wir uns hauptberuflich mit Aufgaben beschäftigen, die wir heute nicht einmal ahnen. Studien prognostizieren zwar, dass in diesem Zeitraum etwa 40 Prozent der heutigen Arbeitsplätze durch Automatisierung und Digitalisierung wegfallen werden. Gleichzeitig aber entstehen in mindestens der gleichen Größenordnung neue und menschlichere Arbeitsplätze. Denn vieles, was uns als Menschen ausmacht – Empathie, Kommunikation, Emotion, Kreativität –, wird voraussichtlich nicht durch Algorithmen oder Roboter ersetzt werden können. Wie bisher in der Geschichte der Automatisierung können uns Maschinen und Algorithmen weitere Arbeit abnehmen und damit unser Leben einfacher machen. Wir können uns dann endlich mit Dingen beschäftigen, die wir heute noch aus Zeitmangel aufschieben müssen. Es wird deshalb vermutlich in Zukunft mehr für uns zu tun geben als heute. Und es wird Besseres zu tun geben. Corona verändert unsere Arbeitsweise zusätzlich. Auch nach dem Shutdown werden wir häufiger im Homeoffice sein, Meetings werden vermehrt virtuell stattfinden und im Betrieb die Vorsichtsmaßnahmen des „Safer Work" gelten.

Auf dem **Arbeitsmarkt der Zukunft** werden andere Kompetenzen als heutzutage benötigt.

Der Arbeitsmarkt der Zukunft wird folglich ganz andere Anforderungen stellen als heute. Repetitive Aufgaben werden wegfallen, körperliche Arbeit wird vermehrt von Robotern übernommen, auch die Sammlung und Verarbeitung von Daten werden maschinell erledigt. Unser eigener Einsatz wird weiterhin unersetzbar sein: Technische Systeme unterliegen menschlicher Kontrolle, ethische Richtlinien und Werte werden auch in Zukunft durch den Menschen bestimmt, ebenso wie das soziale Miteinander. Doch zur Wahrheit gehört auch: Angesichts der großen Geschwindigkeit, mit der die Digitalisierung die Wirtschaft verändert, geht es nicht nur darum, was die Arbeitnehmer von morgen lernen, sondern auch darum, was die Arbeitnehmer von heute neu lernen sollten. Zwei Drittel der Arbeitnehmer werden ihre Kompetenzen ausbauen oder sich gänzlich neu qualifizieren müssen.

wird der Bedarf an technologischen Fähigkeiten bis 2030 ansteigen.

QUELLE:
MCKINSEY & COMPANY,
2017

Änderungen des durchschnittlichen Anforderungsprofils

Gesamtarbeitszeit nach Tätigkeitstyp in Deutschland 2016-2030, in Millionen Stunden

	Wegfallende Stunden	Zusätzliche Stunden	
Anwendung von Expertise	-569	2.293	+1.724
Interaktion mit Stakeholdern	-756	1.658	+902
Entwicklung und Führung von Menschen	-152	977	+825
Unvorhersehbare körperliche Aktivitäten	-1.054	1.198	+144
Verarbeitung von Daten	-2.678	1.411	-1.267
Sammeln von Daten	-3.413	1.906	+1.507
Vorhersehbare körperliche Aktivitäten	-3.097	1.521	-1.576

QUELLE: MCKINSEY & COMPANY, 2017

Gesamt: -755 Mio. Stunden (ca. -1 %)

Zusammengefasst kann sich die Digitalisierung nicht nur als Arbeitsvernichtungs-, sondern auch als Arbeitsbeschaffungsmaschine entpuppen – und als eine große Herausforderung für Arbeitgeber, Arbeitnehmer und das gesamte System von Bildung und Weiterbildung. Wenn Politik und Wirtschaft alles so weiterlaufen lassen wie bisher, öffnet sich die Schere zwischen den nachgefragten und angebotenen Fähigkeiten immer weiter. Die Folgen: Fachkräftemangel auf der einen und Arbeitslosigkeit auf der anderen Seite.

Tätigkeitswechsel sind schon heute häufiger nötig als noch vor zehn Jahren, der Trend wird sich in Zukunft verstärken. In Deutschland existiert häufig noch das Bild eines linear verlaufenden Bildungsweges: vom Kindergarten in die Schule, von der Schule in die Ausbildung, von dort aus in den Beruf, den man bis zur Rente beibehält. Diese Geschichte entfernt sich schon jetzt immer weiter von der Realität. Das Wort „ausgelernt" sollte aus dem Duden verschwinden. Stattdessen brauchen wir eine Kultur des lebensbegleitenden Lernens, in der Arbeitnehmer die Notwendigkeit anerkennen, ihre Kompetenzen laufend anzupassen.

Neue Zyklen in der Arbeitswelt

Traditioneller Bildungs- und Berufsweg im 19. und 20. Jahrhundert

Zukünftiger Bildungs- und Berufsweg im 21. Jahrhundert

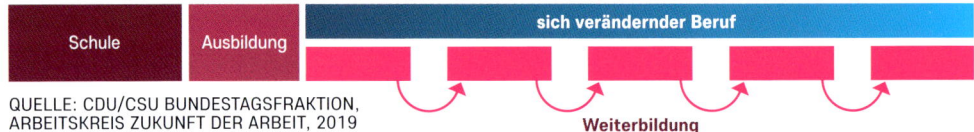

QUELLE: CDU/CSU BUNDESTAGSFRAKTION, ARBEITSKREIS ZUKUNFT DER ARBEIT, 2019

Ein Großteil der Arbeitnehmer indessen bildet sich heute gar nicht oder noch zu wenig weiter. Das zu ändern, liegt zum einen in der Verantwortung der einzelnen Arbeitnehmer: Sie leisten damit ihren Beitrag zur Sicherung des eigenen Arbeitsplatzes und zur Stabilisierung des Arbeitsmarktes. Zum anderen ist es die Pflicht der Arbeitgeber und der Politik, die Rahmenbedingungen und Instrumente zu schaffen, die lebensbegleitendes Lernen für den Einzelnen so einfach und effizient wie möglich machen.

Weiterbildung, wann, wo und wie man möchte

Menschen gelangen in der Regel über zwei Wege an Weiterbildung: Entweder sie sind arbeitssuchend und in einer Umqualifizierungsmaßnahme der Agentur für Arbeit. Oder sie gehören einem größeren Betrieb an, der für seine Angestellten die Weiterbildung organisiert.

Kleinere Betriebe dagegen sind häufig personell und finanziell gar nicht in der Lage, teure Weiterbildung für ihre wenigen Mitarbeiter zu finanzieren oder eigene Angebote zu ent-

Schon 2012 arbeitete nur knapp jeder zweite Erwerbstätige zwischen 18-24 Jahren noch im ursprünglich erlernten Beruf.

QUELLE: BUNDESINSTITUT FÜR BILDUNGSFORSCHUNG, 2012

wickeln. Die Folge: Ein Großteil der Bevölkerung wird nicht mit Weiterbildungsangeboten versorgt, sondern muss selbst die Initiative ergreifen. Und hier beginnt das Problem: Denn die Schwelle zur passenden Weiterbildung ist hoch. Es ist ein Kunststück, aus den über 4,5 Millionen Weiterbildungsangeboten in Deutschland das Richtige herauszufiltern. Die Angebote werden nicht zentral zusammengeführt, finden häufig offline statt und lassen sich kaum individuell zuschneiden. Selbst Weiterbildungswillige müssen sich oft stundenlang durch die Angebote klicken und tippen, bis sie vielleicht geeignete Kurse finden. Viele Angebote zu relevanten technischen Fähigkeiten gibt es häufig nur auf Englisch und von ausländischen Anbietern wie Udemy oder Udacity. Am Ende bleiben häufig auch noch Fragen nach Zertifizierung und Qualitätsnachweisen unbeantwortet. Wenn wir die Weiterbildungsbereitschaft flächendeckend stärken wollen, brauchen wir ein attraktiver organisiertes Angebot.

VORSCHLAG 38: MILLA – ein Netflix für die Weiterbildung

Stellen Sie sich vor, Sie könnten Ihre Weiterbildung komplett individuell erledigen: dann, wann es Ihnen passt, dort, wo Sie am besten lernen können, und in dem Tempo, das Ihnen angenehm ist. Sie könnten die Lerneinheiten beliebig oft anhalten, wiederholen und fortsetzen. Wie bei Google oder YouTube fänden Sie kinderleicht Lernangebote, die zu Ihnen passen. Sobald Sie Einheiten abgeschlossen hätten, bekämen Sie Lernpunkte, die von Ihrem zukünftigen Arbeitgeber anerkannt würden. Sie könnten zeigen, welche Kompetenzen bislang verborgen in Ihnen steckten, und sie gezielt für die Suche nach einem neuen Job einsetzen. **Wenn es nach uns ginge, würde Weiterbildung mit MILLA schon bald genau so aussehen!**

MILLA ist die Abkürzung für „Modulares Interaktives Lebensbegleitendes Lernen für Alle" und steht für eine nationale Plattform, die Weiterbildung unterhaltsam, kostenlos und niedrigschwellig an den Mann und an die Frau bringen soll.

Auf dieser Plattform wollen wir alle Offline- und Onlineangebote sämtlicher Weiterbildungsträger bündeln und den Zugang zu ihnen erleichtern. Der niedrigschwellige Zugang ist dabei enorm wichtig, denn auch das beste Bildungsangebot bringt wenig, wenn es nicht genutzt wird.

Die Digitalisierung verändert nicht nur, was wir arbeiten, **sondern auch, wie wir arbeiten.**

Wir nennen MILLA das Netflix der Weiterbildung, weil es genauso attraktiv sein soll wie der Film- und Seriengigant: einfach einschalten und loslegen. Wie in dem einleitenden Szenario beschrieben, soll der Nutzer mobil und jederzeit auf genau das Angebot zurückgreifen können, das ihn an seinem Bildungsstand abholt und weiterbringt. Ein selbstlernender Algorithmus hilft ihm dabei, immer schneller immer besser passende Kurssegmente zu finden – so wie auch Netflix in Lichtgeschwindigkeit begreift, welche Art von Filmen der Kunde gerne sieht, und ihm entsprechende Vorschläge macht.

Für absolvierte Kurse bekommt der MILLA-Nutzer Punkte, die sein Kompetenzprofil ergänzen. Die Höhe der erworbenen Punkte wird anhand der Kursqualität sowie der Relevanz des Themas für den Arbeitsmarkt festgelegt. So bringt etwa die Teilnahme an einem Business-Englisch-Kurs mehr Punkte als die Teilnahme an einem Thermomix-Kurs.

MILLA dient auch als neues Arbeitsplatznetzwerk: Arbeitgeber können erkennen, welche Arbeitnehmer in der Region ihren Anforderungen am ehesten entsprechen, während umgekehrt Arbeitnehmer durch MILLA leichter überblicken, welche Kompetenzen regional gesucht werden. MILLA vereint die bestehenden Angebote der Industrie- und Handelskammern, der Volkshochschulen, der Universitäten, der Betriebe und privaten Anbieter: Jeder soll seine Angebote auf MILLA kostenlos bereitstellen können.

Mit der Plattform kann der Staat ein Instrument schaffen, das dem Einzelnen den Zugang zu Weiterbildung deutlich erleichtert und ihm hilft, seine Kompetenzen auf dem sich wandelnden Arbeitsmarkt einzusetzen. Das Konzept wurde 2018 auf dem Bundesparteitag der CDU verabschiedet und ist hier weitaus detaillierter ausgearbeitet: www.milla.app.

Die Digitalisierung verändert nicht nur, was wir arbeiten, sondern auch, wie wir arbeiten. Sie ermöglicht einerseits Flexibilität und erleichtert die Organisation des privaten Alltags. Andererseits erzwingt sie auch manchmal Flexibilität – man muss immer und überall bereit sein zu arbeiten. Damit stellen sich in der Frühphase der digitalen Revolution ähnliche Herausforderungen wie schon Anfang des 19. Jahrhundert in der Frühphase der industriellen Revolution. Wie kann man Arbeit zeitlich beschränken, die sich grundsätzlich immer und überall erledigen lässt? Wie kann man gute und gesunde Arbeitsbedingungen sicherstellen, wenn die Arbeitnehmer zu Hause arbeiten? Wie kann man Arbeitskräfte davor schützen, dass sie ausgebeutet werden? Und wie davor, dass sie sich selbst ausbeuten?

Mehr Arbeitsschutz, aber auch mehr Autonomie

Im 19. Jahrhundert stellte sich der Staat diesen Herausforderungen mit einer ganzen Reihe von Maßnahmen, von der Begrenzung des Arbeitstags über Gesetze zur Arbeitssicherheit bis hin zur Einführung der obligatorischen Sozialversicherung durch Otto von Bismarck in den 1880er-Jahren. Heute muss der Staat neue Methoden finden, um gute und effiziente Arbeit im digitalen Zeitalter zu fördern – und um zu verhindern, dass sich ein modernes digitales Prekariat entwickelt.

Dazu muss der Staat die neue Lebens- und Arbeitsrealität kennen und anerkennen. Erst dann können die Bedingungen für neu entstandene Arbeitsformen wie Cloudworking, Plattformarbeit und digitales Freelancertum zum Nutzen aller geregelt werden – ob es hier um die Vermeidung von Scheinselbstständigkeit, die Umgehung des Mindestlohns oder die fehlende soziale Absicherung in der Gig Economy geht. Was Letzteres betrifft, schlagen wir die Einführung der Sozialversicherungspflicht für Solo-Selbständige vor. Solo-Selbständige brauchen eine Sicherung für Notzeiten, die sie

DIGITALE ARBEITSWELTEN

Durch die Digitalisierung kann Arbeit immer orts- und zeitunabhängiger geschehen, das Homeoffice hat sich in vielen Unternehmen etabliert. Es entstehen aber auch ganz neue Arbeitsverhältnisse. So werden immer mehr Dienstleistungen im Internet auf Plattformen angeboten, deren Durchführung an Selbstständige vergeben werden. Unter dem Begriff „Plattformarbeit" werden diese meist freiberuflichen Tätigkeiten zusammengefasst. Finden sie ausschließlich online und ortsunabhängig statt, z. B. beim Programmieren einer Webseite, spricht man von Cloudwork. Wenn eine Leistung ortsabhängig und analog vollzogen wird, nennt man das Gigwork. Hierzu zählen z. B. die Transportdienste à la Uber oder die Lieferdienste für Lebensmittel. Neue Arbeitsformen stellen neue politischen Fragen, z. B. die nach sozialer Absicherung.

auch unverschuldet treffen können. Es vereinfacht auch die Abgrenzung zwischen freier Mitarbeit und dem Angestelltenstatus, wenn das Ersparen von Sozialversicherungsbeiträgen nicht mehr als Motiv bewertet werden muss.

Neue Arbeitsformen gibt es zudem nicht nur in der Gig Economy, sondern auch im regulären Arbeitsmarkt. Auch dort werden Arbeitsort und Arbeitszeit flexibler – und für manche nicht einmal flexibel genug. Betrachten wir nur zwei Aspekte, die besonders viele Arbeitskräfte betreffen: Homeoffice und Pendeln. Viele Beschäftigte könnten zwar ihre Arbeit im Homeoffice erledigen, dürfen das aber nicht, weil der Arbeitsschutz ihnen im Weg steht – etwa mit dem vorgegebenen Abstand zwischen Schreibtischkante und Computertastatur. In der Corona-Krise spielte das aus guten Gründen keine Rolle mehr. Wer nicht im Homeoffice arbeiten kann, muss oft lange Strecken zum Arbeitsplatz pendeln. Auch hier lässt die Gesetzgebung eine Lücke: Ist das Pendeln zum Arbeitsplatz bereits Arbeitszeit? Und wenn ja, unter welchen Voraussetzungen?

Es scheint keinen einfachen Weg zu geben, um die Vorschriften zur Gestaltung des Arbeitsplatzes oder der Arbeitszeiten an das 21. Jahrhundert anzupassen. Unternehmen, Industrie und Arbeitsplätze folgen heute so unterschiedlichen Bedingungen, dass es fast unmöglich ist, einen einheitlichen Standard zum Arbeitsschutz festzulegen. Die gesetzliche Regelung muss flexibler werden, darf aber gleichzeitig nicht so weich werden, dass ihre Schutzfunktion verloren geht – und wir glauben, dass genau das geht.

VORSCHLAG 39: Das Rücksichtsmodell als Basis für den neuen Arbeitsschutz

Das Rücksichtsmodell macht es möglich, das Arbeitszeitrecht unter Rücksichtnahme auf die verschiedensten Bedürfnisse von Arbeitnehmern und Arbeitgebern zu modernisieren. Beide sollen flexibel und in Abstimmung miteinander bestimmen können, wann, wo und wie Arbeit stattfindet. Je mehr die Beteiligten dabei auf die Interessen der anderen Rücksicht nehmen, desto weniger muss der Staat in das Arbeitsverhältnis eingreifen. Im Folgenden wollen wir nur einige der möglichen Stellschrauben aufführen, die insbesondere für solche Arbeitnehmer gelten sollten, die ihren Arbeitsort regelmäßig selbst bestimmen:

1. Stundenobergrenze für Wochen statt für Tage

Die bisherige Regelung zur werktäglichen Höchstarbeitszeit trägt den Flexibilisierungsbedürfnissen vieler Beschäftigten nicht ausreichend Rechnung. Manchmal sind mehr Arbeitsstunden an bestimmten Tagen erforderlich – etwa bei der Organisation eines Großevents –, manchmal gibt es das Bedürfnis, Stunden auf die Wochentage unterschiedlich zu verteilen, um z. B. einem Hobby nachzugehen. Die werktägliche Höchstarbeitszeit gemäß § 3 ArbZG soll daher auf eine wöchentliche Höchstarbeitszeit umgestellt werden. Hierbei darf die gesamte Arbeitszeit wie bisher durchschnittlich 48 Stunden einschließlich Überstunden nicht überschreiten.

2. Ruhezeiten flexibilisieren

Gemäß § 5 Abs. 1 ArbZG müssen Arbeitnehmer nach Beendigung der täglichen Arbeitszeit eine ununterbrochene Ruhezeit von mindestens elf Stunden haben. Das entspricht immer weniger der Alltagsgestaltung der Beschäftigten. Gerade Eltern wünschen sich, den Arbeitsalltag für die Betreuung des Kindes am Nachmittag zu unterbrechen und abends fortzusetzen. Elf Stunden Ruhe sind dann kaum einzuhalten. Daher schlagen wir vor, die Ruhezeit auf mehrere Blöcke aufzuteilen, wobei ein zusammenhängender Block lediglich die neun Stunden umfassen sollte, die auch in der entsprechenden Richtlinie für Europa vorgeschrieben sind. Manche Eltern mögen Nachtblöcke von sechs oder sieben Stunden realistischer finden. Die Gewerkschaften aber erklären schon die Verkürzung auf neun Stunden für unannehmbar.

Viele Arbeitnehmer unterbrechen Ruhezeiten freiwillig, z.B. für das kurze Lesen einer Nachricht. Solche „Bagatellunterbrechungen" dürfen nicht zu einem Neubeginn der Ruhezeit führen. Wir schlagen daher eine gesetzliche Klarstellung über den Umgang mit solchen Unterbrechungen vor. Entscheidend ist, dass der Arbeitnehmer tatsächlich freiwillig handelt.

3. Echte Ruhezeit durch Offlinezeiten

Wir wollen die physische und psychische Gesundheit nicht für mehr Flexibilität aufs Spiel setzen. Stattdessen wollen wir absolute Ruhephasen für Beschäftigte schaffe, in denen jede

Hohes Arbeitsaufkommen ist in angenehmer Atmosphäre und gutem Betriebsklima viel erträglicher als in einem repressiven Umfeld.

Erreichbarkeit technisch unterbrochen wird. Der Arbeitnehmer ist dann für seinen Arbeitgeber unerreichbar, auch wenn er sein Smartphone oder sein Laptop auch für private Zwecke nutzt. Denn E-Mails oder Nachrichten werden erst an ihn zugestellt, wenn die Ruhepause vorbei ist.

4. Arbeitszufriedenheit aufwerten

Das Arbeitsschutzrecht ist weit verzweigt und geht häufig von Unternehmern aus, die ihre Mitarbeitenden zu wenig wertschätzen. Wie immer fühlt sich das praktische Leben anders an als starre Vorgaben oder Schubladen es einordnen. Gerade angesichts neuer Lebensgewohnheiten und Prioritäten brauchen wir keine Gesetze, die nur den schlimmsten Fall wie einen Unfall regeln wollen. Vielmehr geht es um das Ziel der Mitarbeiterzufriedenheit. Hohes Arbeitsaufkommen ist in angenehmer Atmosphäre und gutem Betriebsklima viel erträglicher als in einem repressiven Umfeld – und weckt manchmal sogar den Sportsgeist. Wir sollten als Gesellschaft lernen, mehr auf Zufriedenheit zu achten und sie auch zu messen, etwa mit Feedbacksystemen, wie wir sie aus Onlineshops oder von Vergleichsportalen kennen. Unternehmen, die sich um ihre Belegschaft kümmern und sich freiwillig einer anonymen Umfrage unter ihren Mitarbeitern unterziehen, bekommen dann mehr Flexibilität bei der Rechtsanwendung: Je zufriedener die Mitarbeiter, desto lockerer die Vorschriften. Einen Lernversuch ist das allemal wert. ■

ZUM WEITERLESEN

- **Enzo Weber, 2016: Industrie 4.0: Wirkungen auf den Arbeitsmarkt und politische Herausforderungen**
- **Walter et al., 2013: Die Zukunft der Arbeitswelt, Auf dem Weg ins Jahr 2030**

Infrastruktur: Schneller in die Zukunft

Wer Anschluss halten will, muss für Anschlüsse sorgen.

DIE INFRASTRUKTUR IST DAS GEFÄSSYSTEM DES STAATES. Straßen, Schienen und Radwege, Strom-, Wasser- und Abwasserleitungen, Rundfunk, Mobilfunk und Datennetze bilden die Lebensadern für die Bewegung, Versorgung und Teilhabe in einer Gesellschaft. Wo Personen, Güter und Informationen schnell, gut und sicher von A nach B kommen, floriert das Gemeinwesen. Umgekehrt lassen sich Standortnachteile einer mangelhaften Infrastruktur kaum ausgleichen: Wer schlecht angebunden ist, wird die Welt nicht gestalten. Wer Anschluss halten oder finden will, muss für Anschluss sorgen.

Doch Deutschland spielt beim Infrastrukturausbau nicht in der ersten Liga mit, nationale Traumata wie Stuttgart 21 oder der BER ziehen die deutsche Kompetenz im Infrastrukturausbau in generelle Zweifel. An zu wenig Investitionsmitteln liegt es mittlerweile jedenfalls nicht mehr. „Geld allein baut keine Glasfasernetze", konstatiert Stephan Albers, Leiter des Bundesverbandes Breitbandkommunikation. In der Tat legt der Blick auf die bereitgestellten Investitionsmittel nicht den Schluss nahe, dass die Probleme im Infrastrukturausbau an unangemessener Sparpolitik läge. Finanzielle Mittel sind zur Genüge vorhanden, sie werden aber nicht ausreichend abgerufen. Auf den gesamten Bundeshaushalt bezogen, flossen 2019 rund 19 Milliarden Euro freigegebener Mittel nicht ab, davon im Breitbandausbau allein über 4 Milliarden. Von den 2019 freigegebenen 9 Milliarden Euro aus dem neu eingerichteten Digitalfonds wurden Ende letzten Jahres nur 30 Millionen Euro abgerufen. Das ist eine Quote von 0,3 Prozent innerhalb eines Jahres.

„Geld allein baut keine Glasfasernetze."

Stefan Albers, Bundesverband
Breitbandkommunikation, 2019 ▪▬▬▬▬

Muss gut Ding Weile haben?

Das zentrale Problem bei digitalem wie herkömmlichem Infrastrukturausbau in Deutschland ist – wie so oft – das Tempo, insbesondere die Dauer von Verwaltungsverfahren. Peter Wysk,

Richter am Bundesverwaltungsgericht, spricht in einem scharf-sinnigen Essay sogar von „Zeit als Erfolgsfaktor": Verzögerungen beeinträchtigen den Nutzen wichtiger Infrastrukturprojekte, die bei Inbetriebnahme bereits überholt oder nicht mehr vonnöten sind. Sogar einfache Verfahren nehmen beim Infrastrukturaus-bau in Deutschland schnell biblische Ausmaße an. Das Planfest-stellungsverfahren für die Wiederertüchtigung eines 2500 Meter langen Streckenabschnitts zwischen Berlin-Südkreuz und Lich-tenrade dauerte beispielsweise 18 Jahre. Zusammen mit weiteren Verfahrensschritten und der Realisierung des Projekts kann es gut und gerne eine Generation dauern, bis auf deutschen Gleisen gefahren oder auf Flughäfen geflogen wird – ein Tempo, mit dem wir die Aufholjagd in die Zukunft gar nicht erst starten müssen.

Angesichts solcher Verfahren mit Überlänge wird seit Jahren an zahlreichen Stellschrauben gedreht, in der Hoffnung, ir-gendwann den Turbo zu entdecken – bisher ohne durchschla-genden Erfolg. Ungenutzte Beschleunigungspotenziale für den Infrastrukturausbau in Deutschland finden sich vor allem in drei Bereichen: bei der Bürgerbeteiligung, bei den verwaltungs-internen Prozessen und bei den Ausschreibungen für Investi-tionsprojekte.

9 Mrd. €

aus dem neu eingerichteten Digitalfonds standen 2019 im Bundeshaushalt bereit. Nur 30 Millionen davon wurden abgerufen.

QUELLE: HANDELSBLATT, 2020

Elon Musks Deutschstunde

Ein aktuelles Beispiel illustriert eindrücklich die erste Hürde, die es zu nehmen gilt. Nachdem unter großem Jubel die Entscheidung Teslas für ein Werk im brandenburgischen Grünheide verkün-det wurde, waren die Freude und der Stolz enorm: Deutschland überzeugt den US-Shootingstar als Wirtschaftsstandort. Was die wenigsten wissen: Durch ein früheres BMW-Vorhaben bestand schon eine bestandskräftige, genehmigte Bauleitplanung, in die Tesla nur noch einsteigen musste.

Doch noch bevor Elon Musk „Grünheide" aussprechen konnte, hatte sich bereits eine Bürgerinitiative gebildet, um gegen das Bauvorhaben zu klagen. Deren Dorn im Auge war Teslas Vor-haben, eine lokale Kiefernmonokultur abzuholzen. Obwohl das betroffene Stück Wald keinen besonders großen ökologischen Wert besaß und Tesla versicherte, an anderer Stelle die drei-fache Menge an Bäumen aufzuforsten, konnte nicht auf den

Gang vor Gericht verzichtet werden. Dieses entschied letztlich aber für das Bauvorhaben.

Es liegt eine gewisse Ironie darin, dass Umweltschützer den Bau ausgerechnet eines Tesla-Werks bekämpfen – das Sinnbild für die Mobilitätswende hin zum nachhaltigen Fahren ist. Und doch ist es bezeichnend für unseren Umgang mit neuer Infrastruktur. Grünheide verdeutlicht das Problem mit dem Grundansatz der letzten Jahre, Betroffene stärker in Infrastrukturprojekte einzubinden, um deren Qualität und Akzeptanz zu erhöhen. Gabor Steingart sprach bei dieser Lektion von einer „Deutschstunde für Elon Musk". Wäre die Bauleitplanung in Brandenburg nicht zufällig für BMW schon bestandskräftig gewesen, hätte der planerische Vorlauf wohl eher ein Jahrzehnt eingenommen und Tesla hätte sein Werk nicht in Deutschland realisiert.

Nach Jahren der Beteiligungsexpansion werden Großprojekte immer noch nicht schneller fertig, ist man auch immer noch nicht zufriedener, profitieren vor allem die spezialisierten Anwaltskanzleien. Dieses Phänomen nennen wir das **Partizipationsdilemma**: Einbindung führt oft nicht zu Kompromissfindung, sondern zu stärkerer Polarisierung unter fachkundiger Anleitung. Wenn Sie wissen wollen, wie Sie einen Funkmast in Ihrer Nähe nach allen Regeln der Kunst verhindern wollen, finden Sie unter www.diagnose-funk.org einen konkreten Leitfaden. Daraus resultierende Gerichtsprozesse dauern lang und verschieben die Realisierung eines Projekts oft dramatisch. Hinzu kommen zeitsensitive „Begutachtungsschleifen" mit dem Potenzial, wichtige Vorhaben komplett lahmzulegen. Breite Beteiligung an einem Projekt korreliert derzeit nicht mit höherem gesellschaftlichen Nutzen – zumal Demokratieforscher wie Armin Schäfer und Harald Schoen bemängeln, dass praktizierte Beteiligungsformen meist zulasten sozial schwächerer oder weniger gut vernetzter Bürger gingen, da sie diese Angebote nur unterproportional nutzten.

Bürgerbeteiligung führt heute oft **nicht zu Kompromissfindung**, sondern zu **stärkerer Polarisierung**.

Auswege aus dem Partizipationsdilemma

Damit die Bürgerbeteiligung bei Infrastrukturprojekten größeren Nutzen stiften kann, ist nicht entscheidend, *wie viel*, sondern *wie*

Bürger beteiligt werden. Zurzeit ist die Beteiligung nämlich dann am größten, wenn sie am wenigsten ausrichten kann: in der Endphase eines Projekts. Dies liegt zum einen daran, dass viele Betroffene erst mit zunehmendem „Leidensdruck", also wenn das Projekt bereits in vollem Gange ist, motiviert sind, die Mühen der Partizipation auf sich zu nehmen. Zum anderen aber wird durch die Gestaltung der Planungsprozesse eine frühe Beteiligung strukturell blockiert. Verbände werden zurzeit vereinzelt auch in die Anfangsphasen eingebunden, letztlich erhalten die meisten Betroffenen jedoch erst später die Chance, ihre Anliegen zu äußern.

Diese Form der Bürgerbeteiligung bietet Anreize, destruktiv zu sein. Denn mit den Fortschritten eines Infrastrukturprojekts werden immer mehr Entscheidungen gefällt, die sich nicht leicht rückgängig machen lassen. Außerdem ist es verständlich, dass Menschen, die bereits mehrere Jahre an einem Projekt arbeiten, „ihr Baby" mit allen Mitteln gegen Einwände verteidigen. Je später die Beteiligung, desto verhärteter die Fronten, desto geringer die Handlungsspielräume. Und wenn es keinen gemeinsamen Weg nach vorn gibt, wird das Gericht selbstverständlicher Hauptschauplatz jedes deutschen Infrastrukturprojekts. Um diesen spaltenden, zeit- und geldaufwendigen Zwischenschritt zu verhindern, müssen wir Beteiligungsprozesse neu gestalten.

VORSCHLAG 40: Frühstart in die Bürgerbeteiligung

Gute Beteiligung ist früh dran. Interessenvertreter und potenziell Betroffene sollen nicht erst nach getroffenen Entscheidungen, sondern bereits im Prozess der Entscheidungsfindung konsultiert werden. Aufforderungen zur Partizipation werden bereits bei Projektbeginn publik gemacht. Digitale Kooperationstools zur Sammlung und Steuerung vieler Inputs und Stakeholder wie z. B. GitHub (mehr dazu → Neue Prozesse) machen frühe und schnelle Beteiligung möglich.

Wir erreichen so eine Win-win-Situation. Die Chancen, berechtigte Interessen und spezifischen Sachverstand in die Projektplanung einzubringen, sind am Anfang des Prozesses höher als am Ende. Außerdem lassen sich Infrastrukturprojekte auf diese Weise schneller und reibungsloser umsetzen: Denn wer an einem Plan mitgearbeitet hat, wird seltener gegen ihn klagen. Falls dennoch Klagen aufkommen, haben sie weniger Schlagkraft, weil dann das Instrument der „Präklusion" wirkt: Wer anfangs trotz deutlicher Hinweise auf die Beteiligungsmöglichkeit nicht mitgewirkt hat, dessen Einwände können hinterher mit dem Hinweis der Verspätung ausgeschlossen werden.

Was heute noch häufig **vor Gericht endet**, gehört eigentlich in die Parlamente.▬

Falls die Beteiligten sich nicht auf einen gemeinsamen Projektplan einigen können, braucht es eine Instanz, die den Konflikt löst und eine verbindliche Entscheidung trifft. Was heute noch häufig vor Gericht endet, gehört eigentlich in die Parlamente – nämlich immer dann, wenn sich die gerichtlich ausgetragenen Konflikte um Ziele und Prioritäten drehen und nicht um die reine Rechtmäßigkeit. Die gewählten Volksvertreter können hier die Interessen der Konfliktparteien besser abwägen und eine demokratisch legitimierte Entscheidung treffen. Und da die Volksvertreter vor Ort am besten wissen, wie mit lokalen Problemen umzugehen ist, sollte die kleinstmögliche Einheit mit der Entscheidung beauftragt werden.

Doch nicht nur Probleme bei der Partizipation sind Schlaglöcher auf unserem Weg. Auch manche Verwaltungsprozesse wirken wie ein Entschleuniger im Infrastrukturausbau. Insbesondere die Aufgaben im Planungsprozess wie etwa Korrespondenzen zwischen Behörden und Antragstellern, Durchsicht und Aufbereitung der Unterlagen oder Stellungnahmen zum Anhörungsverfahren dauern je nach Behörde und Mitarbeiter unterschiedlich lang.

Genauso kann in der Politik noch so viel geplant und priorisiert werden: Wenn wir große infrastrukturelle Aufgaben – wie beispielsweise das Ziel der Gigabit-Gesellschaft – stemmen wollen, müssen wir die Verwaltung dazu befähigen. Dazu bedarf es nicht nur einzelner lokaler Maßnahmen, sondern eines ganzheitlichen Trainings. Unser Konzept hierfür ist der **Lernende Staat**. Insbesondere die Vorschläge des Kapitels → Neue Prozesse zeigen, wie wir durch modernere und intelligentere Abläufe die Verwaltung schnell und wirkungsvoll machen können.

Ausbauplanung: Der Staat als verlässlicher Partner

Das dritte Schlagloch finden wir außerhalb der Verwaltung: Der Tiefbaumarkt ist leer gefegt. Für Unternehmen, die Kabel in der Erde verlegen können, gibt es lange Wartezeiten und zeitraubende Ausschreibungen. Aufgrund des knappen Angebots und der hohen Nachfrage sind die Preise im Kabeltiefbau um 30 bis 40 Prozent gestiegen. Dass wir hier ins Stocken kommen, ist fatal, denn der Tiefbau ist für unsere infrastrukturelle Zukunft essentiell: Wir brauchen ihn bei der digitalen Infrastruktur für den Ausbau des Glasfasernetzes, und auch bei der geplanten Energiewende wird Tiefbau eine wichtige Rolle spielen.

Wir brauchen also Innovationen für die Vereinfachung der Herstellung und für die Vergrößerung der Baukapazitäten. Beides birgt Risiken, die jemand übernehmen muss. Neue Technologien, wie etwa bei der Kabelverlegung, müssen ausprobiert werden, mehr Kapazitäten müssen in den Baufirmen veranlasst werden – gerade in Zeiten des Fachkräftemangels kein leichtes Unterfangen. Für den einzelnen Betrieb ist es sicherer und damit ökonomisch sinnvoll, Aufträge mit wenigen Leuten zu erledigen und notfalls zu strecken, auf diesem Wege Auftragslöcher zu vermeiden und die Preise hoch zu halten. Wir als Gesellschaft insgesamt jedoch verlieren so Geld und Wettbewerbsfähigkeit und sollten der Verknappung darum entgegenwirken, indem wir unseren Einfluss auf Schlüsselindustrien des Infrastrukturausbaus nutzen:

Die Gigabit-Gesellschaft

Ein Gigabit, das sind 1000 Megabit. Die Vision der Gigabit-Gesellschaft liegt der Strategie der Bundesregierung beim digitalen Infrastrukturausbau zugrunde. Die Gigabit-Gesellschaft ist von Informations- und Kommunikationstechnik durchdrungen. So brauchen Industrie 4.0, automatisiertes Fahren oder Virtual Reality Fest- und Mobilfunknetze, die gigabit-fähig sind, also mindestens 1000 Mbit/s übertragen können. Schlüsseltechnologien in der Umsetzung sind sowohl 5G als auch Breitbandnetze über Glasfaser oder Kabel (Docsis 3.1). Mit dem neuen Mobilfunkstandard 5G sollen sogar Übertragungsraten von 10 Gigabit pro Sekunde möglich sein. Die Frequenzen für den 5G-Ausbau der deutschen Mobilfunknetze wurden im Juni 2019 für 6,5 Milliarden Euro an vier Telekom-Konzerne versteigert.

QUELLE: TAGESSCHAU, 2019

VORSCHLAG 41: Langfristige Auftragsvergabe

Wir brauchen eine systematisch ebenenübergreifende Wirtschaftsförderung. Denn Baufirmen bekommen Aufträge von ganz unterschiedlicher Seite: von den Telekommunikationsanbietern und ihren Subfirmen, von Energieversorgern, Kommunen, Infrastrukturgesellschaften, der Bahn und so weiter. Und das meiste wird einzeln in langwierigen Ausschreibungen vergeben. Gerade für die Vergabe digitaler Infrastruktur plädieren wir für neue Wege. Erstens sollte der Bund Garantien für den Einsatz neuer Technologien abgeben dürfen (→Vorschlag 93: Innovationsmakler, Neue Standards). Zweitens sollte er Einkaufsgemeinschaften initiieren, die langfristige Rahmenverträge mit Bauunternehmen abschließen und sie zum Aufbau zusätzlicher Kapazitäten verpflichten. Durch Planungssicherheit steigt der unternehmerische Anreiz, Kapazitäten aufzustocken. So kann eine Blockade der digitalen Infrastruktur gelöst werden. Unkonventionelle Verfahren sollten wir nicht nur in Krisen anwenden, da funktionieren sie: Der Lübecker Dräger-Konzern etwa erhielt im März 2020 – per SMS! – einen Großauftrag der Bundesregierung für 10.000 Beatmungsgeräte.

Die drei dargestellten Maßnahmen, um die Wege zu ebnen – Bürgerbeteiligung, schnellere Planungsverfahren und neue Auftragsverfahren –, sind keine Allheilmittel. Aber sie können einen Beitrag dazu leisten, uns schneller eine leistungsfähige Infrastruktur zu verschaffen. Auf allen Spielfeldern der Zukunft wird es essenziell sein, dass unsere Grundlagen stimmen, dass unser gesellschaftliches Gefäßsystem stark genug für den Sprint ist, der vor uns liegt. Einen aktuell extrem wichtigen Bereich des Infrastrukturausbaus wollen wir darum jetzt noch genauer unter die Lupe nehmen: die digitale Infrastruktur.

Digitale Infrastruktur: Mit Kupfer holen wir keinen Rückstand auf

Ein entscheidender und rasant wachsender Teil unserer technischen Infrastruktur ist heute digital. Von Streaming bis Smart Home werden neue Angebote und veränderte Nutzungsgewohnheiten unseren privaten Bedarf an schnellem Internet in den nächsten Jahren dramatisch steigern. Laut einer Prognose des Infrastruktur-Forschungsinstituts WIK werden drei Viertel aller deutschen Haushalte im Jahr 2025 im Downstream einen Bedarf von mehr als 500 Megabit pro Sekunde (Mbit/s) haben. Bis dahin liegt ein weiter Weg vor uns:

Die Nachfrage nach schnellem Internet steigt rasant

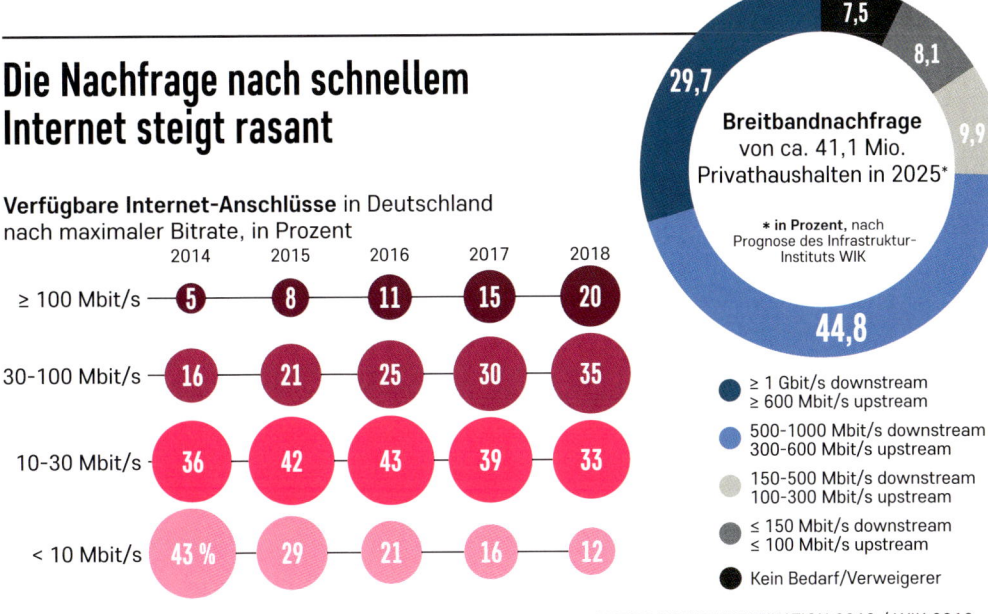

Verfügbare Internet-Anschlüsse in Deutschland
nach maximaler Bitrate, in Prozent

	2014	2015	2016	2017	2018
≥ 100 Mbit/s	5	8	11	15	20
30-100 Mbit/s	16	21	25	30	35
10-30 Mbit/s	36	42	43	39	33
< 10 Mbit/s	43 %	29	21	16	12

Breitbandnachfrage
von ca. 41,1 Mio.
Privathaushalten in 2025*

* in Prozent, nach
Prognose des Infrastruktur-
Instituts WIK

7,5 / 8,1 / 9,9 / 29,7 / 44,8

- ≥ 1 Gbit/s downstream ≥ 600 Mbit/s upstream
- 500-1000 Mbit/s downstream 300-600 Mbit/s upstream
- 150-500 Mbit/s downstream 100-300 Mbit/s upstream
- ≤ 150 Mbit/s downstream ≤ 100 Mbit/s upstream
- Kein Bedarf/Verweigerer

QUELLEN: BRANCHENVERBAND BREITBANDKOMMUNIKATION 2019 / WIK 2016

Im Jahr 2018 waren noch 80 Prozent aller Haushalte mit einer Bitrate von weniger als 100 Mbit/s ausgestattet.

Eine leistungsfähige digitale Infrastruktur – Breitband und Mobilfunk – ist nicht nur Bestandteil, sondern auch Grundlage eines starken deutschen Start-up-Ökosystems (→ Staatup) und einer sorgfältigen Datenpolitik (→ Daten). Schnelles Internet ist essenziell für unsere Ambitionen in Zukunftstechnologien wie Künstliche Intelligenz (→ KI) und autonomes Fahren. Wenn in der Industrie 4.0 die vernetzte Produktion maschinell gesteuert oder beim Smart Farming durch den intelligenten Einsatz von Wasser, Dünger oder Futter die Erträge gesteigert und die Ressourcen geschont werden sollen, sind Bandbreiten von 500 bis 1000 Mbit/s erforderlich – und zwar nicht nur in den Ballungsräumen, sondern überall in Deutschland. Die Infrastruktur ist nicht alles, aber ohne die passende Infrastruktur ist alles nichts.

Debatten über die digitale Infrastruktur, über Vectoring, Breitband, 5G und Glasfaser, leben meist vom technischen Sachverstand. Es wäre jedoch ein großer Fehler, Ideen und Konzepte wie die Gigabit-Gesellschaft den Ingenieuren und Programmierern zu überlassen. Sie sind zentral für unseren Ort in der Zukunft.

Eigentlich ist Deutschland für seine starke Infrastruktur bekannt. Doch Errungenschaften, die uns gestern stark gemacht haben, wie z. B. der Ausbau des Kupferkabelnetzes unter Christian Schwarz-Schilling, schwächen heute unsere digitale Erneuerung. Strategische Weichenstellungen der Politik wie etwa das Vectoring, bei dem weiter mit Kupferkabel gearbeitet wird, waren kurzsichtig und stehen heute im Weg.

Wollen wir mit symmetrischen Gigabit-Raten, also 1000 Mbit/s sowohl im Up- als auch im Download, die rasant steigenden Bedürfnisse von privaten Verbrauchern und Unternehmen befriedigen, kommen wir an der Glasfasertechnologie bzw. an hochleistungsfähigen Kabelnetzen nicht vorbei. Auch 5G wird nur in Verbindung mit Glasfaser möglich sein.

NETZAUSBAU-AGENDA 2024

Im barocken Schloss Meseberg, dem Gästehaus des Bundes, verabredete im November 2019 das Bundeskabinett in Digitalklausur sowohl eindeutige Ziele als auch umfangreiche Mittel für den digitalen Infrastrukturausbau. Bis 2024 sollen 99,5 Prozent der Haushalte unter anderem durch 5.000 zusätzliche Mobilfunkmasten in LTE-Geschwindigkeit surfen können.

Zur Realisierung einer flächendeckenden digitalen Infrastruktur wurde die Gründung einer bundeseigenen Infrastrukturgesellschaft beschlossen, die über ein Budget von 1,1 Milliarden Euro für den Netzausbau in den sogenannten „weißen Flecken" verfügen soll – in denen bisher weder die drei großen Mobilfunkbetreiber Telekom, Vodafone oder Telefonica noch der Neueinsteiger 1&1 Drillisch für angemessenen Ausbau gesorgt haben. Weil sich ein Ausbau in den dünn besiedelten Gebieten wirtschaftlich nicht lohnen würde, versagt der Infrastrukturwettbewerb. Der Staat muss darum als Versorger einspringen, indem er den Ausbau bezuschusst und steuert. Die Mobilfunkinfrastrukturgesellschaft soll diese Rolle übernehmen.

QUELLE: BMVI, 2019

Aktuell beträgt der Anteil von Glasfaseranschlüssen in Deutschland gerade einmal drei Prozent. Zum Vergleich: In Südkorea und Japan sind bereits etwa 80 Prozent der Anschlüsse aus Glasfaser, in Schweden an die 70 Prozent. Beim Mobilfunk war die durchschnittliche Downloadgeschwindigkeit in Deutschland Mitte 2018 nicht einmal halb so hoch wie die des Spitzenreiters Südkorea. Generell scheint es so, als gingen die Uhren in Deutschland langsamer als im Rest der Welt: In Deutschland hat die Telekom im Jahr 2019 knapp 1500 5G-fähige Antennen gebaut. In den USA will sie mit ihrem künftigen Fusionspartner Sprint in den nächsten zwei Jahren 2000 Antennen auf 5G umrüsten oder neu bauen – pro Woche.

Jeder, der einmal mit dem Zug quer durch die Bundesrepublik gefahren ist, weiß, dass man in vielen Regionen nur abwinkt, wenn in Berlin von der Gigabit-Gesellschaft gesprochen wird. In vielen ländlichen Gebieten reiht sich Funkloch an Funkloch. Hier geht es nicht darum, Fahrt aufzunehmen, sondern überhaupt erst einmal zu starten. Zuallererst muss der Staat flächendeckend seinem Versorgungsauftrag gerecht werden.

Innovation im Ausbau

Ein erster Lösungsansatz kann sein, vermehrt auf innovative Ausbauideen und -methoden zu setzen. Es gibt Erfolgsgeschichten, die zeigen, wie die digitale Infrastruktur auch abseits der Ballungsräume mit unkonventionellen Methoden gestärkt werden kann. Das Modellprojekt Luckau digital kombiniert beispielsweise Mobilfunknetze und Breitband-Infrastrukturen. So können in dünn besiedelten Regionen wie etwa dem Spreewald, in denen das vereinzelte Verlegen von Breitbandkabeln unwirtschaftlich wäre, durch die Kombination mit dem Mobilfunk Datenverbindungen von mehr als 50 Mbit/s realisiert werden. Innovative Lösungen muss der Staat unterstützen, insbesondere als Pilotkunde (→ Neue Standards).

VORSCHLAG 42: Bestehendes besser nutzen

Auch die Nutzung von bestehenden, passiven Infrastrukturen bietet einen großen Hebel für schnelleren Ausbau: Die Potenziale zeigt das Unternehmen OneFiber Interconnect Germany, das innerhalb der nächsten fünf Jahre das gesamte deutsche Schienennetz mit Glasfaser ausrüsten will – womit auch die Glasfaseranbindung von Mobilfunkmasten möglich wird. Hierzu sollen Kabel über die bestehenden Schächte entlang der Schienen verlegt und dann an Netzbetreiber per Open Access verpachtet werden.

Die Vorteile der Methode von OneFiber sind vielfältig: Zum einen senkt die Nutzung der bereits vorhandenen Infrastruktur die Ausbaukosten gegenüber einem kompletten Neustart erheblich. Zum anderen erhöht sie die Widerstandsfähigkeit gegenüber externem Zugriff. Und schließlich erreicht die digitale Infrastruktur so auch ländliche Gebiete, in denen der Ausbau sonst unrentabel ist.

Der Staat sollte zudem seine eigene Infrastruktur stärker nutzen, um den digitalen Ausbau zu beschleunigen. Innovationen wie Small Cells, die an Straßenlaternen, Ampeln oder Dächern

Mobilfunkausbau: Das Schwierigste ist die Standortsuche

Wie sieht der Stand der Umsetzung zur Netzausbau-Agenda 2024 in Deutschland eigentlich aus? Die Deutsche Funkturm GmbH, eine Tochtergesellschaft der Deutschen Telekom, baut, plant, realisiert und vermarktet Antennenträger in ganz Deutschland. Sie veröffentlicht eine bis ins einzelne Projekt detaillierte Übersicht über Ausbauvorhaben und deren Verfahrensstand. Unsere daran angelehnte Übersicht zeigt, welcher Anteil von Ausbauvorhaben je Bundesland in welchem Verfahrensschritt steckt.

Das Bild zeigt deutlich: Der Anteil der Projekte, die sich derzeit im Ausbau befinden (pink), ist durchgehend die Minderheit. Die überwiegende Mehrheit steckt in vorbereitenden Prozessschritten fest, in den meisten Ländern sogar noch in der Standortsuche – trotz Ausbauauflagen und großer Nachfrage nach einem schnellen, flächendeckenden Netz. Klar ist deshalb: Wollen wir den Ausbau beschleunigen, müssen wir die vorbereitenden frühen Prozessschritte schneller abschließen.

Falls Sie sich über den Stand von Ausbauvorhaben in Ihrer Gegend informieren wollen, schauen Sie auf der Website der Deutsche Funkturm vorbei.

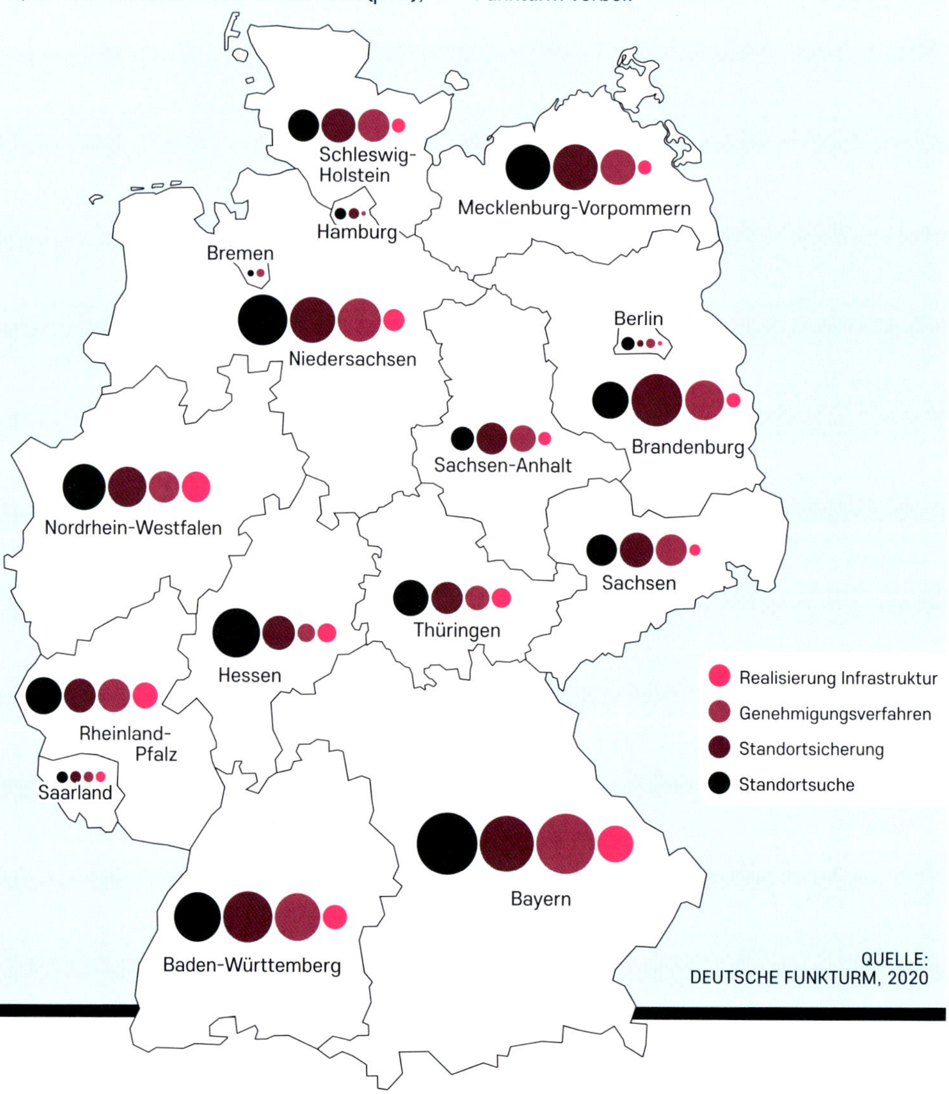

Schleswig-Holstein

Mecklenburg-Vorpommern

Hamburg

Bremen

Niedersachsen

Berlin

Brandenburg

Sachsen-Anhalt

Nordrhein-Westfalen

Sachsen

Thüringen

Hessen

Realisierung Infrastruktur

Genehmigungsverfahren

Rheinland-Pfalz

Standortsicherung

Saarland

Standortsuche

Bayern

Baden-Württemberg

QUELLE:
DEUTSCHE FUNKTURM, 2020

angebracht werden können, um das direkte Umfeld mit schnellem Internet zu versorgen, stellen ein großes Potenzial dar. Die Möglichkeiten der Erschließung weiterer Gebiete sind heute vielfältig. Bund, Länder und Kommunen müssen mit gutem Beispiel vorangehen und innovative, schnellere Ausbaumöglichkeiten auf ihren Liegenschaften und Ländereien, z. B. durch Funkmasten, oder auf anderer sog. passiver Infrastruktur stärker nutzen.

VORSCHLAG 43: Technologische Innovationen nutzen

Auch beim Breitbandausbau helfen technische Innovationen, um schneller und günstiger voranzukommen. Statt wie bisher jedes Ausbauprojekt durch langwierigen Grabenbau durchzuführen, werden etwa beim Trenching dünne Schlitze in den Boden gefräst und die Kabel in geringerer Tiefe verlegt. Dadurch schafft man für weniger Geld deutlich mehr Meter pro Tag. Um Stakeholder und Kommunen zu ermutigen, Neues auszuprobieren, sollte der Staat über einen Innovationsfonds das Risiko absichern - ein Reallabor bzw. eine „Sandbox" im Kleinen (→ Vorschlag 18: Europäische Sandkasten-Agentur, → Vorschlag 81: Vernetzte Beschaffung).

Die mangelhafte Anbindung vieler ländlicher Gebiete an die digitale Infrastruktur befeuert den Sog in die Ballungsräume, den wir in Deutschland strukturell beobachten. Die Datenautobahnen bringen Land und Stadt einander nicht näher, sondern führen am Land vorbei. Um gleichwertige Lebensverhältnisse zu ermöglichen, brauchen wir digitale Infrastruktur als stabile Brücke. Der Staat kommt an dieser Stelle seiner Verantwortung nicht ausreichend nach, wenn er sie an ausschließlich an Unternehmen delegiert. Er muss selbst das Ruder in die Hand nehmen und den Infrastrukturausbau besser managen. Das geht nur mit einer soliden Datenbasis.

Datenbasiertes Management

Denn so ungefähr Bescheid zu wissen, reicht nicht, wenn es um unsere digitale Zukunft geht. Um strategisch besser handeln zu können, brauchen wir in allen Phasen des Infrastrukturausbaus Entscheidungen, die auf handfesten Informationen basieren. Der Staat muss aus Erfahrungen und Beobachtungen in Form von Daten lernen. Unsere Datenpolitik (→ Daten) macht diesen Lerneffekt zur gemeinsamen Sache, auch für neue Dienstleister. Die Erfassung und Abdeckung von Funklöchern ist ein Beispiel, wie wir durch einen sorgfältigen Umgang mit Daten vorausschauender und nachhaltiger handeln können: Wenn wir nicht auf Daten bauen, bauen wir blind.

VORSCHLAG 44: Datengetriebener digitaler Infrastrukturausbau

Grundlage des Infrastrukturausbaus soll erneut die datenbasierte Politik werden. Nur durch ein umfassendes Bild der Ausbausituation und Engpässe kann ein strategischer Ausbau sinnvoll durchgeführt werden. Das passiert in Grundzügen natürlich schon seit Langem: Planfeststellungsverfahren müssen über Bedarfsanalysen beispielsweise erst einmal für ein Projekt werben und Dringlichkeit aufzeigen. Doch gibt uns die Digitalisierung auch hier wieder neue Werkzeuge in die Hand, um den Ausbau zielsicherer und effizienter zu gestalten.

Das gilt für alle Bereiche der Infrastruktur, wir zeigen es am Beispiel der digitalen Infrastruktur:

Im Koalitionsvertrag beschloss die Bundesregierung, dass eine Funklochmelde-App eingerichtet werden soll, mit deren Hilfe Bürger melden können, wo es eine mangelnde Netzabdeckung gibt. Die Satiriker und Spötter witterten hier ein Sinnbild für Digitalisierung in Deutschland. Eine App, die in Fällen, wo kein Netz ist, übers Netz melden soll – sehr clever. Was unterschätzt wurde: Die Funklochmelde-App bietet dem Staat heute ein viel deutlicheres Bild, wo genau im Land die Ausbaubedarfe bestehen und wo Masten, Leitungen oder Ähnliches am besten platziert werden sollten, damit große und kleine Funklöcher geschlossen werden und Verbindungsabbrüche beseitigt werden können. Das war den Spott allemal wert. Die App kann aber nur der Anfang sein:

VORSCHLAG 45: Permanente Netzzustandsanalyse

Um einen strategisch gesteuerten Gesamtprozess zu erreichen, muss die Politik ihrer Rolle als Koordinator und Prozessmanager besser gerecht werden. Ausbaupläne müssen über eine gemeinsame Datenbasis mit den Mobilfunkplanern koordiniert werden. Es muss klar sein, wo in den nächsten fünf Jahren durch wen Masten gebaut werden, damit weiße Flecken gezielt geschlossen werden. Die 2019 in Meseberg gegründete Mobilfunkinfrastrukturgesellschaft soll diese koordinierende Funktion übernehmen.

Wir brauchen dafür – letztlich heruntergebrochen bis auf den einzelnen Funkmast – eine nutzerfreundliche, aktuelle Darstellung, welche Mobilfunkversorgung vor Ort tatsächlich vorhanden ist. Sowohl die Mobilfunkkunden als auch die öffentlichen Stellen benötigen bessere Datengrundlagen, um detaillierter planen zu können. Datengrundlage können hierfür unter anderem die Infos aus der Funklochmelde-App sein. Anhand dieser beiden Übersichten – geplanter Ausbau und Bedarf – ergibt sich ein wesentlich deutlicheres Bild, wo genau und in welchem Maße nachgesteuert werden muss. An diesen Punkten muss die Mobilfunkinfrastrukturgesellschaft schnell und effektiv ansetzen.

Wir werden die Möglichkeit schaffen, dass der Bund die von der Bundesnetzagentur erhobenen Daten in Form von nutzerfreundlichen Karten im Internet veröffentlichen kann. Darin werden wir neben der generellen Versorgungssituation beispielsweise auch lokale Schwerpunkte von Verbindungsabbrüchen bei der Sprachtelefonie in den einzelnen Netzen darstellen. So kann sich der Endkunde vor der Wahl seines Netzbetreibers informieren, welche Qualität die einzelnen Netze in seiner Region haben.

VORSCHLAG 46: Die Mobilfunkplattform

Die Aufbereitung der Daten spielt im gesamten Prozess eine entscheidende Rolle. Wir wollen eine digitale Plattform schaffen, in die alle relevanten Daten einfließen. Die Nutzung von Geodaten (→ Daten) ermöglicht eine genauere Machbarkeits- und Kostenplanung. Öffentliche oder öffentlich zugängliche Infrastruktur wird kenntlich gemacht. Andere Infrastrukturausbauer wie Straßenbauer, Wasser- und Stromversorger können Informationen über ihre Grabungsaktivitäten einstellen. Mehr Mitbenutzung kann den leidigen Umstand beseitigen, dass Straßen innerhalb kurzer Zeit mehrmals aufgerissen werden.

So entsteht eine Übersichtsplattform, die auf Karten den Stand verschiedenster, zu koordinierender Ausbauprozesse und -bedarfe abbildet. Die Bundesnetzagentur zeigt dann durch farbliche Hervorhebung, welche Bereiche sie anschließen will und welche Voraussetzungen dafür bestehen. Interessierte Grundstücksinhaber können sich melden, wenn sie beispielsweise Flächen für einen Funkmast bereitstellen wollen – natürlich gegen eine entsprechende Entlohnung. Stakeholder haben einen einheitlichen Überblick über die Lage, und die Schwelle, sich proaktiv einzubringen, sinkt. Ein solches Tool hat der Branchenverband Bitkom bereits in abgespeckter Form unter mobilfunkausbau.de entwickelt. Wir wollen, dass es als Impuls für datenbasiertere und übersichtlichere Planung und Realisierung von Projekten ausgebaut wird.

Schließlich ist die digitale Infrastruktur ein wichtiges Anwendungsbeispiel für die Probleme und Lösungen, die wir im Kapitel → Wohlstandardisierung skizziert haben.

VORSCHLAG 47: Standardisierte Genehmigungsverfahren

Ein Beispiel für den positiven Effekt von Standardisierung im Bereich Infrastrukturausbau zeigt sich beim Blick auf unterschiedliche Projektanforderungen in den Ländern. Genehmigungsverfahren unterscheiden sich in den Ländern und damit teilweise sogar innerhalb von Projekten, die über Ländergrenzen hinweg durchgeführt werden sollen. Eine Harmonisierung der Anforderungen spart hier enormen Vorbereitungsaufwand für die Ausbauer und schafft weiter reichende Best Practices, an denen sich Behörden bei der Beurteilung von Projekten orientieren können. Konkrete Ansatzpunkte für eine solche Harmonisierung von Genehmigungsanforderungen finden sich bei Regelungen zu Ermessensspielräumen der Genehmigungsbehörden, zu Obergrenzen für genehmigungsfreie Bauvorhaben oder zu Verbescheidungsfristen. Alles sehr trocken, in der Praxis aber durchaus entscheidend.

Nicht erst seit der Debatte um Huawei ist uns bewusst, dass digitale Infrastrukturen strategisch und sicherheitspolitisch brisant sind. **Durch die Adern unserer Gesellschaft fließen Daten – Wunden können hier fatal sein.** Zurzeit laufen wir hier jedoch Gefahr, uns von einzelnen Konzernen wirtschaftlich wie politisch abhängig zu machen. Denn Hardwareeinheiten wie zum Beispiel Mobilfunkmasten sind nicht mit allen Softwarekomponenten kompatibel – über einen Huawei-Mast kann keine Ericsson-Software laufen und umgekehrt. Unternehmen haben sich ein System geschaffen, das aus dem Kunden einen Gefangenen macht. Das hat finanzielle Implikationen, bedeutet aber vor allem gesamtgesellschaftlich einen Souveränitätsverlust, den wir uns nicht erlauben dürfen. Nach Cloud Computing und der Plattformökonomie wäre es das nächste große digitale Wirkfeld, in dem Deutschland seine Selbstbestimmtheit fahrlässig vernachlässigt.

VORSCHLAG 48: Open Access im digitalen Infrastrukturausbau

Die Lösung liefert hier die Standardisierung der Systeme (→ Wohlstandisierung): Es braucht einen offenen Softwarestandard, mit dem alle Hardware-Einheiten kompatibel sind. Der Staat unterstützt offene Standards für die Infrastruktur, das Produkt kommt weiterhin von den Unternehmen, die dann auf der gemeinsamen Infrastruktur um die Kunden vor Ort konkurrieren.

Ein solcher offener Standard existiert noch nicht. Seine Entwicklung ist eine Machtfrage, die Europa beantworten muss. Unser Vorschlag ist die Bildung eines Konsortiums der europäischen Global Player aus Hardware, Software und Mobilfunk, um einen sogenannten Open-RAN-Standard zu definieren. Mit diesem Standard würde geregelt, wie Antennen für alle Anbieter mit Betriebssoftware kompatibel werden. Wenn die derzeit geschlossenen Systeme geöffnet werden, können sie leichter genutzt und upgedatet werden. Kommt der Standard aus den USA oder China, haben die dortigen Unternehmen einen Entwicklungsvorsprung und Vorteile beim Upgrade ihrer Systeme. Europa muss schnell sein, um sich hier für die nächste Welle des Mobilfunkausbaus strategisch besser zu positionieren.

In Zukunft wird es genauso selbstverständlich sein, immer und überall schnelles Internet zu nutzen, wie es heute selbstverständlich ist, dass aus der Steckdose Strom und aus dem Hahn Wasser fließt. Die Gigabit-Gesellschaft wird kommen. Doch wie und wann wir dorthin gelangen – das ist nicht selbstverständlich. Wer Anschluss halten will, muss für Anschlüsse sorgen. ∎

ZUM WEITERLESEN

- Peter Wysk, 2019: Die Verfahrensdauer als Rechtsproblem. Was lange währt, muss kürzer werden?
- Armin Schäfer/Harald Schoen, 2013: Mehr Demokratie, aber nur für wenige? Der Zielkonflikt zwischen mehr Beteiligung und politischer Gleichheit

Die grüne Null
Der richtige Rahmen für die Klimaziele

Ziele alleine reichen nicht. Man muss es auch schaffen, sie zu erreichen. Daran hat die Klimabewegung „Fridays for Future" die weltweite Politik im vergangenen Jahr wieder und wieder erinnert. Das Ziel einer 40-prozentigen CO_2-Reduktion bis zum Jahr 2020, auf das sich Deutschland in Kyoto 1992 verpflichtet hatte, schien unerreichbar zu sein – was sollte da erst aus den noch ehrgeizigeren Zielen werden, zu denen wir uns 2016 in Paris verpflichtet hatten?

Aber die Politik hat die Herausforderung „Umwelt" erkannt, sich hohe Klimaziele gesetzt (wie den New Green Deal der EU) und bereits eine Vielzahl an politischen Schritten eingeleitet, um Emissionen zu reduzieren. Zwar kann Deutschland den Klimawandel nicht alleine bekämpfen, aber dafür mit gutem Beispiel vorangehen und international glaubwürdig vermitteln, dass eine effiziente Klimapolitik möglich ist. Ohne eine glaubhafte Klimainnenpolitik kann es keine wirksame Klimaaußenpolitik geben. Und am Schluss wird diese entscheidend sein.

Dazu bedarf es keiner bahnbrechenden neuen Ideen, sondern nur einer besseren Umsetzung der bereits getroffenen Maßnahmen, der richtigen Anreize sowie der Schaffung eines rechtlichen und infrastrukturellen Rahmens, der die Entwicklung innovativer Technologien ermöglicht. Nun gehört zur Wahrheit, dass sich Deutschland zeitweise auf den anfänglichen Klimaerfolgen ausgeruht hat, zumal wir unsere Ziele 2020 in Deutschland mit etwas Glück sogar erreichen werden. Erst der 2018 an die Wirtschaftsweisen und Umweltwissenschaftler erteilte Auftrag hat im Jahr 2019 zu einer ordentlichen Lernkurve gerade in der Union (aber nicht nur dort) geführt. Die grüne Null wurde von der Union als offizielles

NEW GREEN DEAL

Mit „einer Wachstumsstrategie, die dem Planeten mehr an Ressourcen zurückgibt, als sie ihm nimmt", startete Ursula von der Leyen in ihre Amtszeit als Präsidentin der EU-Kommission. Eine Billion Euro an Zukunftsinvestitionen sollen in den nächsten sieben Jahren mobilisiert werden, um Europa bis zum Jahr 2050 zum ersten klimaneutralen Kontinent zu machen. Flankiert wird dieses Programm durch einen Übergangsfonds, der Regionen, die bislang noch sehr CO_2-lastig produzieren, beim Wandel zu sauberen Strukturen helfen soll.

QUELLE: EU KOMMISSION, 2019

Treibhausgase: Deutschland ist kein Vorbild in Europa

So vorbildlich wir uns selbst auch in Sachen Klimaschutz fühlen mögen – gemessen am Ausstoß von Treibhausgasen pro Kopf im Jahr 2017, sind wir es definitiv nicht. Nur die hier eingefärbten Staaten sind noch schlechter als wir. Gründe dafür sind die hohe Industriedichte und der Einsatz von Braunkohle zur Stromerzeugung.

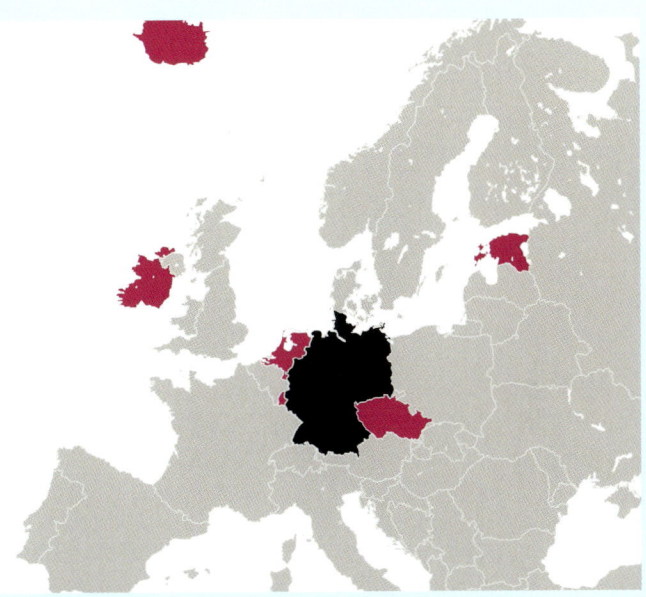

QUELLE: UMWELTBUN-DESAMT; ABBILDUNG: KATAPULT

Ziel beschlossen. Um dafür den dringend erforderlichen Innovationen zum Durchbruch zu verhelfen, einigte man sich auf eine weitreichende, früher vielfach abgelehnte CO_2-Bepreisung als weiter auszubauendes Grundprinzip.

Denn der beste Anreiz in einer Marktwirtschaft ist der Preis. Wenn wir Emissionen reduzieren wollen, müssen wir also auch Emissionen einen Preis geben. Kostspielige Emissionen zwingen Unternehmen dazu, sie so weit wie möglich zu reduzieren. Für die Bepreisung gibt es zwei Möglichkeiten: eine CO_2-Steuer oder CO_2-Zertifikate. Oder eine Kombination von beidem.

Die Marktlösung: CO_2-Zertifikate

Auf europäischer Ebene ist bereits das ETS als Zertifikatesystem in Kraft. Bei der Einführung des Systems wurden an alle teilnehmenden Unternehmen Zertifikate vergeben, die festlegen, wie viel CO_2 sie emittieren dürfen. Emittieren sie mehr, müssen sie neue Zertifikate kaufen, emittieren sie weniger, können sie ihre Zertifikate verkaufen. So reguliert sich der

Preis von CO_2 über den Markt: Je mehr emittiert wird, desto niedriger ist das Zertifikatangebot auf dem Markt, desto teurer wird es, noch mehr zu emittieren, und umgekehrt. Das System wird durch den Markt gesteuert, da die Findung des „effizienten" Preises für CO_2 nicht mehr nötig ist. Vor allem ist es sehr zielgenau, wenn nur genau so viele Zertifikate ausgegeben werden, wie Emissionen insgesamt erlaubt werden sollen.

Das Problem dabei: Wenn viele Unternehmen ihre Emissionen reduzieren, gibt es ein Überangebot an Zertifikaten, der Preis bleibt niedrig, und es gibt keine Anreize, die Emissionen weiter zu senken, weil das kostspieliger wäre, als Zertifikate zu kaufen. Um dieses Problem zu bekämpfen und die Emissionen nach und nach weiter zu reduzieren, nimmt die EU regelmäßig Zertifikate vom Markt. Die ETS-Methode findet Anwendung für ca. 45 Prozent der Emissionen in der EU.

Nicht nur die EU verwendet ein ETS, auch China plant die Einführung eines nationalen ETS, das zuerst im Energiesektor angewendet und bei erfolgreichen Ergebnissen auf andere Sektoren ausgeweitet wird. Insgesamt gab es 2018 vergleichbare Ansätze bereits in 51 Staaten, dazu in einigen Bundesstaaten der USA. Fairerweise muss man sagen, dass der Aufbau des Zertifikatehandels keineswegs trivial ist und etwa in Europa mehrere Anläufe brauchte, bis er vernünftig in Gang kam.

Die regulatorische Lösung: eine CO_2-Steuer

Dem gegenüber steht eine fixe CO_2-Steuer, also eine direkte Bepreisung jeder emittierten Einheit CO_2. Sie ist als Instrument weniger zielgenau, gibt aber Unternehmen eine größere Planungssicherheit und deshalb stärkere Anreize zur Reduktion der Emissionen. Außerdem schafft eine Steuer Einnahmen für den Staat, die zur Förderung klimafördernder Projekte genutzt werden können. Beispiele für Länder mit einer CO_2-Steuer sind Frankreich und Schweden.

In Frankreich betrifft die Steuer 40 Prozent aller Emissionen und führte zu einem starken Anstieg der Kraftstoff- und Energiepreise. Das wiederum traf die unteren Einkommensgruppen besonders hart und provozierte so 2018 und 2019 die Massenproteste der „Gelbwesten", die zu einem temporären Aussetzen geplanter politischer Maßnahmen führten.

51
Staaten

verwenden bereits ein Zertifikatesystem für den Handel mit CO_2-Emissionen.

QUELLE: WELTBANK, 2018

In Schweden ist die CO_2-Steuer stärker akzeptiert. Sie wurde bereits 1991 im Rahmen einer großen Steuerreform eingeführt, die massive Steuerentlastungen vorsah. Die Bevölkerung gewöhnte sich schon früh an ein energieeffizientes Verhalten, so dass auch anfängliche Ausnahmen von der Steuer mit den Jahren abgebaut werden konnten. Der Preis pro Tonne CO_2 ist in Schweden mit 114 Euro der höchste weltweit – das führte von 2004 bis 2018 zu einer Reduktion der Emissionen um rund 30 Prozent. Um die internationale Wettbewerbsfähigkeit zu schützen, zahlt die Industrie allerdings einen geringeren Steuersatz.

Die Kombination: Zertifikate und Steuern

Großbritannien und die Schweiz haben Systeme entwickelt, die den Zertifikatehandel und eine Steuer kombinieren, um die Vorteile beider Methoden zu nutzen. Großbritannien legte 2013 einen Mindestpreis für CO_2 fest, der bei seiner Einführung über dem Handelspreis der EU-Zertifikate lag. Rangiert der Mindestpreis über dem Zertifikatspreis, müssen britische Verbraucher die Differenz zwischen beiden Preisen wie eine Steuer an den Staat zahlen. Der Mindestpreis wird vorerst allerdings nicht weiter erhöht, um internationale Wettbewerbsnachteile zu verhindern und Konsumentenpreise zu senken. Wie sich die Preisgestaltung nach Brexit und Corona fortsetzen wird, ist noch unklar.

Wie CO_2-Bepreisung funktioniert

Anteile der Energieträger an der Stromerzeugung in Großbritannien

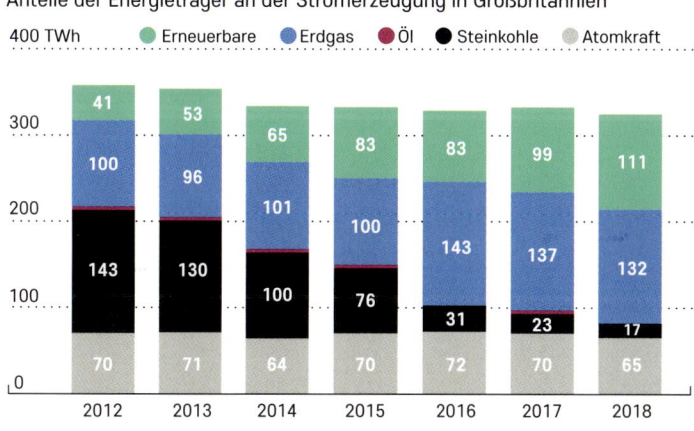

Viel schneller kann man nicht aus der Kohle aussteigen, als es Großbritannien in den letzten Jahren vorgeführt hat. Seit der Einführung eines CO_2-Mindestpreises im Jahr 2013 ist dort der Kohleanteil an der Stromerzeugung von 40 Prozent auf 5 Prozent gesunken.

QUELLE:
CO_2-ABGABE E. V., 2019

Die Kombination in der Schweiz erfolgte auf dem umgekehrten Weg. Das Ausgangsmodell war hier eine Steuer, der ETS-Markt startete als freiwillige Alternative. Inzwischen ist das Zertifikatemodell aber für rund 50 Unternehmen mit hohem Energieverbrauch verpflichtend – dafür sind sie von der Steuer befreit. Damit werden etwa 10 Prozent der Schweizer Treibhausgasemissionen über Zertifikate reguliert.

Bepreisungen sind nachweislich effizienter als Verbote. Sie können sogar dazu führen, dass die gesetzten Ziele übertroffen werden. Unsere Unternehmen brauchen keine Vorgaben, sondern Anreize, sie zu erreichen. Diese Anreize sollen aber sozial ausgewogen und mit Vorsicht gestaltet sein, damit sie nicht mit Massenprotesten beantwortet, sondern akzeptiert werden.

Gleichzeitig sollte aber die Wettbewerbsfähigkeit deutscher Unternehmen sichergestellt werden, möglichst ohne protektionistische Maßnahmen. Eine rein nationale Lösung ist bei einem globalen Problem wie dem Klimawandel allerdings weder hilfreich noch effizient, da dies zu Carbon Leakage führt – einer Abwanderung der Unternehmen in Länder, in denen ihnen eine günstigere Verschmutzung möglich ist. Wir brauchen also ein global koordiniertes Vorgehen und regional übergreifende Systeme wie das europäische ETS, die alle Mitgliedsstaaten und Sektoren umfassen.

Mit Blick auf die Industrie kann es passieren, dass ein Modell der reinen CO_2-Bepreisung nicht die gewünschte Wirkung zeigt, da noch weitere betriebswirtschaftliche Kosten eine Rolle bei emissionsreduzierenden Maßnahmen spielen. Deshalb muss der Staat in bestimmten Sektoren noch weitere Anreize wie beispielsweise beschleunigte Abschreibungen auf Anlagen setzen. Das ermöglicht es Unternehmen, die Kosten von neuen emissionsreduzierenden Technologien besser umzulegen.

SMART GRID

Das Stromnetz besteht nicht einfach nur aus Leitungen, in dem Strom fließt. Es überträgt auch Informationen. Und diese können dazu genutzt werden, sowohl die Produktion als auch die Übertragung, Speicherung und den Verbrauch von elektrischer Energie intelligenter und nachhaltiger zu machen. In einem „Smart Grid", einem intelligenten Netz, werden all diese Aufgaben so miteinander verbunden, dass die Stromversorgung mit möglichst geringem Aufwand gesichert werden kann. Dafür bedarf es einer effizienten und automatisierten Kommunikation aller beteiligten Systeme.

Energie muss intelligent werden

Die Reduktion von Emissionen allein reicht nicht aus, um eine nachhaltige, dauerhafte Umstellung auf erneuerbare Energien zu ermöglichen. Erneuerbare Energien können keine konstante Energieversorgung garantieren, sie sind wetterabhängig und damit hochvolatil. Um dieses Problem anzugehen, sollte kurzfristig auf Erdgaskraftwerke zurückgegriffen werden, um die Energiewende zu ermöglichen. Langfristig muss aber stark in die Infrastruktur der Energienetze investiert und ein sogenanntes Smart Grid etabliert werden.

Mit Kohle- und vor allem Gaskraftwerken kann Energie problemlos verbrauchsgerecht produziert werden. Fluktuationen über Nacht oder am Wochenende können einfach und erfahrungsbasiert eingeplant und die Produktion dementsprechend hoch- oder heruntergefahren werden. Mit erneuerbaren Energien ist die Stromproduktion wesentlich unflexibler – es ist praktisch unmöglich, sie bei Bedarf hochzufahren. Wenn keine Sonne scheint, produziert eine Solaranlage keinen Strom, und wenn kein Wind weht, stehen die Windräder still. Wir benötigen daher Stromspeicher, die Strom aus Überproduktion speichern und in Zeiten der Unterproduktion wieder in das Stromnetz einspeisen können.

Hinzu kommt die Verteilung der Kraftwerke. Kohle- und Gaskraftwerke stehen überall in Deutschland, Solarkraftwerke werden eher im Süden eingesetzt, Windkraft kommt aus dem Norden. Wenn wir also die konventionellen Kraftwerke schrittweise vom Netz nehmen, benötigen wir mehr und stärkere Stromleitungen, um den Strom in

Die Leitungslücke: 5,7 % der gesamten Netzleistung geht im deutschen Stromnetz verloren – das entspricht einem Fünftel des Stromverbrauchs aller Haushalte. In Zukunft brauchen wir klügere Netze, und bessere Leitungen.

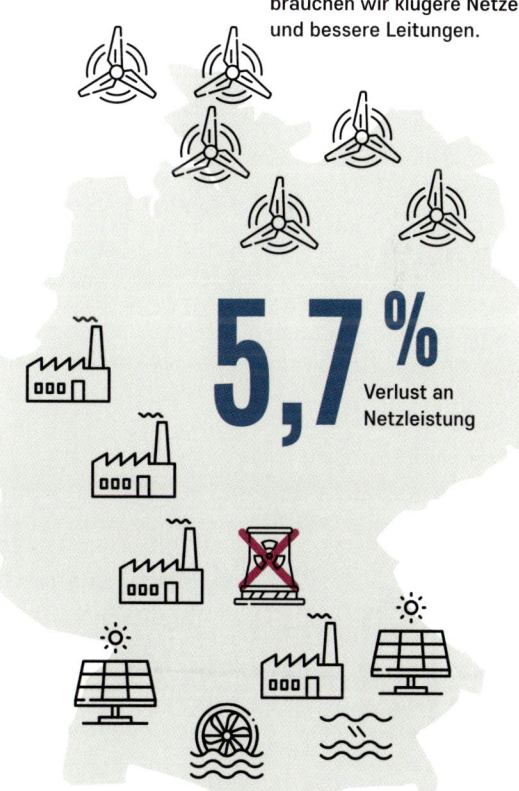

5,7 % Verlust an Netzleistung

QUELLE: STATISTISCHES BUNDESAMT, 2020

Mit der Technologie des „virtuellen Kraftwerks" lassen sich kleine Stromerzeuger **zu einem verlässlichen Lieferanten zusammenschließen.**

ganz Deutschland schnell transportieren zu können. Eine besondere Rolle spielen dabei die sogenannten Stromautobahnen.

Gleichzeitig muss die Stromversorgung dezentraler und intelligenter über das Netz organisiert werden. Das Konzept des Smart Grid spricht hierbei von einem System, in dem Produktion, Verteilung, Speicherung und Verbrauch automatisiert werden müssen, und gibt Anhaltspunkte, wie das erfolgen sollte.

Die Möglichkeiten der Stromerzeugung unterscheiden sich je nach Standort stark. Daher müssen Nachteile, die sich aus der Verortung eines Erzeugers ergeben, etwa über sogenannte virtuelle Kraftwerke ausgeglichen werden. Diese sind ein Zusammenschluss verschiedener Typen von Stromerzeugern, z. B. Solarkraftwerke, Windkraftwerke und Biogasanlagen, die bei unterschiedlichen Wetterlagen unterschiedliche Mengen von Energie liefern. Der Ausgleich zwischen den Kraftwerken muss automatisiert erfolgen, da er nicht den Ausnahme-, sondern den Regelfall darstellen wird.

Aber nicht nur in der Stromproduktion sollten Fluktuationen ausgeglichen werden. Auch private und industrielle Verbraucher können durch einen intelligenten Verbrauch ihren Teil beitragen. Dieser basiert auf automatisierten Systemen mit Smart Metern, die Verbrauchsdaten sammeln und an den Erzeuger übermitteln, damit dieser Informationen über die verbrauchsintensivsten Zeiten bekommt. Solche Smart Meter können bspw. auch den Stromverbrauch des Verbrauchers automatisch optimieren, indem sie Strom dann verwenden, wenn er reichlich vorhanden und daher am günstigsten ist. Dies ist etwa bei Kühl- und Gefrierschränken möglich oder Geräten, die ans Stromnetz angeschlossen sind, zusätzlich aber Kapazitäten zur Speicherung von Energie besitzen.

Damit die Vernetzung von Verbraucher und Erzeuger optimal funktionieren kann, muss es allerdings möglich sein, Strom dezentral und bedarfsabhängig zu speichern. Hierfür sollen Verbraucher und ihre Geräte explizit als Stromspeicher in das Netz eingebunden werden. Besonders Elektroautos, aber auch Heizungen und Haushaltsgeräte stehen im Mittelpunkt verschiedener Modelle. Die technologischen Entwicklungen auf-

Je besser sich Strom speichern lässt, desto höher ist die Versorgungssicherheit.

seiten der Gerätehersteller und Batterieproduzenten sind weit genug fortgeschritten, um ein solches dezentrales Speichersystem schon jetzt zu ermöglichen. Was fehlt, ist der Ausbau des Verteilernetzes. Die Stromleitungen müssen stärker, schneller und belastbarer sein, und der Strom muss nicht nur vom Kraftwerk zum Verbraucher, sondern auch umgekehrt fließen – und dass ohne Energiesteuern für das Hin und Her jeweils zu erheben. Solange dies nicht möglich ist, kann eine dezentrale Speicherung nicht erfolgen, die für die konstante Energieversorgung aus erneuerbaren Energien unerlässlich ist.

VORSCHLAG 49: Bessere Rahmenbedingungen für den Energiemarkt der Zukunft schaffen

Um private Energiespeicher – vom Elektroauto bis zum Blockheizkraftwerk – in den Strommarkt zu integrieren, müssen wir ihnen einen fairen Marktzugang ermöglichen. Derzeit werden Speicher juristisch als „Endverbraucher" behandelt. Dabei muss der Strom, der in einem E-Auto-Akku fließt, nicht nur zum Fahren verwendet werden, sondern kann genauso gut auch wieder ins Stromnetz zurückfließen. Für den Energietransport bietet sich neben dem Strom- auch das Gasnetz an. Es könnte beispielsweise genutzt werden, um Wasserstoff oder E-Fuels zu befördern, Treibstoffe also, die mittels elektrischer Energie aus CO_2 erzeugt werden.

Darüber hinaus sollten wir das 2016 beschlossene Gesetz zur Digitalisierung der Energiewende auf den Handel mit Energie ausweiten. Bislang bezieht es sich einzig auf digitale Messinstrumente (Smart Meter). In Kombination mit der Blockchain-Technologie können Produktion und Verbrauch dezentraler Geräte und Maschinen im Internet of Things (IoT) laufend überwacht und der direkte Verkauf zwischen ihnen im Internet of Value (IoV) manipulationssicher vollzogen werden – ohne den Umweg über Aggregatoren oder Börsen. Noch hat der Gesetzgeber für solche dezentralen und kostengünstigen Energieaustauschbeziehungen einschließlich automatisierter Smart Contracts keine Gesetze erlassen. Auch für den Datenaustausch im Energiemarkt fehlt es an Einsatzmöglichkeiten. Hier sollte der Gesetzgeber für Interoperabilität und Sektorenkopplung sorgen. Ziel sollte es sein, die energiewirtschaftlichen Prozesse so auszugestalten, dass Eintrittsbarrieren und Transaktionskosten möglichst gering sind und damit die Entwicklung innovativer Lösungen ermöglicht wird.

VORSCHLAG 50: Blockchainbasierte Plattform für Stromerzeuger

Wir möchten Open-Source-Software und -Hardware im Energiebereich fördern, auf deren Grundlage Hersteller weitere kompatible Software und Hardware entwickeln können. Smart Meter sollen daher für Blockchainanwendungen kompatible Schnittstellen bereitstellen. Wir wollen eine blockchainbasierte interoperable Plattform für Stromerzeuger ausschreiben, die als Baustein eines dezentralen Energiesystems dienen kann und allen zur Verfügung steht. Auf einer solchen Plattform soll auch der Peer-2-Peer Stromhandel möglich sein. Schon heute wird Strom zunehmend dezentral erzeugt und von Millionen verschiedenen Stellen in die Netze eingespeist. Mit einer blockchainbasierten Abwicklungsebene wird der Handel wirtschaftlich und die Buchhaltung und Besteuerung automatisiert. Dazu sollte ein digitales Herkunftsregister für den Nachweis der eingespeisten bzw. entnommen Strommenge entwickelt werden.

ZUM WEITER-LESEN

- **World Bank Group, 2018: State and Trends of Carbon Pricing**
- **Sachverständigenrat zur Begutachtung der gesamtwirtschaftlichen Entwicklung, 2019: Aufbruch zu einer neuen Klimapolitik**

Wie der Staat den richtigen Rahmen schafft

Um den Ausbau der Stromnetze schnell verwirklichen zu können, müssen noch einige juristische Fragen geklärt werden. Wie werden Endverbraucher rechtlich behandelt, wenn sie als Speicher im Verteilernetz agieren? Können sie dann noch als Endverbraucher gewertet werden? Wie können Verträge zwischen Verbrauchern und Erzeugern schnell und unkompliziert abgeschlossen werden? Und wie sieht die datenschutzrechtliche Lage bei der Nutzung der Verbrauchsdaten aus?

Es ist schon aus den „Schicksalsfragen" in unserem zweiten Kapitel deutlich geworden, wie massiv der Klimawandel unser staatliches Handeln herausfordert. Um unsere Lebensgrundlagen bewahren zu können, brauchen wir eine ressourcenschonende und umweltverträgliche Produktion, Verteilung, Speicherung und Nutzung der Energie. Die Regierungskoalition im Deutschen Bundestag hat dazu gerade ein großes Paket mit Maßnahmen beschlossen, die wir hier weder vorstellen noch würdigen können. Aber auch aus unseren kurzen Ausführungen wird deutlich, wie wichtig Daten und Steuerung werden. Und: Die Energiewende ohne Kostenexplosion für Verbraucher und Wirtschaft herbeizuführen, wird eine Herkulesaufgabe neben vielen anderen. Wollen wir sie bewältigen, müssen wir unseren Staat sehr gut organisieren – deutlich besser, als er es heute ist. Davon handeln die folgenden Kapitel. ■

Kapitel 4

Der Lernende Staat

Neues Denken

Kein Staatswandel ohne Kulturwandel

Die Politik steht vor großen und neuen Aufgaben. Im vorherigen Teil dieses Buches haben wir skizziert, wie vielfältig und drängend jede einzelne von ihnen ist. Sie werden nicht warten, bis wir bereit sind, sie anzugehen. Die Megatrends verstärken ihre Komplexität und Dringlichkeit, und das zu einer Zeit, da viele staatliche Prozesse zu langsam und zu kompliziert sind. BER, Baugenehmigung für Storchennester, Behördendschungel – Sie erinnern sich an die Beispiele zu Beginn des Buches.

Wenn wir die vielen Vorschläge aus dem vorigen Kapitel umsetzen, leisten wir einen Beitrag, um Deutschland wieder ein Stück wettbewerbsfähiger zu machen. Wollen wir die Komplexitätsfalle auflösen und das Land auch nachhaltig zukunftsfest machen, braucht es aber noch mehr. Ein vom Burnout bedrohter Mensch ist nicht gut beraten, wenn er seinen Berg einfach weiter abträgt, ohne seine Einstellung und Arbeitstechnik zu verändern. Genauso ist es auch hier: Einzelne, voneinander losgelöste Vorstöße werden bald ihre Kraft verlieren, wenn wir nicht den Staat und seine Verwaltung in den Blick nehmen und seine Arbeitsweisen ändern. Nicht umsonst wurzelten gesellschaftlicher Wohlstand und wirtschaftlicher Erfolg schon immer in funktionierenden staatlichen Strukturen.

Machen Sie mit uns eine **Inventur.** ▬

Sollen unsere Vorschläge ihr Ziel erreichen, muss sich der Staat in den nächsten 10 Jahren zwar gründlicher verändern als in den letzten 70 Jahren zusammen. Wir sind aber guter Dinge und beschreiben in diesem Kapitel, wie das gehen kann: welche staatlichen Prozesse und Strukturen sich verändern lassen und welche neuen Kompetenzen wir dafür zusätzlich brauchen. Machen Sie mit uns eine Inventur.

Will man sich weiterentwickeln, braucht man ein Ziel. Im zweiten Kapitel (mehr dazu → Schicksalsfragen) haben wir ein neues Leitbild beschrieben, von dem wir überzeugt sind, dass es uns hilft, mit der Dynamik Schritt zu halten: den **Lernenden Staat**. Sein zentrales Instrument ist die datenbasierte Entscheidungsfindung. Sie sorgt dafür, dass sich politische Entscheidungen nicht mehr nur auf persönliche Meinungen oder Ideale, sondern vor allem auf Daten stützen. Der Staat muss **evidenzbasiert** agieren und darf nicht nur nach politischem Gusto entscheiden.

Der **Lernende Staat** überprüft so sein Handeln permanent und in häufigen Zyklen. Was nachweislich geklappt hat, wird beibehalten. Strukturen und Maßnahmen, die behindern oder ihr Ziel verfehlen, werden angepasst. Dabei geht der Blick nicht nur zurück, sondern auch nach vorn: Wenn die Welt schnelllebiger wird, müssen wir Veränderungen auch schneller antizipieren, müssen wir uns schneller auf sie vorbereiten. Wir lernen also in doppelter Hinsicht: aus der Vergangenheit und aus der Zukunft.

Der **Lernende Staat** muss gründlich und abwägend bleibend. Anhörung, Sorgfalt, Pluralismus, Ermessen und Verhältnismäßigkeit kennzeichnen unsere Demokratie und unseren Rechtsstaat. Wir plädieren hier nicht für spontane Ad-hoc-Entscheidungen, sondern für zuverlässige und regelbasierte Prozesse mit Gehör für alle. Demokratische Prozesse brauchen eine gewisse Entschleunigung gerade im Vergleich zum Tempo der wettbewerbsorientierten Wirtschaft. Doch Gründlichkeit kann auch zur Entscheidungsschwäche verkommen. Rechtsschutz, der zehn und mehr Jahre braucht, verfehlt seinen Zweck. Planungen, die eine ganze Generation dauern, dienen nur Bedenkenträgern. Außerhalb von extremen Krisenlagen sind wir inzwischen so langsam und entscheidungsschwach geworden, dass wir die Vorteile von Abwägung und Gründlichkeit wieder verlieren. Im **Lernenden Staat** wollen wir wieder mehr Entscheidungsfreude schaffen, auch aus dem Wissen, dass wir jederzeit bereit und in der Lage sind nachzubessern.

In diesem Teil des Buches machen wir Reformvorschläge für alle relevanten Bereiche des Staates und bauen so ein Grundgerüst, das den **Lernenden Staat** möglich macht.

Dabei gilt zuallererst: Ohne eine Änderung der Kultur kann es keine grundlegende Reform des Staates geben. Hier beginnt allerdings auch schon ein kleines Dilemma: Denn wir Politiker können einen Kulturwandel natürlich nicht einfach verordnen. Es ist nicht wie beim Start des Farbfernsehens: Einmal auf den roten Knopf drücken, und alles wird bunt. Aber wir können Rahmenbedingungen schaffen, die eine Änderung der Kultur möglich machen. Und um sie richtig zu gestalten, muss man verstehen, welche kulturellen Hindernisse es heute in der Verwaltung gibt. Vier haben wir gefunden, alle vier wollen wir überwinden:

1. kulturelles Hindernis: Von oben nach außen

Das erste Hindernis kann man schon aus dem Organigramm ablesen: Hierarchien werden mit Linien visualisiert. Diese Linienstruktur ist auch eine Kulturfrage. Im täglichen Geschäft und mehr noch bei neuen Ideen und Vorschlägen geht der Blick meist nach oben – das Auge darauf gerichtet, was die nächst vorgesetzte Ebene tut oder nicht tut, was sie sagt oder nicht sagt. Die Laufmappen der Ministerien veranschaulichen

Was „**von oben**" kommt, wird als **Gebot** wahrgenommen.

schon auf dem Deckblatt, wie Entscheidungswege laufen: über den Dienstweg. Aufgaben gehen von oben nach unten, Antworten von unten nach oben. Vorschläge und Initiativen werden auf jeder Stufe ein bisschen mehr abgeschwächt. Was oben ankommt, hat schon fünfzig Prozent seines Innovationspotenzials eingebüßt. Raum für Kreativität und Flexibilität gibt es zu wenig. Lösungsräume werden von Anfang an eingeengt. Denn: Was „von oben" kommt, wird als Gebot wahrgenommen.

Der für unseren Staat destruktivere Effekt liegt jedoch auf der anderen Seite der Medaille. Denn das, was die höhere Ebene nicht ausdrücklich sagt, wird allzu oft als Verbot aufgefasst. Für eine produktive und innovative Arbeitskultur ist diese Angst vor dem Unausgesprochenen jedoch Gift. So versanden viele wertvolle Ideen, viele gute Initiativen und Impulse, die nicht weiter verfolgt werden – aus Respekt vor dem scheinbaren, schweigenden Nein.

Während der Recherche zu diesem Buch sind wir auf viele gute Ideen zu verschiedensten Lösungsansätzen gestoßen, die quasi fertig ausgearbeitet und ausgereift in der Schublade lagen. Manche Ideeninhaber haben vergeblich versucht, für ihre Lösung Gehör zu finden.

Die mittlere Führungsebene könnte dabei eine entscheidende Rolle spielen. Sie könnte neue und gute Ideen fördern und an die Spitze bringen, tut es aber zu selten. Zu oft herrscht Verunsicherung unter der Annahme, dass die Förderung neuer Ideen nicht erwünscht sei. Zum Glück ist das nicht immer so. Es gibt immer wieder Beispiele, in denen es auch anders geht, in denen Mitarbeiter eigene Impulse und Ansätze entwickeln, die von oben gehört und gefördert werden.

> Es gibt immer wieder Beispiele, in denen es auch anders geht, in denen Mitarbeiter **eigene Impulse und Ansätze** entwickeln, die von oben gehört und gefördert werden.

Was unterscheidet diese Erfolgsgeschichten von den anderen? Die Kommunikation. Wir müssen lernen, häufiger und offener zu sagen, was erlaubt und erwünscht ist. Vielleicht müssen wir Erlaubnisse sogar häufiger und bewusster ausdrücken, als wir es mit Verboten tun:

Innovation erwünscht!

Eigenverantwortung erwünscht!

Ideen erwünscht!

Schon der Minister oder die Ministerin könnte eine neue Art der Kommunikation pflegen und so die Führungskräfte auf jeder Ebene ermutigen, es ihm gleichzutun.

Wenn das gelingt, kann es einen Trickle-down-Effekt des Muts geben, aus der „Nach-oben-Orientierung" wird eine „Nach-außen-Orientierung": Mitarbeiter trauen sich ins Feld, wagen es, neue Dinge auszuprobieren und über den Tellerrand zu schauen. Gelänge das, hätte es eine doppelte Wirkung: einerseits für die Mitarbeiter, die mehr initiativ gestalten können, und andererseits für die Behörde, die sich an einen neuen Reichtum der Ideen gewöhnen darf. Denn Innovation kommt oft von unten, viele Augen sehen mehr als zwei.

2. kulturelles Hindernis: Der richtige Umgang mit Fehlern

Die Skepsis davor, Neues auszuprobieren, entsteht nicht im luftleeren Raum, sondern ist aus der Individualperspektive oft rational: Denn etwas zu unterlassen, ist in der deutschen Verwaltung ein viel geringeres Risiko, als etwas zu unternehmen. Niemand wird dafür gerügt, wenn er Urlaubsanträge und Stundenzettel weiterhin per Fax von Stelle zu Stelle sendet. Wer sich traut, ein teures digitales System einzurichten, das am Anfang womöglich Fehler macht, könnte hingegen ein Problem bekommen. Der Mut, eine Entscheidung zu treffen, wird häufig nicht belohnt. Fehlerkultur? Fehlanzeige.

Junge Beamte, die motiviert und idealistisch die Arbeit im Staatsdienst antreten, lernen schnell, dass der sicherste und einfachste Weg durch ihr Berufsleben darin besteht, sich streng an alle Regeln zu halten. Die Vorsicht, keine Risiken einzugehen, hat auch rechtliche Hintergründe: Denn für Beamte besteht die Pflicht zur „Remonstration", also die Pflicht, ihre dienstlichen Handlungen auf Rechtmäßigkeit zu überprüfen und Bedenken oder Einwände beim Vorgesetzten vorzubringen. Nach dem Motto „Melden macht frei" werden so im großen Umfang Probleme gemeldet, für deren Lösung keine vergleichbare Nachfrage besteht. Das merken auch die „Kunden": Behörden sagen Bürgern und Unternehmen gerne, was nicht geht, ohne zu sagen, was stattdessen geht. Oder nach Sebastian Muschter, ehemaliger LAGeSo-Chef in Berlin:

> Etwas zu unterlassen, ist in der **deutschen Verwaltung** ein viel geringeres Risiko, als etwas zu unternehmen.

„Jede erstarrte Organisation kennt ‚Killerphrasen' wie ‚dafür sind wir nicht zuständig', ‚das würde uns nicht gestattet' oder ‚damit kämen wir nicht durch'. Mangelnde Lösungsorientierung zeigt sich an Phrasen wie ‚ich gebe zu bedenken', ‚ich möchte noch auf folgende Risiken hinweisen' oder ‚das wird nicht gehen'."

Nach der Maxime der rechtlich gebotenen Risikominimierung zu handeln, führt jedoch keineswegs zu den besten Ergebnissen. Stellen Sie sich vor, ein Kleinkind würde aus Angst, das Gleichgewicht zu verlieren und hinzufallen, nie versuchen, aufzustehen und erste Schritte zu machen. Es würde seine nächste motorische Entwicklungsstufe wahrscheinlich nie erreichen.

Fehler um jeden Preis zu vermeiden, heißt auch für den Staat, weiter auf bekannten Pfaden zu wandeln. Da die Herausforderungen und Aufgaben der Zukunft aber radikal neu und wesentlich vielfältiger sein werden als heute, kann uns diese Strategie nicht zum Erfolg führen. Das gilt umso mehr, wenn sich die Verwaltung wie bei der Flüchtlings- oder jetzt in der Corona-Krise im Ausnahmemodus befindet. Dazu noch einmal Sebastian Muschter:

„Das Rechtmäßige ist nicht immer auch schon das Richtige – in der Flüchtlingskrise beispielsweise dauerten ordnungsgemäße Prozesse oft zu lange, die Bedürfnisse der Menschen verlangten schnellere Lösungen. Krisen, Veränderungen und Reformen erfordern das Eingehen von Risiken und das Ausloten von Spielräumen."

Wie schaffen wir nun eine neue Fehlerkultur, die Innovationen fördert, Spielräume für Neues bietet und gleichzeitig die Grenzen des rechtlich Möglichen nicht überschreitet?

Wie bei allen kulturellen Änderungen hängt vieles von der Art der Führung ab. Führungskräfte müssen glaubhaft vorleben, dass neue Wagnisse inklusive der drohenden Fehler erlaubt sind. Sebastian Muschter beschreibt den dafür wichtigen Aspekt der Verantwortungsübernahme:

„Eine Führungskraft, oft auch bis in die politische Ebene hinein, muss bereit sein, mit persönlicher Unterschrift kritische Einzelentscheidungen mitzutragen – ob es da um ein großzügiges Ermessen im Einzelfall, veränderte Aufgabenprofile, die Beförderung von Mitarbeitern mit ungewöhnlichen Karrierepfaden, die Auswahl von Lieferanten oder Ausnahmeregelungen in einer Notsituation geht."

> „Krisen, Veränderungen und Reformen erfordern das Eingehen von Risiken und das **Ausloten von Spielräumen"**
>
> Sebastian Muschter, 2018 ▬

Eine Führungskraft kann den Spielraum, den die Verwaltung auch rechtlich hat, mutiger auskosten und den Mitarbeitern Möglichkeiten für neue, eigenständige Ideen und deren Umsetzung aufzeigen. Gleichzeitig sollte sie die Konsequenzen für mögliche Fehler mittragen und die Mitarbeiter so in ihrem Handeln ermutigen.

Eine neue Fehlerkultur kann die Verwaltung nicht von alleine etablieren. Sie braucht Rückendeckung aus der Politik. Letztlich ist die Schaffung einer neuen Fehlerkultur im öffentlichen Raum sogar eine gesamtgesellschaftliche Aufgabe.

Medien und Oppositionsparteien, eigentlich alle Bürger sind hier in der Verantwortung: Denn wir können nicht einerseits fordern, Neues zu wagen und Innovationen zu fördern, und andererseits jeden Fehler samt Verursacher öffentlichkeitswirksam an den Pranger stellen.

Wenn wir den **Lernenden Staat** verwirklichen wollen, brauchen wir eine lernende Verwaltung. Und in diesem Fall ist es beim Staat wie bei Schulkindern: Lernen kann man nur, wenn auch mal etwas schief geht. Es ist für den einzelnen Beamten und den einzelnen Fall mitunter vernünftig, Fehler zu minimieren – für unsere Verwaltung als Ganzes ist diese Strategie jedoch lähmend, sie zerstört potenzielle Lerneffekte. Die neue Maxime muss heißen: So viel wagen wie möglich, so viele Fehler machen wie nötig.

> Eine **neue Fehlerkultur** kann die Verwaltung nicht von alleine etablieren. Sie braucht **Rückendeckung** aus Politik und Gesellschaft.

3. kulturelles Hindernis: Von zentral zu dezentral

Diese Erkenntnis ist essenziell für einen Kulturwandel der Verwaltung: Innovation und Initiative müssen zwar zentral gewollt, können aber nicht nur zentral umgesetzt werden. Sie müssen vielmehr die ganze Organisation mitnehmen, und die starre Hierarchie ist dabei ein Hindernis: Initiativen und deren Umsetzung kommen von oben und werden von dort gesteuert.

Zentrale Umsetzung bedeutet zentrale Kontrolle. Wir beobachten die Tendenz – und das nicht nur in der Verwaltung –, dass Mitarbeiter die Verantwortung für Projekte ungern abgeben, aus Angst, die Kontrolle zu verlieren. Die Angst mag verschiedene Ursachen haben, die „Nach-oben-Orientierung" und die Angst vor Fehlern sind zwei mögliche Erklärungen. Bleiben Kontrolle und Verantwortung jedoch immer an derselben Stelle oder bei derselben Person, dämpft das die Entstehung neuer Ideen und Innovationen.

Statt einer zentralen brauchen wir darum eine dezentrale Umsetzungskultur. Das gelingt auch hier wieder mit besserer Kommunikation:

Wie würden Sie es machen?
Probieren Sie es aus!
Übernehmen Sie mal das Ruder!

Ein Mitarbeiter, der einzelne Projekte in Eigenregie vorantreiben darf, fühlt sich wertgeschätzt und wirksam. Seine Motivation hat, glauben wir, einen positiven Effekt auf die gesamte Behörde. Probieren wir es aus.

4. Kulturelles Hindernis:
Aus dem Silo in die Vernetzung

Das vierte kulturelle Hindernis manifestiert sich in einem Satz, den wohl jeder schon gehört hat: „Dafür bin ich nicht zuständig." Wer öfter mit dem Öffentlichen Dienst zu tun hat, weiß: In der deutschen Verwaltung ist es ein wenig wie im griechischen Pantheon – jeder hat seinen eigenen Bereich, über den er wie ein Gott herrscht.

Die Versäulung von Zuständigkeiten hemmt Kooperation und Innovation innerhalb von Behörden. Um innovativ zu sein, muss man vernetzt vorgehen, man braucht verschiedene Sichtweisen auf ein Problem. Um Kompromisse zu finden, muss man sich gegenseitig zuhören. Der Schutz der eigenen Zuständigkeit macht uns engstirnig und verhindert, dass wir voneinander lernen. Wir erfinden das Rad immer neu, statt es von anderen zu übernehmen, das ist nervenaufreibend und ineffizient.

Silodenken beobachten wir nicht nur innerhalb, sondern auch zwischen Behörden. Ein Beispiel: Zahlreiche öffentliche Stellen haben Einfluss auf Jugendliche mit schwierigem Werdegang. Werden sie straffällig, müssten die Schule, die Justiz und die Ämter für Jugend, Soziales, Familie und Gesundheit eigentlich eng zusammenarbeiten, um zu einer angemessenen Entscheidung zu kommen. Jedoch bringen häufig lediglich einzelne Prozesse die unterschiedlichen öffentlichen Stellen zum Austausch – so muss beispielsweise die Jugendgerichtshilfe eine Stellungnahme des Jugendamts vor der Verurteilung eines Jugendlichen abgeben. Falls die Jugendlichen jedoch unter 14 und somit nicht strafmündig sind, gibt es ohne die prozeduralen Vorgaben der Justiz nur wenig systema-

Um **innovativ** zu sein, muss man vernetzt vorgehen, man braucht **verschiedene Sichtweisen** auf ein Problem.

tische Zusammenarbeit der verschiedenen öffentlichen Stellen. Einige Beteiligte kooperieren gar nicht, sondern achten allein auf ihre Zuständigkeit und den Datenschutz. Informationen werden nur auf ausdrückliche Anordnung geteilt. Über die Zuständigkeitsfrage werden schwierige Fälle gerne wie heiße Kartoffeln hin- und hergeschoben. Das ist für den Staat nicht effizient und extrem nachteilig für die betroffenen Jugendlichen, die von einer guten Zusammenarbeit nur profitieren würden.

In Silos wird die Zukunft begraben. Das gilt für alle Ebenen. Eine Unterabteilungsleiterin formuliert treffend zu den Prozessen innerhalb der Bundesregierung: „Wir stimmen uns ab, aber wir arbeiten nicht zusammen." Dass diese Kultur nicht produktiv ist, haben Unternehmen bereits gelernt – und das One Firm Concept entwickelt. Das Konzept ist einfach und bedeutet für den Angestellten: Ich bin Teil eines großen Ganzen, weit über die Grenze meines Teams oder meiner Abteilung hinaus. Der langjährige CEO von General Electric, Jack Welch, hat das One Firm Concept in eine glasklare Anreizstruktur umgesetzt: Der Bonus des einzelnen Angestellten wird nur ausgezahlt, wenn er einen eigenen Erfolg vorweist und gleichzeitig der ganze Konzern seine Ziele erreicht. Denn nur so, sagt Welch, werde wirklich kooperiert, die besten Mitarbeiter weiter empfohlen, sich offen informiert und schnell geholfen. So wird klar: Nur wenn die ganze Firma erfolgreich ist, bin auch ich erfolgreich. Man kann sich vorstellen, welchen Einfluss das auf die Arbeitsmoral und die Zusammenarbeit der Teams hat. Von diesem Konzept können auch wir lernen. Was derzeit nur in Krisen deutlich sichtbar wird, sollte uns jeden Tag bewusst sein: Wir sind ein Staat und ein Öffentlicher Dienst mit einem gemeinsamen Ziel.

Wir sind ein Staat und ein Öffentlicher Dienst mit einem gemeinsamen Ziel. ▬

Wir brauchen in Deutschland ein One Administration Concept: Jeder Mitarbeiter wäre Teil des großen Ganzen, jede Behörde für den Erfolg der gesamten Verwaltung mitverantwortlich. Vorher einander abgeneigte Verwaltungen hätten plötzlich Interesse am gegenseitigen Erfolg. Zusammenarbeit sähe ganz anders aus, Vernetzung, Austausch und Kooperation wären die Realität.

Föderalismus als kulturelle Errungenschaft und kulturelles Problem

Nicht nur über Behördengrenzen, auch über Ländergrenzen hinweg haben wir Schwierigkeiten zusammenzuarbeiten – der Föderalismus ist ein gutes Beispiel für die oben geschilderte Problematik. Grundsätzlich ist er eine gute deutsche Errungenschaft, ein Pfeiler unserer Demokratie. Er schützt uns vor Machtmissbrauch und ermöglicht in einem großen Staat individuellere Lösungen und sachnähere Entscheidungen. Mit dem Leitbild der Subsidiarität werden in zahlreichen Büchern die Vorteile dieser Selbstbestimmung der unmittelbar Betroffenen beschrieben.

Was heute indessen wahrgenommen wird, beschreibt die Rheinische Post: „Gegenseitige Blockade der Gesetzgebung durch Bundestag und Bundesrat, 16 verschiedene Schulsysteme, 17 verschiedene Polizeien und Besoldungsordnungen. Weg von den vielen Verwaltungsapparaten, ist deshalb immer wieder zu hören, hin zur zentralen Bündelung von Politik und Verwaltung." Föderalismus als Problem.

> Wer um die **besten Köpfe und Kompetenzen** im Land kämpft, hat **Anreize**, ein guter Arbeitgeber zu sein, eine gute Infrastruktur und ein gutes Bildungssystem zu schaffen.

Die Ursachen sind komplex. Die vertikale Gewaltenteilung soll die Macht des Bundes durch die Länder begrenzen, viele halten das für zu kompliziert: Über Jahre wuchs der Anteil an Gesetzen, denen die Länder zustimmen mussten. Dann kamen Bereiche dazu, in denen der Bund Länderrecht ersetzen kann, zum Beispiel in der Hochschulpolitik, begründet durch die Wahrung der „Gleichwertigkeit der Lebensverhältnisse" nach Artikel 72 des Grundgesetzes.

Der Wettbewerb zwischen den Ländern dient der Verbesserung der Lebensverhältnisse. Wer um Wählerstimmen kämpft, wer um die besten Köpfe und Kompetenzen im Land wirbt, hat Anreize, ein guter Arbeitgeber zu sein, eine gute Infrastruktur und ein gutes Bildungssystem zu schaffen. Doch was innovationsfördernd gedacht war, führt zu selten zu kooperativem Wettbewerb. Die Zusammenarbeit zwischen den Ländern im Alltag wird vernachlässigt, jedes Land achtet auf seine Interessen. So verzieht man sich in seine Silos.

Manche fordern die Abschaffung des Föderalismus. Das halten wir erstens wegen Artikel 79 des Grundgesetzes für unmöglich und zweitens für falsch: Der Zentralstaat wird dadurch nicht erfolgreicher, wertvolle demokratische Errungenschaften wollen wir nicht auflösen. Besser werden müssen wir alle miteinander aber schon! Und das wird nicht über eine lange Zuständigkeitsdebatte gelingen, sondern über den richtigen Umgang mit Kompetenzüberschreitungen.

Immer wieder haben wir Schwierigkeiten, uns auf gemeinsame Regeln und Maßnahmen zu einigen. Hätte es Corona und die maximale öffentliche Aufmerksamkeit nicht gegeben, hätten sich die Länder wahrscheinlich nie auf ein gemeinsames Vorgehen geeinigt, nicht bei den Schulschließungen und nicht auf eine Maskenpflicht im Handel.

So wie die Länder während der Corona-Pandemie Entscheidungen getroffen haben, sollte es aber immer ablaufen: erst einheitliche Ziele definieren, dann Maßnahmen individuell ausgestalten. Infektionsgelegenheiten minimieren! Dieses Ziel war für alle gleich, die Ausgestaltung hat jedes Bundesland in unterschiedliche Maßnahmen übersetzt. Während man in Berlin noch ein Eis von der Eisdiele essen durfte, war das in Baden-Württemberg verboten. In Brandenburg war es nicht gestattet, sich auf einer Parkbank zu sonnen, die Thüringer Landesregierung erlaubte es.

Die föderale Struktur bietet uns die **außergewöhnliche Chance**, in 16 Lernräumen zu experimentieren, um das beste Ergebnis zu finden.

Schauen wir uns das Ganze am Beispiel der Kultusministerkonferenz an: Hier git für jeden Beschluss das Einstimmigkeitsprinzip. Doch wenn sich 16 Ressortverantwortliche einstimmig auf einen Maßnahmenkatalog verständigen sollen, ist das so, als hätte ein Unternehmen einen 16-köpfigen Vorstand ohne CEO, aber mit Einstimmigkeitsprinzip im Gremium. Das Unternehmen wäre nicht sehr erfolgreich, sondern zu langsam und zu wenig agil. Gleichzeitig lassen wir, wenn wir festgezurrte Maßnahmenpakete anstreben, einen wertvollen Lerneffekt ungenutzt.

Wir sollten uns immer auf gemeinsame Ziele einigen, deren Einhaltung wir regelmäßig anhand messbarer Faktoren überprüfen: (→Vorschläge 67 und 68, Neue Gesetze). Wenn wir uns im Rahmen eines gemeinsamen Bildungsleitbilds einheitliche Ziele stecken, kann jedes Land sie in eigene Maßnahmen übersetzen. So können wir ganz im Sinne des Föderalismus viel besser die Unterschiedlichkeit der Länder respektieren und im Sinne des Lernenden Staats von den Erfahrungen der anderen profitieren. Die föderale Struktur bietet uns die außergewöhnliche Chance, in sechzehn Lernräumen zu experimentieren, um das beste Ergebnis zu finden. Dabei sollten wir evidenzbasiert vorgehen, Erkenntnisse und Best Practices teilen. Das ist dann der lernende Föderalismus.

Den Föderalismus retten wir nur durch kluge Digitalisierung

Damit man zusammenarbeiten kann, muss man miteinander sprechen können. Auf Deutsch haben wir uns ja bereits geeinigt. Für die digitale Zusammenarbeit brauchen wir allerdings noch eine gemeinsame technische Sprache. Im Abschnitt Neue Standards machen wir Vorschläge, wie wir uns auch digital auf eine Standardsprache für alle Behörden einigen.

Mit der Verwaltung und unserem Staat ist es ein bisschen wie beim Fußball: Das Spiel hat sich zwar verändert, so sind zum Beispiel ein Videoschiedsrichter und viele Daten dazugekommen, doch die Grundidee bleibt gleich. Es gibt 22 Spieler, einen Ball und 90 Minuten. So ist es auch bei unserem **Neustaat:** Die Grundidee – Demokratie, Rechtsstaat und auch der Föderalismus – bleiben gleich. Neu im Spiel sind zahlreiche neue Herausforderungen, Regeln und Instrumente.

In den folgenden Abschnitten wollen wir unsere Verwaltung mit den richtigen Strategien und Werkzeugen ausstatten, damit wir in der Spitzenklasse der Industrienationen bleiben. Und, apropos, auch das könnten wir jetzt gebrauchen: ein Sommermärchen für Staat und Verwaltung. ■

ZUM
WEITERLESEN

Sebastian Muschter, 2018: Gestalten statt Verwalten. Lernen aus der Lageso-Krise

Neue Kompetenzen

In der Verwaltung ist einiges faul. Aber nicht die Beamten.

WER UNSEREN STAAT ERNEUERN WILL, muss beim Öffentlichen Dienst beginnen. Rund 4,7 Millionen Menschen arbeiten bei Bund, Ländern, Kommunen oder Sozialversicherungsträgern. Sie bilden den Motor unseres Gemeinwesens, der immer noch erstaunlich gut läuft – und das sowohl im Regelbetrieb als auch in Ausnahmesituationen. Die Bürger halten ihre Staatsdiener für unbestechlich, hilfsbereit, politisch neutral, sachlich und fachkompetent. 62 Prozent der Deutschen vertrauen ihren Beamten, ergab eine Umfrage der Gesellschaft für Konsumforschung – das ist ein weit höherer Anteil als etwa bei Unternehmern, Bankern oder Journalisten. Was Karl Freiherr vom Stein und Karl August Fürst von Hardenberg ab 1807 mit der Einführung des Berufsbeamtentums begannen, mit lebenslangem Gehalt, unbedingter Verpflichtung auf den Dienstherrn und Standardisierung der Laufbahnen, ist noch immer eine Erfolgsgeschichte.

> Der Staat muss **die innovativen Potenziale** seiner Beschäftigten fördern.

Doch der Motor beginnt zu stottern. Ziemlich genau die Hälfte der Beschäftigten im Öffentlichen Dienst klagt über Stress und Arbeitsdruck. Sogar 76 Prozent der Beschäftigten geben an, dass die Arbeitsbelastung in den vergangenen fünf Jahren zugenommen habe. Die Überlastung der öffentlichen Dienstleister wird durch den sich immer stärker herausbildenden Nachwuchsmangel verschärft, dem bislang nicht mit entschlossener Attraktivitätssteigerung begegnet wird.

Im War for Talents, dem Kampf um die besten Kräfte einer neuen Generation, sollte der Öffentliche Dienst ganz vorne mit dabei sein. Die bisherigen Mechanismen der Personalauswahl und Beförderung stehen ihm dabei allerdings häufig im Weg. So wichtig es ist, neue Talente für den Öffentlichen Dienst zu gewinnen, so wichtig ist es auch, diese neu gewonnenen Talente zu halten. Wir schauen uns in diesem Kapitel daher beides an: wie die Verwaltung durch einen neuen Umgang mit den Mitarbeitern zu einem attraktiveren Arbeitgeber werden kann und wie sie für die Zukunft Nachwuchskräfte effizient rekrutiert.

Der Staat hat immer neue und immer mehr Aufgaben zu bewältigen, die kaum zu den Prozessen und Strukturen des traditionellen Öffentlichen Dienstes passen (mehr dazu → Schicksalsfragen).

Heute kann man in der Verwaltung zwei Geschwindigkeiten beobachten: Es gibt diejenigen, die alles versuchen, um das Beste zu erreichen, und es gibt Resignierte, die – oft leider gut nachvollziehbar – Dienst nach Vorschrift machen. Viele aus dieser zweiten Gruppe könnte man wieder aufrütteln. Man sieht in der Corona-Krise, wie viel Leistungsbereitschaft in Behörden schlummert.

Um nicht nur in Krisenzeiten eine Veränderungsdynamik zu entwickeln, muss der Staat die innovativen Potenziale seiner Beschäftigten fördern. Dafür muss er zuerst einmal anerkennen, dass es diese Potenziale überhaupt gibt. Das kann nämlich

Gerade einmal

50 %

der Beschäftigten im Öffentlichen Dienst glauben, ihre Arbeit bis zur Rente ausführen zu können.

QUELLE: DGB, 2017

Steigende Belastung im Arbeitsalltag

„Hat der Druck, dem Sie sich ausgesetzt fühlen, in den letzten fünf Jahren zugenommen?"

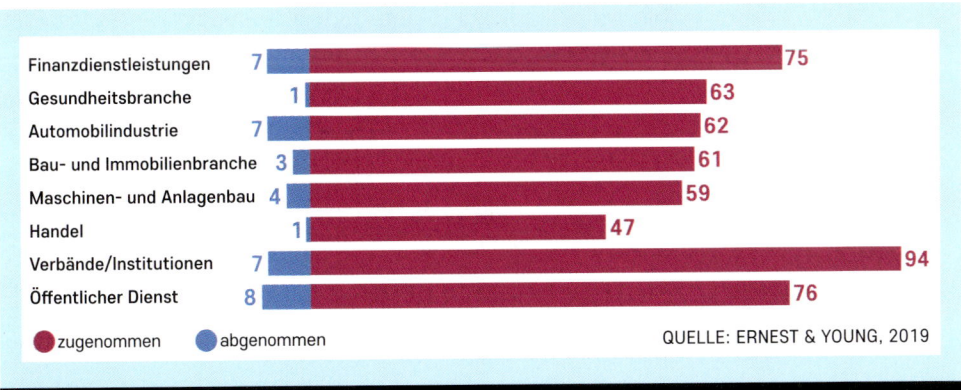

Branche	abgenommen	zugenommen
Finanzdienstleistungen	7	75
Gesundheitsbranche	1	63
Automobilindustrie	7	62
Bau- und Immobilienbranche	3	61
Maschinen- und Anlagenbau	4	59
Handel	1	47
Verbände/Institutionen	7	94
Öffentlicher Dienst	8	76

● zugenommen ● abgenommen

QUELLE: ERNEST & YOUNG, 2019

Beamte haben das Vertrauen der Bürger

„Vertraue ich voll und ganz/überwiegend",
Angaben in Prozent

96 %
Feuerwehrleute

62
Beamte

54
Unternehmer

43
Banker

35
Journalisten

14
Politiker

QUELLE: GFK VEREIN, 2016

schon einmal in Vergessenheit geraten, wenn man das Wort „Potenzial" immer nur in Verbindung mit dem Wort „Einsparung" verwendet. Personal ist mehr als nur ein Kostenfaktor und sollte auch entsprechend behandelt werden. Das stellt die Organisations- und Führungskultur in der Verwaltung vor gänzlich neue Herausforderungen (→ Neues Denken). Hier sind häufig noch immer industrielle Muster des 19. Jahrhunderts verbreitet: Mitarbeiter führen Anweisungen aus und sollen dabei so wenig Fehler wie möglich machen, Aufgabe der Vorgesetzten ist es, ihre Untergebenen zu kontrollieren. In der Wissensgesellschaft des 21. Jahrhunderts sind jedoch andere Qualitäten gefragt. Vorgesetzte sollen ihre Mitarbeiter eher inspirieren, befähigen und begleiten. Und da viele der Mitarbeiter auf ihrem Spezialgebiet deutlich mehr Kompetenz und Erfahrung haben als ihre Chefs, sollten sie auch in der Lage sein, Initiative zu zeigen und innovativ zu arbeiten, ohne auf eine explizite Weisung warten zu müssen.

Ein solcher Kulturwandel vollzieht sich nicht auf Knopfdruck. Er entsteht durch viele kleine oder große Verhaltensänderungen von vielen Menschen in vielen Institutionen. Diese Verhaltensänderungen lassen sich weder von einem Dienstherren befehlen, noch von der Politik verordnen. Aber die Politik kann Kulturwandel befördern – durch Regeln und Maßnahmen, durch Vorbilder und Anreizsysteme. Und genau darum geht es im Folgenden.

Auch Kleinigkeiten machen den Unterschied

Wer schnell hilft, hilft doppelt, sagt ein deutsches Sprichwort. Gerade am Beginn eines Kulturwandels gilt dieser Satz in etwas abgewandelter Form: Was schnell hilft, wirkt doppelt. Wenn eine neue Regelung erst einmal zu höherem Aufwand führt, aus dem dann irgendwann, vielleicht, eine Arbeitserleichterung werden könnte, ist die Bereitschaft gering, sich darauf überhaupt einzulassen. Ganz anders, wenn die sogenannten Quick Wins winken: schnelle Erfolge, die den Nutzen einer neuen Regelung sofort deutlich machen.

Das gilt auch für den angestrebten Kulturwandel im Öffentlichen Dienst. Wenn wir mehr Wertschätzung für die dortigen Beschäftigten erreichen wollen, sollte diese neue Wertschätzung auch für die Bediensteten selbst sichtbar und spürbar werden.

Das geht mit einfachsten Maßnahmen: einer neuen Kaffeemaschine, einem Sofa im Aufenthaltsraum, einem neuen Anstrich im Flur oder einem WLAN, das bis ins Treppenhaus reicht. Nichts davon muss teuer sein – es geht lediglich darum, klarzumachen, dass dem jeweiligen öffentlichen Arbeitgeber die Menschen, die für ihn arbeiten, wichtig sind.

Auch Zuhören ist Wertschätzung – und zahlt sich nicht nur bei der Zufriedenheit der Mitarbeiter aus, sondern auch bei der Leistungsfähigkeit der Behörde. Aktuell befragen nur vereinzelte Behörden ihre Mitarbeiter, weshalb viel Potenzial zur Sammlung von Verbesserungsvorschlägen und zur Entdeckung von Ineffizienzen verloren geht.

VORSCHLAG 51: Digitale Plattform für Mitarbeiterbefragungen

Zukünftig sollte eine digitale, standardisierte und anonyme Mitarbeiterbefragung eingeführt werden, die bundesweit und behördenübergreifend durchgeführt wird. Dabei sollten vor allem Aspekte der Unternehmenskultur abgefragt werden, um hier konkret ansetzen zu können – vom Urteil über Atmosphäre oder Arbeitsbelastung bis zur Einschätzung des Vorgesetzten. Die bundesweit einheitliche Erhebung macht es einfacher, über die Grenzen von Ländern und Ressorts hinweg qualifizierte Vergleiche anzustellen.

Viele Unternehmen äußern ihre Wertschätzung der Mitarbeiter mit kleinen und manchmal auch größeren Gesten wie einem kostenlosen Mittagessen oder liebevoll eingerichteten Pausenräumen. Nicht selten werden solche scheinbar banalen Dinge zu einem Auswahlkriterium bei der Entscheidung für oder gegen einen Arbeitsplatz. Die Verwaltung muss nicht jedem ein kostenloses Mittagessen servieren, aber sie könnte beispielsweise bürokratische Abläufe für die Mitarbeiter vereinfachen.

VORSCHLAG 52: Reisekosten vereinfachen

In manchen Behörden hat man den Eindruck, jede Dienstreise sei so außerordentlich, waghalsig und aufwendig wie Alexander von Humboldts Expedition nach Südamerika. Schon für das Ausfüllen der meist abschreckend gestalteten Reisekostenantrags- und -abrechnungsformulare braucht man Abenteurerblut in den Adern. Solche Vorlagen sind ebenso kontraproduktiv wie Vorschriften zur bedingungslosen Kostenersparnis: Wenn mein Arbeitgeber mir eine drei Stunden längere Fahrtzeit zumutet, nur um 42 Euro Reisekosten zu sparen, sagt er mir damit, dass ihm meine Arbeitszeit keine 15 Euro pro Stunde wert ist. Ein einfacheres, plausibleres Reisekostenmanagement mit bequemen und schnellen Onlinefunktionen ist eine der günstigsten und effizientesten Maßnahmen, um öffentlichen Bediensteten das Leben zu erleichtern.

Wie sehr man von seinem Arbeitgeber geschätzt wird, zeigt sich auch daran, wie sehr man von ihm geschützt wird. Und leider gibt es auch hier dringenden Handlungsbedarf. Insgesamt haben nach eigenen Angaben 48 Prozent der Beschäftigten im Öffentlichen Dienst bei der Arbeit schon einmal einen Übergriff erlebt, ergab im Jahr 2019 eine Umfrage des Deutschen Beamtenbundes. Beleidigungen seien dabei am häufigsten vorgekommen – bei 89 Prozent der Betroffenen. Es folgen Anschreien (68 Prozent), körperliches Bedrängen (31 Prozent) und Schläge (17 Prozent). Laut Beamtenbund-Chef Ulrich Silberbach würden die Dienstherren solche Fälle häufig verschleiern. Nach außen hin mag eine solche Strategie zwar den Anschein der Normalität aufrecht erhalten – aber nach innen wirkt sie verheerend. Die Treuepflicht, die der Staat seinen Beschäftigten gegenüber hat, erfordert hier transparenteres und vor allem entschlossenes Handeln.

Wie beamt man Beamte in die Zukunft?

An der Spitze werden gerne große Worte gemacht. Ob Revolution, Disruption oder Transformation, jede Reform ist gleich bahnbrechend oder ein Jahrhundertereignis. In der Breite wird schlicht die Arbeit gemacht, Transformation hin oder her. Zum Wandel im Öffentlichen Dienst kommt es deswegen nicht dadurch, dass er verkündet, sondern dadurch, dass er gemacht wird. Je interessanter es für die Mitarbeitenden ist, etwas Neues auszuprobieren, desto häufiger werden sie auch dazu bereit sein. Je besser sie für den Wandel fit gemacht werden, desto eher werden sie sich auf ihn einlassen.

Wir glauben nicht, dass man dafür die Menschen verändern muss – sie sind, wie sie sind. Aber wir glauben, dass man das Verhalten der Menschen ändern kann, wenn man die Anreize verändert, mit denen sie es im Berufsleben zu tun haben.

Lernende Beschäftigte

Ein **Lernender Staat** braucht lernende Beschäftigte. Weiterbildungen sollten nicht als Ausnahme, sondern als Regel verstanden und entsprechend konsistent angeboten und durchgeführt werden.

Für theoretische Weiterbildungen bietet sich eine digitale Plattform an – die CDU beispielsweise hat die Weiterbildungsplattform MILLA vorgeschlagen (→ Zukunft der Arbeit). Die wichtigste Weiterbildung geschieht aber in der Regel durch das, was man in der beruflichen Praxis tut – sofern man nicht tagaus, tagein an demselben Schreibtisch in demselben Büro sitzt und mit denselben Kollegen die gleichen Vorgänge auf die gleiche Weise bearbeitet.

In der mittelalterlichen Gesellschaft waren Lehrjahre gleichzeitig Wanderjahre; in einigen Handwerksberufen wird der Brauch der fahrenden Gesellen noch heute gepflegt. In einer Wissensgesellschaft sollten alle ein Leben lang auf Wanderschaft bleiben. Besonders radikal geht dabei die Digitalministerin in Taiwan vor. Sie rief eine Art Co-Working-Space ins Leben, das sogenannte Social Innovation Lab. Nicht nur alle Bediensteten der verschiedenen Ministerien können dort ihre Aufgaben erledigen, auch junge Unternehmer haben hier ihre Büros und arbeiten an sozialen Innovationen. Durch einen vermeintlich einfachen Ortswechsel kann unheimlich viel gelernt werden: Produktiver Austausch, wertvolle Anregungen von außen und ein sofortiger Perspektivwechsel werden möglich, ohne an der Ausgangsorganisation etwas zu ändern.

> Wir glauben, dass man das **Verhalten der Menschen** ändern kann, wenn man die **Anreize** verändert, mit denen sie es im Berufsleben zu tun haben.

Auch bei uns können andere Schreibtische neue Perspektiven eröffnen. Und natürlich können Stations- und Projektwechsel neben fachlicher Breite auch Flexibilität, Teamfähigkeit und Führungsqualitäten unter Beweis stellen. Sie können damit ein zentrales Mittel der Weiterbildung werden – und ein Beförderungskriterium.

VORSCHLAG 53: Rotations- und Projektpflicht

Rotation und Projektverantwortung muss sich bei Beförderungen bezahlt machen. Im Dienstrecht wird eine Pflicht zum Aufgaben- und Stationswechsel hinzugefügt. Dadurch werden Laufbahnen nicht bloß als lineare, progressive Vorgänge gestaltet, sondern es werden Rotation, Hospitation und Auslandsaufenthalte ermöglicht. Solange man befürchten muss, bei der nächsten Beförderung übergangen zu werden, nur weil man gerade nicht da ist, besteht ein klarer Anreiz, immer am gleichen Platz zu verbleiben. Sobald es jedoch verpflichtend ist, sich von Zeit zu Zeit hinaus in die Welt oder zumindest an einen anderen Standort zu begeben, eröffnen sich gleich bündelweise neue Perspektiven.

Am besten wäre es, man würde die Rotationspflicht über verschiedene Ebenen hinweg organisieren: So könnten etwa Bedienstete aus einer Bundesbehörde mit Bediensteten aus Kommunal- und Landesbehörden tauschen. Wenn wir die rechtlichen und organisatorischen Hürden wie die unterschiedliche Besoldung zwischen den Ebenen nehmen, erschließen wir uns ein großes Potenzial: die Horizonterweiterung für den Einzelnen, eine bessere Zusammenarbeit zwischen den Ebenen, der Abschied vom Silodenken und ein größeres Verständnis für die Belange anderer Teile des Öffentlichen Dienstes. Jeder Wechsel verschafft neue Einblicke und einen frischen Blick von außen.

Wie hinderlich es sein kann, wenn jede Behörde nur auf ihre eigene Personalausstattung achtet, wird insbesondere in Krisenzeiten deutlich. Im Frühjahr 2020 waren es die Gesundheitsämter, die wegen des Coronavirus weit über ihre Kapazitäten hinaus belastet wurden, im Herbst 2015 traf es die Ausländer- und Sozialbehörden, die mit der Bewältigung der Flüchtlingskrise überfordert waren. Im Laufe der Monate wurde damals zwar nach und nach der Antragsstau abgearbeitet – aber Zustände wie vor dem LAGeSo in Berlin, wo wochenlang Hunderte von Flüchtlingen auf ihre Registrierung warten mussten, waren eine Kapitulationserklärung unserer Verwaltung.

VORSCHLAG 54: Intra- und interbehördliche Taskforce

Natürlich kann sich keine Behörde für jede Eventualität personell wappnen – sie wäre dann für ihre alltäglichen Anforderungen völlig überbesetzt. Es gibt jedoch eine weit bessere Lösung, wie sie insbesondere in sensiblen und sicherheitsrelevanten Bereichen bereits eingesetzt wird: intra- und interbehördliche Taskforces. Vorbilder hierfür sind die bereits existierenden Bereitschaften von Polizei und Feuerwehr oder auch die Abteilung S des Auswärtigen Amtes. Diese Abteilung ist verantwortlich für Krisenprävention, Stabilisierung, Konfliktnachsorge und humanitäre Hilfe, sie bündelt Gelder, Personal und Expertise, um in Krisensituationen schnell reagieren zu können. Wobei es bei solchen Taskforces auch nicht nur um Krisenfälle geht: Ihre Mitglieder können ebenso zwischen einzelnen Behörden und Projektgruppen rotieren, die Aufgaben mit ähnlichen Anforderungsprofilen, aber zu unterschiedlichen Zeiten zu erfüllen haben.

Eine weitere Möglichkeit, um auf kurzzeitigen Talent- oder Personalbedarf zu reagieren, ist ein befristeter Einsatz von Mitarbeitern aus der Privatwirtschaft. Sie werden bei akutem Bedarf kurzzeitig für den Öffentlichen Dienst rekrutiert, gehen danach aber wieder in den Privatsektor zurück. Besser gesagt: Sie würden kurzfristig rekrutiert. Denn anders als viele andere Staaten hat Deutschland keine Tradition im Wechsel vom Staatsdienst in die Privatwirtschaft und wieder zurück. Insbesondere kürzere, an einzelne Projekte gebundene Gastspiele wären sinnvoll, sind aber bislang kaum möglich.

VORSCHLAG 55: Austausch mit der Privatwirtschaft

Der Öffentliche Dienst braucht eine höhere Durchlässigkeit für den zeitlich limitierten Einsatz von Arbeitskräften aus der Privatwirtschaft. Dies ist vor allem für außergewöhnliche Aufgaben oder Projekte sinnvoll und betrifft Experten wie Architekten oder Softwareprogrammierer. Ein solches Modell kann mit der Option einer Übernahme in den Staatsdienst verbunden werden – es gibt schließlich keine bessere Methode, um die Eignung von Quereinsteigern zu beurteilen, als sie im Einsatz zu erleben. Vorbilder hierfür können die Methoden sein, die von den staatseigenen Beratungsgesellschaften Partnerschaft Deutschland und bw consulting sowie der Digitalisierungsinitiative Tech4Germany bereits praktiziert werden; sie könnten auf den gesamten Öffentlichen Dienst ausgeweitet werden.

Viele der möglichen neuen Querverbindungen zwischen Öffentlichem Dienst und Privatwirtschaft konzentrieren sich dabei auf die vergleichsweise neuen Tätigkeitsfelder IT und Digitalisierung. Dort stellen sich zum einen in Staat und Wirtschaft relativ ähnliche Herausforderungen, zum anderen ist dort der Veränderungsdruck besonders hoch. Private Unternehmen können diesem Druck nicht ausweichen, da sie sonst im Wettbewerb der Konkurrenz unterliegen. Die meisten Verwaltungsinstitutionen haben keine Konkurrenz; deshalb tut der Staat gut daran, selbst Veränderungsdruck zu erzeugen.

VORSCHLAG 56: IT-Erfahrung als Pflicht für Vorgesetzte

Der digitale Wandel wird alle Bereiche des Öffentlichen Dienstes erfassen. Um für diese Herausforderung gewappnet zu sein und zu verstehen, was das für den eigenen Verantwortungsbereich bedeutet, sollte vom Referatsleiter aufwärts jeder Vorgesetzte Erfahrung mit IT-Projekten nachweisen können. IT-bedingte Veränderungen in Produktion und Kommunikation, in der Zusammenarbeit zwischen Geschäftsbereichen und in den Abläufen innerhalb von Behörden sind laufend und überall vonnöten. Um sie steuern zu können, muss man Veränderungsprozesse und technische Zusammenhänge genauso gut verstehen wie Verwaltungs- und Haushaltsrecht (→ Neue Prozesse). Vorgesetzte, die darüber nicht verfügen, sollten zu entsprechenden Weiterbildungen verpflichtet werden.

Gerade dieser Vorschlag wird oft als Zumutung empfunden, vor allem natürlich von leitenden Beamten ohne IT-Erfahrung: „Wenn das verpflichtend sein soll", sagte ein Abteilungsleiter eines Bundesministeriums, „bin ich gespannt, wie Sie mich dazu verpflichten wollen. In sieben Jahren gehe ich ohnehin in Pension." Und es mag ja auch sein, dass in seinem Verantwortungsbereich in den kommenden Jahren nichts passieren wird, wofür er IT-Erfahrung benötigt. Aber das wäre ein schlechtes Zeichen. Denn Updates und Upgrades der IT sollten in jedem Verantwortungsbereich im Öffentlichen Dienst projektiert werden; und je mehr die Zeit fortschreitet, desto wahrscheinlicher werden sie von außen aufgezwungen. Um neue Chancen zu sehen, sollte man wissen, wie sie aussehen könnten. Um neue Lösungen zu finden, sollte man wissen, wo man sie suchen müsste. Deshalb glauben wir, dass der Staat besser damit fährt, wenn wir diesen Vorschlag tatsächlich formalisieren, indem wir ihn in die Beförderungsregeln aufnehmen. Auch diese werden wir also verändern müssen, wenn wir den Staat verändern wollen.

VORSCHLAG 57: Fachkräftezulage auch für IT-Beamtinnen und -Beamte

Für angestellte IT-Experten im Öffentlichen Dienst ist sie bereits eingeführt worden: die IT-Fachkräftezulage. Für Beamtinnen und Beamte gibt es sie noch nicht – ohne dass diese Ungleichbehandlung begründet wäre. Zur Personalgewinnung und -bindung wäre eine Ausweitung dieser Zulage auch auf beamtete Kräfte höchst hilfreich.

Jeder Lernprozess in der Verwaltung setzt natürlich voraus, dass auch die Mitarbeitenden dabei mitlernen. Gerade in einem Transformationsprozess muss jede der notwendigen Veränderungen in Kooperation mit den Personalvertretungen vorgenommen werden. Sinn und Zweck des Personalvertretungsrechts ist es, die öffentlichen Angestellten an Entscheidungen teilhaben zu lassen, ihre Interessen damit effektiv zu würdigen und zu schützen. Wir brauchen die Personalvertretungen zudem als Partner, um nachhaltig Verbesserungen in den Verwaltungen umsetzen zu können, oft kennen sie die tatsächlichen Schwierigkeiten vor Ort besser als Verantwortliche in höheren Hierarchiestufen. Die aktuellen Personalvertretungsgesetze von Bund und Ländern sind jedoch noch komplett auf analoge Arbeitsweisen ausgelegt. Unser nächster Vorschlag soll das ändern.

VORSCHLAG 58: Digitalisiertes Personalvertretungsrecht

Das gegenwärtige, seit 1974 kaum angepasste Bundespersonalvertretungsgesetz (BPersG) ist sehr anwenderunfreundlich: Beteiligungskataloge sind unübersichtlich, die Regelungen durch veränderte Gesetzgebungskompetenzen teilweise überflüssig. Umgekehrt fehlen Vorkehrungen für behördenübergreifendes Arbeiten, digitale Informations- und Entscheidungswege sind bislang nicht vorgesehen. Dadurch werden Entscheidungsprozesse verlangsamt und Verbesserungen für Mitarbeiter erschwert.

Die Beteiligung an agil ausgestalteten Software-Updates werden rechtlich behandelt, als würde man Arbeitsprozesse für Jahrzehnte zementieren. Agiles Arbeiten bedeutet, dass auch die Personalvertretungen jederzeit Tests anstoßen können. Zusätzlich muss geklärt werden, wann eine Kontrolle von Beschäftigten vorliegt, die das Einverständnis des Personalrats erforderlich macht. Da jede Software am Arbeitsplatz theoretisch zur Kontrolle von Beschäftigten missbraucht werden kann, aber nicht darf, sollte sie zukünftig auch nur nach ihrem rechtmäßigen Einsatz beurteilt werden. Vor unrechtmäßigem Einsatz schützt das Strafrecht.

Viele **Beförderungen** in der Verwaltung werden intern vergeben, **ohne externe Talente** einzubeziehen.

Ein neues digital eingestelltes Personalvertretungsrecht kann die Kultur in Verwaltungen positiv verändern. Die Interessen der Angestellten lassen sich effektiver wahrnehmen.

Durch neues Befördern Neues fördern

Die Verfahren zur Beförderung gehören zu den wichtigsten Stellschrauben im System des Öffentlichen Dienstes. Sie legen fest, was honoriert wird und was nicht. Sie legen fest, welche Person, welche Institution, welches Verhalten oder welche Kennziffer über den individuellen Aufstieg entscheidet. Gerade weil sie so entscheidend sind, sind sie auch durch und durch formalisiert und verrechtlicht: Jede einzelne Beförderungsentscheidung muss gerichtsfest sein, entsprechend komplex ist jeder Eingriff. Aber wie aus den bisherigen Kapiteln deutlich geworden sein dürfte: Komplexität schreckt uns nicht ab.

Viele Beförderungen in der Verwaltung werden intern vergeben, ohne externe Talente einzubeziehen. Dadurch haben „im Haus" gut vernetzte Mitarbeiter einen erheblichen Vorteil. In der Konsequenz wird dadurch eher Loyalität honoriert als Eignung.

VORSCHLAG 59: Verbot interner Stellenausschreibungen

Rein interne Stellenausschreibungen werden verboten. Jede Ausschreibung muss sich mindestens an alle Beschäftigten des Öffentlichen Dienstes und so oft wie möglich auch an Bewerber außerhalb des Öffentlichen Dienstes richten. Damit stärkt der Öffentliche Dienst seine Position im Wettbewerb um Talente und schwächt die Silokulturen in den Behörden.

Bei diesem offenen Wettbewerb stellt sich ein fast absurdes, aber sehr praxisnahes Problem: das Dilemma des guten Zeugnisses. Überall im Öffentlichen Dienst gilt das Zeugnis als das zentrale Kriterium für jede Beförderung. Das führt zum Kernproblem der Vergleichbarkeit von Zeugnissen – wenn das Zeugnis des Oberstadtdirektors einer Kleinstadt mit dem einer Referatsleiterin einer Bundesoberbehörde zu vergleichen ist, obwohl die Bewerber ganz unterschiedliche Dinge unter ganz unterschiedlichen Bedingungen zu bewältigen hatten.

Verschärft wird das Problem noch durch die gelegentliche Praxis, unliebsame oder schlechte Mitarbeiter wegzuloben: Je besser das Zeugnis, desto höher die Chance, dass jemand geht.

Und weil alle Personalverantwortlichen diese Praxis kennen, sind sie besonders misstrauisch gegenüber Zeugnissen aus fremden Häusern und benachteiligen von vornherein jede Außenbewerbung. Das Ergebnis ist viel zu wenig Rotation. Der notwendige Perspektivwechsel ist in Deutschland völlig unterentwickelt.

VORSCHLAG 60: Neues Beförderungssystem

Wir müssen wegkommen von der Zeugnisgläubigkeit. Ein Zeugnis kann ohnehin nur zeigen, wie gut jemand seine bisherige Tätigkeit ausgefüllt hat. Das ist kein Beleg, wie geeignet jemand für die nächste Aufgabe ist, es kann höchstens zeigen, dass jemand nicht geeignet ist. Wir plädieren deshalb für ein dreistufiges Verfahren, in dem Zeugnisse praktisch kaum eine Rolle mehr spielen:

1. Prüfung der grundsätzlichen Eignung: Verfügt der Bewerber über die notwendige Qualifikation für die jeweilige Stelle?

2. Digitale Vorauswahl: Die Bewerber absolvieren Onlinetests, die durch einen Algorithmus bewertet und vorsortiert werden.

3. Interviews: Neben dem jeweiligen Personalentscheider sind daran auch Experten aus anderen Behörden zu beteiligen, um eine Perspektivenvielfalt zu gewährleisten.

Ein Algorithmus für den Personaleinsatz? Das mag auf Misstrauen stoßen, aber die Software kann gleich zwei massive Nachteile des bisherigen Systems der persönlichen Auswahl vermeiden: Erstens hängt jede Personalentscheidung an unbewussten persönlichen Kriterien. Entscheider bevorzugen beispielsweise oft Kandidaten mit einer ähnlichen Laufbahn oder einem ähnlichen sozialen Hintergrund. Dem Algorithmus sind solche Erwägungen fremd, er kann Bewerber neutraler beurteilen.

Zweitens suchen sich Entscheider oft sehr bewusst als Mitglieder für ihr Team solche Kollegen aus, die für ihre eigene Position am nützlichsten sind. Im Zweifel zählt Loyalität mehr als Eignung oder Kompetenzen. Eine solche Hausmachtpolitik ist keine Spezialität des Öffentlichen Dienstes, sie soll auch in den besten Firmen vorkommen – aber das ist noch lange kein Grund, sie einfach achselzuckend hinzunehmen.

Auch innerhalb einer Behörde kann und sollte Offenheit gelernt werden. Das betrifft insbesondere das Verhältnis zwischen Vorgesetzten und Untergebenen. Traditionell wird die

Leistung eines Mitarbeiters von seinen direkten Vorgesetzten beurteilt. Damit wird allerdings nicht nur die Leistung an sich bewertet, sondern auch die Loyalität und die Anpassungsfähigkeit der Beschäftigten. Da diese Bewertungen auch Grundlage für die Beförderungsentscheidung sind, ist es für die Karriere im Öffentlichen Dienst mitunter hinderlich, einen eigenen Kopf zu haben und Offenheit zu zeigen.

VORSCHLAG 61: 360-Grad-Feedback

Wenn statt der Beurteilung durch den Vorgesetzten ein 360-Grad-Feedback eingeführt wird, ändert sich das Anreizsystem für die Beschäftigten schlagartig. Bei dieser Methode wird das Selbstbild mit dem Fremdbild verglichen, das sich aus den anonymen Einschätzungen aller Kollegen sowie eventuell von Kunden oder Projektpartnern ergibt. Durch dieses umfassende Feedback wird die Bewertung objektiver, umfassender und transparenter. Fachliche Kompetenz, Kommunikations- und Teamfähigkeit erhalten einen höheren Stellenwert als bloße Loyalität gegenüber dem Vorgesetzten.

360-Grad-Feedback

Mit einer Reform des Beurteilungswesens ist es allerdings nicht getan. Deutschland hat ein unflexibles allumfassendes Kasten-System als sogenannte Laufbahnen für Beamte organisiert. Die Erstausbildung entscheidet, welche Laufbahn vor einem liegt, ein Aufstieg in die nächste Laufbahn ist langwierig, aufwendig und auf wenige Ausnahmen beschränkt. Studienabbrecher wie der Microsoft-Gründer Bill Gates oder wie Apple-Erfinder Steve Jobs hätten in Deutschland, wenn überhaupt, mit Glück und nach einem mehrjährigen Vorbereitungsdienst im gehobenen Dienst eingestellt werden können. Diesen Nachteil hätten sie nie ganz aufholen können. Denn der Aufstieg bis in den höheren Dienst dauert selbst bei hervorragender Leistung viele Jahre und setzt eine spezielle, berufsbegleitende Hochschulausbildung voraus. Von da aus braucht es noch einmal Jahre, um eine Referatsleiterstelle zu erklimmen. Absolute Spitzenpositionen sind auf diesem Weg selbst für Ausnahmetalente nicht zu erreichen. Das alles zeigt, wie rigide unser Laufbahnrecht ausgestaltet ist.

VORSCHLAG 62: Laufbahnreform nach bayerischem Vorbild

Wir benötigen ein System, in dem mehr Ausnahmen gemacht werden oder die Ausnahmen sogar zur Regel werden, in dem verschieden gestaltete Lebenswege anerkannt und wertgeschätzt werden, in dem wir mehr Fokus auf Fähigkeiten und Leistung legen als auf Titel. Als positives Beispiel lässt sich Bayern nennen: Hier wurde die Unterteilung des Öffentlichen Dienstes in mittleren, gehobenen und höheren Dienst aufgegeben und so eine größere Durchlässigkeit geschaffen. Die Aufstiegschancen sind besser und vielfältiger, auch Qualitäten und Qualifikationen jenseits formaler Vorgaben erhalten größere Wertschätzung.

Es spricht vieles dafür, das Prinzip der abgestuften Dienstlaufbahnen gänzlich aufzugeben, um dem digitalen Wandel und der Diversifizierung der Arbeitswelt Rechnung zu tragen. Durchlässigkeit aufgrund von Leistung und Kompetenz haben sich in der Privatwirtschaft bewährt und sind auch im Öffentlichen Dienst anderer Staaten längst üblich. Allerdings geht es für uns nicht so sehr darum, Althergebrachtes um jeden Preis abzuschaffen, sondern darum, die staatlichen Institutionen effizient und wettbewerbsfähig zu machen. Wenn die Abschaffung der Karriereleiter mehr Schaden als Nutzen, mehr Chaos als Kreativität schaffen sollte, können Alternativen innerhalb des Systems die bessere Alternative sein. Eine solche Alternative wäre die Einführung neuer Laufbahnen insbesondere für IT-Berufe und vielleicht auch für Ingenieure, da sich deren Arbeitsweise grundlegend von anderen Bereichen des Öffentlichen Dienstes unterscheidet. Eine solche „Laufbahnordnung I" wäre auch ein deutliches politisches Signal an zukünftige Bewerber.

Neue Köpfe: Reform im Recruitment

Der Staat muss auch für andere, neue Köpfe zu einem attraktiven Arbeitgeber werden. Im War for Talents der kommenden Generationen bleibt der Öffentliche Dienst sonst hoffnungslos zurück. Doch die bisherigen Mechanismen der Personalauswahl und Beförderung sind dabei wenig zielführend. So ist das traditionelle Laufbahnmodell nicht auf Quereinsteiger eingestellt: Einem Architekten, der jahrzehntelang Berufserfahrung in der Privatwirtschaft gesammelt hat, kann es bei einem späteren Einstieg in den

Rund
1,5 Mio.
öffentlich
Bedienstete

werden bis zum Jahr
2034 in Rente bzw.
Pension gehen.

QUELLE: STATISTISCHES
BUNDESAMT, 2018

Öffentlichen Dienst passieren, dass er finanziell und dienstrechtlich wie ein Berufsanfänger behandelt wird. Also wird er den Einstieg gar nicht erst versuchen.

Eine weitere Gruppe potenziell interessanter Talente geht dem Öffentlichen Dienst verloren, weil er sich nur auf diejenigen Bewerber konzentriert, die vor Beginn der dienstlichen Laufbahn eine traditionelle Bildungslaufbahn absolviert haben.

Sogar Bildungsgänge, die speziell auf den Öffentlichen Dienst ausgelegt werden, prallen oft am Dienstrecht ab: Absolventen der Hertie School of Governance oder der Harvard-Universität, die in Deutschland für ein exklusives McCloy-Scholarship zur Erlangung des Masters of Public Administration ausgewählt wurden, können davon ein Lied singen. Für Letztere investiert der Staat sogar viel Geld in ihre Spezialisierung auf die öffentliche Verwaltung. Dennoch scheitern Stipendiaten immer wieder bei ihrer Bewerbung für den Öffentlichen Dienst.

Mit neuen Wegen bei der Personalauswahl kann sich der Staat besser für die Aufgaben des 21. Jahrhunderts aufstellen – eben noch rechtzeitig vor einer gigantischen Pensionierungswelle: Denn die in den 1960er-Jahren geborenen Babyboomer verabschieden sich allmählich aus dem Erwerbsleben, bis zum Jahr 2034 werden rund 1,5 Millionen öffentlich Bedienstete in Rente beziehungsweise Pension gehen, rund ein Drittel der Stellen muss neu besetzt werden. Und jede dieser neuen Besetzungen ist eine Chance, neue Schwerpunkte zu setzen.

VORSCHLAG 63: Flexibilisierung der Einstellungsvoraussetzung

Insbesondere im IT-Bereich, aber längst nicht nur dort gibt es eine Vielzahl von Quereinsteigern, die über keinen formalen Abschluss in ihrer Fachrichtung, aber über sehr gute Berufserfahrungen verfügen. Wenn sie sich beim Bund bewerben, stoßen sie auf ein sehr undurchlässiges Netz formaler Anforderungen. Die Schaffung einer auslegbaren Generalklausel bei Einstellung von Personal mit Berufserfahrung kann da sehr hilfreich sein.

Wenn überall der Wettbewerb um neue Talente härter wird, wenn überall in „Employer Branding" investiert wird, um für die Köpfe von morgen interessant zu sein, wenn überall die Hürden gesenkt werden, um möglichst viele potenzielle Bewerber auch tatsächlich anzusprechen, dann müsste es doch eigentlich selbstverständlich sein, dass sich auch der Öffentliche Dienst um ein wettbewerbsfähiges Recruitment bemüht. Stattdessen aber macht die Personalpolitik vieler Behörden oder Ministerien eher den Eindruck, als müsste man sich eines Überangebots an Bewerbern erwehren – und das ist sicher das falsche Signal.

VORSCHLAG 64: Kompetenzpool für Bewerber

Mal angenommen, Sie hätten gerade mit großem Erfolg ein Chemiestudium absolviert und wollten jetzt Ihre Kenntnisse in den Dienst des Staates stellen – wie machen Sie das? Sie können sich nicht als Chemiker für den Öffentlichen Dienst bewerben, sondern nur für einzelne, gerade ausgeschriebene Stellen. Wenn Sie von einer Behörde für eine bestimmte Stelle abgelehnt werden, wird Sie keine andere jemals entdecken – denn die verschiedenen Behörden wissen nichts über die Bewerbungen der anderen.

Sie können nicht einmal nach allen freien Stellen für Chemiker im Öffentlichen Dienst suchen. Das „gemeinsame Dachportal" für Bewerber ist kaum mehr als eine Drehscheibe mit Links zu den Stellenportalen der verschiedenen Behörden und von denen arbeitet jedes nach eigenen Regeln. Trotz Ihrer Fähigkeiten als Chemiker sind Sie da schnell verloren.

Der Öffentliche Dienst sollte darum einen Kompetenzpool nach dem Vorbild des EU Concours des European Personnel Selection Office (EPSO) einrichten. Hier gibt es keine fachspezifischen Prüfungen, sondern einen mehrstufigen Test, der Kompetenzen wie Kommunikation, Analyse und Problemlösung, Belastbarkeit und Fähigkeit zur persönlichen Weiterentwicklung überprüft. Einige Teile des Tests finden online, andere während eines persönlichen Assessment-Centers statt. Die in den Pool aufgenommenen Bewerber können ohne weitere Ausschreibung von allen Behörden angesprochen werden.

Viele Wirtschaftsunternehmen warten inzwischen nicht mehr ab, bis sich Universitätsabsolventen bei ihnen bewerben. Sie betreiben Personalmarketing an den Hochschulen, finanzieren Forschungsprojekte, Abschlussarbeiten, Lehrstühle oder ganze Studiengänge. Das sollte auch der Staat viel öfter machen: Mit den Universitäten der Bundeswehr in Hamburg und München, der Universität für Verwaltungs-wissenschaften in Speyer und der Hochschule des Bundes für öffentliche Verwaltung in Brühl unterhält er sogar ganze Hochschulen für den eigenen Bedarf. Das lässt sich ausbauen.

VORSCHLAG 65: Eigener Informatikstudiengang des Bundes

An der Hochschule des Bundes könnte ein eigener Studiengang Informatik eingerichtet und gezielt beworben werden. Der bisherige Studiengang Verwaltungsinformatik ist eine gute Einrichtung, deckt den Bedarf aber weder quantitativ noch qualitativ. Wegen der Länderhoheit für die Wissenschaft dürfte ein Informatikstudiengang in der Hoheit des Bundes schwer umzusetzen sein. Alternativ könnte der Bund im Rahmen von 3-4 vertraglichen Partnerschaften mit Landesuniversitäten solche „Bundesinformatikstudenten" gewinnen. Dies würde mehr als ein Stipendium voraussetzen: Der Bund müsste wie bei den Medizinstudenten der Bundeswehr bereits die Studenten als Beschäftigte einstellen, die sich im Gegenzug verpflichten, mindestens 6-8 Jahre für eine Bundesbehörde zu arbeiten – andernfalls müssten sie ihre Gehälter plus Kosten erstatten. Berufspraktische Zeiten könnten schon in den Bundesbehörden absolviert werden, die sie später auch übernehmen.

Wo Öffentlicher Dienst geleistet werden soll, werden auch Arbeitskräfte benötigt – und zwar gute Arbeitskräfte, wenn nicht die besten. Es lohnt sich also, langfristig zu planen, wie und mit welchen Kompetenzen die jeweiligen Behörden weiterhin zu rechnen haben. Dafür braucht es in Zeiten des War for Talents mehr als nur ein Budget und eine mittelfristige Finanzplanung.

VORSCHLAG 66: Zukunftstalentplan

Jede Behörde erstellt einen langfristig orientierten Zukunftstalentplan, durch den optimale Bedingungen für die Beschäftigung junger Talente geschaffen werden sollen. Im Zentrum der Planung stehen dabei nicht Stellenplan und Budget, sondern Kompetenzen und Aufgaben. Die Bedarfsanalyse wird anhand eines standardisierten und KPI-basierten Formats von der Behörde selbst vorgenommen (→ Neue Standards). Diese Standardisierung ermöglicht auch den behördenübergreifenden Austausch von Talenten.

Auch wenn die Zeit rast und sich ebenso schnell Stellen und Anforderungen ändern: Der Staat bleibt uns nur erhalten, wenn er sich immer neu erfindet. Oder mit den Worten Wolf Biermanns nach dem Mauerfall:

„Nur wer sich ändert, bleibt sich treu.“ ∎

ZUM WEITERLESEN

- **McKinsey, 2019: Die Besten, bitte: Wie der öffentliche Sektor als Arbeitgeber punkten kann**
- **Europäisches Amt für Personalauswahl, 2020: Detaillierte Darstellung des EU Concours**

Neue Gesetze

Keine Reformpolitik, sondern eine Reform der Politik

ES GIBT ZWEI KATEGORIEN VON PROZESSEN, die klappen hervorragend und mit der sprichwörtlichen deutschen Effizienz. Sie haben richtig gelesen: Wir sprechen von deutscher Verwaltung.

Zur ersten Kategorie gehören komplexe Vorgänge mit hohem Routineanteil, deren Bedeutung allen Beteiligten klar ist – etwa der Umgang der Polizei mit Krawallen am 1. Mai oder Einsätze bei Fußballderbys, die Vorbereitungen auf Gipfeltreffen, die namentlichen Abstimmungen oder auch die Dienstage im Deutschen Bundestag: Zum Frühstück tagen die Minister mit den Spitzen der jeweiligen Fraktionsarbeitskreise, dann die Fachgremien der Fraktionen – Gesundheit, Auswärtiges, Justiz etc. Bei Meinungsverschiedenheiten innerhalb der Fraktion gibt es mittags ein Vorklärungstreffen – in der Union „Brinkhaus-Runde" genannt –, und ab 15.00 Uhr verabschiedet die Fraktion, wie zu den 20 bis 50 Entscheidungen der jeweiligen Sitzungswoche abgestimmt werden soll. Jeder Abgeordnete weiß genau, wann er wo sein muss, wie, wo und wann er seine Argumente einbringen kann und wo welche Unterlagen zu finden sind. So verlaufen 22 Sitzungswochen im Jahr.

Zur zweiten Kategorie von gut funktionierenden Prozessen gehören Reaktionen auf ein akutes Problem mit hoher politischer Aufmerksamkeit. Wir sind in der Lage, innerhalb von fünf Tagen zu erkennen, dass nach dem Corona-Ausbruch Kurzarbeitergeld für mehr Beschäftigte zur Verfügung stehen muss, und entsprechend zu handeln – eine politische Grundsatzentscheidung zu treffen, ein Gesetzgebungsverfahren durch Bundestag und Bundesrat zu treiben, eine Verkündigung und eine Verordnung des Arbeitsministers auf den Weg zu bringen sowie einen entsprechenden Prozess bei der Bundesagentur für Arbeit zu starten. Alles rechtsstaatlich und effizient.

Diese Beobachtung gilt auch, wenn man sich einzelne Akteure des Staates ansieht: Die Bundeswehr etwa glänzt im Einsatz, sei es bei einer Flut oder auf schwierigen Auslandsmissionen, agiert im Regelbetrieb zu Hause aber bürokratisch und ist dadurch weder effizient noch effektiv. Im ersten Fall ist das Ziel klar, und alle Beteiligten hoch motiviert, entsprechend beeindruckend fällt das Ergebnis aus. Auch die bayerische Erstaufnahme und Unterbringung von Flüchtlingen 2015 war eine herausragende Leistung, der weitere Verlauf der Flüchtlingskrise hingegen sehr viel weniger.

Wenn umgekehrt nicht nur ein Ziel verfolgt wird und keine Einigkeit besteht, wenn die Dinge komplex werden und keine Routinen für die Beteiligten bereit stehen, dann sinkt nicht nur das Tempo, sondern häufig auch die Qualität der Entscheidungen. In Zeiten mit mehr Disruption und mehr besitzstandswahrenden Partikularinteressen, wie wir sie im zweiten Kapitel dieses Buches beschrieben haben, bedeutet das nichts Gutes. Die Überforderungssymptome in unserem Staatshandeln verstärken sich – und wir müssen lernen, mit ihnen umzugehen. Wahrscheinlich müssen wir uns dafür in den nächsten zehn Jahren mehr ändern als in den letzten 70 Jahren zusammen.

Dafür brauchen wir deutlich verbesserte Prozesse. Das ist leicht gesagt und schnell hingeschrieben. Wer das angehen will, muss aber vieles verändern – zuallererst die Gesetze und Vorschriften, denen die Prozesse folgen. Schlechte Gesetze führen zwingend zu schlechten Prozessen, umgekehrt gilt das nicht: Leider können auch gute Gesetze schlecht umgesetzt werden. Wir schauen uns alle Ebenen an: die Gesetzgebung und ihre Umsetzung, ihre Bürgerorientierung (mehr dazu → Neuer Service) und schließlich die Arbeitsweise in den Verwaltungen (→ Neue Prozesse). Natürlich spielt auch der heute gelebte Föderalismus eine große Rolle (→ Neues Denken). Ohne Mitarbeitende wird das alles nicht gelingen. Deshalb haben wir im vorherigen Kapitel eine umfassende Reform des Öffentlichen Dienstes vorgeschlagen (→ Neue Kompetenzen).

Neue Vorschriften für die Vorschriften

Wir haben „handwerklich schlecht gemachte Gesetze", kritisiert Klaus Rennert, der Präsident des Bundesverwaltungsgerichts. Mal sei vor lauter Kleinteiligkeit keine grundsätzliche

> „**Gesetze sind wie Würste,** man sollte besser nicht dabei sein, wenn sie gemacht werden."

Das Zitat wird in einigen sprachlichen Varianten seit etwa 100 Jahren dem früheren Reichskanzler Otto von Bismarck untergeschoben. Tatsächlich stammt es von dem amerikanischen Rechtsanwalt und Schriftsteller John Godfrey Saxe aus dem Jahr 1869.

231

Richtungsentscheidung mehr zu erkennen, mal gebe es innere Widersprüche, mal handle es sich eher um Formelkompromisse als tatsächlich um Gesetze: „Die Koalitionäre sind sich nicht wirklich einig und verstecken das hinter einer Worthülse, der alle zustimmen können, die aber von jedem anders verstanden wird." Ein harsches Urteil von einem der höchsten Richter des Landes – aber wahrscheinlich ein gerechtfertigtes.

Die Schwäche unserer Gesetze ist umso fataler, als ihre Regelungsdichte seit Jahren zunimmt. Das Bundesverfassungsgericht hat mit seiner sogenannten Wesentlichkeitstheorie den Gesetzgeber über die Jahre immer mehr dazu verpflichtet, alle wichtigen Entscheidungen selbst zu treffen. Folglich hat dieser immer mehr Gesetze erlassen, die immer komplexer, schlechter, widersprüchlicher – und weniger wirksam wurden.

Der Normenkontrollrat hat dazu im letzten Oktober als Kernbotschaft seines Gutachtens formuliert: „Seit Gründung der Bundesrepublik laufen Gesetzgebung und ihre Vorbereitung nahezu unverändert ab ... es sinkt die Qualität der Gesetze, verbunden mit mehr Bürokratie und geringerer Wirkung ... Die Qualität von Gesetzen ist entscheidend für Wohlstand und Wohlbefinden in unserem Land ... Gute Gesetzgebung ist der Schlüssel zu gutem Regieren."

NORMENKONTROLLRAT

Der Normenkontrollrat (NKR) sieht der Regierung beim Gesetzemachen auf die Finger: Als unabhängiges Gremium hat er das Ziel, Bürokratieabbau und bessere Rechtsetzung zu befördern. Zentrale Aufgabe des NKR ist es, die Folgekosten und Wirkungen aller Gesetzes- und Verordnungsentwürfe der Bundesregierung zu prüfen. Er stellt also fest, wie viel ein Gesetz Bürger, Wirtschaft und Verwaltung in der Umsetzung tatsächlich kosten würde. Auf dieser Grundlage berät er die Bundesregierung und macht weitreichende Vorschläge – von denen wir einige auch in diesem Buch aufgreifen.

Es ist Zeit für einen Neustaat. Schon die Vorbereitung von Gesetzen liegt im Argen, sowohl politisch als auch administrativ. Wir beginnen mit dem Politischen. Hier gibt es viel zu frühe Festlegungen auf Maßnahmen anstatt auf Ziele – in Wahlprogrammen, Koalitionsverträgen und eilig präsentierten Zehn-Punkte-Plänen. Permanent wird politischer Beton angerührt, der dann die Stabilität von Koalitionen ausmacht, aber auch die Bewegung einschränkt. Denn unter Berufung auf die frühen Festlegungen verlangen die Koalitionspartner später Vertragstreue, darin auch maliziös bestärkt von den Medien und der Opposition. Insbesondere Koalitionsverträge haben darum inzwischen zu einer Versteinerung der politischen Kultur geführt: Was da steht, ist gesetzt, was es nicht enthält, wird nicht gemacht. Ein **Lernender Staat** indessen darf sich nicht im Voraus fesseln. Weil wir keinen Raum mehr für Modifikationen haben, reden wir zu früh über Maßnahmen - und zu kurz und zu unkonkret über Ziele und Strategien.

> „Die Schwäche unserer Gesetze ist umso fataler, als **ihre Regelungsdichte seit Jahren zunimmt.**"

Nur extreme Krisen bilden die Ausnahme von den rigiden Regeln heutiger Koalitionskultur. Da Notlagen sich in Programmen und Vereinbarungen nicht voraussehen lassen, werden Antworten eher spontan gefunden. Angela Merkel hat ihren Ruhm und ihre Reputation in solchen „freien" Situationen errungen. Ihre fabelhafte Wirtschaftsbilanz wird darum auch als Ergebnis ihrer Krisenkünste und weniger als Aufbau von etwas Neuem interpretiert.

Angesichts der großen Herausforderungen, die sich aus den globalen Megatrends unserer Zeit ergeben, werden kosmetische Korrekturen im koalitionären Alltag nicht reichen. Und wir können auch nicht auf den tatsächlichen Eintritt schon heute absehbarer Krisen und Katastrophen warten, um dann in gewohnter Schnelligkeit die richtigen Entscheidungen zu treffen – die dann vielleicht sogar zielsicher, konsequent und flexibel sind.

Wir skizzieren auf den folgenden Seiten viele Lösungsvorschläge: neue Regeln, neue Systeme und neue Techniken. All das würde helfen. Aber ohne die erforderliche Entschlossenheit der handelnden politischen Klasse wird sich die Kultur nicht ändern. Das Wort „Koalitionsvertrag" kommt in keiner der 17 bundesdeutschen Verfassungen vor, auch in keinem Gesetz, und doch ist die Arbeit aller 17 Regierungen und Parlamente durch solche Verträge festgelegt – als könnte man bereits vier Jahre im Voraus wie in einer Kristallkugel alle sinnvollen Maßnahmen zum Erreichen der gemeinsamen Ziele vollständig kennen und voraussehen. Wir brauchen einen Paradigmenwechsel.

VORSCHLAG 67: Ziele für die Politik

> **Der ausgeglichene Haushalt** war ein Ziel, das der Staat sich gesetzt hat. Es wurde über Jahre erreicht, in Zahlen messbar, und heute sind wir froh, dass wir den gewonnenen finanziellen Spielraum für die Corona-Bewältigung nutzen können. Entsprechend können wir die Methode auf alle Politikbereiche anwenden – und die Fortschritte beim Ausbau von Infrastrukturen messen, die Aufklärungsraten für Straftaten, die Anzahl, Größe und Lebensdauer von Start-ups, die Bearbeitungsdauer von Anträgen. Statt eines monströsen Maßnahmenmarathons sollte das Setzen von Zielen und vielleicht von Meilensteinen am Anfang einer Legislatur stehen.

Das ist eine wesentliche Veränderung der politischen Kultur, für die wir einen starken Willen brauchen – schließlich geht es um eingeübtes Verhalten, das durch keine Norm geregelt ist und sich normativ auch nicht fassen lässt. Der Vorschlag widerspricht zudem den Zielen der sogenannten Fachpolitiker. So nennt man die Fraktionsexperten in den einzelnen Politikfeldern, die Sorge haben, dass genau ihr Vorschlag nicht durchkommt, und ihn deshalb unbedingt schon im Koalitionsvertrag verankert wissen wollen. Aber es hilft nichts. Wir Politiker müssen uns disziplinieren und weg von unserer Maßnahmengläubigkeit hin zu Zielen und Strategien.

So gehen auch Unternehmen überall auf der Welt vor. Sie setzen sich Ziele. Um sie zu erreichen, entwickeln sie Maßnahmen und für diese Maßnahmen wiederum Leistungsindikatoren, meist unter der englischen Abkürzung KPI bekannt (Key Performance Indicator). Das Handeln ist vollständig auf die Erreichung dieser Parameter ausgerichtet. Sie zaudern nicht, obwohl sie natürlich wissen, dass ihnen etwa die Konjunktur dazwischen kommen kann. Diese Haltung und Gewohnheit brauchen wir auch in der Politik.

VORSCHLAG 68: KPIs in Gesetze

> **Im Gesetz selbst sollte stehen,** worin die Ziele und die messbaren Indikatoren bestehen und wie der Erfolg der verpflichteten Behörden gemessen wird. Wir verabschieden damit nicht nur ein Gesetz, sondern stellen auch gleich einen Überprüfungsmechanismus sicher.

Der Vorschlag bedeutet eine Revolution. Als Autoren müssen wir zugeben, dass wir unserem eigenen Vorschlag durchaus mit Respekt begegnen. Denn sehr oft werden wir die Ziele nicht erreichen können. Nicht nur wegen der Konjunktur oder eines stärkeren Wettbewerbers. Vielmehr wissen wir selten schon zu Beginn, welche Ziele realistisch sind: Es mangelt an Daten und Forschung, wir wissen nicht, ob andere politische Projekte unsere Ziele konterkarieren, wir zweifeln an der Umsetzung durch Einheiten, die wir nicht selbst steuern, und – auch das gehört zur Wahrheit – natürlich sind auch die Kompetenzen von Politikern für solche Abschätzungen nicht gut genug ausgebildet.

Wir wollen unsere asiatischen Wettbewerber nicht kopieren, aber in einem wichtigen Punkt müssen wir dringend von ihnen lernen: In dieser komplexen Welt treffen sie Entscheidungen viel evidenzbasierter als wir und erreichen ihre Ziele besser und schneller. Sie sind damit so erfolgreich, dass ihnen fehlende Freiheit, fehlender Rechtsstaat und fehlende Demokratie bisher wenig anhaben können. Das ist die disruptive Kraft einer datenbasierten Gesellschaft.

Um Ziele mit Sinn und Verstand festlegen und messen zu können, ist eine solide Datenbasis unverzichtbar.

Um Ziele mit Sinn und Verstand festlegen und messen zu können, ist eine solide Datenbasis unverzichtbar. Wir können keine zielgenaue Infrastrukturplanung vornehmen, wenn wir nicht wissen, wie viele Menschen wann und wo auf einen neuen Mobilfunkstandard oder ein öffentliches Verkehrsmittel angewiesen sind – und in einigen Jahren sein werden.

Unsere abendländische Tradition hindert uns nicht daran, uns zu verpflichten und zu messen, die Aufklärung will den Menschen rational erhellen. Es steht nicht im Widerspruch zu unseren Werten, wenn wir versuchen zu verstehen, wann und wo freie und mündige Menschen auf öffentliche Verkehrsmittel umsteigen, wo ihre Nachfrage die Mieten steigen lässt, wie Universitäten erfolgreich Ausgründungen hervorbringen oder wo genau Verwaltungsvorgänge stecken bleiben. Freie Wahlen, Gewaltenteilung, die Herrschaft des Rechts, Pluralismus und individuelle Freiheiten bleiben trotzdem unverrückbar. Wir ergänzen sie nur um ein weiteres Element:

VORSCHLAG 69: Die evidenzbasierte Entscheidungskultur

> **Dafür müssen wir Politiker** unsere Arbeitsweise ändern – Bekenntnis darf Erkenntnis nicht im Wege stehen –, indem wir mehr Daten sammeln und anonymisiert auswerten: konsequent, detailliert und systematisch. Destatis, wie sich das Statistische Bundesamt nennt, bekommt einen sehr viel umfassenderen Auftrag.

Datenbasierte Politik beginnt bei den Gesetzen. Wir müssen ihre Qualität messbar machen, damit Politik und Gesellschaft lernen können, welche Strategien zum Ziel führen. Und wenn wir diesen großen Schritt vollziehen, dann können wir auch leicht den nächsten tun.

VORSCHLAG 70: Leistungskontrolle für Gesetze, automatischer Verfall

> **Im Gesetzgebungsverfahren** werden für den angestrebten Zweck messbare Zielwerte und eine Laufzeit festgelegt. Nach Ablauf dieser Frist beurteilt ein unabhängiges Kontrollgremium, ob die Ziele erreicht wurden. Ist das nicht der Fall, hat der Gesetzgeber zwei Jahre Zeit zu entscheiden: Er kann das Gesetz anpassen, neu aufsetzen, ganz streichen oder trotz Zielverfehlung bewusst weiter in Kraft lassen. Tut er nichts, verfällt das Gesetz. Auf diese Weise muss sich der Gesetzgeber also öffentlich und transparent einer Leistungskontrolle stellen.

Wie auch sonst im Leben gilt dann auch für Gesetze: Wird ein Ziel nicht erreicht, hat das Konsequenzen. Ein Gesetz, das nichts bewirkt, wird auch nicht gebraucht; entsprechend läuft ein Gesetz automatisch aus, wenn es unterhalb einer Mindestperformance bleibt oder sogar den gegenteiligen Effekt bewirkt. Wenn eine neue Vorschrift den Brandschutz in Schulen verbessern soll, muss sie sich daran messen lassen, ob es tatsächlich zu weniger Bränden in Schulen kommt. Ein Gesetz, das Existenzgründungen erleichtern soll, muss nicht nur den Gesetzgeber überzeugen, sondern vor allem die potenziellen Existenzgründer zum Handeln bewegen.

Was nicht liefert, fliegt

Das Parlament wird zur Auseinandersetzung mit der eigenen Zielerreichung gezwungen

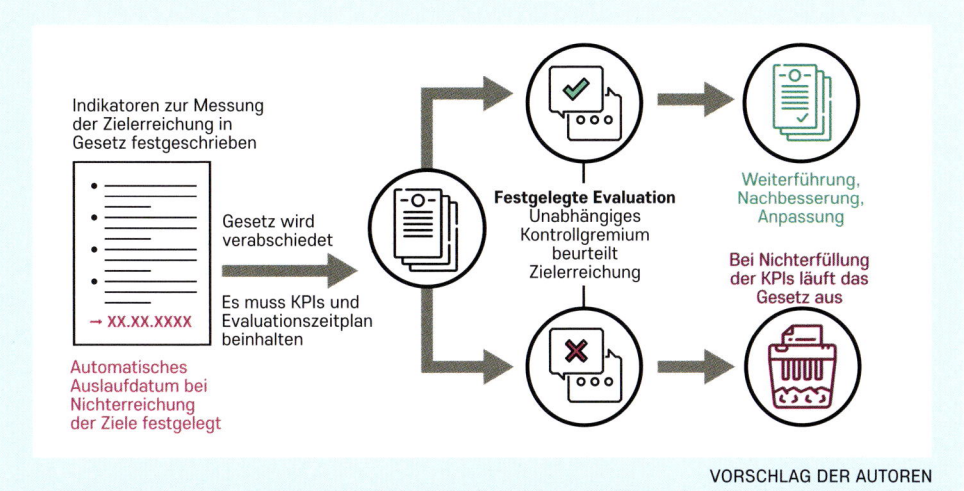

Indikatoren zur Messung der Zielerreichung in Gesetz festgeschrieben

Gesetz wird verabschiedet

Es muss KPIs und Evaluationszeitplan beinhalten

→ XX.XX.XXXX

Automatisches Auslaufdatum bei Nichterreichung der Ziele festgelegt

Festgelegte Evaluation
Unabhängiges Kontrollgremium beurteilt Zielerreichung

Weiterführung, Nachbesserung, Anpassung

Bei Nichterfüllung der KPIs läuft das Gesetz aus

VORSCHLAG DER AUTOREN

Jede dieser Erfolgskontrollen ist auch eine Lerngelegenheit für die Gesetzgeber – also für die Parlamentarier. Niemand im Bundestag erlässt absichtlich ein wirkungsloses oder gar schädliches Gesetz, aber jeder wird dankbar sein zu lernen, dass und warum etwas nicht wirkt. Dieser Effekt gilt sowohl für die staatlichen Institutionen als auch für die Menschen darin. So soll es beim **Lernenden Staat** auch sein. Er wirkt auch auf die Gesellschaft: Wenn wir mit Daten und Erfolgskontrollen zeigen und kommunizieren, wie Dinge tatsächlich sind und wie sie sich durch staatliches Handeln verändern, machen wir es Populisten schwer.

Die gut gemeinte Genese von Gesetzen

Die Gesetzgebung ist die zentrale Aufgabe und Kompetenz des Parlaments. Der Weg dahin steht leider auch unter dem Druck von Sachzwängen. Denn tatsächlich werden Gesetze in den Ministerien bis ins Detail vorgedacht. Schon die bestehende Rechtslage ist kompliziert und komplex. Da gibt es ein ausdifferenziertes, meist nur historisch zu erklärendes Normengefüge, bei dem vielfach europäisches oder anderes internationales Recht zu berücksichtigen sind. Zudem gilt es, die (Verfassungs-)Rechtsprechung zu beachten. Aus dieser Komplexitätsfalle suchen in monatelanger Arbeit Ministerialbeamte einen Ausweg, oft durch politische Vorgaben aus Koalitionsvereinbarungen gebunden, die sich bei der Umsetzung in Gesetze und in der Verwaltungspraxis vor Ort als wenig praktikabel erweisen. Wenn sich dann im Parlament die sogenannten Berichterstatter inhaltlich auf Änderungen einigen, benötigen sie „Formulierungshilfen" aus den Ministerien. Die kommen dann meist kurzfristig als Verbesserungsvorschläge auf sogenannten Umdrucken, die selbst für Fachjuristen nicht einfach zu verstehen sind. Denn dort werden Halbsätze, andere Vorschriften oder auch nur einzelne Wörter in mehrere bestehende Paragrafen eingefügt. Gönnen Sie sich eine kurze Kostprobe aus einer noch eher kleineren Änderung des Handelsgesetzbuchs:

> „§ 8b wird wie folgt geändert:
> In Absatz 2 Nummer 9 werden die Wörter ‚§§ 2c, 15 Abs.
> 1 und 2, § 26 Abs. 1, §§ 26a, 29a Abs. 2, §§ 30e, 30f Abs. 2,
> § 37v Abs. 1 bis § 37x Absatz 2, §§ 37y, 37z Abs. 4 und § 41'
> durch die Wörter ‚§§ 5, 26 Absatz 1 und 2, § 40 Absatz 1, den
> §§ 41, 46 Absatz 2, den §§ 50, 51 Absatz 2, § 114 Absatz 1 bis
> § 116 Absatz 2, den §§ 117, 118 Absatz 4 und § 127' ersetzt."

So geht es oft seitenlang. Man muss voller Bewunderung die vielen Experten in den Ministerien loben, dass sie trotz dieser enormen Komplexität den Überblick behalten.

Diese Experten verzweifeln regelmäßig, wenn politische Streitfragen, gerne in nächtlichen Runden, von Koalitionspolitikern „geklärt" werden, indem sie sich auf Kompromissformulierungen in Gesetzestexten einigen. Es ist immer wieder Bundeskanzlerin Merkel gewesen, die mit ihrem unglaublichen Detailwissen solche Runden vor größeren Textkatastrophen bewahrt hat. Sie ist allerdings keineswegs immer dabei, dazu sind es zu viele.

Mit dem nächsten Reformvorschlag wollen wir die Qualität unserer Gesetze erhöhen, sowohl juristisch als auch politisch. Dafür ändern wir den Weg der Gesetzgebung.

VORSCHLAG 71: Reform des Gesetzgebungsverfahrens

Im Prozess der Gesetzgebung wird der politische Inhalt (was das Gesetz erreichen soll) vom juristischen Text (wie das Gesetz formuliert ist) getrennt behandelt. Der Inhalt wird im Parlament debattiert und nach der 2. Lesung ausschließlich als Eckpunktepapier, nicht aber als Gesetzestext beschlossen. Im Anschluss formuliert ein juristisches Expertengremium beim Parlament oder in der Regierung daraus einen Gesetzentwurf. Es achtet nicht nur darauf, dass der im Eckpunktepapier festgehaltene Wille des Parlaments im Entwurf zum Ausdruck kommt, sondern auch darauf, dass der Gesetzestext rechtssicher, kohärent und kompatibel mit anderen Gesetzen ist. Danach geht der Entwurf zur 3. Lesung zurück ins Parlament und wird dort vollständig angenommen oder rückverwiesen, aber textlich nicht mehr geändert.

Um die Umsetzung von Gesetzen zu durchdenken, bevor sie in Kraft treten, schlagen wir die verbindliche Einführung eines Verlaufscharts (auch „Prozessmodell" genannt – dargestellt nach dem sog. FIM-Standard) vor, das gleichzeitig mit dem Eckpunktepapier einzubringen ist.

VORSCHLAG 72: Das Verlaufschart als neues Standardinstrument

Im Verlaufschart wird gezeigt, wie das Gesetz in der Praxis funktionieren soll: wer bei der Gesetzesanwendung in welcher Reihenfolge welche Aufgaben erfüllen muss. Das Verlaufschart ist gemeinsam von Verwaltungspraktikern vor Ort (meist aus den Kommunen), Programmierern und Juristen zu erstellen.

Solche Verlaufscharts werden in einigen Fällen heute schon in sogenannten Digitallaboren erarbeitet – nur eben nach der Gesetzesverabschiedung. Das wollen wir grundsätzlich ändern. Ein solches Verlaufschart muss Teil der politischen oder parlamentarischen Debatte werden.

Seine Notwendigkeit liegt auf der Hand: Wenn man sich nicht von Anfang an konkret damit beschäftigt, wie man ein Gesetz umsetzen will, wird die Realisierung oft mangelhaft sein.

Das von uns vorgeschlagene Prozessmodell zwingt die Gesetzgeber bei allen Verwaltungsgesetzen zu dieser eingehenden Beschäftigung mit der Umsetzung ihrer Vorschriften. Denn für erfolgreiche Gesetze brauchen wir beides: Sie müssen handwerklich sauber gemacht und in der Umsetzung gut durchdacht sein.

Verlaufscharts bereiten die Umsetzung von Gesetzen besser vor

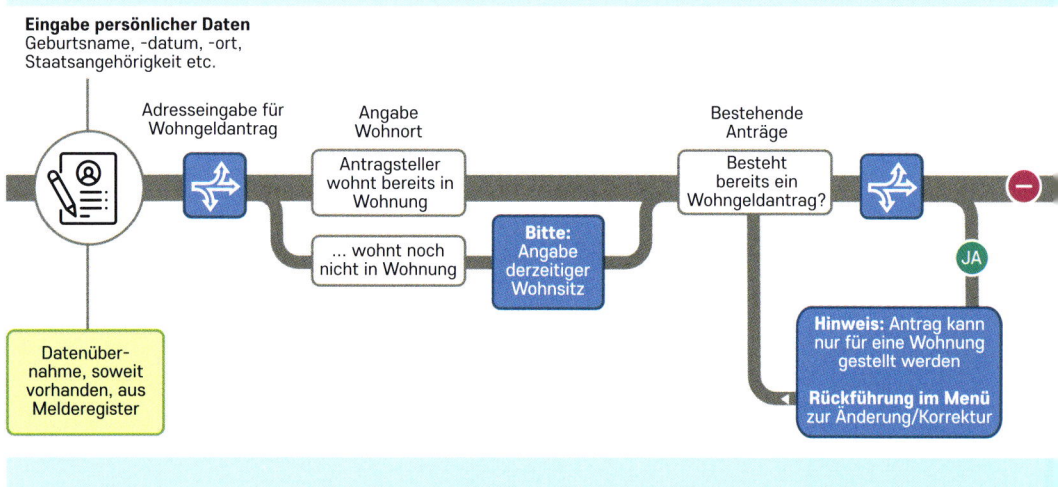

Das ist keine triviale Übung. Nachdem wir bundeseinheitlich in Paragrafen geregelt hatten, wer wann wie viel Elterngeld bekommt, wurde das Gesetz in achtzig (!) verschiedene Formulare umgesetzt. Das fiel erst richtig auf, als man den Prozess digitalisieren wollte und dafür Eindeutigkeit brauchte. Wenn ein Jurist sagt: „Es kommt darauf an", fragt der Programmierer: „Worauf?" Schlechte analoge Prozesse kann man nicht gut digitalisieren.

Zeichnet man einen Prozess im Verlaufschart auf, bevor man ein Gesetz verabschiedet, sieht man auch sofort, wenn wegen unvermeidbarer Medienbrüche alles länger dauern wird, etwa wenn – wie heute noch bei weit über 2.000 Vorgängen – eine analoge Unterschrift notwendig ist. Das Schriftformerfordernis ist dabei nur das offensichtlichste Beispiel. Wir brauchen dringend praktikable digitale Identitäten (→ Neue Standards).

Die Abgeordneten des Bundestags werden durch die genannten Reformen der Gesetzesausarbeitung in ihrer Kernkompetenz gestärkt: in der politischen Entscheidung. Das ist die Aufgabe, für die wir ins Parlament gewählt werden – und

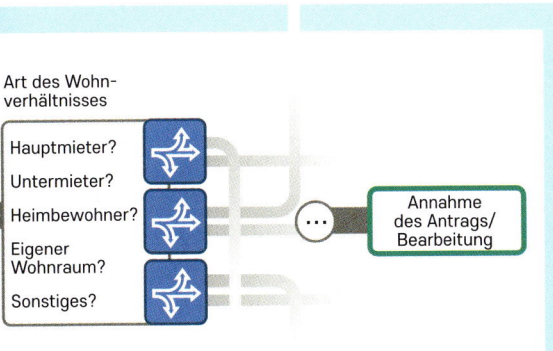

Art des Wohnverhältnisses

Hauptmieter?

Untermieter?

Heimbewohner?

Eigener Wohnraum?

Sonstiges?

Annahme des Antrags/ Bearbeitung

Diverse weitere Verzweiungen des zu digitalisierenden Ablaufprozesses

Dieses Verlaufschart am Beispiel Wohngeld sieht einfach aus. Allerdings zeigt es nur einen kleinen Ausschnitt. Es fehlen viele wichtige Verzweigungen, zum Beispiel: Wie groß ist die Wohnung? Wer wohnt noch dort? Wie teuer ist die Wohnung? Ist ein Haushaltsmitglied gestorben? Mietminderung gefordert? Mietminderung stattgegeben? Welche anderen Zuschüsse existieren?

Im Ergebnis muss man Hunderte von Varianten berücksichtigen und jeweils eindeutige Rechtsfolgen definieren. Ein derartiges, natürlich vollständiges Verlaufschart gehört zu den von uns vorgeschlagenen Unterlagen, die vor Verabschiedung eines Gesetzes vorliegen müssen.

eben nicht dafür, dass wir juristisch wasserdichte Paragrafen formulieren können. Wenn wir hier die Aufgaben klarer und sinnvoller aufteilen, stellen wir die juristische Qualität unserer Gesetze sicher. Gleichzeitig können wir die politische Wirksamkeit unserer Gesetze erhöhen, wenn der politische Wille sauber von juristischen Experten in einen Gesetzestext übersetzt wird, ungetrübt von Formulierungsfeilschereien in Bundestagsnachtschichten.

Dadurch ändern sich auch die unterschiedlichen Aufgaben in den Ministerien, denn nicht alle haben gleichwertig viel Erfahrung in der Gesetzestechnik. So reagiert zum Beispiel die Gesetzestechnik aus der Kapitalmarktabteilung des Finanzministeriums ausgeklügelt auf die immer neuen Modelle gut bezahlter Investmentbanker und Anwälte. Auf solche Spezialisten, die auf Augenhöhe mit Wirtschaftsvertretern agieren, werden wir auch in Zukunft angewiesen sein (→ Neue Kompetenzen).

Andere ministeriale Abteilungen machen nur ganz selten Gesetze, das gilt sogar für ganze Häuser wie das Auswärtige Amt. Für diese Fachleute ohne Formulierungserfahrung für

Gesetzestexte sollten wir das Verfahren ändern. Die Inhalte werden in den Fachreferaten und Abteilungen erarbeitet, die Gesetze aber erst vor der dritten Lesung von Spezialisten formuliert. Diese „Legisten" oder „Lawmaker" sollten nicht Parlamentarier, sondern exzellente Volljuristen sein, denn ihre Kernkompetenz bestünde darin, die Rechtssicherheit und die juristische Klarheit der Gesetzestexte zu gewährleisten. Es handelt sich um eine rechtstechnische Aufgabe, die entsprechende Expertise benötigt. So wie man die Statik eines Bauwerks einem Spezialisten anvertraut, sollte man das auch mit der Statik eines Gesetzeswerks tun.

Schließlich brauchen wir zur Vorbereitung von Gesetzen noch weitere Fachleute, die schon vor der Gesetzesberatung die Auswirkungen auf die vorhandene Informationstechnik und die Umsetzbarkeit untersuchen:

VORSCHLAG 73: Digital-TÜV für Gesetze

Nahezu alle Gesetze verlangen irgendetwas von Bürgern, Behörden oder Unternehmen. Die dazu notwendige Kommunikation soll zukünftig digital erledigt werden. Wenn wir diesen Schritt erst nachträglich in Angriff nehmen, kristallisieren sich bei der Digitalisierung oft große Umsetzungsprobleme heraus. Diese sind dann nur noch mit Gesetzeskorrekturen zu beheben. Damit aber verliert man viel Zeit, sodass stattdessen regelmäßig aufwendige Umwege bei der Programmierung gewählt werden. Wird dann das Gesetz aus anderen Gründen im Laufe der Zeit verändert, verursachen diese Umsetzungsumwege wiederum zusätzlichen Programmieraufwand. Das alles lässt sich vermeiden, wenn wir vor der Gesetzesberatung einen Digital-TÜV einführen.

Der Digital-TÜV ist auch eine Lehre aus dem 2013 in Kraft getretenen E-Government-Gesetz, das die Verwaltung digitalisieren sollte. Sechs Jahre später zog die Bundesregierung selbst eine niederschmetternde Zwischenbilanz: Das E-Government-Gesetz wird praktisch nicht umgesetzt. 97 Prozent der befragten Verwaltungen gaben an, bei der Umsetzung Schwierigkeiten zu haben. Bewährt sich der Digital-TÜV, kann man noch einen Schritt weitergehen:

VORSCHLAG 74: Digital first

Gesetze treten erst dann in Kraft, wenn die digitale Lösung für alle Verpflichteten einsatzbereit ist. In der Wirtschaft würde man das „Digital First" nennen.

Mit diesem umfangreichen Paket wollen wir die Gesetzgebung von Grund auf erneuern. Das wird man nur in Etappen schaffen. Wir müssen eben viel lernen. ■

 ZUM WEITERLESEN

• **Nationaler Normenkontrollrat, 2019: Erst der Inhalt, dann die Paragraphen. Gesetze wirksam und praxistauglich gestalten**

Neuer Service

Der öffentliche Dienstleister

GUTE GESETZGEBUNG geht ohne eine effektive Umsetzung ins Leere. Politischer Wille ohne eine leistungsfähige Verwaltung wandelt Versprechungen in Verdruss. Wenn wir den Staat reformieren wollen, müssen wir uns auch fragen, wie wir die Verwaltung trainieren, welche Abläufe wir neu organisieren müssen. Wer in einem Job neue Aufgaben übernimmt, arbeitet selten einfach weiter wie bisher. Das gilt für Menschen genauso wie für Institutionen. Die Wirtschaft hat das längst erkannt: Privatwirtschaftliche Prozesse werden immer flexibler, Teams immer interdisziplinärer, digitale Tools und Automatisierungspotenziale immer stärker genutzt. In der Verwaltung müssen wir aufholen. Zukunftsprojekte brauchen Zukunftsprozesse.

Das Leitbild, das unserer Inventur zugrunde liegen muss, ist die serviceorientierte Verwaltung. Der Öffentliche Dienst wird zum öffentlichen Dienstleister. Das ist für uns nicht nur eine leere Formel. Vielmehr konkretisieren wir das im nächsten Schritt mit eindeutig definierten Zielen. Mit dieser Brille müssen wir prüfen, was noch zeitgemäß ist, welche Regelungen wir ändern und welche wir streichen können.

Die Inventur drängt: Zum einen wird uns die Pensionierungswelle im Öffentlichen Dienst dazu zwingen, Prozesse effizienter zu gestalten, zum anderen werden die Herausforderungen in Zukunft noch komplexer werden. Es gilt also, Mitarbeiter zu entlasten und ihnen den Blick auf das Wesentliche zu ermöglichen: beispielsweise die persönliche Beratung von Bürgern oder Unternehmen mit schwierigen Fragestellungen oder die strategische Planung. Aber wie schaffen wir diesen Spagat? – Wie sollen wir mit weniger Manpower noch komplexeren Herausforderungen gerecht werden? Hier bieten Digitalisierung und Künstliche Intelligenz einen Ausweg: die Automatisierung. Ein Konzept, das der heutigen Verwaltung keineswegs fremd ist, doch in seiner Umsetzung noch viel zu inkonsequent an-

Zukunftsprojekte brauchen Zukunftsprozesse.

gegangen wird. Zurzeit ist gesetzlich vorgeschrieben, dass ein Verwaltungsakt automatisiert werden „kann", von „müssen" ist keine Rede. Wir haben ein ehrgeiziges Ziel.

VORSCHLAG 75: Automatisierung von Entscheidungen

§35a des Verwaltungsverfahrensgesetzes, der den Einsatz von automatisierten Entscheidungen in Verwaltungsprozessen regelt, wird von einer „Kann"- zu einer „Muss"-Bestimmung:

„Ein Verwaltungsakt muss vollständig durch automatische Einrichtungen erlassen werden, sofern dies durch Rechtsvorschrift zugelassen ist und weder ein Ermessen noch ein Beurteilungsspielraum bestehen."

Für Ermessens-Entscheidungen wird zusätzlich eine „Kann"-Bestimmung eingeführt:

„Besteht Ermessens- oder Beurteilungsspielraum, kann ein Verwaltungsakt vollständig durch automatische Einrichtungen erlassen werden, sofern die Automatisierung gekennzeichnet und die kostenfreie Überprüfung des Erlasses durch einen Mitarbeiter des Öffentlichen Dienstes verlangt werden kann."

Wer Kinder hat, bekommt Kindergeld, wer einen Reisepass beantragt, bekommt einen Reisepass, wer umzieht, wird am neuen Wohnort angemeldet, wer eine Steuernummer braucht, bekommt eine Steuernummer. Jeder dieser Vorgänge wird zurzeit von einem Mitarbeiter des Öffentlichen Dienstes bearbeitet. Bei keinem dieser Vorgänge wäre das nötig.

Ebenso können zahlreiche Ermessensentscheidungen gemäß festgelegten Parametern automatisiert werden, beispielsweise Bauanträge oder Visumsausstellungen. Da bei automatisierten Ermessensentscheidungen stets der Anspruch auf menschliche Prüfung besteht, kann auf diese Weise der Automatisierungsgrad und damit die Effizienz der Verwaltung deutlich ansteigen, ohne dass irgendjemand befürchten müsste, hilflos einer Entscheidung von Algorithmen ausgeliefert zu sein.

Indem die Automatisierung von Prozessen Mitarbeiter von Routinetätigkeiten befreit, kann sie dringend benötigte Kapazitäten für „menschliche" Tätigkeiten schaffen. Ein Mitarbeiter beim Bafög-Amt wird sich endlich die Zeit nehmen können, den Härtefall eines Studenten genau durchzusprechen, ein Beamter beim Jugendamt hat mehr Raum, um sich in schwierige

Fälle einzuarbeiten und sich persönlich um sie zu kümmern. Die gesteigerte Effizienz reduziert gleichzeitig die Wartezeit für den Bürger und die Häufigkeit von Fehlern. Der Bürger bekommt also schneller bessere Hilfe – ganz im Sinne einer bürgerfreundlichen Verwaltung.

Prozesse zu automatisieren, schafft wichtige freie Kapazitäten und ist der erste Schritt zu einer effektiven Verwaltung. Doch schlechte Prozesse werden uns auch automatisiert nicht aus der Komplexitätsfalle befreien. Ein bezeichnendes Beispiel stammt aus Bremen: Sechs Seiten Antrag und bis zu 32 unterschiedliche Dokumente sowie weitere zahlreiche Behördenstationen – vor dem Zieleinlauf Elterngeld wartet auf frisch gebackene Eltern im Stadtstaat ein echter Marathon. Kindergeld und Geburtsurkunde kosten noch einmal extra Zeit und Nerven – begrenzte Ressourcen, wenn man sich eigentlich gerade um den Nachwuchs kümmern will. Eltern laufen von Behörde zu Behörde, um in Formularen immer wieder dasselbe anzugeben. Bürgerfreundlich sieht eindeutig anders aus. Um solche Mühen abzustellen, haben wir gleich zwei Vorschläge. Sie finden sich seit Jahrzehnten in einschlägigen Büchern und Aufsätzen, sind aber trotzdem nur rudimentär umgesetzt.

VORSCHLAG 76: Once-Only

Es ist ein denkbar einfacher Grundgedanke. Aus Sicht des Bürgers bedeutet er: Daten, die für einen Antrag erforderlich sind, werden nur einmal erhoben. Aus Sicht der Verwaltung: Jede Information eines Bürgers oder Unternehmens, sei es nun eine Anschrift, ein Arbeitsverhältnis, ein Kind oder eine andere von Hunderten erforderlicher Angaben, wird nur an einer einzigen Stelle in dem jeweils zuständigen Register notiert und auch nur dort aktualisiert. Wenn etwa das Finanzamt oder die Gesundheitsvorsorge oder sonst eine Behörde einen Bescheid zustellen möchte, fragt sie dann und nur dann den Wohnsitz beim Einwohnerverzeichnis ab, stellt den Bescheid aus und löscht die Anschrift bei sich wieder. Der Zugriff wird notiert und ist nachvollziehbar auch für den Betroffenen. Das stärkt den Datenschutz und ermöglicht, dass die Behörde jeweils selbst zusammenstellen kann, was sie für eine Entscheidung wissen muss. Der Bürger muss dem Verfahren zustimmen – er kann sich auch gegen Once-Only entscheiden. Dann muss er eben alle Nachweise selbst erbringen und den Antrag herkömmlich erstellen.

Das Konzept funktioniert allerdings nur, wenn wir eine einheitliche Datenstruktur entschlossen durchsetzen und unsere Register reformieren (mehr dazu → Neue Standards).

VORSCHLAG 77: One-Stop-Government

Auch diese Idee ist alt, eigentlich beschlossen und trotzdem nur ein Torso. Eine 14 Jahre alte europäische Richtlinie (2006/123/EG vom 12. Dezember 2006) enthält eine Vorgabe, die den Verwaltungsvollzug in seiner gegenwärtigen Form in Frage stellt. Wer eine Dienstleistung beantragt, soll alle Formalitäten und Verfahren an einer einzigen Stelle, dem sogenannten „Einheitlichen Ansprechpartner" erledigen können. Damit hatte das Modell eines One-Stop-Government offiziell das Licht der EU erblickt, nachdem es erstmals in den Achtzigerjahren des letzten Jahrhunderts diskutiert wurde. Jetzt muss es Wirklichkeit werden.

Ein Service aus einer Hand vermindert die bürokratischen Lasten und Belästigungen für Unternehmen und Privatpersonen erheblich. Es ist die Idee des One-Stop-Shop. Sie können ihn nutzen, müssen es aber nicht, wenn Sie es vorziehen, sich unmittelbar mit der zuständigen Stelle in Verbindung zu setzen.

Momentan gibt es in einigen Kommunen Einheiten, meist Bürgerämter genannt, die mehrere kommunale Dienstleistungen bereit halten. Ansonsten beschränkt sich das E-Government auf Online-Selbstbedienung im Rahmen der gegebenen Verwaltungsstrukturen. Auch das ist ein Fortschritt, geht uns aber nicht weit genug. Aus heutiger Sicht bestehen hohe Hürden für eine Ausrichtung der gewachsenen Verwaltungsstrukturen an dem Strukturprinzip des „Alles aus einer Hand". Denn dafür wären grundlegend neue Verfahrensweisen in der Verwaltung erforderlich. Das organisatorische Potenzial der Verwaltungsinformatik kann erst gehoben werden, wenn wirklich alle beteiligten Verwaltungsträger auf allen staatlichen und

Prozesse zu automatisieren, schafft **wichtige freie Kapazitäten** und ist der erste Schritt zu einer **effektiven Verwaltung.** ━━━━

kommunalen Ebenen zusammenarbeiten und bereit sind, ihre bisherige Arbeitsweise und Zuständigkeiten zu überprüfen. Das wird ein längerer Weg, aber als Leitbild sollten wir uns das vornehmen.

Neue Technologien und eine bessere Vernetzung lassen auch schnellere Erfolge zu: Um Kundennähe und Servicequalität zu gewährleisten, müssen die Kundenschnittstellen in Form von Bürgerservicecentern lokal und einfach zugänglich sein. Gerade auch bei digitalen Prozessen sind der direkte Kontakt zwischen Verwaltungsmitarbeitern und Bürgern und die persönliche Beratung wichtig.

VORSCHLAG 78: Die aufsuchende Verwaltung

Mobile Serviceeinheiten der Verwaltung gewährleisten Kundennähe

In den letzten 20 Jahren sind im ländlichen Raum viele „Bürgerservicecenter" entstanden, die als einheitliche Ansprechpartner für die Bürger dienen – das muss man nun auch fürs Digitale schaffen: Der Verwaltungsmitarbeiter, der mit seinem Laptop ins Haus kommt oder die E-Government-Box mit Sprechzeiten im Einkaufszentrum oder die Telefon- oder Videokonferenzsprechstunde des Verwaltungsmitarbeiters ergänzen den Besuch oder Anruf beim Bürgerservicecenter. Das macht Verwaltung sogar noch bürgerfreundlicher, da barrierefreier und zeitlich wie örtlich flexibler.

Sind die meisten oder idealerweise alle Leistungen für Bürger und Unternehmen online zugänglich und auch für Nicht-Experten verständlich, kann eine einzige Person im Service Ansprechpartner für alle Fachrichtungen sein. Bei speziellen Einzelfragen kann sie telefonisch oder über Chats mit Experten verbunden sein, um Rückfragen etwa bei der Entgegennahme von Bauanträgen zu klären.

Die Prozesse an der Kundenschnittstelle sollen als Kerngeschäft auf diese Weise stets erreichbar und lokal bleiben und so den individuellen Bedürfnissen einer Region gerecht werden. Auch die politischen Entscheidungen sollen in Gemeinderäten möglichst lokal bleiben.

Bürgerfreundlich wäre auch, wenn eine Verwaltung nicht nur sagt, was nicht geht, sondern auch gleich mitteilt, was denn ginge.

VORSCHLAG 79: Verbindliche Auskunft im gesamten Genehmigungsrecht

Im Steuerrecht und bei der sog. Bauvoranfrage kennen wir das Instrument der verbindlichen Auskunft. Bevor ich einen Architekten lange planen lasse, frage ich bei der Behörde an, ob ich grundsätzlich an einem bestimmten Ort ein bestimmtes Gebäude mit bestimmter Nutzung und Größe errichten darf. Das Instrument wollen wir auf andere Genehmigungsgebiete ausweiten.

All unsere Änderung sollten für alle Bürgerinnen und Bürger verlockend sein. Bevor Sie nun überlegen, ob solche Verbesserungen realistisch sind, schauen Sie bitte ins nächste Kapitel. ■

ZUM WEITERLESEN

IT-Planungsrat, 2017: Das Once-Only Prinzip. Potenziale für Bürger, Unternehmen und Verwaltung

Neue Prozesse

Wie Gesetze künftig umgesetzt werden

„DAS WAR SCHON IMMER SO, das haben wir noch nie so gemacht, wo kommen wir denn da hin, da könnte ja jeder kommen!" So lässt sich angeblich jede Verwaltung führen. Eingefahrene Prozesse sind durchaus eine Stärke, aber nicht, wenn Veränderung angezeigt ist und die Digitalisierung bisherige Abläufe infrage stellt. Deswegen schauen wir uns jetzt an, wie die Verwaltung sich selbst in Zukunft neu organisieren kann.

Und dafür begeben wir uns zunächst in den Maschinenraum der Verwaltung – in das Backoffice, das im Hintergrund wirkt und den Laden am Laufen hält. Hier geht es um Prozesse wie Beschaffung, IT, Finanzen und Haushalt, Kommunikation und PR, Personal oder Strategie.

In den großen Organisationen der Wirtschaft – den Konzernen – sind solche Backoffice-Prozesse weitgehend zentralisiert und digitalisiert. In den Backoffices der staatlichen Verwaltung hingegen könnte und sollte noch viel mehr zentralisiert werden. Stattdessen wurde in der Vergangenheit der Hebel oft an der falschen Stelle angesetzt. So haben beispielsweise viele Gebietsformen zur Zusammenlegung von Gemeinden geführt, trotzdem aber nur wenig effiziente Strukturen geschaffen. Eine moderne Zentralisierung setzt eben nicht auf räumliche, sondern auf technische Bündelung, wir werden im nächsten Kapitel genauer darauf eingehen (mehr dazu → Neue Standards). Bayern hat umgekehrt auf Gebietsreformen verzichtet und hat trotzdem oder wahrscheinlich gerade deswegen gut funktionierende Regierungsbezirke.

Eingefahrene Prozesse sind durchaus eine Stärke, aber nicht, wenn **Veränderung angezeigt** ist. ▬▬▬

VORSCHLAG 80: Trennung von Front- und Backoffice

Backoffice-Prozesse sollen in zentralen Verwaltungspräsidien zusammengeführt werden, die für mehrere „Zweigstellen" zuständig sind. Indem man sie aus ihren Stammbehörden löst und in zentralere Einheiten überführt, können zum einen Skaleneffekte genutzt werden, um Ressourcen zu sparen. Vor allem entstehen so Spielräume, um modernere, meist natürlich digitale Systeme für die „Verwaltung der Verwaltung" zu entwickeln und auszuprobieren. Der Backoffice-Prozess muss den Anspruch haben, die Mitarbeiter vor Ort bequemer, schneller und umfassender zu unterstützen, als das in der alten Organisation möglich war. Als Anregung können uns die „Z-Abteilungen" in den Niederlanden dienen, die bereits einzelne Aufgaben wie Personalbeschaffung für alle Ministerien übernehmen. So werden die Effizienz und Kohärenz der Prozesse enorm erhöht.

Bislang wird in der deutschen Verwaltung unter Zentralisierung nur verstanden, dass man im eigenen Haus zentralisiert. Dafür stehen die sogenannten Z-Abteilungen – Z für Zentral. Die aber verstehen sich nicht so sehr als Dienstleister, sondern als akribische Wächter der Regeln. Zur Vermeidung von Fehlern und haushaltswidrigen Ausgaben haben wir nämlich zahlreiche Einzelvorschriften erlassen, deren Einhaltung jeweils ein Zuständiger sicherstellt – von der Inklusion über die Umweltschonung bis hin zu unzähligen Regeln für alle Arten von Ausgaben. Gesetzlich durchaus gestattete Ausnahmeregeln werden selten angewandt, weil sie kompliziert, begründungspflichtig, vermeintlich riskant oder schlicht unbekannt sind. Was unsere derart beschäftigte Z-Verwaltung vor dem Stillstand rettet, das sind die informellen Netzwerke.

Ein natürlicher Kandidat für eine stärkere, hausübergreifende Zentralisierung ist vor allem die weit verzweigte und stark verrechtlichte Beschaffung. Nicht nur simple Verbrauchsgüter, sondern auch Bauleistungen, IT und Fortbildungen werden von verschiedensten öffentlichen Stellen eingekauft – mit dem Ergebnis multiplizierter Bürokratie und entsprechender Langsamkeit, überbordender Anforderungen, die nichts mit der Hauptleistung zu tun haben, und langwierigen Rechtsstreitigkeiten mit spezialisierten Anwaltskanzleien. Es gibt viele Anzeichen, dass wir uns hier in einer Komplexitätsfalle befinden, aus der wir nur mit einer stringenten Ausrichtung auf digitalisierte Abläufe herauskommen.

VORSCHLAG 81: Vernetzte Beschaffung

Es soll verschiedene zentral bereitgestellte Tools in Form von Microservices geben, die sowohl den anbietenden Unternehmen als auch den beschaffenden Stellen helfen. Das bedeutet: Beschaffung per App. Die Anbieter akkreditieren sich über ein zentrales Beschaffungsregister, in dem sich Unternehmen eintragen und im Betrugsfall ganz oder zeitweise ausgeschlossen werden. Hier werden auch Preislisten, Referenzen, Bewertungen anderer öffentlicher Auftraggeber und Musterverträge hinterlegt. So erreicht man mehr Rahmenverträge, verstärktes Prototyping und eine leichtere Bestellung von Testprodukten und -services.

Zudem kann ein Bürgschaftssystem die Fertigstellung eines Produktes auch im Falle der Insolvenz garantieren, um den Zuschlag für Start-ups zu erleichtern. Wir kennen derartige Systeme von den Hermes-Bürgschaften: Bringt ein Start-up das System nicht zu Ende, geht das begonnene Produkt an die bürgende Versicherung. Um die Kosten für die Fertigstellung zu sparen, hilft sie von Anfang an dabei, dass der Versicherungsfall gar nicht erst eintritt.

Wenn wir von Backoffices und vernetzter Beschaffung sprechen, dann haben wir ein anderes Leitbild vor Augen als eine auf Sparen, Effizienz und übertriebene Regeleinhaltung getrimmte Zentralstelle. Denn wenn alles zentral durch eine solche Stelle gepresst wird, wird sie leicht zum Flaschenhals. Das gilt ganz besonders für IT-Beschaffungen. Dort sind im Moment viele Wartezeiten für die Behörden unerträglich lang. Mit einem ausgleichenden Instrument wollen wir auch verwaltungsintern den Dienstleistungsgedanken voranbringen – um Zentralisierung mit Vielfalt zu verbinden.

VORSCHLAG 82: Wettbewerb bei internen Dienstleistungen

Wir wollen Wettbewerb zwischen behördeninternen Dienstleistern und eine daraus resultierende, ebenenübergreifende Spezialisierung auf bestimmte Bedarfe. Das Bundesverwaltungsamt darf auch für ein Bundesland beschaffen, der IT-Dienstleister eines Bundeslandes auch Services für ein Bundesministerium erbringen. Damit behält man die Vorteile der Zentralisierung und verringert zugleich die Abhängigkeit von einzelnen Beteiligten. Je standardisierter die verwendeten Technologien sind, desto einfacher wird ein solcher Wettbewerb zwischen den Dienstleistern sein.

Bestellende Verwaltungseinheiten können in unserem Szenario zwischen Dienstleistungszentren wählen, die sich mit der Zeit auf Teilbereiche spezialisieren. Die einen Beschaffungsstellen sind für den schnellen, hoch automatisierten Standardprozess geschaffen, andere haben Fachexpertise und können gut beraten. Das verteilt Aufträge gleichmäßiger und bietet Anreize für Servicesteigerungen.

Eine der größten Hürden dafür ist das bestehende Umsatzsteuerrecht. Bestellt man über die eigene Abteilung, zahlt man als bestellende Behörde auf die Dienstleistung keine Mehrwertsteuer. Auch dann, wenn eine zum Geschäftsbereich gehörende Anstalt öffentlichen Rechts im Sinne des § 89 BGB nicht rechtsfähig ist, bleibt die Bestellleistung umsatzsteuerfrei. Handelt aber eine rechtsfähige Einheit oder eine Behörde eines anderen Rechtsträgers, sind zusätzlich 19 Prozent zu entrichten. Diese Ungleichbehandlung samt Vermeidungsstrategien verursachen viel Aufwand in Behörden, im Falle der milliardenteuren IT-Konsolidierung des Bundes stritten sich die Beteiligten über Jahre. Das Bundesfinanzministerium weigerte sich, eine Lösung umzusetzen, bei der auf die Beschaffungskosten Mehrwertsteuer hätte in Rechnung gestellt werden müssen – denn von den Einnahmen aus der Umsatzsteuer landen 47,5 Prozent plus anteilige Ergänzungszuweisungen bei den Ländern.

47,2 %
der Umsatzsteuereinnahmen

plus anteilige Ergänzungszuweisungen landen bei den Bundesländern.

QUELLE: BMF, 2018

VORSCHLAG 83: Auch behördliche Dienstleister berechnen Umsatzsteuer

Wenn Behörden zentrale Dienste wie Beschaffung nutzen, dann sollte auf die in Anspruch genommene Dienstleistung grundsätzlich Mehrwertsteuer berechnet werden – auch dann also, wenn die Dienstleistung im eigenen Haus erbracht wird. Will man eine benachbarte und vielleicht spezialisierte Behörde nicht einsetzen, kann man sich so nicht mehr auf Kostengründe berufen. Wir wollen das Silodenken auch an dieser Stelle überwinden.

Für den Steuerzahler ist die Berechnung von Umsatzsteuer übrigens ein Nullsummenspiel. Zwar zahlt dann jede staatliche Stelle Mehrwertsteuer, aber der gesamte Betrag landet beim Fiskus, also wieder beim Staat. Deswegen ist es sinnvoll, dass wir einmal in den Haushalten von Bund, Ländern, Kommunen und sonstigen öffentlich-rechtlichen Institutionen die Verschiebungen abbilden und ausgleichen, die durch die Ausgaben auf der einen und entsprechende Einnahmen auf der anderen Seite entstehen. Auf diese Weise können wir faire Wettbewerbsbedingungen herstellen, idealerweise wird so stets über die geeignetste Einheit bestellt. In der Corona-Krise haben wir gesehen, dass große Privatunternehmen bei der Bestellung von medizinischer Schutzausrüstung sehr gut leisten konnten, was staatlich zweimal gescheitert war.

Für den Steuerzahler ist die Berechnung von Umsatzsteuer ein Nullsummenspiel.

Neue digitale Prozesse

Das alles wird allerdings nur nach unseren Vorstellungen funktionieren, wenn wir Bedienstete und Behörden vernetzen. Dass Krankmeldungen während der Corona-Pandemie noch per Fax weitergeleitet wurden, ist ein trauriges Symbol für unsere Rückständigkeit. Eine überbordende, analoge Bürokratie unserer Verwaltung beklagen nämlich nicht nur Bürger, sondern auch die Bediensteten in Behörden, Schulen, im Gesundheitswesen oder in der Polizei – und die sind Tag für Tag diesen lähmenden Systemen ausgesetzt. Die Digitalisierung kann uns da helfen.

VORSCHLAG 84: Digitalisierung aller internen Verwaltungsvorgänge

Bund und Länder haben mit dem Onlinezugangsgesetz (OZG) begonnen, bis 2022 alle Leistungen der Verwaltung für den Bürger online zugänglich zu machen. Das brauchen wir auch intern. Nach und nach sollten wir uns alle behördeninternen Prozesse kritisch anschauen, alternative Abläufe ausprobieren und dann digitalisieren. Dazu bedarf es der alsbaldigen verpflichtenden Einführung einer rechtsgültigen, elektronischen Signierung. Nur so vermeiden wir Medienbrüche, die zu Doppelarbeit, Verzögerungen und unnötiger Archivierung führen.

Eines der Instrumente, um die internen Prozesse der Verwaltung schneller, einfacher und übersichtlicher zu gestalten, ist die Führung elektronischer Akten. Sie verpflichtend einzuführen, würde vielen Digitalisierungsprozessen Schwung verleihen. Was auch immer wir in Zeiten wie der Corona-Krise für das sogenannte Remote-Arbeiten brauchen, steht nur bei Digitalisierung der Akten zur Verfügung.

VORSCHLAG 85: Elektronische Akte

§ 6 des E-Government-Gesetzes, der sich mit der Führung elektronischer Akten befasst, wird von einer Soll- zu einer Muss-Bestimmung: „Die Behörden des Bundes müssen ihre Akten elektronisch führen. [...] Durch geeignete technisch-organisatorische Maßnahmen nach dem Stand der Technik ist sicherzustellen, dass die Grundsätze ordnungsgemäßer Aktenführung eingehalten werden." Was die Wirtschaft kann, schafft auch die Verwaltung: Papier durch elektronische Akten ersetzen. Auch hier sollten wir nicht ein einheitliches Monstersystem einführen, sondern uns auf offene Standards verständigen und Wettbewerb zulassen.

Dabei kann der Staat viel lernen. Entscheidend ist, dass wir die Vielfalt der Aufgabenstellung abbilden. Deshalb darf es kein monolithisches System geben, sondern nur einen interoperablen Standard für konkurrierende Tools (→ Neue Standards). Dann gibt es verschiedene Lösungen, zwischen denen Verwaltungen auswählen können, aber jede einzelne führt zu einheitlichen Metadaten eines Vertrages oder Vorgangs, einer E-Rechnung und zu einem transparentem Berichtswesen.

Alle Akten in E-Akten umzuwandeln, auch die Millionen von Kilometern vorhandenen Papiers – das geht nur schrittweise. Deshalb sollten wir nicht auf den einmaligen Kraftakt warten, sondern peu à peu nach einheitlichem Standard digitalisieren. Die so erreichbare Interoperabilität fügt dann am Schluss alle Vorgänge zusammen. In einigen unserer Nachbarstaaten spricht man seit Längerem von E-Transformation anstelle von E-Government.

Die E-Akte ist kein Allheilmittel. Um eine nachhaltige Digitalisierung der Verwaltung zu ermöglichen, müssen wir viel größer denken. Gerade die Corona-Krise hat uns deutlich gemacht, wie existenziell Erreichbarkeit sein kann. Hieraus leitet sich eine weitere Grundsatzentscheidung ab: Auch im Normalbetrieb muss jeder im öffentlichen Dienst digital erreichbar sein. Wie groß diese Aufgabe ist, zeigt sich daran, dass in Berlin von weit mehr als 100.000 Mitarbeitern nur 15.000 theoretisch im Homeoffice arbeiten könnten – mangels VPN-Kanälen schrumpft diese Zahl jedoch weiter auf lediglich 4.000. Wir sind technisch „kurz hinter der Karteikarte", fasste eine Politikerin der Grünen aus Berlin zusammen.

VORSCHLAG 86: Digitale Erreichbarkeit für alle im Öffentlichen Dienst

Innerhalb der Arbeitszeit brauchen wir digitale Erreichbarkeit – was nicht bedeutet, dass jeder ständig online sein muss. Uns geht es vielmehr um die Art der Erreichbarkeit und des Zusammenarbeitens – nicht um Urgesteine der digitalen Kommunikation wie E-Mail und elektronische Akten, sondern um webbasierte Software-as-a-Service-Lösungen (SaaS) und Smartphone-Apps.

Solche Kollaborationswerkzeuge lassen virtuelle Meetings ebenso zu wie gemeinsame Terminfindung, schnelle Benachrichtigungen, die automatische Reiseabrechnung oder den Einsatz von Schulclouds, Wiki-Wissensmanagement und das gleichzeitige Bearbeiten von Dokumenten. Alle diese Tools lassen sich sehr gut erproben, weil man keine neuen Systeme entwickelt, sondern bestehende Angebote für vergleichsweise niedrige Monatsgebühren abonniert. Man braucht dafür allerdings spezialisierte Beschaffungsstellen, damit die öffentliche Verwaltung interoperabel bleibt und Informationen zwischen Behörden nicht verloren gehen. Unser Vorschlag zum Konnektivitätszwang würde dabei sehr helfen (Vorschlag 10: Datenportabilität → Daten).

Die neuen Tools werden die Tendenz verstärken, sich von alten Hierarchien und „Command & Control"-Prinzipien zu verabschieden. Stattdessen unterstützen sie selbstbestimmtes, freies und selbstorganisiertes Arbeiten und helfen so, Verwaltungen beweglicher und anpassungsfähiger zu machen. Auch deshalb ist das Verständnis digitaler Kollaborationstools und ihrer Potenziale künftig eine wichtige Kompetenz staatlicher Stellen.

Besonders beschleunigen ließen sich auf diese Weise alle Planungen mit mehreren Beteiligten. Heute wird weltweit Software mit Tausenden Co-Entwicklern geplant und programmiert. Dabei sind ständig neue Vorschläge zu bewerten und so eindeutig zu behandeln, dass die Software in jeder Version auch tatsächlich funktioniert. Die Produktivitätssteigerungen sind phänomenal – es werden gleichzeitig Tausende Beiträge transparent in hohem Tempo zu einem sinnvollen Ergebnis moderiert. Ermöglicht wird das durch sogenannte Git-Werkzeuge.

GIT-WERKZEUGE

„Git" ist eine Software bzw. ein Kollaborationsparadigma für die Versionsverwaltung, die es bis zu mehreren Tausend Entwicklern ermöglicht, gleichzeitig und reibungslos an einem gemeinsamen Projekt zu arbeiten. Die Software fügt die einzelnen Abschnitte eines Programms, an denen die Entwickler dezentral arbeiten (Branch), kontrolliert zusammen (Merge) und speichert dabei stets die vergangenen Zwischenstände des Programms (Commits), auf die man bei Bedarf jederzeit wieder zugreifen kann. Zudem kann jeder Partizipierende Kommentare zu etwaigen Schwachstellen oder Änderungswünsche (Issues) einreichen, die dann von Experten (Maintainern) moderiert und von der Entwickler-Community bearbeitet werden.

Da auf diese Weise die kontrollierte Kollaboration bei Softwareprojekten enorm vereinfacht und beschleunigt wird, ist das in der Open-Source-Community entstandene Git-Kollaborationsparadigma inzwischen auch in der Privatwirtschaft zum De-facto-Standard avanciert.

GITGOV: EIN JUGENDPARLAMENT WAGT ERSTE SCHRITTE

In einzelnen Projekten hat die Zukunft bereits in unserer politischen Arbeitsweise Einzug gehalten: Im März 2020 fasste das Jugendparlament Leipzig den Beschluss, die Git-basierte Kollaborationsplattform des deutschen GovTech-Start-ups GITGOV zu nutzen. Durch die Übertragung des Git-Prinzips auf Policy-Making-Prozesse sollen so zum Beispiel Ratsdokumente kollaborativ entwickelt werden. Darüber hinaus soll durch die Öffnung ausgewählter Projekte die Schwarmintelligenz der gesamten Leipziger Jugend entfesselt werden.

VORSCHLAG 87: GIT-Werkzeuge einführen

Politik und Verwaltung sollten lernen, ihre Planungen mit allen Behörden, Bürgern, Unternehmen und weiteren Interessenvertretern über Kollaborationstools aus der Git-Familie zu gestalten. Das wird nicht von heute auf morgen zu erreichen sein, wäre aber auch langfristig ein Segen für die Qualität und das Tempo unserer Arbeit.

Der Wechsel zu neuen Arbeitsweisen wird für Verwaltungen nicht einfach werden. Technische Expertise und Projektmanagement-Fähigkeiten finden sich heute bei viel zu wenigen Beschäftigten, obwohl auch in der Verwaltung immer mehr Projekte durchgeführt und zukünftig notwendig werden. Wir müssen neu denken, wie wir in den Verwaltungen arbeiten. Doch methodische Innovationen kommen selten von innen und noch seltener von sachlich Verantwortlichen. Wir schlagen deshalb ein Instrument vor, das allen Behörden helfen kann, neue Technologien und Arbeitsweisen zu adaptieren und den systemischen Wandel zu vollziehen.

VORSCHLAG 88: Innovationseinheiten fördern

Mit einem Gesetz vereinfachen und fördern wir die Arbeit von sogenannten Innovationseinheiten, die regelmäßig Teil größerer bestehender Institutionen werden sollen. Sie schaffen Pilotprojekte für neue Arbeitsweisen und Anwendungen und halten Ressourcen dafür vor. Ihr Personal rekrutiert sich gleichermaßen aus langjährigen Verwaltungsmitarbeitern wie aus neu einzustellenden Experten. Auf diese Weise erhöhen wir technische Expertise und Methodenkompetenz, gerade im Bereich des Projektmanagements. Innovationseinheiten sollen mit Wissenschaft, Wirtschaft und Start-ups kooperieren, Risiken bewusst eingehen, neue Ideen niedrigschwellig ausprobieren und eine positive Fehlerkultur etablieren.

Innovationseinheiten können den notwendigen Kulturwandel befördern: Wie im Kapitel „Neues Denken" beschrieben, orientieren sich Verwaltungen maßgeblich an Gesetzen und Richtlinien und versuchen dabei vor allem, Fehler zu vermeiden. Im Rahmen dieser Risikoaversion werden gesetzliche Ermessens- und Beurteilungsspielräume in der Regel nicht ausgeschöpft, sondern tradierte Arbeitstechniken bevorzugt, die zu einem geringeren Rechtfertigungsdruck führen. Das verringert die „Experimentierfreude" der Verwaltung leider enorm. Zudem werden sequenzielle Arbeitsweisen agilen und kollaborativen häufig vorgezogen. Verwaltungsinterne Vernetzungen und Interdisziplinarität bei der Lösung konkreter Fragestellungen sind durch hierarchische Strukturen und fragmentierte Zuständigkeiten beeinträchtigt. Ein häufig vorhandenes Silodenken (auf Ressort- oder Abteilungsebene) verhindert sinnvolle gemeinsame Lösungen, obwohl bestimmte Aufgaben nur ressortübergreifend befriedigend zu bewältigen wären.

Innovationseinheiten dagegen können sich untereinander vernetzen, der Versäulung entgegenwirken und der Zusammenarbeit im Föderalismus dienen. So werden sie auch neues Personal für den Öffentlichen Dienst anlocken.

Innovationseinheiten können den notwendigen Kulturwandel befördern

Nicht nur in Unternehmen, sondern auch in vielen anderen Ländern gibt es solche Einheiten – Vorreiter sind die USA. Hier löste eine von Präsident Obama eingesetzte Innovationseinheit das Problem der Auszahlung von Veteranensalären, die vorher bereits Unsummen verschlungen hatte, in gerade mal 6 Monaten. Auch in Deutschland haben wir mit der studentischen Initiative Tech4Germany bereits gute Erfahrungen gemacht. Sie entwickelte für das Auswärtige Amt in 10 Wochen ein Portal für die Mitarbeiterrotation. Wir müssen dafür sorgen, dass solche Erfolgsgeschichten mit dem Innovationseinheitengesetz zur Regel werden.

Um unsere Verwaltung zu befähigen, bei immer schnelleren Innovationszyklen up to date zu bleiben, müssen stets neue Antworten auf strukturell komplexe Fragen gegeben werden – auch, indem wir das ständige Neudenken und strategische Vorausschauen über Projekte fest installieren. Es ist schließlich kein Naturgesetz, dass die Verwaltung immer hinter der Wirtschaft hinterherhinkt. In der Vergangenheit war es so, dass die Wirtschaft die gute Organisation der Verwaltung kopiert hatte. Das sieht man an der Bezeichnung „Bankbeamter" noch heute, 150 Jahre später.

VORSCHLAG 89: Projektarbeit

> **Projektarbeit** muss auch in Verwaltungen Standard werden. Die notwendige Transformation wollen wir mit einem Gesetz begleiten, das die Bedeutung der Projektarbeit stärkt, prozessbegleitende Beratung und Weiterbildung fördert und Rechtsfragen klärt. Jede angesprochene Behörde muss sich an der Projektarbeit beteiligen. Die Arbeitsergebnisse einer Projektgruppe binden alle angesprochenen Behörden. Sie können auch nicht mehr durch einzelne Vorgesetzte zurückgenommen oder durch Vetos von einzelnen Behörden gebremst werden.

Bürger und Unternehmen wünschen sich bei Genehmigungsprozessen vernetztes und schnelles Handeln.

Unsere Vorschläge für neue Verwaltungsprozesse kann man auch aus dem Blickwinkel der Bürger und Unternehmen verstärken. Auch sie wünschen sich etwa in Genehmigungsprozessen ein vernetztes und schnelles Handeln. Wir treiben die Verbesserung der Prozesse voran, wenn Bürger und Unternehmen einen Anspruch auf die Beschleunigung erheben können:

VORSCHLAG 90: Rechtsanspruch auf agile Behördenarbeit

> **Ein Rechtsanspruch** auf Agilität – etwa in § 10 des Verwaltungsverfahrensgesetzes eingeführt – wirkt als rechtlicher Anstoß, um vom klassischen Wasserfallprozess und von der starren Linienstruktur in unseren Verwaltungen abzurücken. Er betrifft vor allem Ermessens- und Abwägungsentscheidungen, die Stakeholder aus verschiedenen Behörden einbinden. Agilität ist hier beispielsweise über Projektarbeit oder Anwendung von neuen Methoden wie z. B. SCRUM oder Design Thinking zu erreichen.

Änderung von § 10 des Verwaltungsverfahrensgesetzes

„Das Verwaltungsverfahren ist an bestimmte Formen nicht gebunden, soweit keine besonderen Rechtsvorschriften für die Form des Verfahrens bestehen. Es ist einfach, zweckmäßig und zügig durchzuführen."

„Das Verwaltungsverfahren ist an bestimmte Formen nicht gebunden, soweit keine besonderen Rechtsvorschriften für die Form des Verfahrens bestehen. Es ist einfach, zweckmäßig, zügig und **agil** durchzuführen."

Das eine zusätzliche Wort im Verwaltungsverfahrensrecht würde uns zwingen zu lernen, wie Agilität umgesetzt werden kann. Hat ein Antragsteller so das Recht, dass sich alle Beteiligten einer Baugenehmigung gleichzeitig mit ihm an einem Tisch oder in einem digitalen Arbeitsraum zusammensetzen? Durch solche frischen Perspektiven würde sich manche bürgerfreundliche Neuerung einstellen. ■

ZUM WEITERLESEN

- **Git-scm.com**
- **Ines Mergel, 2014: Introducing Open Collaboration in the Public Sector: The Case of Social Coding on Github, Syracuse University**

Neue Standards

Interoperabel, praktisch, gut

Die größte rechtsextreme Mordserie in der Geschichte Nachkriegsdeutschlands kostete zehn Menschenleben. Wie war es möglich, dass die NSU-Terroristen mehr als 13 Jahre lang unerkannt ihr Unwesen treiben konnten? Eine Antwort: weil die Kommunikation zwischen den unterschiedlichen Polizeibehörden durch inkompatible Systeme behindert wurde. Beamte mussten Erkenntnisse aus Ermittlungen in anderen Bundesländern per Hand in ihr eigenes Programm übertragen, am Ende konnten die parallel arbeitenden Ermittler ihre Informationen nicht rechtzeitig zusammenführen. „Es darf nicht nochmals vorkommen", hieß es 2013 im Bericht des NSU-Untersuchungsausschusses, „dass Zeit und Kraft dafür verloren gehen, unterschiedliche Systeme wie EASy und INPOL Fall während einer laufenden Ermittlung zu verknüpfen."

Diese Mahnung haben wir uns leider nicht zu Herzen genommen. Auch fast sieben Jahre später sucht man vergeblich nach konsequenter Interoperabilität in öffentlichen Einrichtungen. Wenn etwa in Berlin ein Haftbefehl erlassen werden soll, startet die Odyssee im Berliner Polizei-System POLIKS, wandert dann über das IT-System der Staatsanwaltschaft und das des Strafgerichts in Moabit zurück zur Polizei, wo der Haftbefehl in das Interpol-System aufgenommen wird. In diesem Dschungel der Systeme ist nichts mit nichts miteinander kompatibel. Es dauert Tage, bis der Haftbefehl vorliegt. Bis dahin sind manche Täter schon über alle Berge.

Unsere Verwaltung hat sich selbst auf ein digitales Abstellgleis manövriert. Im aktuellen Digital Economy and Society Index der EU belegen wir in der Kategorie "Digitale öffentliche Dienste" lediglich Platz 24 – diesbezüglich spielen wir in einer Liga mit Ungarn, Kroatien, Griechenland und Rumänien. Das kann uns nicht genügen. Der Normenkontrollrat legt im Gutachten zur Umsetzung des Online-Zugangsgesetzes den Finger in die Wunde:

„(...) eines fehlt: Gemeinsame Schnittstellenstandards und modularisierte, im besten Fall als Open Source bereitgestellte

Hier steht Deutschland im aktuellen Digital Economy and Society Index der EU (Kategorie „Digitale öffentliche Dienste")

QUELLE: EU KOMMISSION, 2020

Softwarelösungen sowie eine föderale E-Government-Architektur, die Wiederverwendbarkeit und Kombinierbarkeit solcher Modul-Lösungen unterstützt".

Im Kapitel → Wohlstandardisierung haben wir bereits gezeigt, wie segensreich sich Standardisierung und Interoperabilität auf unsere Volkswirtschaft und unseren Wohlstand auswirken können – mit mehr Wettbewerb, mehr Innovation und mehr Unabhängigkeit. Wenn wir es nicht schaffen, in der Verwaltung interoperable Lösungen zum Standard zu machen, wird auch der Staat seine Möglichkeiten verschenken. Mehr noch: Ohne Interoperabilität drohen wir an unserem Föderalismus zu ersticken.

Fehlende Interoperabilität halbiert Effizienz

Das Fehlen von interoperablen Lösungen belastet alle Teile des Staatswesens. So führt der langjährige militärpolitische Berater der deutschen Kanzlerin, Erich Vad, die Schwäche der Bundeswehr und der europäischen Verteidigung auf die technische Kleinstaaterei zurück: „Alle EU-Staaten kommen zusammen auf rund die Hälfte des US-Verteidigungsetats. Bedingt durch mangelhafte Interoperabilität und fehlende Ausrüstung, erreichen die europäischen Streitkräfte aber nur etwa 20 Prozent der militärischen Effizienz und operativen Befähigung der USA."

Auch im Gesundheitswesen wird ein gigantisches Potenzial für interoperable Lösungen nicht genutzt. Wenn sich Patientendaten an keinem zentralen Ort, sondern nur verstreut bei Krankenkassen, Patienten und Ärzten befinden, schadet das unserer Gesundheit. Es kann zu medizinischen Fehlentscheidungen kommen, wenn dem behandelnden Arzt entscheidende Informationen fehlen. Will er dieses Risiko verringern, entsteht oft überflüssiger Aufwand, etwa durch doppelt erstellte Röntgenbilder. Schlüsseltechnologie kann hier die elektronische Gesundheitsakte werden, in die Arzt, Versicherung und Patient strukturierte medizinische Daten und Informationen eintragen. Diese Akte, die aus Datenschutzgründen in der alleinigen Verfügung des Patienten bleiben sollte, könnte unser Gesundheitswesen revolutionieren – damit sie aber ihre Heilkraft entfalten kann, muss Interoperabilität zwischen den beteiligten Systemen herrschen. Der Patient könnte per App genau die Daten weitergeben, die ein Arzt braucht. Und er könnte sie anonymisiert der

> Das Fehlen von interoperablen Lösungen **belastet alle Teile des Staatswesens.**

Forschung zur Verfügung stellen. Im Kapitel Daten haben wir dazu ein Datenkonzept vorgestellt.

Auch der Föderalismus könnte profitieren. Man könnte vom Saarland nach Brandenburg umziehen, und die Kinder könnten einfach auf der gleichen digitalen Lernplattform Mathe lernen wie bisher. Was die Gewerbeaufsicht in Ostwestfalen genehmigt hat, stünde im gleichen Moment auch der Gewerbeaufsicht und der Umweltbehörde in Mittelfranken zur Verfügung. Interoperabilität kann den Föderalismus geschmeidiger machen, den Staat effizienter und das Leben einfacher. Ja, selbst die Landwirtschaft würde profitieren, wenn es gemeinsam nutzbare Daten und einen Austausch etwa über die Pflege von Feldern gäbe.

Und eigentlich haben Deutschland und Europa hervorragende Voraussetzungen, um Interoperabilität zu erreichen: Wir haben keine heimischen Plattformgiganten, die ihre eigenen Standards durchsetzen, dafür aber viele kleine und mittelständische Unternehmen, die von offenen Standards profitieren. Auch unsere technische Expertise und aktive Exportwirtschaft bieten gute Grundlagen für eine interoperable Zukunft.

Deutschland und ganz Europa könnten für einen eigenen, europäischen Weg zwischen Amerika und China stehen – für eine offene Plattformökonomie jenseits von Konzernmonopolen und zentralstaatlicher Lenkung. Nach ordoliberalem Ideal sollten wir unter Kooperation von Verbrauchern, Unternehmen und Staat an offenen Standards im Sinne des Gemeinwohls arbeiten. Das ist für uns ein weiterer Baustein zur Lösung des europäischen Dilemmas, das wir im Kapitel zur Künstlichen Intelligenz (Seite 94) ausgeführt haben. Digitale Effizienz und demokratische Grundwerte lassen sich zu einem Wettbewerbsvorteil unseres Kontinents vereinen.

Die Standards des Staates bleiben im Dunkeln

Allerdings: So überzeugend das in der Theorie klingen mag, so wenig überzeugend ist bislang die Umsetzung in der Praxis. Unser Staat glänzt auf dem Spielfeld von Standardisierung und Interoperabilität durch mangelnden Ehrgeiz (→Wohlstandardisierung) und nutzt seine Möglichkeiten weder als Regulierer noch als Einkäufer. Andere Staaten sind uns weit voraus: In Estland betreibt der Staat die interoperable Plattform e-Estonia, um

Plattformkapitalismus

Dominante Plattform-
unternehmen beherrschen
den Markt und verwenden
ihre Macht zunehmend
auch außerhalb der USA zum
Nachteil von Wettbewerbern
und Verbrauchern.

Ordoliberaler Ansatz

Beugt Marktversagen vor
und entwickelt nach einem
basisdemokratischen Ansatz
unter Kooperation von Unternehmen, Verbrauchern und
Staat gemeinsame, offene
Standards.

Staatskapitalismus

Globale wirtschaftspolitische
Ambitionen – staatlich
und zentral entwickelt, in
Forschung und Wirtschaft
umgesetzt

Dienstleistungen für Bürger effizienter anzubieten, in Italien verpflichtet er sich, bei Aufträgen möglichst interoperable Technologie zu bevorzugen, sogar die USA zwingen die IT-Sparte ihres
Gesundheitswesens im „Standards & Interoperability Framework" zur Anschlussfähigkeit der Schnittstellen. Deutschland
hingegen versteckt sich hinter dem „European Interoperability
Framework" der EU-Kommission und den daraus abgeleiteten
„Standards und Architekturen für E-Government-Anwendun-
gen" (SAGA). Sie geben der Verwaltung einen Rahmen vor zur
Schaffung von Interoperabilität, jedoch zu unverbindlich, um
praktisch wirksam zu werden. Die Nationen müssten ihm Leben
einhauchen – aber bislang passiert das nicht.

Hinzu kommt, dass es keine Projekte gibt, um die Start-up-
Szene zu interoperablen Lösungen zu ermutigen. Im Gegenteil:
Wir lassen unsere Wirtschaft, insbesondere neue Unternehmen und Gründer, im Dunkeln tappen. Welcher Standard von
der öffentlichen Hand künftig eingesetzt oder von Deutschland
und der EU unterstützt wird, bleibt oft unklar – diese Unsicherheit ist ein lähmender Zustand für alle Unternehmungen, die
interoperable Technologien für den Staat entwerfen wollen.
Das Ergebnis: Stillstand und bleibende Abhängigkeit von den
immer gleichen Plattform-Konzernen.

Als Licht im Dunkel strahlen lediglich vereinzelt Projekte wie
die E-Rechnung. In diesem Positivbeispiel ist es gelungen, dass
die EU-Kommission auf europäischer Ebene Richtlinien vorgegeben und dann die Normungsorganisationen dazu bewegt hat,
verbindliche, offene Standards für Verwaltungsanwendungen
zu entwickeln. Gängige Buchhaltungssysteme können und müssen Rechnungen elektronisch an den Staat senden.

Ein weiteres positives Beispiel: Das Bremer Projekt ELFE – kurz für "Einfach Leistungen für Eltern". Es will das beschriebene Problem des Marathons für Eltern auf dem Weg zum verdienten Elterngeld ELFE beenden. Es ermöglicht es Eltern, die Behördenrunde auszulassen, indem die einzelnen Ämter die notwendigen Informationen unter sich austauschen. Denn die Daten, die eine Behörde benötigt, liegen meist bereits bei einer anderen vor. Das Baby wird ja nur einmal geboren, nicht für jede Behörde aufs Neue, und wenn die Behörden miteinander sprechen würden, könnten sie das auch wissen. Das Zaubermittel, das diesen Projekt-Traum verwirklicht, ist also Interoperabilität – zumindest dann, wenn die Datenlage für den Staat konsistent, das heißt eindeutig und richtig, vorliegt. Schon aus Datenschutzgründen sollten die Daten nur einmal abgespeichert werden, nicht die Anschriften bei jeder Behörde extra. Denn ein Umzug erfordert sonst die Änderung an ganz vielen Stellen. Der Normenkontrollrat hat 2018 dazu ein großartiges Gutachten vorgelegt: „Mehr Leistung für Bürger und Unternehmen: Verwaltung digitalisieren. Register modernisieren."

VORSCHLAG 91: Registermodernisierung

Alle Daten, die der Staat von seinen Bürgern erhebt, werden in modernen und interoperablen Registern gespeichert. Die Basisdaten der Bürger werden dabei nur ein einziges Mal erhoben und gespeichert (Once-Only-Prinzip – siehe vorheriges Kapitel). Jede Behörde, die persönliche Daten braucht (und dazu berechtigt ist), kann die entsprechenden Daten beim Register zur einmaligen Nutzung anfordern. Die Bürger erhalten das Recht einzusehen, welche Behörden wann auf welche Daten zugegriffen haben. Wie? Über das digitale Bürgerkonto, denn dieses besitzt jeder Bundesbürger ab der Geburt automatisch. Damit das klappt, brauchen wir eine grundsätzliche Modernisierung der deutschen Registerlandschaft.

Zurzeit ist die Registerlandschaft in Deutschland stark zersplittert. Es gibt über 200 Register, die oft noch weiter untergliedert sind. Da die Register ihre Daten nicht austauschen, kommt es sowohl zu Überschneidungen als auch zu blinden Flecken – wovon einzig Kriminelle profitieren. Die Bürger hingegen leiden unter dem Extra-Aufwand, ihre Daten immer wieder neu an- oder einzugeben zu müssen und von Behörde zu Behörde zu laufen.

Mit modernen Registern ist es möglich, zumindest die Basisdaten nur einmal zu erheben: Geburtsort und -datum ändern sich nie, Familienstand oder Wohnort zumindest selten, und die Höhe des zu versteuernden Einkommens bleibt für abgelaufene Jahre unverändert. Der Bafög-Antrag könnte beispielsweise erheblich erleichtert, ja online sofort bewilligt werden, wenn Einkommensdaten, die dem Staat eigentlich bereits vorliegen, in einem Einkommensregister gebündelt würden und das Amt für Ausbildungsförderung darauf zugreifen könnte.

Zudem wird dadurch, dass Daten nicht mehr doppelt erhoben werden, die Datensicherheit erhöht. In modernen Registern kann der Bürger transparenter einsehen, welche Daten über ihn vorliegen und wer wann auf sie zugegriffen hat. So werden Datensorgfalt und Datensouveränität im Sinne des Bürgers ermöglicht.

Darüber hinaus: Moderne, interoperable Register bieten uns die Chance, viele Abläufe in deutschen Behörden effektiver und effizienter zu gestalten. Denn die dort derzeit eingesetzten geschätzt 40.000 unterschiedlichen Softwareprogramme (im Behördendeutsch auch Fachverfahren genannt) sind oft nicht kompatibel und beruhen auf verschiedensten Standards – das macht die Zusammenarbeit so unerquicklich auch für den Bürger. Denn inkonsistente oder fehlende Daten machen doppelte Arbeit, führen zu Rückfragen und Verzögerungen. Wie oft wiederholt man Angaben in Formularen? Interoperabilität kann hingegen dazu beitragen, auch in der zunehmenden Komplexität der Digitalzeit die Funktionsfähigkeit von Föderalismus und Verwaltung zu sichern – und stärkt damit auch unseren Rechtsstaat und unsere Demokratie.

40.000
unterschiedliche
Softwareprogramme
sind 2020 nach
Expertenschätzungen in
deutschen Behörden
im Einsatz.

20 Milliarden Euro p.a. für IT besser nutzen

Und wie erreichen wir das? Indem wir einem alten Kaufmanns-Sprichwort folgen: „Im Einkauf liegt der Gewinn." Der Staat ist bei vielen Gütern und Leistungen der größte Kunde überhaupt. Jeder Auftrag, jede Vergabe, jede Ausschreibung einer öffentlichen Institution bewegt die Märkte – und so, wie bewusste Konsumenten mit ihren Kaufentscheidungen das Warenangebot im Supermarkt beeinflussen, kann auch ein bewusster Staat den Markt beeinflussen. 2013 beispielsweise betrugen die öffentlichen Ausgaben für Informations- und Kommunikationstechnik rund 20 Milliarden Euro, davon 9,4 Milliarden allein für IT-Dienstleistungen. Das entspricht einem Anteil von 26 Prozent aller Ausgaben für IT-Dienstleistungen in Deutschland. Da geht was.

Die Art und Weise, wie die öffentliche Hand Aufträge vergeben kann, ist im Vergaberecht gesetzlich geregelt. Das „klassische" europäische und deutsche Vergaberecht hat das Ziel, Steuermittel ökonomisch einzusetzen und so den Haushalt zu schützen. Wir unterstützen dieses Ziel ausdrücklich – und gehen davon aus, dass es nur mit offenen Standards und Interoperabilität erreicht werden kann.

Berechnungen zufolge kostet der Mangel an Wettbewerb im IT-Bereich allein den öffentlichen Sektor etwa 1,1 Milliarden Euro im Jahr. Die Kosten für zusätzliche Arbeitszeit im öffentlichen Dienst, um leider nicht automatisch vorliegenden Informationen einzuholen, dürften noch wesentlich höher sein. Hinzu kommen Sicherheitsrisiken und negative Auswirkungen auf Fortschritt und Innovation. Die EU-Kommission schätzt, dass sich 98 Prozent der öffentlichen Einrichtungen innerhalb der EU in Bezug auf Betriebssystem und Office-Software in „effektiver Gefangenschaft" von Microsoft befinden. In ein solches Gefängnis sollte sich kein Staat stecken lassen.

Mehr Wettbewerb durch offene Vergabe

Großbritannien unternimmt durch neue Richtlinien im Vergabewesen einen Ausbruchsversuch. **Die „Open Standards Policy"** (siehe Kasten links) verpflichtet britische Behörden zur Beschaffung und Nutzung von interoperablen und offenen Lösungen, wie etwa dem Dateiformat ODF (Open Document Format). Wir sollten hier aufholen.

DIE PRINZIPIEN DER BRITISCHEN OPEN STANDARDS POLICY

1. Offene Standards müssen die Bedürfnisse der Nutzer abbilden.
2. Offene Standards müssen allen Lieferanten den gleichen Zugang zu öffentlichen Aufträgen ermöglichen.
3. Offene Standards müssen Flexibilität und Veränderung unterstützen.
4. Offene Standards müssen Nachhaltigkeit der öffentlichen Finanzen gewährleisten.
5. Die Auswahl offener Standards muss auf informierten Entscheidungen beruhen.
6. Die Auswahl offener Standards muss auf fairen und transparenten Prozessen basieren.
7. Die Spezifikation und Implementation offener Standards müssen fairen und transparenten Prozessen folgen.

QUELLE: BRITISCHES CABINET OFFICE, 2018

VORSCHLAG 92: Das offene Vergabewesen

Offene Standards, Open Source, Wiederverwendbarkeit von Software und Dokumentation allgemeiner Schnittstellen werden als Vergabekriterien bei allen öffentlichen Ausschreibungen aufgenommen.
Diese neuen Kriterien können kurzfristig durch Verwaltungsrichtlinien geregelt werden, mittelfristig werden sie durch ein Bundesgesetz festgeschrieben. Da offene Standards mehr Wettbewerb und Flexibilität erlauben, kann und sollte zudem die Auftragsvergabe deutlich kleinteiliger werden – was kleine und mittlere Unternehmen sowie Start-ups fördert.

Eine Verwaltungsrichtlinie bietet uns die Möglichkeit, zunächst eine schnelle Kurskorrektur vorzunehmen. Sie soll festsetzen, dass die Nutzung offener Standards Vergabekriterium öffentlicher Aufträge wird. Mittelfristig soll ein Bundesgesetz folgen, das die überragende Innovationskraft von offenen Standards im Sinne von § 97 III GWB beschreibt und sie damit bevorzugt.

In der Corona-Krise haben wir sehr schnell das Prinzip offener europäischer Standards angewendet. Binnen weniger Wochen wurde durch die DP3T-Initiative von Forschern mehrerer Hochschulen und Institute ein Standard entwickelt, um auf dezentrale Tracing-Lösungen aufbauen zu können. Auf dieser Basis wird auch die deutsche Lösung der Tracing-App entwickelt, die die Nachverfolgung der Kontakte eines Infizierten ermöglicht und eine schnelle Information sicherstellen soll. Forschung, Unternehmen und Politik erarbeiten auf Basis eines offenen Standards Lösungen – dieses System sollten wir auch für andere Felder der Software-Anwendung im Öffentlichen Dienst einsetzen.

98 %

der öffentlichen Einrichtungen der EU laufen auf Office-Software von Microsoft – Zeichen des geringen Wettbewerbs bei Software-Lösungen. Wenig Wettbewerb hemmt Innovation.

QUELLE: PWC, 2019

Die CDU hat auf ihrem Bundesparteitag in Leipzig Ende 2019 gefordert, dass der Staat über die sogenannte Innovationsplattform: D nach dem Prinzip von Open-X die Dokumentationen von IT-Projekten, Standards und offenen Schnittstellen allen zugänglich macht. Dieses auf Bundesebene initiierte System besteht aus Verfahrens- und Rechtsvorschriften, Sicherheitsvorgaben, technischen Standards und bietet so Daten für den Austausch mit anderen Systemen an.

Doch die Nachfragemacht des Staates reicht noch weiter, denn er kann nicht nur einen heilsamen Wettbewerbsdruck erzeugen, sondern als Pilotkunde auch einzelne Technologien fördern. Die Vergabe-Entscheidung kann Anstöße zur Entwicklung von innovativen Lösungen geben und die Entstehung von Pioniermärkten fördern. Noch wird diese Möglichkeit nur selten genutzt. Doch für den Übergang zu interoperablen Technologien und offenen Standards kann der Staat zum Impulsgeber werden.

Wir vermissen solche Impulse nicht nur bei Software. Auch bei Elektrobussen beispielsweise sitzen wir in einer Falle. Aus Sicht eines kommunalen Stadtwerks ist es ein teures und riskantes Unterfangen, Pilotkunde für Elektrobusse zu werden. Aus nationaler Sicht sollten wir der heimischen Industrie, etwa MAN und Mercedes, genügend Raum zum Lernen geben. In Europa ist gegenwärtig das holländische Unternehmen Ebusco führend, es hat aber erst wenige hundert Busse verkaufen können. Der chinesische Konkurrent mit dem schönen Namen Build Your Dreams (BYD) hingegen hat schon Tausende elektrisch angetriebene Busse im Einsatz.

VORSCHLAG 93: Innovations-Makler in die Ministerien

Unsere dezentralen staatlichen Einkäufer wissen oft nicht genug über Innovationen und haben weder die Ressourcen noch das Netzwerk, um Pilotkunde zu werden. Oft fehlt ihnen auch der Zugang zu Bürgschaften für den Fall, dass der neue Anbieter insolvent wird. Deshalb setzen wir in den jeweils zuständigen Ministerien staatlich bezahlte Innovations-Makler ein, die strategisch ausgewählte Schlüsselanwendungen anderen staatlichen Stellen nahebringen. Das ist gerade bei Software interessant, weil so neue Standards erst erprobt und dann durchgesetzt werden können.

Wir setzen dabei insbesondere auf die Vorteile kleiner Module. Offene Standards erlauben die Nutzung vieler kleiner Anwendungen anstelle großer monolithischer IT-Systeme, da Microservices durch offene, standardisierte Schnittstellen miteinander kommunizieren können. Diese Microservices ermöglichen nicht nur preisgünstige und individuellere Anwendungen bei kürzeren Entwicklungszeiten, sondern auch wesentlich geringere Änderungs- und Wartungskosten sowie eine höhere Verfügbarkeit. Wir alle kennen und nutzen solche Microservices bereits: auf unseren Smartphones. Die App Stores auf unseren mobilen Geräten sind Marktplätze für Microservices, die auf dem gemeinsamen (leider nicht offenen) Standard des Betriebssystems funktionieren. Und was wäre ein Smartphone ohne all die zusätzlich heruntergeladenen Apps, durch die man sich genau die Dienste aufs Handy holt, die man braucht?

VORSCHLAG 94: Ein App Store für die Verwaltung

> **Lösungen für kleine und große Aufgaben** der Verwaltung können von jedem Anbieter, der sich an die offenen Standards hält, im App Store angeboten und von jeder Behörde heruntergeladen werden. Die Vielzahl neuer Lösungen erhöht die innovative Dynamik der Verwaltungsleistungen und kann den Staat zum Technologie-Vorreiter machen.

Ein solcher App Store für die Verwaltung, der im europäischen Cloud-Projekt Gaia-X (→ Daten) angesiedelt sein könnte, macht Microservices zum zentralen Bestandteil staatlicher IT-Systeme. In Indien und in Großbritannien, wo es bereits solche öffentlichen App Stores gibt, zeigen sich die Vorteile dieses Ansatzes: Vielfalt, Flexibilität, Innovation. Wenn eine Kommunalverwaltung ihren Bediensteten beispielsweise die Reisekostenabrechnung erleichtern will, kann sie im App Store unter verschiedenen Lösungen diejenige wählen, die ihren Wünschen am besten entspricht, und sie dann mit wenigen Klicks installieren und testen. Veränderungen, die vorher nur im Rahmen eines Großauftrags mit hohem Volumen und langer Dauer möglich waren, werden jetzt in kleinen Modulen machbar. Das eröffnet spezialisierten Mittelständlern den Zugang zum Wettbewerb, bietet flexiblere und passgenauere Anwendungen und ermöglicht eine bessere Haushaltsplanung.

Wenn eine Lösung sich in einer Kommune als besonders effektiv herausstellt, können auch andere Verwaltungen sie einfach herunterladen. Und wenn andere Anbieter dadurch ihre bisherigen Kunden verlieren, müssen sie sich eben anstrengen – und bessere Qualität oder günstigere Preise oder gleich beides bieten. Wir nennen es Marktwirtschaft. Ludwig Erhard hätte seine Freude daran. ∎

ZUM WEITERLESEN

- **Normenkontrollrat, 2019: Monitor digitale Verwaltung #3**
- **Normenkontrollrat, 2017: Mehr Leistung für Bürger und Unternehmen: Verwaltung digitalisieren. Register modernisieren.**

Neue Transparenz

Wie klarere Buchführung den Staat nachhaltiger macht

Bis zur Corona-Krise erschien Deutschland finanziell gut aufgestellt. Die Schwarze Null hielt, der Staat konnte einen guten Teil seiner Schulden tilgen. Allerdings lässt sich diese These nicht ohne Weiteres nachprüfen, denn die Methoden der staatlichen Rechnungslegung in Deutschland sind undurchsichtig und altmodisch. Da Bund, Länder und Kommunen alle ihr eigenes Süppchen kochen, gleicht die Buchführung öffentlicher Körperschaften in Deutschland einem uneinheitlichen und unübersichtlichen Flickenteppich. Das erscheint ob des deutschen Rufes, der übergenaue Kassenwart Europas zu sein, mehr als ironisch.

Buchführung hat sowohl im öffentlichen als auch privaten Sektor zwei prinzipielle Funktionen: Einerseits stellt ein effektives Buchführungssystem Transparenz nach innen her. So können interne Managemententscheidungen fundierter und nachhaltiger getroffen werden. Andererseits gewährleistet es auch Transparenz nach außen. Durch den Blick in die Bücher können Kapitalgeber, im Falle des Staates die steuerzahlenden Bürger, leichter entscheiden, ob das aufgebrachte Geld sinnvoll verwendet wird. Ein nachvollziehbares Buchführungssystem schafft demgemäß zweierlei: Zum einen können Entscheidungen operativ besser getroffen werden und zum anderen durch ein breiteres Verständnis der Bevölkerung auf mehr Akzeptanz stoßen.

In der Privatwirtschaft hat sich die doppelte Buchführung bereits seit mehr als 500 Jahren bewährt. Erstmals beschrieben wurde sie 1494 in Venedig in dem Buch „Summa de arithmetica" des Franziskanerpaters Luca Pacioli.

In der Buchführung gibt es zwei Systeme, die in Deutschland von der öffentlichen Hand angewandt werden. Auf der einen Seite steht das herkömmliche System der Kameralistik. Dieses basiert auf einer reinen Cash-Flow-Rechnung (Einnahmen-Ausgaben-Rechnung) über das Kalenderjahr. Auf der anderen Seite steht das System der Doppik. Dieses orientiert sich ganz wesentlich an der doppelten Buchführung, die aus dem Handelsverkehr

Neue Rechnungslegung fördert zukunftsorientierte Investitionen

Die Unterschiede zwischen den Buchführungsmethoden der Kameralistik und Doppik stellen wir hier am Beispiel einer Investition in Höhe von 20 Milliarden Euro in bessere Schulbildung dar.
Die kameralistische Methode verbucht die Investitionen als Ausgaben im aktuellen Jahr, denen keine entsprechenden Einnahmen gegenüberstehen – denn Investitionen in Bildung zahlen sich zwar langfristig aus, lassen aber nicht noch im gleichen Jahr die Staatskasse klingeln. Wer seine Schwarze Null halten will, wird also eher weniger langfristig investieren oder versteckt solche Investitionen in sogenannten Sondervermögen, die nicht im regulären Haushalt auftauchen.
Die Doppik-Methode, auf der auch der europäische EPSAS-Standard beruht, betrachtet die gleichen 20 Milliarden Euro nicht nur als Ausgabe, sondern auch als Investition – in Bildungskapital. Buchhalterisch handelt es sich damit um einen Vermögenswert, der über einen längeren Zeitraum abgeschrieben wird, in diesem Beispiel über 20 Jahre. Entsprechend muss lediglich eine Milliarde Euro pro Jahr aufgebracht werden, um die Schwarze Null zu halten.
Der Vergleich macht deutlich, wie sehr die Umstellung der Rechnungslegung als Anreiz für Zukunftsinvestitionen wirken kann.

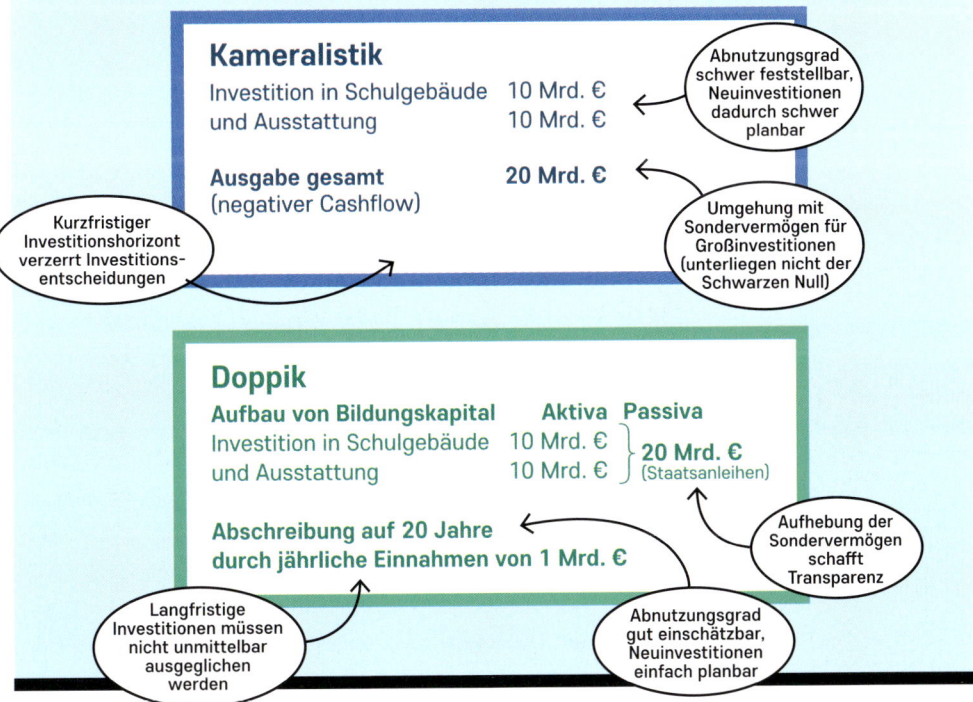

bekannt ist. Die Doppik orientiert sich insofern an den Standards des Handelsgesetzbuches, wie sie auch für private Unternehmen gelten.

Auf Bundes- und Landesebene gelten in Deutschland die sog. Standards staatlicher Doppik. Das klingt zunächst nach einem einheitlichen Standard. Jedoch führt dieser Begriff in die Irre. Tatsächlich können Bund, Länder und nachgeordnete Verwaltungsträger hiernach selbst aussuchen, ob sie das kameralistische oder das doppische System umsetzen wollen. Durch dieses Wahlrecht besteht weiterhin ein uneinheitliches Durcheinander bei der staatlichen Rechnungslegung auf allen Ebenen. Während manche Länder schon die Doppik nutzen, bleibt der Bund bei seinem bisherigen kameralistischen System.

Kameralistik vs. Doppik in Deutschland

Kameralistik ■ Doppik

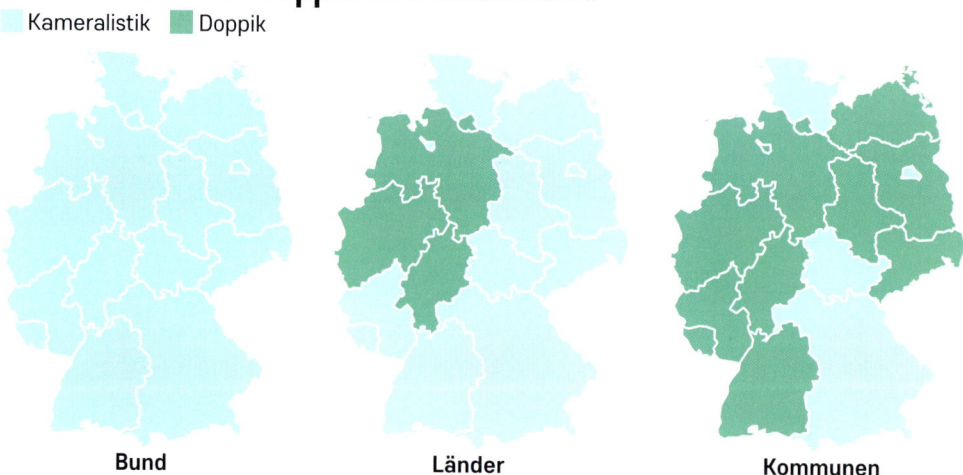

Bund   Länder   Kommunen

Zurzeit werden für die öffentlichen Finanzen in Deutschland beide Methoden verwendet. Für den Bund und 12 der 16 Bundesländer rechnen die Buchhalter kameralistisch, auf kommunaler Ebene hat sich in den meisten Ländern die Doppik durchgesetzt. Im Ergebnis weiß der Staat nicht so ganz genau, was er insgesamt tut – ein Missstand, der uns auch ohne äußere Zwänge zu einer gemeinsamen Anstrengung motivieren sollte.

QUELLE: LORSON ET AL, 2018

Eine Orientierung an internationalen Standards wie IPSAS (International Public Sector Accounting Standards) oder dem europäischen Pendant EPSAS (European Public Sector Accounting Standards) findet nicht statt. Dabei sollten die EPSAS gemäß einer EU-Richtlinie von 2011 in allen EU-Staaten eingeführt werden. Alle anderen Staaten (außer Irland) sind bei der Umsetzung schon deutlich weiter. Die knappe Begründung seitens des Bundesfinanzministeriums hierfür: "Knappe finanzielle und personelle Ressourcen."

Dabei geht es mit den EPSAS nicht um trockene Buchhaltungsprinzipien: Die Art der Rechnungslegung bei den öffentlichen Finanzen hat unmittelbare Auswirkungen auf das staatliche Handeln. Denn die auf Bundesebene weiterhin verwendete Methode der Kameralistik hat zwei entscheidende Nachteile. Zum einen lassen sich die tatsächlich bestehenden Verbindlichkeiten des Staates nicht ausreichend erfassen. Vereinfacht gesagt, sieht man nur, wie viel Geld herein kommt und wie viel wieder abfließt. Dass aber, wie oben zu unserem Vorschlag der Doppelrente gezeigt, tatsächlich ganz andere Belastungen zu Buche schlagen müssten, kann so gar nicht dargestellt werden. Zum anderen lassen sich staatliche Investitionen so wesentlich schlechter auf ihre Nachhaltigkeit in der Bilanz überprüfen. Groß angelegte und damit teure Investitionsprojekte sind deshalb auch immer ein Wagnis, weil dann sofort ein großes Minus in der Rechnung auftaucht. Dass aber gerade teure Infrastruktur- oder Bildungsinvestitionen sich erst langfristig amortisieren, kann dadurch nicht abgebildet werden. Deshalb trägt die Kameralistik dazu bei, dass wesentliche Investitionsprojekte nicht angepackt werden. Um es praktisch zu sagen: Repariere ich verschlissene Fenster an einem öffentlichen Gebäude nicht, habe ich vielleicht durch die gesparte Ausgabe einen besser aussehenden Haushalt. Dass die Schäden dadurch größer und später umso teurer werden können, sieht man in der Kameralistik schlicht nicht. Der Haushalt ist blind für die Zukunft.

> Bei der Umstellung der Rechnungslegung sind **alle EU-Staaten (außer Irland) weiter als Deutschland.**
>
> Quelle: Lorson et al, 2018

Haushalte sollten das ganze Bild zeigen

Die EPSAS hingegen beruhen auf der Methode der Doppik: Hier werden Forderungen, Verbindlichkeiten und tatsächliche Geldflüsse getrennt verbucht, darüber hinaus die öffentlichen Vermögen bewertet und den Schulden gegenübergestellt. Wertsteigernde oder -erhaltende Investitionen werden also anders ausgewiesen als rein konsumtive Ausgaben. Der

Staatshaushalt wird dadurch transparenter und besser vergleichbar, das staatliche Handeln zielsicherer und effizienter, das Parlament kann seiner Verantwortung im Budgetrecht nachkommen. Und schließlich: Auch die Bürger können die Entscheidungen ihrer Regierung besser nachvollziehen und bewerten. Die EPSAS haben also nicht nur einen praktischen, sondern auch einen hohen demokratischen Wert.

VORSCHLAG 95: Verbindliche Rechnungslegung nach Doppik

Auf allen staatlichen Ebenen wird schnellstmöglich die staatliche Doppik eingeführt. Dabei orientieren wir uns an dem Vorsichtsprinzip des deutschen Handelsgesetzbuchs und beteiligen uns in diesem Sinne auch an der Fortentwicklung des europäischen Rechnungslegungs-Standards EPSAS. Für einen wirklichen Überblick sowohl über die Vorsorge als auch über die Lasten, die wir unseren Kindern hinterlassen, ist ein konsolidierter Abschluss notwendig, der auch alle Sondervermögen einbezieht – im Wirtschaftsleben „Konzernabschluss" genannt.

Die Umstellung der Rechnungslegung hat auch Auswirkungen auf zwei große Errungenschaften der deutschen Haushaltspolitik bis 2019: die Schwarze Null und die Schuldenbremse. Wir teilen voll und ganz das Ziel der im Grundgesetz verankerten Schuldenbremse: Bund und Länder sind zu einer ausgeglichenen Haushaltspolitik verpflichtet, die nicht zulasten zukünftiger Generationen geht. Gerade dieser Sinn wird allerdings von der kameralistischen Mechanik der heutigen Schwarze-Null-Politik durchkreuzt. Denn sie setzt sich nur zum Ziel, im jeweils aktuellen Haushaltsjahr mehr einzunehmen als auszugeben. Das ist sehr kurzfristig gedacht und gibt keine Anreize für weit in die Zukunft reichende Investitionen, denen keine gleichwertigen Einnahmen in der aktuellen Periode gegenüberstehen. Wer dauerhaft solide sein möchte, muss – wie in jedem Unternehmen – auch die Bilanz und nicht nur die laufende Gewinn- und Verlustrechnung betrachten. Momentan ist stattdessen der Anreiz höher, jenseits der regulären Haushalte sogenannte Sondervermögen einzurichten, die nicht von der Schuldenbremse erfasst werden – etwa in den Sozialkassen, Universitäten, öffentlichen Stiftungen oder öffentlichen Banken. Man kann dadurch Geld ausgeben, ohne die Schwarze Null zu gefährden – so werden versteckte Staatsschulden geschaffen. Die Doppik würde das sichtbar machen.

Gerade wenn die Ziele von Schuldenbremse und Schwarzer Null das politische Handeln bestimmen sollen, ist es allerdings von Vorteil, nicht nur auf die Zahlen und ihr Format, sondern auch auf die Inhalte zu schauen. Für eine Transparenzoffensive im Bereich der öffentlichen Finanzen ist die Umstellung der Rechnungslegung zwar notwendig, reicht aber nicht aus.

VORSCHLAG 96: Staatliche Finanzprüfung

Wir schlagen die Einführung einer vom Bundesfinanzministerium unabhängigen Wirtschaftsprüfungsstelle vor, die das bestehende Instrumentarium des Bundesrechnungshofs um volkswirtschaftliche Kompetenzen erweitert. Bisher betrachtet der Rechnungshof nur die Rechtmäßigkeit und Zweckmäßigkeit von jeweiligen Ausgaben. Die Rechnungshofgesetze begrenzen das Aufgabenspektrum bislang. Vorbilder für einen weitergehenden „Fiscal Watchdog" gibt es sowohl in der Schweiz („Rechnungslegungsgremium für den öffentlichen Sektor") als auch in Großbritannien („Office for Budget Responsibility")

ZUM WEITERLESEN

Man muss übrigens nicht einmal ins Ausland schauen, um ein Best-Practice-Beispiel für den Bund zu finden – es reicht der Blick nach Hessen. Dort wurde sowohl die Rechnungslegung auf den EPSAS-Standard umgestellt als auch eine unabhängige Wirtschaftsprüfungsstelle eingerichtet, die im Auftrag des Hessischen Rechnungshofs die Geschäftsberichte des Landes testiert. „Dass wir diese Prüfung seit 2013 stets mit einem uneingeschränkten Testat abgeschlossen haben, bestätigt unseren hohen Qualitätsanspruch", sagte Hessens kürzlich verstorbener Finanzminister Thomas Schäfer und ermunterte unser Buchteam dazu, dem hessischen Beispiel zu folgen: „Nachahmer sind ausdrücklich willkommen!" Dem schließen wir uns ebenso ausdrücklich an. Wir fühlen uns seinem Appell verpflichtet. ∎

- **Hessisches Ministerium der Finanzen, 2019: Studie zur Umstellung eines doppischen Rechnungswesens auf einheitliche europäische Rechnungslegungsstandards am Beispiel des Bundeslandes Hessen**
- **Bundesministerium der Finanzen, 2015: Kompendium zur Schuldenbremse des Bundes**

EXKURS: Auch der Rechtsstaat muss lernen

Die Justiz bleibt von gesellschaftlichen und technischen Veränderungen nicht verschont

IM GANZEN BUCH GEHEN WIR DAVON AUS, dass wir selbstverständlich unsere beiden elementaren staatlichen Erfolgsprinzipien beibehalten. Erstens: die Demokratie. Unsere Bürger können alle vier oder fünf Jahre ihre Repräsentanten abwählen, das hat heilsame Wirkung auf die innere Verfasstheit von Machthabern. Und zweitens, älter als die Demokratie und eine ihrer unabdingbaren Voraussetzungen: der Rechtsstaat. Er beruht auf dem Prinzip der Gewaltenteilung und der damit einhergehenden unabhängigen Kontrolle durch Gerichte.

In diesem Buch plädieren wir dafür, diese beiden Erfolgsprinzipien für Exekutive und Legislative mit einem zusätzlichen Leitbild zu stärken: der datenbasierten Entscheidungsfindung im **Lernenden Staat** (mehr dazu → Schicksalsfragen, → Neues Denken). Unser Plädoyer konzentriert sich dabei auf die Exekutive und die dafür notwendigen Änderungen der Gesetzgebung. Die Judikative ist davon erst einmal unabhängig, zudem auch sehr viel moderater von den eingangs ausgeführten Schicksalsfragen betroffen. Dennoch wollen wir uns in einem kurzen Exkurs auch die Justiz anschauen.

Denn hinter der glänzenden Bilanz unseres weltweit bewunderten Rechtsstaats mit seinen wirklich unabhängigen Richterinnen und Richtern, seiner beeindruckenden Rechtswissenschaft und unserem stolzen Grundgesetz verbergen sich leider auch eine Reihe von Problemen: lange Verfahren, Personalmangel, blockierte Beförderungen, eine zu niedrige Besoldung, eine grottenschlechte IT und vieles mehr. Die Sparpolitik vergangener Jahrzehnte hat die dritte Gewalt schwer getroffen. Die finanziellen Probleme wurden erkannt und mit dem Anfang 2020 beschlossenen Pakt für den Rechtsstaat auch angegangen. Dieser Pakt schafft bei Gerichten und Staatsanwaltschaften 2.000 neue Stellen. Viele strukturelle Fragen sind damit allerdings noch nicht gelöst.

Lernender Staat heißt auch lernende Justiz. Das betrifft rein organisatorische Dinge wie die elektronische Akte, die nach einem 2015 verabschiedeten Plan der Justizministerkonferenz nun erst 2026 eingeführt werden soll – und selbst dieser Zeitplan ist schon gefährdet. Unsere Befunde zur IT- Standardisierung lassen sich weitgehend auch auf die Justiz übertragen – die Reformagenda ist lang und besteht wegen der Länderzuständigkeit und notwendigen Einheitlichkeit aus vielen dicken Brettern.

Auch mit den Füßen wird abgestimmt. Die Zahl der Verfahren vor Amtsgerichten ist seit Jahren rück-

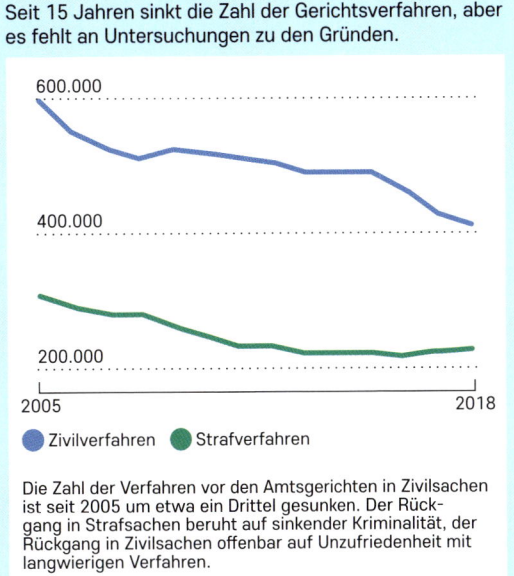

Abstimmung mit den Füßen

Seit 15 Jahren sinkt die Zahl der Gerichtsverfahren, aber es fehlt an Untersuchungen zu den Gründen.

● Zivilverfahren ● Strafverfahren

Die Zahl der Verfahren vor den Amtsgerichten in Zivilsachen ist seit 2005 um etwa ein Drittel gesunken. Der Rückgang in Strafsachen beruht auf sinkender Kriminalität, der Rückgang in Zivilsachen offenbar auf Unzufriedenheit mit langwierigen Verfahren.

QUELLE: STATISTISCHES BUNDESAMT, 2018

läufig. Während auf die kleinen Zivilverfahren oft verzichtet wird, werden Großverfahren gerne auf Schiedsgerichte verlagert, die schneller und nicht öffentlich entscheiden.

VORSCHLAG 97: Mehr Spezialisierung

> **Wir brauchen mehr Spezialisierung** in den Gerichtskammern, mehr auf Englisch verhandelnde Handelskammern in Konkurrenz zu den internationalen privaten Schiedsgerichten, einen weiteren Ausbau der gerichtlichen Mediation und eine bessere Nachwuchsgewinnung, denn der Fachkräftemangel zeigt sich in ländlichen Gebieten schon heute in der Justiz.

Auch wenn es für unabhängige Richterinnen und Richter eine ungewohnte Kategorie ist: Auch die Justiz muss sich der wandelnden Gesellschaft und ihren Ansprüchen stellen. Die Maximen des ungehinderten und leichten Zugangs zum Recht und der allein am Gesetz orientierten Entscheidungen genügen nicht mehr, um eine moderne, schnelle und damit effektive Rechtsprechung zu gewährleisten.

Das Vertrauen in den Rechtsstaat baut besonders stark auf hervorragendes Personal. Unsere Ausführungen zum Recruitment (→ Neue Kompetenzen) lassen sich weitgehend auf die Justiz übertragen. Die Pensionierungswelle und die Konkurrenz um guten Nachwuchs werden die Justiz nicht verschonen. Das Personalwesen in der Justiz hat allerdings einige Besonderheiten. So muss man Richterinnen und Richter einerseits beurteilen, um sie für Beförderungen auszuwählen, muss dabei andererseits aber ihre Unabhängigkeit wahren. Zudem braucht es für die Justiz einen eigenen Personalentwicklungsplan, der die Veränderungen und die zukünftige Abhängigkeit von der IT berücksichtigt – ganz ähnlich wie der vorgeschlagene Zukunftstalentplan für die Verwaltung (→ Neue Kompetenzen).

Neue Prozesse für die Justiz

Die Prozesse, die für Gerichtsverfahren gelten, sind in eigenen Gesetzen sehr detailliert vorgegeben. Das Prozessrecht ist für Außenstehende kaum zu durchblicken und hat viele Fehlentwicklungen ermöglicht. Das Beispiel vom Landgericht Koblenz ist nur die Spitze des Eisbergs: Nach fünf Jahren Verhandlungszeit mit 337 Verhandlungstagen platzte ein Prozess gegen 26 angeklagte Neonazis. Schon die Anklageschrift hatte 1.000 Seiten. Danach wurden 400 Verfahrensanträge, 240 Beweisanträge und über 500 Befangenheitsanträge gestellt, so lange, bis der Vorsitzende Richter in Pension gehen und das Verfahren von vorne beginnen musste. Der Fall ist gewiss extrem, aber kein Einzelfall, und zeigt Schwierigkeiten, die in vielen weiteren Prozessen alltäglich sind. Immer wieder haben Grüne, Liberale und Sozialdemokraten, im Namen des Rechtsstaats und unterstützt von der Lobby der Strafverteidiger, wirksame Reformen der Strafprozessordnung verhindert. Es gibt zahllose Veröffentlichungen und Vorschläge, wie man Prozesse schlanker gestalten könnte, was man von ausländischen Systemen, etwa aus Norwegen, lernen könnte. Leider gibt es nicht den einen Schlüssel, sondern nur ein großes Bündel an Maßnahmen, die uns weiterhelfen können. Erste Verbesserungen hat der Bundestag im letzten Winter beschlossen, so einen schnelleren Umgang mit Befangenheitsanträgen und Besetzungsrügen. Im Asylverfahrensrecht ist in den letzten Jahren immerhin einiges erfolgreich in Angriff genommen worden. Es sprengt aber den Rahmen dieses Buches, neben den bisherigen Verwaltungsreformen auch noch die vielen Vorschläge für ein besseres Prozessrecht zu diskutieren.

Dass viele Gerichtsurteile nicht zueinander passen, ist ein weiteres Problem. Auch dazu ein Beispiel, das der Journalist Wolfgang Janisch von der Süddeutschen Zeitung und der damalige Vorsitzende des Deutschen Richterbundes, Jens Gnisa, zu Recht moniert haben: Das Bundesverfassungsgericht hält ein Kopftuchverbot für Lehrerinnen an Schulen nur dann für zulässig, wenn Tatsachen die Annahme eines gefährdeten Schulfriedens rechtfertigen. Der Europäische Gerichtshof hingegen hat entschieden, dass in normalen Arbeitsverhältnissen Unternehmen ihren Betrieb weltanschaulich neutral halten und deshalb Kopftücher ganz verbieten dürfen. Der mit dem vorgenannten Gericht nicht zu verwechselnde Europäische Gerichtshof für Menschenrechte schließlich urteilte, dass selbst bei einem Parkspaziergang das Tragen von Burkas verboten werden darf. Die Zusammenschau macht stutzig. Für den privaten Bereich wird streng geurteilt – während der Staat seine religiöse Neutralität kaum wahren kann.

Weniger prominent, aber im Alltag allgegenwärtig sind die Auslegungsschwierigkeiten aufgrund mangelhaft formulierter Gesetze. Viele aktuelle Beispiele finden sich im Miet- und Steuerrecht. Die Berliner rot-rot-grüne Koalition etwa hat neben die Mietpreisbremse des Bundes einen systematisch verfehlten Mietpreisdeckel gesetzt. Schon die Namensähnlichkeit verwirrt, die Gerichte urteilen höchst unterschiedlich, eine Klagewelle wird noch dieses Jahr die Verfassungsgerichte in Berlin und Karlsruhe erreichen. Unbefriedigend ist auch die Situation im Steuerrecht. Ihm widmet sich mit den Finanzgerichten eine eigene Spezialgerichtsbarkeit, die sich fast ausschließlich mit der Auslegung von Steuergesetzen auseinandersetzt. Hier gibt es eine absurde Spezialität: Auch wenn höchstrichterlich der Bundesfinanzhof eine Auslegung vorgibt, kann der Finanzminister mit einem sogenannten Nichtanwendungserlass die Finanzämter anweisen, dieses Urteil nicht auf andere Steuer-

> Das Prozessrecht ist für Außenstehende **kaum zu durchblicken** und hat **viele Fehlentwicklungen** ermöglicht.

erklärungen zu übertragen. Der Rechtsklarheit dient das nicht. Die Forderung nach besseren Gesetzen haben wir uns ausdrücklich auf die Fahnen geschrieben und weitreichende Reformen vorgeschlagen (→ Neue Gesetze).

Die Justiz würde zudem profitieren, wenn wir uns schneller zu neuen Fahndungsmethoden entschließen könnten.

VORSCHLAG 98: Moderne Videoaufklärung

Zumeist Ländersache und deshalb höchst heterogen geregelt: Die Videoaufklärung lässt nicht nur spektakuläre Fahndungserfolge zu, sondern kann die Sicherheit durch neue Systeme auch massiv verbessern. Dazu gehört der automatische Notruf: Videokameras können Gefahrensituationen über Künstliche Intelligenz identifizieren. Die Bilder können dann – und nur dann – auf die Einsatzzentralen der Polizei live geschaltet werden. Über Lautsprecher kann zudem der noch aktive Täter direkt angesprochen werden. In wirklichen Notfällen ist die Polizei sehr schnell vor Ort, wahrscheinlich schneller als ohne die Hilfe der Videoaufklärung. Auch Affekttaten, etwa bei Schlägereien, oder sonstige Gewalttaten könnten damit schneller unterbunden werden.

In Mannheim gibt es einen Pilotversuch mit Videoüberwachung, der allerdings noch keinen automatischen Notruf vorsieht. In Berlin verweigert der Senat jede Videoaufklärung außerhalb des sehr erfolgreichen Einsatzes in U- und S-Bahnen mit der immer gleichen Ausrede, das Freiheitsgefühl würde zu stark eingeschränkt. Dass die absolute Mehrheit der Bürger das anders beurteilt, ficht ihn genauso wenig an wie die vielversprechenden Daten der eigenen Verkehrsbetriebe.

Letztlich braucht die Justiz sehr lange, bis sie Innovationen auch nur ausprobiert. Die Beispiele der elektronischen Akte oder der Einführung von Mediation haben wir schon erwähnt. Man könnte viel radikaler denken.

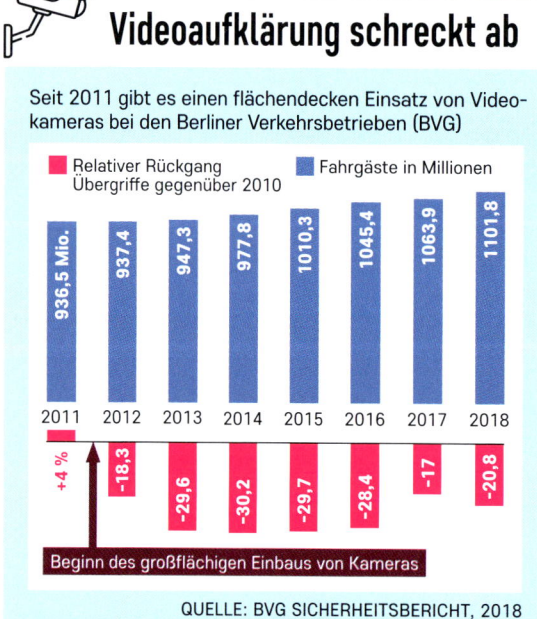

Videoaufklärung schreckt ab

Seit 2011 gibt es einen flächendecken Einsatz von Videokameras bei den Berliner Verkehrsbetrieben (BVG)

■ Relativer Rückgang Übergriffe gegenüber 2010   ■ Fahrgäste in Millionen

Jahr	Fahrgäste in Mio.	Relativer Rückgang
2011	936,5 Mio.	+4 %
2012	937,4	-18,3
2013	947,3	-29,6
2014	977,8	-30,2
2015	1010,3	-29,7
2016	1045,4	-28,4
2017	1063,9	-17
2018	1101,8	-20,8

Beginn des großflächigen Einbaus von Kameras

QUELLE: BVG SICHERHEITSBERICHT, 2018

VORSCHLAG 99: Legal Tech ausprobieren.

Einfache Rechtsfälle werden sich zukünftig über Künstliche Intelligenz sehr viel schneller als über traditionelle Gerichtsverfahren lösen lassen. Diese unter dem Begriff „Legal Tech" aufkommende Entwicklung sollten wir nicht erneut amerikanischen Großkonzernen überlassen. Auch die Justiz sollte damit experimentieren – zum Beispiel, indem sie den Streitparteien in einem vorgelagerten Verfahren über KI einen ersten Vorschlag für einen Vergleich unterbreitet. Ein solches Verfahren wäre kostenlos und freiwillig. Wir würden gewiss viel lernen.

Insgesamt fehlt der Rechtsprechung Forschung über ihr Handeln, über ihre Kunden, ihre Wirksamkeit und ihre Effizienz. Das unterscheidet sie von der Medizin, von der Betriebswirtschaftslehre und von fast allen anderen gesellschaftlichen Bereichen.

VORSCHLAG 100: Mehr Forschung über den Rechtsvollzug

Gerade der Rechtsvollzug verdient mehr wissenschaftliche Beachtung. Wie viele Haftbefehle werden wirklich vollstreckt, und woran liegt das? Woran scheitert die Umsetzung einer Ausreisepflicht? Wo werden gerichtliche Entscheidungen umgesetzt, und wo werden sie nicht angewendet? Welche Gerichtsorganisation, welcher Geschäftsverteilungsplan beschleunigt oder verlangsamt das Arbeiten? Es gibt sehr viele Fragen, zu denen wir keine wirklich datenbasierten Antworten besitzen.

Das liegt auch daran, dass Justiz und Forschung außerhalb der Rechtswissenschaften zwei praktisch berührungslose Silos sind. Die Rechtswissenschaften selbst beschäftigen sich fast ausschließlich mit den Regeln in Gesetzen und ihrer Auslegungstechnik – und fast gar nicht mit den Institutionen und dem Verhalten der dort engagierten Menschen. So kann das Rechtssystem als lernendes System nur wenig Fortschritte machen. Das sollten wir ändern. ■

 ZUM WEITERLESEN

- **Jens Gnisa: Das Ende der Gerechtigkeit. Ein Richter schlägt Alarm. Herder-Verlag Freiburg 2017, 288 Seiten**

Ein ganz neu gedachtes Digitalministerium

Die Chance der grünen Wiese

„DIGITALISIERUNG FIRST, BEDENKEN SECOND" konnte man im letzten Bundestagswahlkampf auf Plakaten lesen. Verbunden wurde diese Forderung mit dem Ruf nach einem Digitalministerium. Die Parole war nicht nur als Gedanke, sondern auch als Argument kaum tragfähig.

Denn die strukturellen Vorschläge, die in der Diskussion um ein Digitalministerium gemacht werden, sind oft zu kurz gedacht: Die bloße Verlagerung von Aufgaben – etwa die Verschiebung der Abteilung Netze aus dem Verkehrs- in ein Digitalministerium – demonstriert allenfalls eine gestiegene Bedeutung der Digitalisierung, wird an den bislang unbefriedigenden Ergebnissen und langsamen Fortschritten aber kaum etwas ändern. Zudem beschäftigt sich die Verwaltung bei jeder Strukturänderung zunächst sehr lange mit sich selbst: Der Umzug einer Abteilung braucht Zeit, schafft neue Organisationsfragen und führt am Ende dazu, dass dieselben Menschen an denselben Aufgaben nur unter einer neuen Hausleitung arbeiten.

Hinzu kommt der berechtigte Einwand, dass es sehr viele Kernaufgaben mit zentralem Digitalbezug gibt. Ein dafür zuständiges Digitalministerium würde ein Superministerium werden und fast alle Ministerien in vielen Fragen dominieren: das Wirtschafts-, Gesundheits-, Sozial-, Landwirtschafts-, Innen-, Umwelt-, Forschungs-, Verkehrs- und Verteidigungsministerium. Letzteres müsste mit der Cyberabwehr sogar sein wichtigstes Zukunftsfeld abtreten. Auch umgekehrt geht die Rechnung nicht auf: Wenn die Aufgaben alle in den sogenannten Stammhäusern bleiben, wird das Digitalministerium nicht mehr als ein kompetenzarmes Aushängeschild sein. Genau das lässt sich in manchen Ländern beobachten.

Was tun, wenn weder A noch B funktionieren? Nehmen wir C! C wie Chance, C wie Change. Warum nicht die grüne Wiese nutzen: einen Prozess grundlegend neu denken und dann vieles gleich von Anfang an richtig machen? Wir stellen drei

> Wenn die Aufgaben alle in den sogenannten **Stammhäusern** bleiben, wird das Digitalministerium nicht mehr als ein **kompetenzarmes Aushängeschild** sein.

neue Fundamente für ein Ministerium vor, das in der nächsten Legislaturperiode die zentrale Rolle für die Digitalisierung übernehmen sollte.

VORSCHLAG 101: Digitalisierung, Personal und Verwaltungsmodernisierung gehören zusammen

> **Einer schnelleren Digitalisierung** stehen nicht nur mangelnde Kompetenzen des Personals auf allen Ebenen und fehlende Ressourcen im Wege, sondern auch ungeeignete Prozesse in einer überalterten Kultur. Diese Hindernisse sind untrennbar miteinander verbunden. Eine verbesserte und beschleunigte Digitalisierung gelingt nur mit einer konsequenten Verwaltungsmodernisierung, neuen Kompetenzen und neuem Denken. Deshalb muss auch die Institution, die uns in der Digitalisierung voranbringen soll, die dafür notwendigen Kompetenzen unter einem Dach vereinen. Einem neuen Digitalministerium sollten daher die Bereiche Personal, Abläufe, Verwaltungs- und Verfassungsrecht zugeordnet sein.

Welche Prozesse verändert werden müssen und wie das funktionieren kann, haben wir in den vorangegangenen Kapiteln im Einzelnen dargelegt. Die Bundesregierung hat jetzt einen Anfang gesetzt, als der Innenminister die Aufgabe der Verwaltungsmodernisierung dem neuen CIO-Staatssekretär Markus Richter übertragen hat. Er ist nicht nur Vorsitzender des NExT e. V., eines Verbunds der Digitalisierungstreiber in deutschen Verwaltungen, sondern hat auch mehr als ein Jahr lang immer wieder Input für dieses Buch geleistet (→ Mitwirkende). Neben der Verwaltungsmodernisierung sollte in einem neuen Digitalministerium zwingend das Thema Personal aufgenommen werden. Wir denken dabei nicht nur an die bekannten Grundsatzfragen des öffentlichen Personalwesens wie Besoldung, Dienstrecht und Weiterbildung, sondern auch an eine übergreifende bundesweite Personalentwicklung. Denn am Ende funktioniert jede Transformation nur mit den Bediensteten und einer Idee davon, welche Kompetenzen in der Zukunft benötigt werden (→ Neue Kompetenzen).

Wenn dieser Zusammenhang zwischen Verwaltungsmodernisierung, Personal und Digitalisierung zu einem Kernanliegen der neuen Bundesregierung würde, wäre schon viel gewonnen. Denn auf einer solchen besseren Basis steigen die Chancen für die großen Digitalisierungsprojekte. Wenn man sich die maue Bilanz bisheriger Projekte von IT-Konsolidierung über DE-Mail bis zur elektronischen Akte anschaut, müssen wir uns gerade in diesem Bereich dringend verbessern.

Dabei ist die bloße Zuständigkeitsverlagerung keine Lösung. Wenn die elektronische Gesundheitsakte nicht mehr vom Gesundheitsministerium aus gesteuert wird, entstehen dadurch so viele neue Schnittstellen und geteilte Verantwortlichkeiten, dass ein weiteres Debakel unvermeidlich scheint. Wir schlagen darum ein für Deutschland neues, im Ausland aber bereits sehr erfolgreich eingesetztes Verfahren vor:

VORSCHLAG 102: Veränderungsbudgets

Alle größeren Transformationsprojekte sollen über Veränderungsbudgets (auch „Innovationsfonds" oder „Zukunftsfonds" genannt) finanziert werden, deren Verwaltung nicht im Geschäftsbereich des federführenden Ministeriums, sondern im Ressort für Verwaltungsmodernisierung und Digitalisierung angesiedelt ist und überjährig, also unabhängig vom jeweiligen Haushaltsjahr, organisiert wird. Jedes Projekt muss sich mit klaren Zielen, Projektplänen und Meilensteinen dort bewerben. Ein Ausschuss aus Regierung und Parlament entscheidet über die Mittelzuweisung aus dem Fonds, mit dem für einen definierten Zeitraum Regierungsvorhaben, Projekte, Studien oder Mitarbeiter finanziert werden können. Die Auswahl der Projekte bzw. der Mittelzuweisung orientiert sich am Grad der Zielerreichung oder der Wirksamkeit sowie an politischen Prioritäten.

Solche Projektbudgets werden von Ländern wie Australien, den USA oder Großbritannien und von internationalen Organisationen wie UN Environment zur Erreichung eines oder mehrerer Ziele vorgehalten. Zum Teil werden sie nur für Verwaltungsinnovationen genutzt, zum Teil auch für andere politische Ziele wie den Klimaschutz, soziale Innovationen und gesellschaftliche Veränderungsprozesse („change funds").

Das Instrument der Veränderungsbudgets ergänzt die üblicherweise an Ausgabeermächtigungen (Input) orientierten Haushaltssysteme durch eine an Zielen (Output) orientierte, integrierte Aufgaben- und Finanzplanung. Der Wettbewerb der Ressorts um knappe Gelder und die auferlegte Abschätzung der Wirksamkeit haben das Potenzial, einen Innovationsschub auszulösen und die Zusammenarbeit der Ressorts bei Querschnittsthemen zu stärken.

Die Legislative wird bei diesem Verfahren nicht umgangen, da sie über den Fonds im regulären Haushaltsaufstellungsverfahren entscheidet, je nach Ausgestaltung wird sie sogar gestärkt. In einigen Staaten wurden Veränderungsbudgets zunächst in kleinem Umfang genutzt und je nach Erfahrung in Folgejahren aufgestockt.

Das Instrument justiert auch das Ressortprinzip neu – das in digital fortschrittlicheren Ländern Europas ganz anders gehandhabt wird als in Deutschland. Bisher werden Finanz- und Personalmittel für ein neues und politisch bedeutsames Projekt erst dann im jeweilig zuständigen Ressort bewilligt, wenn die Rechtsgrundlage – also ein Bundesgesetz oder eine direkt geltende europäische Grundverordnung – dazu verabschiedet worden ist. Diese vermeintlich sparsame Grundhaltung macht uns jedoch langsam – und zwar auch dann, wenn die Gesetzgebungsberatungen vergleichsweise kurz waren – und ist im Ergebnis darum teurer. Die ohnehin langwierige Personalsuche beginnt erst nach Inkrafttreten des Gesetzes. Auch die erforderliche Software, deren Entwicklung, Kauf und Anpassung an vorhandene komplexe IT-Landschaften stets zeitaufwendig ist, wird viel zu spät projektiert. Wir wollen darum nicht nur vor Verabschiedung jedes Gesetzes ein der Digitalisierung dienendes Verlaufschart (→ Vorschlag 72, Neue Gesetze) einführen, sondern uns gerade bei IT-lastigen Vorhaben über die Veränderungsbudgets vorbereiten. Die Beschleunigung ist enorm, das Risiko überschaubar, selbst wenn das ganze Projekt gesetzlich doch noch scheitern sollte. Das Personal lässt sich notfalls woanders einsetzen, und selbst aus nicht umgesetzten IT-Vorarbeiten lernt man.

Besonders misslich wirkt sich unsere fehlende Finanzierung von geplanten Vorhaben aus, wenn sich in Europa eine neue Regulierung ankündigt: Diese wird regelmäßig über einige Monate bis Jahre hinweg diskutiert und erst dann verbindlich beschlossen. Bei Richtlinien haben die Mitgliedstaaten zwei Jahre Zeit für die Umsetzung, EU-Grundverordnungen hingegen sind unmittelbar geltendes Recht. Mangels dafür be-

> Der **Wettbewerb der Ressorts** um knappe Gelder und die auferlegte Abschätzung der Wirksamkeit haben das Potenzial, einen **Innovationsschub** auszulösen und die Zusammenarbeit der Ressorts bei Querschnittsthemen zu stärken.

Folgt man dem in diesem Buch entwickelten Leitgedanken des **Lernenden Staates**, dann muss unser Gemeinwesen laufend und evidenzbasiert an immer neu angepassten, tragfähigen **Lösungen und Strategien** arbeiten. ▬▬▬

reitgestellter Ressourcen können die Vertreter Deutschlands an der konzeptionellen Vorarbeit dieser EU-Regulierung allerdings oft nur partiell mitwirken. Im Ergebnis müssen wir dann EU-Vorgaben akzeptieren, die andere Staaten im Detail entwickelt haben, und sind einer der letzten Mitgliedstaaten, die den gemeinsamen Willen umsetzen – was weder Deutschlands Rolle noch seinem Selbstverständnis in Europa entspricht.

Doch Veränderungsbudgets allein schaffen noch keine Pläne für die Zukunft. Folgt man dem in diesem Buch entwickelten Leitgedanken des Lernenden Staates, dann muss unser Gemeinwesen laufend und evidenzbasiert an immer neu angepassten, tragfähigen Lösungen und Strategien arbeiten. Ressortübergreifend fehlt in Deutschland jedoch eine solche systematische Untersuchung von gesellschaftlichen, sozialen und wirtschaftlichen Entwicklungen, internationalen Veränderungen, technischen Trends und darauf aufbauenden Szenarien zur Vorbereitung langfristiger Politik.

VORSCHLAG 103: Strategische Planung

Die nächste Bundesregierung sollte eine umfassende strategische Planungseinheit einrichten, die allen Ressorts verbindliche Grundlagen für politische Dispositionen und Innovationen unterlegt. Diese Einheit baut auf den von uns vorgeschlagenen Instrumenten der Datenerhebung und Zielfindung auf (→ Neue Gesetze); sie erstellt und bewertet Zukunftsszenarien. Ob diese Einheit eher im Kanzleramt ausgebaut wird oder in ein Digitalministerium wandert, ist aus unserer Sicht nicht entscheidend.

Wir sprechen von einer sehr großen Transformation, die nicht nur organisatorisch eingeleitet, sondern auch politisch priorisiert werden muss. Ein Commitment der nächsten Koalition ist absolut zwingend. Immerhin gab es eine solche Rückendeckung für eine revolutionäre Staats- und Verwaltungsmodernisierung in Deutschland schon einmal: vor 200 Jahren (→ Reformjahrzehnt). ■

Kapitel 5

Ein neues Reformjahrzehnt

Ein neues Reformjahrzehnt

Plädoyer für einen staatlichen Mutanfall

VIELLEICHT HABEN SIE INZWISCHEN DAS GEFÜHL, wir stünden vor einer allzu großen Aufgabe. Das verstehen wir, weil es auch uns während der Entstehung dieses Buches manchmal so ging. Doch zugleich haben wir gelernt, ganz anders darüber zu denken. Während uns immer klarer wurde, wie viel wir tatsächlich an der Organisation unserer Parlamente und Verwaltung ändern müssen, verstanden wir auch immer besser, warum gerade die radikalen Modernisierungen des deutschen Staates so extrem erfolgreich waren. Daraus konnten wir lernen, und daraus können wir großen Optimismus schöpfen. Nicht einmal die Corona-Krise sollte uns entmutigen, auch wenn sie uns ohne Zweifel weiterhin viel Kraft abverlangen wird. Denn auch den radikalen Reformen der deutschen Geschichte gingen immer große Krisen voraus, in den beiden wichtigsten Fällen verheerende Kriegsniederlagen. Vielleicht ist die Krise für das, was wir vorhaben, sogar so etwas wie eine Erfolgsbedingung.

Auch den radikalen Reformen **der deutschen Geschichte** gingen immer große Krisen voraus.

Eine historische Krise

Wie aus einer Krisensituation heraus eine Erfolgsgeschichte geschrieben wird, können wir von den alten Preußen lernen. Anfang des 19. Jahrhunderts zwangen dramatische Veränderungen den Staat zu weitreichenden und disruptiven Reformen seines Gemeinwesens. Einerseits war Preußen wie fast ganz Kontinentaleuropa hinter Großbritannien zurückgefallen. Während dort seit Anfang des 18. Jahrhunderts eine technische Innovation auf die andere folgte und der Handel im ausgedehnten Kolonialreich immer stärker boomte, blieb die kontinentaleuropäische Wirtschaft bis Ende des 18. Jahrhunderts noch immer agrarisch geprägt. Industrieproduktion fand nur in den kleinsten vorstellbaren Einheiten, in den Manufakturen, statt.

Andererseits befand sich Preußen auch politisch noch in der frühen Neuzeit. Friedrich der Große, über Jahrzehnte das Sinnbild eines aufgeklärten absolutistischen Monarchen, starb am Vorabend der größten politischen Umwälzung in der abendländischen Geschichte, die Europa wie eine Fanfare wachrüttelte: Die Französische Revolution erschütterte nahezu alle Bereiche des politischen, gesellschaftlichen und kulturellen Lebens, änderte binnen kürzester Zeit die geopolitische Lage in den Koalitionskriegen und spülte mit Napoleon Bonaparte einen Autokraten an die Macht, der sich von seinen europäischen Gegenspielern und ihren gottgegebenen Dynastien grundsätzlich unterschied.

Die doppelte, sowohl ökonomische als auch politische Rückständigkeit sollte sich im Konflikt mit Napoleon im Jahr 1806 bitter rächen. Nachdem der Korse schon Österreich und Russland während des Dritten Koalitionskriegs in der berühmten Schlacht von Austerlitz gedemütigt hatte, kam es im Vierten Koalitionskrieg zur Konfrontation mit Preußen und seiner bis dato viel gerühmten Armee. In den nahezu parallel geführten Schlachten von Jena und Auerstedt rieben Napoleons Truppen die zahlenmäßig überlegenen Armeen Preußens und seiner sächsischen Verbündeten vollständig auf. Am 27. Oktober 1806 zog Napoleon im Triumph durch das Brandenburger Tor in Berlin ein. Im folgenden Frieden von Tilsit verlor Preußen mehr als die Hälfte seines Staatsgebiets, musste hohe Kriegskontributionen an Frankreich zahlen und der Kontinentalsperre gegen Großbritannien beitreten. Daraus entwickelte sich eine einschneidende wirtschaftliche Krise, Preußen stand am Rande des Staatsbankrotts und erlitt durch die Demütigung einen empfindlichen Vertrauensverlust in die Institutionen seines Staatswesens.

27. Oktober
1806
Napoleon demütigt Preußen und zieht im Triumph durch das Brandenburger Tor - Initialzündung der Stein-Hardenberg'schen Reformen.

Radikale Umbrüche – die Reformen von Stein-Hardenberg

Was folgte, war ein radikaler Umbruch in der Politik Preußens. Unter der Ägide der Staatskanzler von Stein und von Hardenberg kam es zu radikalen wirtschaftlichen und gesellschaftlichen Reformen. Ende des 18. Jahrhunderts herrschte in Preußen noch die Leibeigenschaft, das gesamte Hofeigentum lag bei den Grundherren. Behörden waren unklar abgegrenzt und nach Gutdünken des Herrschers eingesetzt, die gesamte Verwaltung erfolgte nach Gutsherrenart. Statt eines einheitlichen Bildungssystems gab es lediglich einen Flickenteppich aus verschiedenen und zumeist rudimentären Schulformen. In den Städten war das Gewerbe von einem engen Korsett der Gilden und Zünfte eingeschnürt und weitgehend erstarrt. Hinzu kamen ein uneinheitliches Steuersystem, verschiedene regionale Münzwesen sowie eine Vielzahl an Binnenzöllen. Manches davon bestand weitgehend unverändert seit dem Spätmittelalter.

Das Preußen von 1820 war nicht wiederzuerkennen. Unmittelbar nach dem Friedensvertrag mit Napoleon beendete das Martini-Edikt von 1807 die Leibeigenschaft, 1811 erhielten die Bauern die von ihnen bestellten Flächen als Grundeigentum. 1808 wurde das alte Wirrwarr überlappender Kompetenzen und unklarer Zuständigkeitsbereiche abgeschafft, die Staatsministerien wurden strikt nach dem Ressortprinzip organisiert, auf kommunaler Ebene wurde die Selbstverwaltung eingeführt. Wilhelm von Humboldt leitete 1808 seine berühmte Bildungsreform ein – die Geburt des standardisiert dreigliedrigen Schulsystems humanistischer Prägung. Ab 1808 wurde nach und nach die Gewerbefreiheit eingeführt, womit Gilden und Zünfte ihre Macht verloren. 1818 folgte eine groß angelegte Steuerreform, mit der Einführung von Grund-, Gewerbe- und ersten Verbrauchssteuern - das Fundament für den heutigen Steuerstaat. Und ab 1821 schließlich wurde das Münzwesen vereinheitlicht und standardisiert.

1807

Ende der
Leibeigenschaft
in Preußen

Diese preußischen Reformen waren die Initialzündung eines gesamtdeutschen Reformjahrhunderts und der wichtigste Treiber der Vereinigung Deutschlands. Der durchschlagende ökonomische Erfolg, den von Stein und von Hardenberg erzielten, industrialisierte Preußen und führte es an die wirtschaftliche Spitze der deutschen Kleinstaaten. Natürlich haftet dem 19. Jahrhundert auch der Geschmack der gescheiterten Märzrevolution an – doch mit ihr misslang 1849 vor allem die politische Einigung Deutschlands, auf wirtschaftlicher Ebene wuchs der Deutsche Bund immer enger zusammen. Schon 1833 war der Deutsche Zollverein gegründet worden, der einen deutschen Binnenmarkt schuf. 1861 folgte dann mit dem All-

gemeinen Handelsgesetzbuch, dem ersten einheitlich geltenden Gesetzbuch in Deutschland überhaupt, ein weiterer Mei-
lenstein. Die Reichsgründung 1871 brachte Deutschland (unter
Ausscheiden Österreichs) wirtschaftlich und institutionell
noch enger zusammen.

Unter diesen Vorzeichen konnte Deutschland bis zur Jahrhun-
dertwende wirtschaftlich zu Großbritannien aufschließen. Nach
Reallöhnen und Bruttoinlandsprodukt war das Deutsche Reich
die zweiterfolgreichste Nation der Welt. Wichtige technische Innovationen in der zweiten Welle der Industrialisierung wie der
erste elektrische Generator, das erste Automobil, der Dieselmo-
tor oder das Haber-Bosch-Verfahren stammten aus Deutschland.
Nachdem die Herkunftsangabe „Made in Germany" noch Ende
des 19. Jahrhunderts in Großbritannien als Warnung vor angeblich minderwertigen Produkten aus Deutschland forciert worden
war, entwickelte sie sich schnell zum weltweiten Gütesiegel und
Ausdruck höchster technischer Präzision und Qualität. Heute be-
legt sie Platz 1 des „Made-in-Country-Index".

Parallelen zu Preußen

Wenn man nun Preußens Situation im Jahr 1806 mit der Lage
Deutschlands im Jahr 2020 vergleicht, stößt man auf einige Pa-
rallelen. Drohte Preußen zu Beginn des 19. Jahrhunderts den
Anschluss an die Industrialisierung zu verlieren, so laufen wir
aktuell den Trends der Digitalisierung hinterher. Damals wie
heute gab es tradierte Systeme, die nicht mehr
zeitgemäß waren. Während damals noch die europäischen Mächte Großbritannien – auf wirtschaftlicher Ebene – und Frankreich – auf politischer
Ebene – die Gravitationszentren der Entwicklung
bildeten, so haben wir es heute nicht mehr nur
mit dem Silicon Valley, sondern zunehmend auch
mit der Konkurrenz aus Asien zu tun. Die Französische Revolution und die folgenden Napoleonischen Kriege erschütterten
Europa und damit zu einem guten Stück die ganze Welt, alte
Gewissheiten brachen weg, der Kontinent erwachte aus dem
tiefen Schlummer des Ancien Régime. Heute zwingen uns mit
dem Klimawandel und der Corona-Pandemie mindestens eben-

1861

Inkrafttreten
des Allgemeinen
Handelsgesetzbuches
in ganz Deutschland

**Wichtige technische
Innovationen** in der zweiten
Welle der **Industrialisierung**
stammten aus Deutschland.

so machtvolle Entwicklungen aus den gewohnten Gleisen. Und war es 1806 noch der absolutistisch geführte preußische Staat, der eine Vertrauenskrise durchlief, so ist es 2020 die liberale Demokratie, die in vielen westlichen Ländern unter Druck geraten ist – und sich hoffentlich, anders als der Absolutismus, auch in dieser neuen Epoche als handlungsfähig erweist.

Das Wirtschaftswunder der Nachkriegszeit

Noch verheerender als Preußens Situation nach den napoleonischen Kriegen war Deutschlands Situation nach dem Zweiten Weltkrieg. Das Land lag in vielfacher Hinsicht in Trümmern: Der verbrecherische Angriffskrieg hatte große Teile Deutschlands, Europas und letztlich der ganzen Welt zerstört. Mit dem industriell ausgeführten Holocaust und unbeschreiblichen Kriegsverbrechen hatten die Deutschen sich vor allen Nationen der Welt moralisch diskreditiert. 2,5 Millionen Wohnungen waren im Bombenhagel zerstört worden. Von 13.000 Kilometern Eisenbahnstrecke waren nur noch 1.000 Kilometer befahrbar. Mit der Abtrennung der Ostgebiete fiel ein Viertel der landwirtschaftlichen Nutzfläche weg, die Ernteerträge sanken in den restlichen Gebieten kriegsbedingt um die Hälfte. Die Ernährungslage war katastrophal und führte schließlich zum Hungerwinter von 1946/1947. 14 Millionen Vertriebene und Flüchtlinge aus den ehemaligen Ostgebieten drängten in die Westzonen Deutschlands und mussten versorgt werden. Darüber hinaus hatte das Deutsche Reich mit der bedingungslosen Kapitulation aufgehört, als Staat zu existieren, die Siegermächte übernahmen das Gewaltmonopol.

Mit unbeschreiblichen Kriegsverbrechen hatten die Deutschen sich vor allen Nationen der Welt **moralisch diskreditiert.**

Die katastrophale Situation Deutschlands nach 1945 trieb die damalige politische Klasse zu radikalen Reformen. Die ersten Maßnahmen wurden von den Westalliierten, vor allem den Amerikanern und Briten, vorgegeben. Spätestens nach dem Schock des Hungerwinters war 1947 klar, dass Deutschland für eine bessere Selbstversorgung und eine funktionierende Verwaltung der Besatzungsmächte wirtschaftlich schneller auf die Beine gebracht werden musste, als dies von den Siegermächten auf ihren Konferenzen in Teheran und Jalta antizipiert worden

Wirtschaftlicher Fortschritt durch mutige Reformen

Mit zunehmender Industrialisierung steigen in Deutschland die Reallöhne

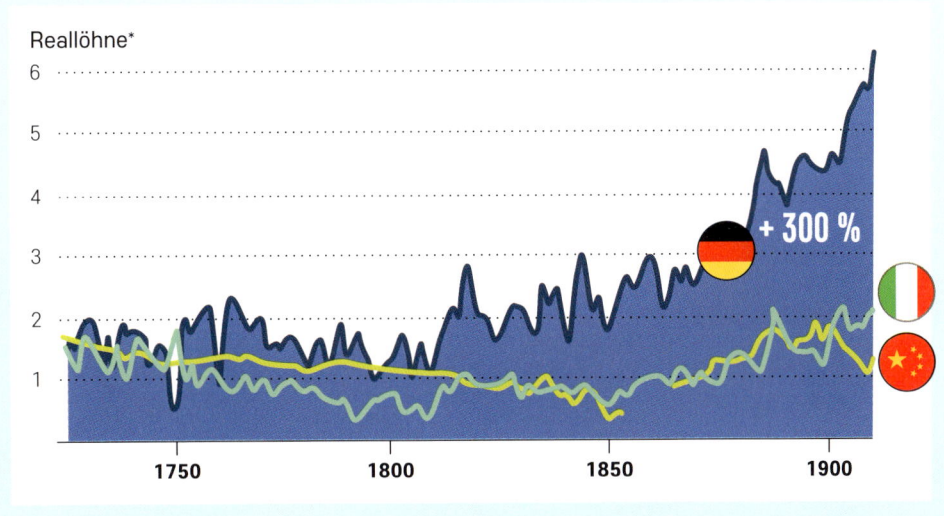

*Reallöhne ausgedrückt in sog. Welfare Ratio (d.h. Fähigkeit eines in Vollzeit arbeitenden ungelernten Arbeiters, eine durchschnittliche Familie zu ernähren)

QUELLE: ALLEN ET AL, 2011

war. Während die Sowjetunion (und zu einem geringen Anteil auch Frankreich) weiter ganze Industriezweige in ihrer Besatzungszone demontierte und als Reparationen abtransportierte, kündigte US-Außenminister George C. Marshall in einer Rede an der Harvard University am 5. Juni 1947 das European Recovery Program an. Dieses bald als Marshall-Plan bekannte Maßnahmenbündel verfolgte eine Stabilisierungsstrategie für ganz Westeuropa mithilfe von günstigen Krediten sowie Devisenguthaben für Rohstoffeinfuhren und Hilfsgüter, insbesondere Lebensmittel. Die Einladung an die Westzonen Deutschlands zur Teilnahme am Marshall-Plan war der erste Schritt auf dem Weg der wirtschaftlichen Erholung.

Der nächste Schritt erfolgte schon 1948. Da das Naziregime den wirtschaftlichen Aufschwung der 30er-Jahre und seine aggressive Rüstungspolitik im Wesentlichen über die Notenpresse finanziert hatte, war 1948 eine enorme Menge nahezu wertloser Reichsmark im Umlauf. Diesen Banknoten stand nur ein winziges Warenangebot gegenüber. Gleichzeitig waren lebenswichtige Waren nur auf dem Schwarzmarkt gegen Ersatzwährungen wie Zigaretten erhältlich. Die Sowjetunion verweigerte sich einer Währungsreform, weshalb sie lediglich von den Westalliierten unter Regie der Amerikaner durchgeführt wurde. Am 20. Juni 1948 verfiel die alte Reichsmark und wurde durch die neue, anfangs in Amerika gedruckte Deutsche Mark ersetzt. Die Situation änderte sich schlagartig, die Schaufenster füllten sich mit zuvor gehorteten Waren, der Schwarzmarkt verschwand.

Erfolgte die Währungsreform noch ganz unter der Ägide der Vereinigten Staaten mit höchstens konsultativer Beteiligung deutscher Experten, so wandelte sich nun die Dynamik. In der amerikanisch-britischen Bizone wurden 1948 die Weichen zu einer wettbewerbsorientierten Marktwirtschaft gestellt, was vielen nur drei Jahre nach Kriegsende als tollkühnes Experiment

Die Bundesrepublik erreichte innerhalb weniger Jahre einen kometenhaften ökonomischen Aufstieg, den niemand vorhergesehen hatte.

erschien. Der vom Frankfurter Wirtschaftsrat gewählte Verwaltungsdirektor für Wirtschaft, faktisch Wirtschaftsminister der Bizone, ließ sich im Juni 1948 Kompetenzen von der Besatzungsmacht erteilen, um den Abbau der Zwangswirtschaft voranzutreiben. Sein Name: Ludwig Erhard. Erhard setzte gegen erhebliche Widerstände der Verwaltung sowie Frankreichs und Großbritanniens das Gesetz über die Leitsätze für die Bewirtschaftung und Preispolitik nach der Geldreform durch, eine Art Magna Charta der Marktwirtschaft in Deutschland. Das sogenannte Leitsätzegesetz trat mit der Währungsreform in Kraft und hob die strikten bisher geltenden Preisvorschriften in der Bizone auf. Bis auf einige wenige Güterbeschränkungen herrschte danach ein freies Spiel von Angebot und Nachfrage.

Bereits ab Ende 1948 zog die wirtschaftliche Entwicklung in den westlichen Besatzungszonen merklich an. Hierfür gab es weitere wichtige Treiber: So hatte die deutsche Industriesubstanz den Krieg besser überstanden als angenommen. Die Westmächte waren aufgrund des beginnenden Kalten Krieges an einer schnellen wirtschaftlichen Genesung des einstigen Feindes interessiert. Die gesamte westeuropäische Konjunktur hatte dank des Marshall-Plans erheblich angezogen. Doch der wichtigste Treiber des nun beginnenden Wirtschaftswunders blieb die neue, von der D-Mark gestützte marktwirtschaftliche Wirtschaftsordnung. Die bald konstituierte Bundesrepublik erreichte innerhalb weniger Jahre einen kometenhaften ökonomischen Aufstieg, den niemand vorhergesehen hatte.

Zu den wirtschaftlichen Weichenstellungen kamen die rechtlichen. Insbesondere das Grundgesetz war eine historische Leistung. Die Verankerung der Menschenwürde im ersten Artikel, der Grundrechtekatalog, die Religionsfreiheit, die bedingungslose Gleichstellung von Frau und Mann, das neue Konzept einer Eigentumsgarantie mit sozialer Verpflichtung und viele weitere Meilensteine machten Epoche. Das föderale Verfassungsgefüge zwischen Bundesregierung, Bundestag und Bundesrat oder die enorm starke Stellung des Bundesverfassungsgerichts waren mutige Neuerungen, die uns heute selbstverständlich erscheinen. Auch die Vereinigung der konkurrierenden Konfessionen in einer einzigen politischen Kraft, der christlichen Union, war eine in Anbetracht ihrer früheren Feindseligkeiten höchst überraschende Neuerung der Nachkriegszeit. Konrad Adenauer übersetzte diese, vor allem von ihm betriebene Versöhnungsidee später auch in die Aussöhnung mit unseren früheren Kriegsgegnern. Nach jahrhundertelanger Erbfeindschaft sollte Frankreich nun zum Freund werden. Es ist die noch größere Leistung der Franzosen, aller anderen Nachbarn und vor allem der Amerikaner, uns dazu die Hand gereicht zu haben.

Die Liste der Paradigmenwechsel ist lang. Wirtschaftliche Reformen wie die Einführung des Wettbewerbsrechts könnten als vermeintlich unbedeutend in Vergessenheit geraten. Man sollte allerdings wissen, dass man bis zum Zweiten Weltkrieg Monopole als erstrebenswert effizient einschätzte. Dementsprechend groß war der Widerstand der Wirtschaft, als das Gesetz gegen den Unlauteren Wettbewerb eingeführt wurde. Es ist der Grundstein unserer heutigen Wettbewerbsordnung und damit der Sozialen Marktwirtschaft.

„Konservativ sein heißt, an der **Spitze des Fortschritts** zu stehen.“

Franz Josef Strauß, 1974 ▬▬▬▬

Die mutigen Schritte, die die Westalliierten und die Bizonen-verwaltung unter Erhard in den unmittelbaren Nachkriegs-jahren unternahmen, bereiteten den Weg für die zweite deutsche Demokratie, die so auf einem weitaus festeren ökonomischen Fundament ruhte, als es Weimar jemals möglich gewesen war. Der Erfolg der Bundesrepublik als demokratischer, föderaler Rechts- und Sozialstaat, die bald breite und integrative Akzeptanz des neuen Grundgesetzes und die Festigung des deutschen Parlamentarismus wären ohne die entschiedenen Maßnahmen der Nachkriegszeit nicht möglich gewesen. Sie zeigen uns, dass wir die Kraft haben, uns zu verändern und dass es sich lohnt, mutig zu sein – je schwieriger die Lage, desto mehr.

Parallelen zwischen Preußen 1806 und Deutschland 2020

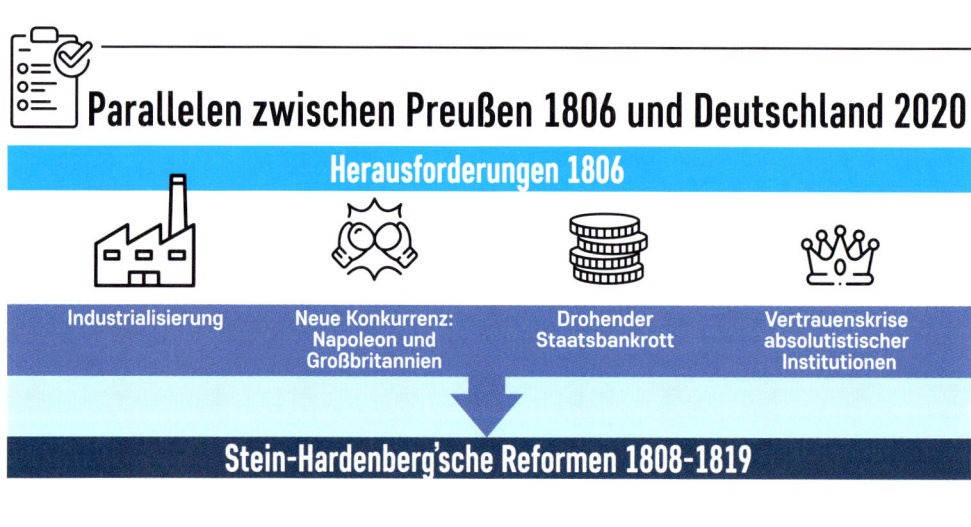

Herausforderungen 1806

| Industrialisierung | Neue Konkurrenz: Napoleon und Großbritannien | Drohender Staatsbankrott | Vertrauenskrise absolutistischer Institutionen |

Stein-Hardenberg'sche Reformen 1808-1819

Herausforderungen 2020

| Digitalisierung | Neue Konkurrenz: China und Silicon Valley | Globaler Klimawandel | Vertrauenskrise demokratischer Institutionen |

Reformjahrzehnt 2020-2030

Plädoyer für einen Mutanfall: Zeit für den Neustaat

So zeigt uns der Blick in die Vergangenheit, dass wir auch die kommenden Herausforderungen meistern können. Es gibt eine berühmte und viel zitierte Sentenz des spanischen Philosophen und Schriftstellers George Santayana, die besagt, dass derjenige, der seine Vergangenheit nicht kenne, dazu verurteilt sei, sie zu wiederholen. Aus der Vergangenheit lernen, heißt für uns, aus der Reformbereitschaft, dem Mut unserer Vorgänger und ihrer Lust auf Neues zu lernen.

Von Stein und von Hardenberg mussten in existentiellen Krisen Preußens gegen starke Widerstände, besonders von Seiten des Monarchen und des Adels, fortschrittliche Reformen ins Werk setzen. Damit legten sie das Fundament für das, was wir nostalgisch die Gründerzeit nennen.

Die anfangs durchaus umstrittenen Reformen der Nachkriegszeit führten zu einem ungeahnten wirtschaftlichen Aufschwung. Er trug ganz wesentlich zur Stabilisierung der neuen Demokratie in Westdeutschland bei und ermöglichte es der Bundesrepublik schließlich auch noch, die finanzielle Last der Wiedervereinigung zu schultern.

Wir haben in diesem Buch 103 Vorschläge gemacht, wie wir unseren Staat reformieren sollten. Jetzt kommt unserer wichtigster: der Mut, mit diesen Reformen jetzt zu beginnen. Sie sind ein Wagnis, gewiss. Sie verändern radikal die Art, wie wir in der Politik agieren, sie verändern unsere Arbeitsweise. Nicht einfach. Nicht alles wird auf Anhieb klappen. Aber spätestes dieses Kapitel zeigt: Unsere Vorschläge sind, verglichen mit den Reformen unserer Vorfahren, gemessen an deren Mut, mehr als maßvoll und machbar. Wir sollten nicht ruhen, bis unser Staat wieder vorbildlich funktioniert. Wir müssen bei uns selbst anfangen.

Es ist Zeit für einen **Lernenden Staat.**
Es ist Zeit für den **Neustaat.**

ZUM WEITERLESEN

- **Deutsches historisches Museum, lebendiges Museum Online, 2005: Die Gründerzeit**
- **Werner Abelshauser, 2018: Wunder gibt es immer wieder, Mythos Wirtschaftswunder**

Quellenverzeichnis

1 KOMPLEXITÄTSFALLE

1 Beispielhaft für den 21.04.2020, 09:40 Uhr: Johns Hopkins Universität: 147.065 Fälle, abgerufen von: https://coronavirus.jhu.edu/map.html; Robert Koch Institut: 143.457 Fälle, abgerufen von: https://www.rki.de/DE/Content/InfAZ/N/Neuartiges_Coronavirus/Fallzahlen.html

2 dbb - Beamtenbund und Tarifunion, 2019: Reaktion auf dbb Bürgerbefragung Öffentlicher Dienst, abrufbar unter: https://www.dbb.de/teaserdetail/artikel/forsa-studie-staat-ist-ueberfordert-buerger-vertrauen-schwindet.html (zuletzt abgerufen am 20.04.2020)

3 dbb - Beamtenbund und Tarifunion, 2020: Aufbruch - Der Öffentliche Dienst der Zukunft Agil. Vielfältig. Digital. Abrufbar unter: https://www.dbb.de/fileadmin/pdfs/2020/aufbruch_der_oeffentliche_dienst_der_zukunft.pdf (zuletzt abgerufen am 20.04.2020)

4 Für das Storchenbeispiel, siehe: Extra 3 Youtube Channel, 2017: Realer Irrsinn: Storchennest ohne Baugenehmigung, abrufbar unter: https://www.youtube.com/watch?v=jNH12vIhsfE (zuletzt abgerufen: 20.04.2020); Für das Spielplatzbeispiel, siehe: Extra 3 Youtube Channel, 2019: Realer Irrsinn: Unsinniger Spielplatz, abrufbar unter: https://www.youtube.com/watch?v=PL5cV0rEOqs (zuletzt abgerufen: 20.04.2020)

5 Tagesspiegel, 2019: Berliner Steuerzahler zahlen für BER mehr als eine Milliarde Euro, abrufbar unter: https://www.tagesspiegel.de/berlin/die-rechnung-des-pannen-flughafens-berliner-steuerzahler-zahlen-fuer-ber-mehr-als-eine-milliarde-euro/25134542.html (zuletzt abgerufen: 20.04.2020)

6 FAZ, 2015: Schwangerenschutz beim Panzerfahren, abrufbar unter: https://www.faz.net/aktuell/wirtschaft/unternehmen/puma-panzer-buerokratie-und-sonderwuensche-verteuern-und-verzoegern-13405087.html?GEPC=s1 (zuletzt abgerufen: 20.04.2020)

7 DGB-Bundesvorstand, 2017: DGB-Index Gute Arbeit Sonderauswertung: Beschäftigte im Angestellten- oder Beamtenverhältnis im öffentlichen Dienst, abrufbar unter: https://index-gute-arbeit.dgb.de/++co++4e445a72-4c48-11e7-8958-525400e5a74a (zuletzt abgerufen am 20.04.2020)

8 Thomas Petersen, Institut für Demoskopie Allensbach, in FAZ, 2020: Die Last mit der Bürokratie, abrufbar unter: https://www.faz.net/aktuell/politik/inland/allensbach-umfrage-die-last-mit-der-buerokratie-16640230/aktenstapel-im-gericht-die-16640644.html (zuletzt abgerufen am 19.02.2020)

9 Deutschlandfunk, 2020: „Jetzt rächt sich, dass man über Jahre den öffentlichen Dienst kaputtgespart hat" abrufbar unter: https://www.deutschlandfunk.de/silberbach-vorsitzender-des-beamtenbundes-jetzt-raecht-sich.694.de.html?dram:article_id=467219 (zuletzt abgerufen am 20.04.2020)

10 dbb, 2019: Bürgerbefragung Öffentlicher Dienst, abrufbar unter: https://www.dbb.de/fileadmin/pdfs/2019/forsa_2019.pdf (zuletzt abgerufen am 20.04.2020)

11 Handelsblatt, 2020: Pensionierungswelle trifft den Staatsdienst – Beamte dringend gsucht, abrufbar unter: https://www.handelsblatt.com/politik/deutschland/oeffentlicher-dienst-pensionierungswelle-trifft-den-staatsdienst-beamte-dringend-gesucht/25374864.html?ticket=ST-19023-wj1Qs6umwhfaiuhsCiM9-ap4 (zuletzt abgerufen: 20.04.2020)

12 Tagesspiegel, 2019: Berliner Steuerzahler zahlen für BER mehr als eine Milliarde Euro, abrufbar unter: https://www.tagesspiegel.de/berlin/die-rechnung-des-pannen-flughafens-berliner-steuerzahler-zahlen-fuer-ber-mehr-als-eine-milliarde-euro/25134542.html (zuletzt abgerufen: 20.04.2020)

2 SCHICKSALSFRAGEN

2.A Digitalisierung

1 Wall Street Journal, 2020: Does the U.S. Need a National Digital Currency?, abrufbar unter: https://www.wsj.com/articles/does-the-u-s-need-a-national-digital-currency-11582513201?mod=hp_jr_pos1 (zuletzt abgerufen: 14.04.2020)

2 Eigene Zusammenstellung anhand von Börsendaten von Bloomberg und Ernest & Young, 2020.

3 Siehe beispielsweise: Europäische Kommission, 2017: Special Eurobarometer 460, abrufbar unter: https://ec.europa.eu/jrc/communities/sites/jrccties/files/ebs_460_en.pdf (zuletzt abgerufen: 14.04.2020)

4 Siehe beispielsweise: Frankfurter Allgemeine Zeitung, 2020: "Geduld ist nicht unbedingt eine weit verbreitete Tugend", abrufbar unter: https://www.faz.net/aktuell/stil/leib-seele/corona-krise-so-bleibt-man-beim-warten-ge-duldig-16689249.html (zuletzt abgerufen: 14.04.2020)

5 Financial Times, 2020: Yuval Noah Harari: the world after coronavirus, abrufbar unter: https://www.ft.com/content/19d90308-6858-11ea-a3c9-1fe6fedcca75 (zuletzt abgerufen: 14.04.2020)

2.B Neue Konkurrenz

1 Stefan Baron, Guangyan Yin-Baron, 2018: Die Chinesen - Psychogramm einer Weltmacht

2 Stephan Scheuer, 2018: Der Masterplan: Chinas Weg zur Hightech-Weltherrschaft

3 Weltbank, 2020: China, abrufbar unter: https://data.worldbank.org/country/china (zuletzt abgerufen: 17.04.2020)

4 Weltbank, 2020: Vereinigte Staaten von Amerika, abrufbar unter: https://data.world-bank.org/country/united-states?view=chart (zuletzt abgerufen: 17.04.2020)

5 Weltbank, 2020: Vereinigtes Königreich, abruf-bar unter:https://data.worldbank.org/country/united-kingdom?view=chart (zuletzt abgerufen: 17.04.2020)

2.C Klimawandel

1 Potsdamer Institut für Klimafolgenforschung, 2020: Kippelemente – Achillesfersen im Erdsys-tem, abrufbar unter: https://www.pik-potsdam.de/services/infothek/kippelemente (zuletzt ab-gerufen: 14.04.2020)

2 Umweltbundesamt, 2008: Kipp-Punkte im Klima-system: Welche Gefahren drohen? abrufbar unter: https://www.umweltbundesamt.de/sites/default/files/medien/publikation/long/3283.pdf (zuletzt abgerufen: 14.04.2020)

3 Helmholtzinstitut, 2020: Fragen und Antworten zum Permafrost, abrufbar unter: https://www.eskp.de/grundlagen/klimawandel/fragen-und-antworten-zum-permafrost-935726/ (zuletzt abgerufen: 14.04.2020)

4 Frankfurter Rundschau, 2020: Das Klima steht auf der Kippe – mit verheerenden Folgen für Hunderte Millionen Menschen, abrufbar unter: https://www.fr.de/wissen/klima-steht-kippe-verheerenden-fol-gen-hunderte-millionen-menschen-13577360.html (zuletzt abgerufen: 14.04.2020)

5 Food and Agriculture Organization of the UN, 2018: State of the World's Forests, abrufbar unter: http://www.fao.org/3/i9535en/i9535en.pdf (zuletzt abgerufen: 14.04.2020)

6 SPEKTRUM, 2020: Wann kippt der Amazonas-Regenwald? abrufbar unter: https://www.spek-trum.de/news/tipping-point-wann-erreicht-der-amazonas-seinen-kipppunkt/1708482 (zuletzt abgerufen: 14.04.2020)

77 Internationale Organisation für Migration, 2019: Climate and Migration

8 Bill Gates, 2015: The next outbreak? We're not ready | Bill Gates, abrufbar unter: https://www.youtube.com/watch?v=6Af6b_wyiwl&featu-re=youtu.be (zuletzt abgerufen: 14.04.2020)

9 Nature Magazin, 2019: Climate policy implicati-ons of nonlinear decline of Arctic land perma-frost and other cryosphere elements, abrufbar unter: https://www.nature.com/articles/s41467-019-09863-x.pdf (zuletzt abgerufen: 14.04.2020)

2.D Pandemie

1 BBC, 2020: Covid-19: The history of pandemics, abrufbar unter: https://www.bbc.com/future/article/20200325-covid-19-the-history-of-pan-demics (zuletzt abgerufen: 20.04.2020)

2 Hans Wilderotter/Michael Dormann, 1995: Das große Sterben: Seuchen machen Geschichte. Deutsches Hygiene-Museum Dresden

3 Howard Markel et al, 2007: Nonpharmaceutical interventions implemented by US cities during the 1918-1919 influenza pandemic, Journal of the American Medical Association.

4 Zahlen der Yale Universität, in: Euractiv, 2020: Europas Abhängigkeit von Medikamenten-Im-porten, abrufbar unter: https://www.euractiv.de/section/gesundheit-und-verbraucherschutz/news/europas-abhaengigkeit-von-medikamen-ten-importen/ (zuletzt abgerufen: 20.04.2020)

5 Konrad Adenauer Stiftung, 2020: Corona-Krise. Der deutsche Blick auf Asien, abrufbar unter: https://www.kas.de/documents/252038/253252/Corona-Krise.+Der+deutsche+Einblick+auf+Asien.pdf/49419618-89bb-340b-869d-17f4240384e1?version=1.1&t=1585846482487 (zuletzt abgerufen 20.04.2020)

6 Pepp-PT.org, 2020: Pan-European Privacy-Preserving Proximity Tracing, abrufbar unter: https://www.pepp-pt.org/ (zuletzt abgerufen: 20.04.2020)

7 Wikipedia, 2020: Cholerapandemie von 1982, abrufbar unter: https://de.wikipedia.org/wiki/Choleraepidemie_von_1892 (zuletzt abgerufen: 20.04.2020)

8 Financial Times, 2020: Several countries have turned the corner, with numbers of new cases now in decline, abrufbar unter: https://www.ft.com/content/c764b98d-ae03-41ac-a2ca-8309f32d5e1c (zuletzt abgerufen: 14.04.2020)

2.E Wandel der Gesellschaft

1 Demografieportal des Bundes und der Länder, 2020: Immer mehr ältere Menschen in Deutschland, abrufbar unter: https://www.demografie-portal.de/SharedDocs/Informieren/DE/Zahlen-Fakten/Bevoelkerung_Altersstruktur.html (zuletzt abgerufen: 14.04.2020)

2 Entwicklung der Mitgliedszahlen der Parteien, siehe: Wikipedia, 2020: Mitgliederentwicklung der deutschen Parteien, abrufbar unter: https://de.wikipedia.org/wiki/Mitgliederentwicklung_der_deutschen_Parteien (zuletzt abgerufen: 14.04.2020); Entwicklung der Kirchenmitgliedszahlen: Wikipedia, 2020: Mitgliederentwicklung in den Religionsgemeinschaften, abrufbar unter: https://de.wikipedia.org/wiki/Mitgliederentwicklung_in_den_Religionsgemeinschaften (zuletzt abgerufen: 14.04.2020)

3 Mitgliederentwicklung der katholischen Kirche: Deutsche Bischofskonferenz, 2018: Kirchliche Statistik, abrufbar unter: https://www.dbk.de/kirche-in-zahlen/kirchliche-statistik/ (zuletzt abgerufen: 14.04.2020); Mitgliederentwicklung der Evangelischen Kirche: Evangelische Kirche in Deutschland, 2019: Christen in Deutschland, abrufbar unter: https://www.ekd.de/statistik-kirchenmitglieder-17279.htm (zuletzt abgerufen: 14.04.2020); Prognose: Universität Freiburg, 2019: Langfristige Projektion der Kirchenmitglieder und des Kirchensteueraufkommens in Deutschland, abrufbar unter: https://www.dbk.de/fileadmin/redaktion/diverse_downloads/dossiers_2019/2019-05-02_Projektion-2060_EKD-VDD_FactSheets_final.pdf.pdf (zuletzt abgerufen: 14.04.2020)

2.F Lernender Staat

1 Für die sog. Delivery Unit beim Premierminister, siehe: Centre for Public Impact, 2020: The Prime Minister's Delivery Unit (PMDU) in the UK, abrufbar unter: https://www.centreforpublicimpact.org/case-study/prime-ministers-delivery-unit-uk/ (zuletzt abgerufen: 14.04.2020); für das Zukunftsinstitut NESTA, siehe: https://www.nesta.org.uk/

2 Berliner Senatsverwaltung für Integration, Arbeit und Soziales, 2020: Erste Ergebnisse der Obdachlosenzählung: Senatorin Breitenbach will Hilfsangebote vor Ort für obdachlose Menschen verbessern, abrufbar unter: https://www.berlin.de/sen/ias/presse/pressemitteilungen/2020/pressemitteilung.892510.php (zuletzt abgerufen: 14.04.2020)

3 NEUE AUFGABEN FÜR DIE POLITIK

3.A Staat-Up

1 Deutsches historisches Museum, lebendiges Museum Online, 2014: Industrie und Wirtschaft, abrufbar unter: https://www.dhm.de/lemo/kapitel/kaiserreich/industrie-und-wirtschaft.html (zuletzt abgerufen: 14.04.2020)

2 Deutsches historisches Museum, lebendiges Museum Online, 2005: Die Gründerzeit, abrufbar unter: https://www.dhm.de/lemo/kapitel/kaiserreich/industrie/gruenderzeit (zuletzt abgerufen: 14.04.2020)

3 Eigene Zusammenstellungen anhand von Börsendaten von Bloomberg und Ernest & Young, 2020.

4 International Federation of Robotics, 2019: World Robotics Report 2019, referenziert auf: https://www.ingenieur.de/technik/fachbereiche/robotik/deutschland-fuehrend-einsatz-in-dustrierobotern/ (zuletzt abgerufen: 14.04.2020)

5 Handelsblatt, 2019: Amazon und Microsoft sind erstmals wertvoller als alle deutschen Aktien zusammen, abrufbar unter: https://www.handelsblatt.com/finanzen/maerkte/aktien/boersenwert-amazon-und-microsoft-sind-erstmals-wertvoller-als-alle-deutschen-aktien-zusammen/24691530.html, (zuletzt abgerufen: 15.04.2020)

6 Netzökonom, 2018: Wert der Plattform-Ökonomie steigt im ersten Halbjahr um 1 Billion Dollar, abrufbar unter:https://www.netzoekonom.de/2018/06/24/wert-der-plattform-oekonomie-steigt-im-ersten-halbjahr-um-1-billion-dollar/ (zuletzt abgerufen: 15.04.2020)

7 Gabor Steigart, 2020: Morning Briefing vom 21.01.2020, abrufbar unter: https://www.gaborsteingart.com/newsletter-morning-briefing/vw-chef-die-sturmrede/?wp-nocache=true (zuletzt abgerufen: 14.04.2020)

8 Abgeordnetenwatch, 2019: Neue Hausausweis-liste: Diese Lobbyisten können jederzeit in den Bundestag, abrufbar unter: https://www.abge-ordnetenwatch.de/blog/lobbyismus/neue-haus-ausweisliste-diese-lobbyisten-koennen-jederzeit-den-bundestag (zuletzt abgerufen: 14.04.2020).

9 Nesta, 2020, abrufbar unter: https://www.nesta.org.uk/ (zuletzt abgerufen: 15.04.2020)

10 Tagesspiegel, 2019: Rekordinvestitionen in deutsche Start-ups, abrufbar unter: https://www.tagesspiegel.de/wirtschaft/start-up-ba-rometer-2018-rekordinvestitionen-in-deutsche-start-ups/23849192.html (zuletzt abgerufen: 15.04.2020)

11 Ernest & Young, 2020: EY French Venture Capital Barometer, abrufbar unter: https://www.ey.com/fr/fr/services/strategic-growth-markets/ey-french-venture-capital-barome-ter-annual-results-2019 (zuletzt abgerufen: 14.04.2020)

12 Acatech, 2019: Innovationskraft in Deutschland verbessern: Ökosystem für Wachstums- finan-zierung stärken, abrufbar unter: https://www.acatech.de/publikation/innovationskraft-in-deutschland-verbessern/ (zuletzt abgerufen: 15.04.2020)

13 OECD, 2019: Pension Marcets in Focus, abrufbar unter: http://www.oecd.org/daf/fin/private-pensions/Pension-Markets-in-Focus-2019.pdf (zuletzt abgerufen: 14.04.2020)

14 BVK, Roland Berger, Internet Economy Founda-tion, 2018: Treibstoff Venture Capital - Wie wir Innovation und Wachstum befeuern. abrufbar unter:https://www.bvkap.de/sites/default/files/news/vc_studie_von_ief_bvk_roland_berger_treibstoff_venture_capital.pdf, (zuletzt abgeru-fen: 15.04.2020)

15 Bitkom, 2019: Schwierige Finanzierung: Jedes vierte Start-up denkt über Umzug ins Ausland nach, abrufbar unter: https://www.bitkom.org/Presse/Presseinformation/Schwierige-Fi-nanzierung-Jedes-vierte-Startup-denkt-ueber-Umzug-ins-Ausland-nach, (zuletzt abgerufen: 15.04.2020)

16 Bundesministerium für Wirtschaft und Ener-gie, 2020: Start-Ups bekommen 2 Milliarden Euro: Maßgeschneiderte Unterstützung in der Corona-Krise, abrufbar unter: https://www.bmwi.de/Redaktion/DE/Pressemittei-lungen/2020/20200401-sart-ups-bekom-men-2-milliarden-euro.html (zuletzt abgerufen: 14.04.2020)

17 Bundesministerium für Bildung und Forschung, 2020: Bildung und Forschung in Zahlen 2019, abrufbar unter: https://www.bmbf.de/upload_filestore/pub/Bildung_und_Forschung_in_Zah-len_2019.pdf (zuletzt abgerufen: 14.04.2020)

18 Hans-Jürgen Warnecke / Hans-Jürger Bullinger, 2003: Kunststück Innovation, Springer.

19 Stanford Universität News, 2011: Google grew from Stanford engineering, and the relationship continues to provide answers to tough problems, abrufbar unter: https://news.stanford.edu/news/2011/april/google-stanford-ties-042811.html (zuletzt abgerufen: 14.04.2020)

20 Oxford Sciences Innovation, Online-Auftritt, 2020: abrufbar unter: https://www.oxford-sciencesinnovation.com/ , (zuletzt abgerufen: 15.04.2020)

21 Gründerszene, 2018: Diese Studenten wollen 1,4 Millionen Euro in Tech-Start-ups stecken, abrufbar unter: https://www.gruenderszene.de/business/kit-first-momentum-ventures-studi-vc; https://firstmomentum.vc/, (zuletzt abgerufen: 15.04.2020)

22 Gründerszene, 2018: Das größte Problem von Start-ups ist nicht der Kapitalmangel, abrufbar unter: https://www.gruenderszene.de/busi-ness/startups-fachkraeftemangel-studie?inter-stitial (zuletzt abgerufen: 14.04.2020)

23 Deutsches historisches Museum, lebendiges Museum Online, 2005: Die Gründerzeit, abruf-bar unter: https://www.dhm.de/lemo/kapitel/kaiserreich/industrie/gruenderzeit (zuletzt ab-gerufen: 14.04.2020)

24 Werner Feilchenfeld, 1922: Die Gewinnbeteili-gung der Arbeiter und Angestellten in Deutsch-land

25 Für das Zitat von Johannes Reck: Welt Online, 2019: "Es ist einfach lächerlich, wie Deutschland dasteht", abrufbar unter: https://www.welt.de/wirtschaft/article199038299/GetYourGuide-Es-fuer-mich-unerklaerlich-wie-Politiker-so-ignorant-sein-koennen.html (zuletzt abgerufen: 14.04.2020)

26 Karlsruher Institut für Technologie, 2020: At First Momentum, our name is our mission, abrufbar unter: https://firstmomentum.vc/ (zuletzt ab-gerufen: 14.04.2020)

27 Für das Zitat von Christian Miele: Handelsblatt, 2020: Was sich der Unternehmer-Nach-
wuchs vom neuen CDU-Chef erhofft, abrufbar
unter: https://www.handelsblatt.com/politik/
deutschland/cdu-vorsitz-was-sich-der-un-
ternehmer-nachwuchs-vom-neuen-cdu-
chef-erhofft/25583846.html?ticket=ST-
1110955-uYyYDxfvIe9MSx5UPX2a-ap2;
Unternehmeredition, 2020: Mitarbeiterbeteiligung: Voraussetzung für den wirtschaftlichen
Erfolg von morgen, abrufbar unter: https://
www.unternehmeredition.de/wissen/mitarbei-
terbeteiligung/mitarbeiterbeteiligung-vorausset-
zung-fuer-den-wirtschaftlichen-erfolg-von-mor-
gen/ (zuletzt abgerufen: 14.04.2020)

3.B Doppelrente

1 Deutsche Rentenversicherung, 2020: Die
Geschichte der Deutschen Rentenversicherung,
abrufbar unter: https://www.deutsche-renten-
versicherung.de/DRV/DE/Ueber-uns-und-Pres-
se/Historie/historie_detailseite.html (zuletzt
abgerufen: 15.04.2020)

2 Kommission Verlässlicher Generationenvertrag,
2020: Bericht der Kommission - Band I - Empfehlungen, abrufbar unter: https://www.verla-
esslicher-generationenvertrag.de/bericht-der-
kommission/ (zuletzt abgerufen: 15.04.2020)

3 Kommission Verlässlicher Generationenvertrag,
2020: Bericht der Kommission - Band II - Mate-
rialien, abrufbar unter: https://www.verlaessli-
cher-generationenvertrag.de/bericht-der-kom-
mission/ (zuletzt abgerufen: 15.04.2020)

4 Deutsche Rentenversicherung, 2019: Rentenversicherung in Zahlen 2019, abrufbar unter:
https://www.deutsche-rentenversicherung.de/
SharedDocs/Downloads/DE/Statistiken-und-Be-
richte/statistikpublikationen/rv_in_zahlen_2019.
html (zuletzt abgerufen: 15.04.2020)

5 Bundesministerium für Arbeit und Soziales,
2017: Forschungsbericht 494, Altersvorsorge im
internationalen Vergleich: Staatliche Produkte
für die zusätzliche Altersvorsorge in Schweden
und dem Vereinigten Königreich, abrufbar unter:
https://www.bmas.de/DE/Service/Medien/
Publikationen/Forschungsberichte/Forschungs-
berichte-Rente/fb494-altersvorsorge-im-inter-
nationalen-vergleich-schweden-uk.html (zuletzt
abgerufen: 15.04.2020)

6 Statistisches Bundesamt, 2019: Bevölkerung
im Erwerbsalter sinkt bis 2035 voraussichtlich um 4 bis 6 Millionen, Pressemitteilung Nr.
242 vom 27. Juni 2019, abrufbar unter https://
www.destatis.de/DE/Presse/Pressemitteilun-
gen/2019/06/PD19_242_12411.html (zuletzt
abgerufen: 15.04.2020)

7 Swedish Pensions Agency, 2018: ORANGE
REPORT, Annual Report of the Swedish Pension
System 2018, abrufbar unter: https://www.
pensionsmyndigheten.se/other-languages/eng-
lish-engelska/english-engelska/publications0
(zuletzt abgerufen: 15.04.2020)

8 Norges Bank, 2018: Government Pension Fund
Global, Annual Report 2018, abrufbar unter:
https://www.norges-bank.no/en/news-events/
news-publications/News-items/2019/2019-03-
20-spu/ (zuletzt abgerufen: 15.04.2020)

9 Statista, 2020: Entwicklung der Rendite zehn-
jähriger Staatsanleihen Deutschlands in den
Jahren von 1995 bis 2019, abrufbar unter:
https://de.statista.com/statistik/daten/stu-
die/200193/umfrage/entwicklung-der-rendite-
zehnjaehriger-staatsanleihen-in-deutschland/
(zuletzt abgerufen: 15.04.2020)

10 ManagerMagazin, 2020: Norwegen-Fonds verliert 100 Milliarden Euro in Corona-Krise, abrufbar unter: https://www.manager-magazin.de/
politik/weltwirtschaft/coronavirus-kostet-welt-
groessten-staatfonds-in-norwegen-100-mrd-
euro-a-1305769.html (zuletzt abgerufen:
17.04.2020)

11 Perfomancedaten des Norwegischen Staatsfonds, abrufbar unter: https://www.nbim.no/
(zuletzt abgerufen: 17.04.2020)

12 Statista, 2019: Bundeszuschüsse zur gesetzlichen Rentenversicherung in Deutschland in den
Jahren 1950 bis 2018, abrufbar unter: https://
de.statista.com/statistik/daten/studie/7031/
umfrage/bundeszuschuesse-an-die-renten-
versicherung-seit-1950/ (zuletzt abgerufen:
14.04.2020)

13 Statista, 2017: Rentensystem unter Druck,
abrufbar unter: https://de.statista.com/
infografik/12347/personen-ueber-65-jah-
ren-je-100-werktaetige/ (zuletzt abgerufen:
14.04.2020)

3.C Daten

1 International Data Corporation, 2018: The Digitalization of the World, From Edge to Core, abrufbar unter https://www.seagate.com/files/www-content/our-story/trends/files/idc-seagate-dataage-whitepaper.pdf (zuletzt abgerufen: 14.04.2020)

2 Horizon Robotics, 2019: Innovation on Processor Architecture to Drive the New Moore's Law, firmeneigene Präsentation.

3 May Wong, 2017: Pizza over privacy? Stanford economist examines paradox of the digital age, abrufbar unter: https://news.stanford.edu/2017/08/03/pizza-privacy-stanford-economist-examines-paradox-digital-age/ (zuletzt abgerufen: 14.04.2020)

4 Handelsblatt, 2020: Neue Datenstrategie: EU will keine weitere Chance verpassen, abrufbar unter: https://www.handelsblatt.com/politik/international/industriepolitik-neue-datenstrategie-eu-will-keine-weitere-chance-verpassen/25439916.html?ticket=ST-3836105-YA-YXVgn2HfQVgi50AUAe-ap2 (zuletzt abgerufen: 14.04.2020)

5 Bundesministerium für Wirtschaft und Energie, 2020: Entwurf eines Zehnten Gesetzes zur Änderung des Gesetzes gegen Wettbewerbsbeschränkungen für ein fokussiertes, proaktives und digitales Wettbewerbsrecht 4.0. (GWB-Digitalisierungsgesetz), abrufbar unter: https://www.bmwi.de/Redaktion/DE/Downloads/G/gwb-digitalisierungsgesetz-referentenentwurf.pdf?__blob=publicationFile&v=10 (zuletzt abgerufen: 14.04.2020)

6 Peter Thiel, 2014: Competition is for Losers, abrufbar unter: https://www.wsj.com/articles/peter-thiel-competition-is-for-losers-1410535536 (zuletzt abgerufen: 14.04.2020)

7 Expertengespräch mit Vertreter des Steinbeis-Institut vom 09.04.2020.

8 Schwartmann/Weiß, 2019: Entwurf für einen Code of Conduct zum Einsatz DS-GVO konformer Pseudonymisierung, abrufbar unter: https://www.bitkom.org/sites/default/files/2019-12/20191210-coc-pseudonymisierung-digitalgipfel-2019.pdf (zuletzt abgerufen: 14.04.2020)

9 Datenethikkommission der Bundesregierung, 2019: Gutachten der Datenethikkommission, abrufbar unter: https://www.bmi.bund.de/SharedDocs/downloads/DE/publikationen/themen/it-digitalpolitik/gutachten-datenethikkommission.pdf?__blob=publicationFile&v=6 (zuletzt abgerufen: 14.04.2020)

10 Konrad Adenauer Stiftung, 2016: Open Data, die wichtigsten Fakten zu offenen Daten, abrufbar unter: https://www.kas.de/c/document_library/get_file?uuid=58511e42-8639-2c18-c76b-a1103b4df3c6&groupId=252038 (zuletzt abgerufen: 14.04.2020)

11 Bertelsmann Stiftung, 2017: Rethinking Privacy Self-Management and Sovereignty in the Age of Big Data, abrufbar unter: https://www.bertelsmann-stiftung.de/de/publikationen/publikation/did/rethinking-privacy-self-management-and-data-sovereignty-in-the-age-of-big-data/ (zuletzt abgerufen: 14.04.2020

3.D KI

1 Europäische Kommission: definition of Artificial Intelligence: main capabilities and scientific disciplines, abrufbar unter: https://ec.europa.eu/digital-single-market/en/news/definition-artificial-intelligence-main-capabilities-and-scientific-disciplines (zuletzt abgerufen: 14.04.2020)

2 Europäisches Parlament, 2019: Economic impacts of artificial intelligence (AI), abrufbar unter: https://www.europarl.europa.eu/RegData/etudes/BRIE/2019/637967/EPRS_BRI(2019)637967_EN.pdf (zuletzt abgerufen: 14.04.2020)

3 Zeit Online, 2019: Studie von Allensbach: R2-D2 und Terminator prägen Vorstellung von KI, abrufbar unter: https://www.zeit.de/news/2019-06/24/r2-d2-und-terminator-praegen-vorstellung-von-ki-190624-99-771073 (zuletzt abgerufen: 14.04.2020)

4 Bankenverband, 2018: Künstliche Intelligenz. Meinungsumfrage im Auftrag des Bundesverbandes deutscher Banken, abrufbar unter: https://bankenverband.de/media/files/Umfrage_Kuenstliche_Intelligenz.pdf (zuletzt abgerufen: 14.04.2020)

5 CBInsights, 2020: AI 100: The Artificial Intelligence Startups Redefining Industries, abrufbar unter: https://www.cbinsights.com/research/artificial-intelligence-top-startups/ (zuletzt abgerufen: 14.04.2020)

6 Mitteilung der Europäischen Kommission, 2018, Künstliche Intelligenz für Europa, abrufbar unter: https://ec.europa.eu/transparency/regdoc/rep/1/2018/DE/COM-2018-237-F1-DE-MAIN-PART-1.PDF (zuletzt abgerufen: 14.04.2020)

7 ÄrzteZeitung, 2019: Ärzte oder KI - Wer diagnostiziert besser?, abrufbar unter: https://www.aerztezeitung.de/Wirtschaft/Aerzte-oder-KI-Wer-diagnostiziert-besser-401725.html (zuletzt abgerufen: 14.04.2020)

8 Abbildung nach: Sachverständigen-Präsentation von Katharina Zweig in der öffentlichen Anhörung der Enquete-Kommission Künstliche Intelligenz im Deutschen Bundestag zu algorithmischen Entscheidungssystemen vom 10.02.2020.

9 Katharina A. Zweig, 2019: Algorithmische Entscheidungen: Transparenz und Kontrolle, abrufbar unter: https://www.kas.de/documents/252038/4521287/AA338+Algorithmische+Entscheidungen.pdf/533ef913-e567-987d-54c3-1906395cdb81?version=1.0&t=1548228380797 (zuletzt abgerufen: 14.04.2020)

10 Plattform Lernende Systeme, 2020: KI-Landkarte, abrufbar unter: https://www.plattform-lernende-systeme.de/ki-landkarte.html (zuletzt abgerufen: 14.04.2020)

11 Bitkom, 2018: Künstliche Intelligenz. Von der Strategie zum Handeln, abrufbar unter: https://www.bitkom.org/sites/default/files/2018-12/Bitkom%20Charts%20K%C3%BCnstliche%20Intelligenz%2005%2012%202018_final.pdf (zuletzt abgerufen: 14.04.2020)

3.E Wohlstandardisierung

1 Wikipedia, 2020: Elle (Einheit), abrufbar unter: https://de.wikipedia.org/wiki/Elle_(Einheit) (zuletzt abgerufen: 14.04.2020)

2 Detlef Gürtler, 2014: Die Dagoberts. Eine Weltgeschichte des Reichtums

3 Deutsches Institut für Normung, 2017: Geschäftsbericht 2016, abrufbar unter: https://www.din.de/resource/blob/235466/4646c5cfc3713253429968eb42c53911/din-geschaeftsbericht-2016-deutsch-data.pdf (zuletzt abgerufen: 14.04.2020)

4 Knut Blind / Andre Jung / Axel Mangelsdorff, 2011: Der gesamtwirtschaftliche Nutzen der Normung, abrufbar unter: https://www.din.de/resource/blob/79542/946e70a818ebdaacce-9705652a052b25/gesamtwirtschaftlicher-nutzen-der-normung-data.pdf (zuletzt abgerufen: 14.04.2020)

5 Brandeins, 2020: Die DINler, abrufbar unter: https://www.brandeins.de/magazine/brand-eins-wirtschaftsmagazin/2004/leitbilder/die-dinler (zuletzt abgerufen: 14.04.2020)

6 Project Connected Home over IP, 2020: What is it?, abrufbar unter: https://www.connectedhomeip.com/ (zuletzt abgerufen: 14.04.2020).

7 Statista, 2020: Number of IoT devices in use worldwide from 2009 to 2020, abrufbar unter: https://www.statista.com/statistics/764026/number-of-iot-devices-in-use-worldwide/ (zuletzt abgerufen: 14.04.2020)

8 Harvard Magazine, 2000: Code is law, abrufbar unter: https://harvardmagazine.com/2000/01/code-is-law-html (zuletzt abgerufen: 14.04.2020)

9 VDMA, 2013: Maschinenbaunormung in China, abrufbar unter: https://www.vdma.org/documents/256988/1380285/VDMA_Studie_Maschinenbaunormung_China_Druckversion/c1920fe1-4de6-42b2-9757-3f84a7aba5fe (zuletzt abgerufen: 14.04.2020)

10 Swedish Inistitute of International Affairs, 2018: China's standard power and its geopolitical implications for Europe, abrufbar unter: https://www.ui.se/globalassets/ui.se-eng/publications/ui-publications/2019/ui-brief-no.-2-2019.pdf (zuletzt abgerufen: 19.04.2020, 16:05)

11 CNBC, 2011: Motorola to Officially Split into Two Firms Tuesday, abrufbar unter: https://www.cnbc.com/id/40897532 (zuletzt abgerufen: 14.04.2020)

12 Bundesministerium für Wirtschaft und Energie, 2017: Die Wirtschaftsinitiative Smart Living ist am 14. März 2017 gegründet worden, abrufbar unter: https://www.smart-living-germany.de/SL/Navigation/DE/Ueber-uns/Wirtschaftsinitiative-Smart-Living/wirtschaftsinitiative-smart-living.html (zuletzt abgerufen: 14.04.2020)

13 EEBUS, 2017: ISH-Energie 2017: Erste Seriengeräte mit EEBUS im Heizungsmarkt, abrufbar unter: https://www.eebus.org/neue-eebus-anwendungen-im-smart-home/ (zuletzt abgerufen: 14.04.2020)

14 Deutsches Institut für Normung, 2020: Normungsroadmap für KI, abrufbar unter: https://www.din.de/de/forschung-und-innovation/themen/kuenstliche-intelligenz/normungsroadmap-ki (zuletzt abgerufen: 14.04.2020)

15 Deutsches Institut für Normung, 2018: Deutsche Normungsroadmap Industrie 4.0., abrufbar unter: https://www.din.de/blob/95954/97b71e1907b0176494a67d8d6d392c54/aktualisierte-roadmap-i40-data.pdf (zuletzt abgerufen: 14.04.2020)

16 IHE International, 2020: Integrating the Healthcare Enterprise (IHE), abrufbar unter: https://www.ihe.net/ (zuletzt abgerufen: 14.04.2020)

17 Deutsches Institut für Normung, 2020: Kurz erklärt, abrufbar unter: https://www.din.de/de/ueber-normen-und-standards/basiswissen (zuletzt abgerufen: 14.04.2020)

3.F Geldstandard/Blockchain

1 Libra, 2020: Einführung in Libra. Whitepaper von den Mitgliedern der Libra Association, abrufbar unter: https://libra.org/de-DE/wp-content/uploads/sites/14/2019/06/LibraWhitePaper_de_DE-1.pdf (zuletzt abgerufen: 20.04.2020)

2 China Daily, 2020: Digital currency trials are underway, abrufbar unter: https://global.chinadaily.com.cn/a/202004/21/WS5e9e362aa3105d50a3d178ba.html (zuletzt abgerufen: 20.04.2020)

3 Für die einzelnen Initiativen, siehe Berichterstattung von Felix Holtermann im Handelsblatt: Staatliche Coin: Handelsblatt, 2019: Union will "Krypte-Gesellschaft" und Staatcoin in Deutschland, abrufbar unter: https://www.handelsblatt.com/finanzen/maerkte/devisen-rohstoffe/blockchain-strategie-union-will-krypto-gesellschaft-und-staatscoin-in-deutschland/24490838.html (zuletzt abgerufen: 20.04.2020); Blockchain basierte Wertpapiere: Handelsblatt, 2019: Bundesregierung will noch 2019 Blockchain-Wertpapiere einführen, abrufbar unter: https://www.handelsblatt.com/finanzen/geldpolitik/elektronische-anleihen-bundesregierung-will-noch-2019-blockchain-wertpapiere-einfuehren/25023216.html (zuletzt abgerufen: 20.04.2020); Verzögerung bei Gesetzesverabschiedung: Handelsblatt, 2020: Bundesregierung bremst beim Thema Blockchain, abrufbar unter: https://www.handelsblatt.com/finanzen/maerkte/anleihen/krypto-anleihe-die-bundesregierung-bremst-beim-thema-blockchain/25543272.html (zuletzt abgerufen: 20.04.2020)

4 Tim Schreder, 2018: Das neue Geld.

5 Europäische Zentralbank, 2020: Tiered CBCD and the financial system, abrufbar unter: https://www.ecb.europa.eu/pub/pdf/scpwps/ecb.wp2351~c8c18bbd60.en.pdf (zuletzt abgerufen: 20.04.2020)

6 Welt Online, 2019: Sogar die Bundesbehörden meiden die sichere De-Mail, abrufbar unter: https://www.welt.de/wirtschaft/webwelt/article197192979/De-Mail-Unternehmen-und-Behoerden-meiden-den-sicheren-Service.html (zuletzt abgerufen: 20.04.2020)

7 Devcon Archive, 2020: Devcon Konferenz in Osaka, abrufbar unter: https://archive.devcon.org/devcon-5/details (zuletzt abgerufen: 20.04.2020)

8 Frankfurter Allgemeine Online, 2018: Deutschland soll Mekka für Kryptogeld werden, abrufbar unter: https://www.faz.net/aktuell/finanzen/digital-bezahlen/cdu-vorschlag-deutschland-soll-mekka-fuer-kryptogeld-werden-15887209/hier-kann-man-mit-bitcoins-15887238.html (zuletzt abgerufen: 20.04.2020)

9 Bundesministerium der Finanzen, 2019: Eckpunkte für die regulatorische Behandlung von elektronischen Wertpapieren und Krypto-Token, abrufbar unter: https://www.bundesfinanzministerium.de/Content/DE/Standardartikel/Themen/Internationales_Finanzmarkt/2019-03-08-eckpunkte-elektronische-wertpapiere.html (zuletzt abgerufen: 20.04.2020)

10 CoinDesk, 2019: German Finance Ministry Calls for Regulated Blockchain Securities Market, abrufbar unter: https://www.coindesk.com/german-finance-ministry-calls-for-regulated-blockchain-securities-market (zuletzt abgerufen: 20.04.2020)

11 Bundesministerium der Finanzen, 2020: Gesetz zur Umsetzung der Änderungsrichtlinie zur Vierten EU-Geldwäscherichtlinie, abrufbar unter: https://www.bundesfinanzministerium.de/Content/DE/Gesetzestexte/Gesetze_Gesetzesvorhaben/Abteilungen/Abteilung_VII/19_Legislaturperiode/2019-12-19-Gesetz-4-EU-Geldwaescherichtlinie/0-Gesetz.html (zuletzt abgerufen: 20.04.2020)

12 Frankfurter Allgemeine Online, 2019: Die Idee hinter Libra ist wichtig für Deutschland, abrufbar unter: https://www.faz.net/aktuell/finanzen/facebook-plant-eine-weltumspannende-digitale-waehrung-16522969.html (zuletzt abgerufen: 20.04.2020)

13 Ledger Insights, 2020: China's central bank digital currency wallet is revealed, abrufbar unter: https://www.ledgerinsights.com/china-digital-currency-wallet-dcep-cbdc/ (zuletzt abgerufen: 20.04.2020)

14 T3N, 2018: Was sind eigentlich zero-knowledge-proofs?, abrufbar unter: https://t3n.de/news/eigenlich-zero-knowledge-proofs-1099164/ (zuletzt abgerufen: 20.04.2020)

15 Bundesministerium für Wirtschaft und Energie, 2019: Innovationswettbewerb "Schaufenster Sichere Digitale Identitäten", abrufbar unter: https://www.digitale-technologien.de/DT/Navigation/DE/Foerderaufrufe/Sichere_Digitale_Identitaeten/sichere_digitale_identitaeten.html (zuletzt abgerufen: 20.04.2020)

16 Bitcoin.com, 2019: Crypto Salaries Gain Regulatory Recognition Around the World, abrufbar unter: https://news.bitcoin.com/crypto-salaries-gain-regulatory-recognition-around-the-world/ (zuletzt abgerufen: 20.04.2020)

17 T3N, 2018: Blockchain-Hotspot: Berlin wird zur Hauptstadt der Kryptofans, abrufbar unter: https://t3n.de/magazin/blockchain-hotspot-berlin-hauptstadt-kryptofans-246442/ (zuletzt abgerufen: 20.04.2020)

3.G Bildung

1 FAZ, 2015: „Für Steuererklärungen ist die Schule nicht zuständig", abrufbar unter: https://www.faz.net/aktuell/wirtschaft/naina-tweet-dirk-loerwald-ueber-wirtschaft-in-der-schule-13371961.html (zuletzt abgerufen am 20.04.2020)

2 Stifterverband für die Deutsche Wissenschaft e.V., 2018: Future Skills: Welche Kompetenzen in Deutschland fehlen, abrufbar unter: https://www.stifterverband.org/medien/future-skills-welche-kompetenzen-in-deutschland-fehlen (zuletzt abgerufen am: 20.04.2020)

3 Forsa-Umfrage im Auftrag der Schufa, 2017, abrufbar unter: https://www.schufa.de/media/editorial/themenportal/forsa_umfrage_2/170118_GSFA_0004_Schufa_Infografik_Finanzverhalten_sRGB_3x2_88.jpg (zuletzt abgerufen am 15.12.2019)

4 Befragung im INSA-Meinungstrend im Auftrag des Deutschen Instituts für Altersvorsorge (DIA), 2018, abrufbar unter: https://www.dia-vorsorge.de/wp-content/uploads/2019/02/2018_11_30_Umfrage_Finanzbildung.pdf (zuletzt abgerufen am 20.04.2020)

5 Stifterverband für die Deutsche Wissenschaft e.V., 2020: Hochschul-Bildungs-Report, abrufbar unter: https://www.stifterverband.org/medien/hochschul-bildungs-report-2020-bericht-2019 (zuletzt abgerufen am 20.04.2020)

6 YouGov und Statista, 2019: Was man an Schulen lernen sollte, abrufbar unter: https://de.statista.com/infografik/17115/was-man-in-der-schule-lernen-sollte/ (zuletzt abgerufen am 20.04.2020)

7 Jörg Dräger, Ralph Müller-Eiselt, 2015: Die digitale Bildungsrevolution: Der radikale Wandel des Lernens und wie wir ihn gestalten können

8 Tagesschau.de, 2019: Lehrermangel offenbar noch gravierender, abrufbar unter: https://www.tagesschau.de/inland/lehrermangel-schueler-zahlen-101.html (zuletzt abgerufen: 14.04.2020

9 PISA - Internationale Schulleistungsstudie der OECD, 2018, abrufbar unter: https://www.compareyourcountry.org/pisa/country/DEU?lg=en

10 Klaus Klemm, Dirk Zorn, 2019: Steigende Schülerzahlen im Primarbereich, Lehrkräftemangel deutlich stärker als von KMK erwartet, abrufbar unter: https://www.bertelsmann-stiftung.de/fileadmin/files/BSt/Publikationen/GrauePublikationen/BST-19-024_Policy_Brief_Schu__lerzahlen-Impulse_die_Schule_machen__6__002_.pdf (zuletzt abgerufen am 20.04.2020)

11 Statistisches Bundesamt, 2018: Schulen auf einen Blick, abrufbar unter: https://www.destatis.de/GPStatistik/servlets/MCRFileNodeServlet/DEHeft_derivate_00035140/Schulen_auf_einen_Blick_2018_Web_bf.pdf;jsessionid=5BBFAA19E06C8B05F31D4EF0E0326230 (zuletzt abgerufen am 20.04.2020)

12 Statistisches Bundesamt, 2019: Pressemitteilung Nr. 02. Vom 08. Januar 2019, abrufbar unter: https://www.destatis.de/DE/Presse/Pressemitteilungen/Zahl-der-Woche/2019/PD19_02_p002.html (zuletzt abgerufen am 20.04.2020)

13 Rat für Kulturelle Bildung e.V. 2019: Jugend/YouTube/Kulturelle Bildung. Horizont 2019, abrufbar unter:https://www.rat-kulturelle-bildung.de/fileadmin/user_upload/pdf/Studie_YouTube_Webversion_final.pdf (zuletzt abgerufen am 20.04.2020)

14 TEDx-Talk Tucson, George Land, Failure of Success, 16.02.2011 https://www.youtube.com/watch?v=ZfKMq-rYtnc in Anlehnung an Breakpoint and Beyond: Mastering the Future Today (1998), George Land und Beth Jarman

15 Zeit Online, 2019: "Die Schule ignoriert die Lebenswelt der Schüler", abrufbar unter: https://www.zeit.de/gesellschaft/schule/2019-11/digitalisierung-bildung-schule-technik-birgt-eickelmann-studie/komplettansicht (zuletzt abgerufen: 14.04.2020)

3.H Zukunft der Arbeit

1 McKinsey Global Institute, 2017: Jobs Lost, Jobs Gained: Workforce Transitions in a Time of Automation, abrufbar unter: https://www.mckinsey.com/featured-insights/future-of-work/jobs-lost-jobs-gained-what-the-future-of-work-will-mean-for-jobs-skills-and-wages (zuletzt abgerufen: 16.04.2020)

2 Carl Benedikt Frey, Michael A. Osborne, 2013: The Future of Employment: How Susceptible Are Jobs to Computerisation?, abrufbar unter: https://www.oxfordmartin.ox.ac.uk/downloads/academic/The_Future_of_Employment.pdf (zuletzt abgerufen: 16.04.2020)

3 World Economic Forum, 2018: The Future of Jobs Report, abrufbar unter: https://www.weforum.org/reports/the-future-of-jobs-report-2018 (zuletzt abgerufen: 16.04.2020)

4 Ashoka, McKinsey & Company, 2018: The Skilling Challenge, abrufbar unter: https://www.ashoka.org/de-de/files/2018theskillingchallengeashokamckinseypdf (zuletzt abgerufen: 16.04.2020)

5 Jacques Bughin, Eric Hazan, Susan Lund, Peter Dahlström, Anna Wiesinger, Amresh Subramaniam, 2018: Skill Shift, Automation and the Future of the Workforce, abrufbar unter: https://www.mckinsey.com/~/media/McKinsey/Featured%20Insights/Future%20of%20Organizations/Skill%20shift%20Automation%20and%20the%20future%20of%20the%20workforce/MGI-Skill-Shift-Automation-and-future-of-the-workforce-May-2018.ashx (zuletzt abgerufen: 16.04.2020)

6 Institut für Arbeitsmarkt- und Berufsforschung, 2017: Weiterbildungsbeteiligung in Deutschland, Auswertungen mit den Daten der Erwachsenenbefragung des Nationalen Bildungspanels „Bildung im Erwachsenenalter und lebenslanges Lernen", abrufbar unter: http://doku.iab.de/discussionpapers/2017/dp1617.pdf (zuletzt abgerufen: 16.04.2020)

7 Institut für Arbeitsmarkt- und Berufsforschung, 2016: Wirtschaft 4.0 und die Folgen für Arbeitsmarkt und Ökonomie, Szenario-Rechnungen im Rahmen der BIIB-IAB-Qualifikations- und Berufsfeldprojektionen, abrufbar unter: http://doku.iab.de/forschungsbericht/2016/fb1316.pdf (zuletzt abgerufen: 16.04.2020)

8 Bundesinstitut für Bildungsforschung, 2012:BIBB/BAuA-Erwerbstätigenbefragung 2012, abrufbar unter: https://www.bibb.de/tools/dapro/data/documents/pdf/eb_21304.pdf (zuletzt abgerufen: 14.04.2020)

3.I Infrastruktur

1 Zeitung für kommunale Wirtschaft, 2019: Breko: "Geld allein baut keine Glasfasernetze", abrufbar unter: https://www.zfk.de/digitalisierung/breitband/artikel/breko-geld-allein-baut-keine-glasfasernetze-2019-08-21/ (zuletzt abgerufen: 14.04.2020)

2 Statista, 2020: Investitionsstau in Deutschland, abrufbar unter: https://de.statista.com/infografik/20577/nicht-abgerufene-mittel-aus-sondervermoegen-des-bundes/ (zuletzt abgerufen: 14.04.2020)

3 Gabor Steingart, 2020: Steingarts Morning Briefing vom 18.02.2020, abrufbar unter: https://www.gaborsteingart.com/newsletter-morning-briefing/deutschstunde-fuer-elon-musk/?wp-nocache=true (zuletzt abgerufen: 14.04.2020)

4 Golem Magazin, 2018: Tiefbaukapazitäten reichen nicht für FFTH/B-Ausbau, abrufbar unter: https://www.golem.de/news/wik-tiefbaukapazitaeten-reichen-nicht-fuer-ftth-b-ausbau-1811-137982.html (zuletzt abgerufen: 14.04.2020)

5 Welt.de, 2020: 10.000 Beatmungsgeräte fürs ganze Land - so will Dräger das schaffen, abrufbar unter: https://www.welt.de/wirtschaft/article206603525/Beatmungsgeraete-Draeger-soll-10-000-Stueck-in-kuerzester-Zeit-bauen.html (zuletzt abgerufen: 14.04.2020)

6 Tagesschau.de, 2019: 5G-Gewinner - und auch Verlierer?, abrufbar unter: https://www.tagesschau.de/inland/5g-auktion-103.html (zuletzt aberufen: 14.04.2020)

7 Statista, 2020: Anteil von Glasfaseranschlüssen an den Breitbandanschlüssen in Ländern der OECD 2019, abrufbar unter: https://de.statista.com/statistik/daten/studie/415799/umfrage/anteil-von-glasfaseranschluessen-an-allen-breitbandanschluessen-in-oecd-staaten/ (zuletzt abgerufen: 14.04.2020)

8   Statista, 2019: Deutschland braucht mehr Down-load-Speed, abrufbar unter: https://de.statista.com/infografik/15571/laender-mit-dem-schnellsten-mobilen-internet/ (zuletzt abgerufen: 14.04.2020)

9   Gabor Steingart, 2020: Interview mit Telekom-CEO Timotheus Höttges, in: Steingarts Morning Briefing Podcast vom 27.02.2020, abrufbar unter: https://www.gaborsteingart.com/podcast/https-dasmorningbriefing-podigee-io-407-neue-episode/?wp-nocache=true (zuletzt abgerufen: 14.04.2020)

10 Bundesministerium für Verkehr und digitale Infrastruktur, 2019: Mobilfunkstrategie der Bundesregierung, abrufbar unter: https://www.bmvi.de/SharedDocs/DE/Anlage/DG/Digitales/Mobilfunkstrategie.pdf?__blob=publicationFile (zuletzt abgerufen: 14.04.2020)

11 Deutsche Funkturm, 2020: Herausforderungen im Mobilfunkausbau, abrufbar unter: https://www.dfmg.de/de/unser-unternehmen/herausforderung-im-mobilfunkausbau.html (zuletzt abgerufen: 14.04.2020)

12 Bitkom, 2020: Mehr Tempo im Mobilfunkausbau, abrufbar unter: https://www.bitkom.org/mobilfunkausbau (zuletzt abgerufen: 14.04.2020)

13 Branchenverband Breitbandkommunikation, 2019: BREKO Marktanalyse19, abrufbar unter: https://brekoverband.de/wp-content/uploads/2019/08/BREKOMarktanalyse19_final.pdf (zuletzt abgerufen: 14.04.2020); Wissenschaftliches Institut für Infrastruktur und Kommunikationsdienste, 2016: Gigabitnetze für Deutschland, abrufbar unter: https://www.wik.org/fileadmin/Studien/2017/Gigabitnetze_Deutschland.pdf (zuletzt abgerufen: 14.04.2020)

3.J Klima

1   Europäische Kommission, 2019: Press remarks by President von der Leyen on the occasion of the adoption of the European Green Deal Communication, abrufbar unter: https://ec.europa.eu/commission/presscorner/detail/en/speech_19_6749 (zuletzt abgerufen: 14.04.2020)

2   Europäische Kommission, 2020: Financing the green transition: The European Green Deal Investment Plan and Just Transition Mechanism, abrufbar unter: https://ec.europa.eu/regional_policy/en/newsroom/news/2020/01/14-01-2020-financing-the-green-transition-the-european-green-deal-investment-plan-and-just-transition-mechanism (zuletzt abgerufen: 14.04.2020)

3   World Bank Group, 2018: State and Trends of Carbon Pricing 2018, abrufbar unter: https://openknowledge.worldbank.org/bitstream/handle/10986/29687/9781464812927.pdf (zuletzt abgerufen: 14.04.2020)

4   Spiegel, 2018: Französische Regierung verschiebt Erhöhung der Ökosteuer, abrufbar unter: https://www.spiegel.de/politik/ausland/frankreich-regierung-verschiebt-erhoehung-der-oekosteuer-a-1241790.html (zuletzt abgerufen: 14.04.2020)

5   Für Details zur Steuer: Tagesspiegel, 2019: Das Wunder der schwedischen CO2-Steuer, abrufbar unter: https://www.tagesspiegel.de/wirtschaft/klimaschutz-das-wunder-der-schwedischen-co2-steuer/24161896.html (zuletzt abgerufen: 14.04.2020); für die Entwicklung der CO2-Emissionen: Statista, 2020: Carbon dioxide emissions in Sweden 2000-2018, abrufbar unter: https://www.statista.com/statistics/449823/co2-emissions-sweden/ (zuletzt abgerufen: 14.04.2020)

6   House of Commons Library, 2018: Carbon Price Floor (CPF) and the prize support mechanism, abrufbar unter: https://commonslibrary.parliament.uk/research-briefings/sn05927/#fullreport (zuletzt abgerufen: 14.04.2020)

7   Eidgenössisches Departement für auswärtige Angelegenheiten, 2019: Emissionshandel, abrufbar unter: https://www.eda.admin.ch/dam/dea/de/documents/fs/05-FS-Emissionshandel_de.pdf (zuletzt abgerufen: 14.04.2020)

8   Sachverständigenrat zur Begutachtung der gesamtwirtschaftlichen Entwicklung, 2019: Aufbruch zu einer neuen Klimapolitik, abrufbar unter: https://www.sachverstaendigenrat-wirtschaft.de/fileadmin/dateiablage/gutachten/sg2019/sg_2019.pdf (zuletzt abgerufen: 14.04.2020)

9   Bürgerdialog Stromnetz, 2020: Netzausbau, abrufbar unter: https://www.buergerdialog-stromnetz.de/netzausbau/ (zuletzt abgerufen: 14.04.2020)

10 Umweltbundesamt, 2017: Treibhausgas-Emissionen der Europäischen Union im Vergleich 2017, abrufbar unter: https://www.umweltbundesamt.de/sites/default/files/medien/384/bilder/3_abb_thg-emi-eu-vergleich-pro-kopf_2019-09-06.png (zuletzt abgerufen: 14.04.2020)

11 Abbildung nachgebildet nach CO2-Abgabe e.V. anhand Daten von: UK Department for Business, Energy & Industrial Strategy, 2019: UK Energy Statistics, 2018 & Q4 2018; Datenset von Dukes, 2018 zur Stromerzeugung in Großbritannien, abrufbar unter: https://co2abgabe.de/2019/05/24/medieninfo-24-5-2019/ (zuletzt abgerufen: 14.04.2020)

12 Statistisches Bundesamt, 2020: Bilanz - Monatsbericht über die Elektrizitätsversorgung, abrufbar unter: https://www.destatis.de/DE/Themen/Branchen-Unternehmen/Energie/Erzeugung/Tabellen/bilanz-elektrizitaetsversorgung.html (zuletzt abgerufen: 14.04.2020)

4 DER LERNENDE STAAT

4.A Neues Denken

1 Firmenkulturbeispiel TH Harvard Business Review, 2020: Jack Welch's Approach to Leadership, abrufbar unter: https://hbr.org/2020/03/jack-welchs-approach-to-leadership?ab=hero-subleft-1 (zuletzt abgerufen: 17.04.2020)

2 Rheinische Post, 2017: Der ungeliebte Föderalismus, abrufbar unter: https://rp-online.de/politik/der-ungeliebte-foederalismus_aid-19120993 (zuletzt abgerufen: 17.04.2020)

3 Sebastian Muschter, 2018: Gestalten statt Verwalten, Lernen aus der Lageso-Krise

4.B Neue Kompetenzen

1 Deutscher Beamtenbund, Forsa, 2019: dbb Bürgerbefragung Öffentlicher Dienst, Einschätzung, Erfahrungen und Erwartungen der Bürger, abrufbar unter: https://www.dbb.de/fileadmin/pdfs/2019/forsa_2019.pdf (zuletzt aufgerufen: 16.04.2020)

2 Ernest & Young, 2019: EY Jobstudie 2019: Motivation, Zufriedenheit und Work-Life-Balance, Ergebnisse einer Befragung von 1.510 Arbeitnehmer(inne)n in Deutschland, abrufbar unter: https://assets.ey.com/content/dam/ey-sites/ey-com/de_de/news/2019/12/ey-jobstudie-zufriedenheit-work-life-balance-2019.pdf?download (zuletzt abgerufen: 16.04.2020)

3 Deutscher Gewerkschaftsbund, 2017: Die Arbeitsqualität im öffentlichen Dienst aus Sicht der Beschäftigten, DGB Index Gute Arbeit, Sonderauswertung öffentlicher Dienst, abrufbar unter: http://index-gute-arbeit.dgb.de/++co++10acd684-4c49-11e7-a178-525400e5a74a (zuletzt abgerufen: 16.04.2020)

4 Mathias Schmoeckel, Matthias Maetschke,Rechtsgeschichte der Wirtschaft, 2. Auflage, Tübingen

5 Deutschlandfunk Kultur, 2019: Radikale Transparenz ohne Agenda, abrufbar unter: https://www.deutschlandfunkkultur.de/taiwans-digitalministerin-audrey-tang-radikale-transparenz.1264.de.html?dram:article_id=465305 (zuletzt abgerufen: 20.04.2020); Informationen zur Rotation in Coworking Spaces aus persönlichem Gespräch mit der Ministerin.

6 McKinsey, 2019: Die Besten, bitte: Wie der öffentliche Sektor als Arbeitgeber punkten kann, abrufbar unter: https://www.mckinsey.de/~/media/mckinsey/locations/europe%20and%20middle%20east/deutschland/news/presse/2019/2019-04-03%20die%20besten%20bitte/20190402_die%20besten%20bitte_studie%20fachkrftemangel%20ffentlicher%20sektor.ashx (zuletzt abgerufen: 14.04.2020)

7 Cordula Kießling/Henny Weber, 2019, Personalentwicklung und -gewinnung in der digitalen Verwaltung (PersDiV), abrufbar unter: https://www.it-planungsrat.de/SharedDocs/Downloads/DE/Fachkongress/Fachkongress_2019/TAG2/4_Personal_Green_IT/IT_PLR_PersDiV_Fachkongress.pdf?__blob=publicationFile&v=1 (zuletzt aufgerufen: 16.04.2020)

8 Südwestdeutscher Rundfunk, 2018: Fast jeder Zweite im öffentlichen Dienst wurde schon einmal angegriffen, abrufbar unter: https://www.swr.de/swraktuell/gewalt-gegen-beamte-dbb-studie-100.html (angerufen: 14.04.2020)

9 Bundesministerium des Innern, für Bau und Heimat, 2020: Öffentlicher Dienst - Zahlen, Daten, Fakten, abrufbar unter: https://www.bmi.bund.de/DE/themen/oeffentlicher-dienst/zahlen-daten-fakten/zahlen-daten-fakten-node.html (zuletzt abgerufen am: 16.04.2020)

10 Statistisches Bundesamt, 2018: Personal des öffentliches Dienstes - Fachserie 14 Reihe 6 - 2018, abrufbar unter: https://www.destatis.de/DE/Themen/Staat/Oeffentlicher-Dienst/Publikationen/Downloads-Oeffentlicher-Dienst/personal-oeffentlicher-dienst-2140600187004.pdf?__blob=publicationFile (zuletzt abgerufen: 16.04.2020)

11 Statistisches Bundesamt, 2016: Wahrnehmung von bürokratischen Belastungen durch
Unternehmen in ausgewählten Situationen
in Deutschland, Ausgewählte Ergebnisse der
Zufriedenheitsbefragung 2015, abrufbar unter:
https://www.destatis.de/DE/Presse/Pressekon-
ferenzen/2016/Zufriedenheitsbefragung/ueber-
sicht-unternehmenssituationen-pk.html (zuletzt
abgerufen: 16.04.2020)

12 Bayerisches Staatsministerium der Finanzen
und für Heimat, 2020: Laufbahnrecht, abrufbar
unter: http://www.dienstrecht.bayern.de/neu/
laufbahn/ (zuletzt abgerufen: 14.04.2020)

13 Bundesregierung Online, 2020: Durchstaaten.de:
Arbeiten im Öffentlichen Dienst, abrufbar unter:
https://www.bundesregierung.de/breg-de/ser-
vice/jetzt-durchstaaten-de (zuletzt abgerufen:
14.04.2020)

14 Deutscher Gewerkschaftsbund, 2017: DGB-
Index Gute Arbeit. Der Report 2017, abrufbar unter: https://index-gute-arbeit.dgb.
de/++co++614dfaea-bee1-11e7-98bf-
52540088cada (zuletzt abgerufen: 14.04.2020)

15 Nürnberg Institut für Marktentscheidungen (ehe-
mals GFK Verein), 2016: Berufe mit Vertrauens-
bonus, abrufbar unter: https://www.nim.org/
compact/fokusthemen/berufe-vertrauensbonus
(zuletzt abgerufen: 14.04.2020)

4.C Neue Gesetze

1 Focus Online, 2019: Bundesgerichts-Präsident
rügt Politik für "handwerklich schlecht gemachte Gesetze", abrufbar unter: https://www.focus.
de/politik/gerichte-in-deutschland/kleinteilig-
widerspruechlich-worthuelsen-bundesgerichts-
praesident-ruegt-politik-fuer-handwerklich-
schlecht-gemachte-gesetze_id_11217380.html
(zuletzt abgerufen: 14.04.2020)

2 Nationaler Normenkontrollrat, 2019: Erst der Inhalt, dann die Paragrafen. Gesetze wirksam und
praxistauglich gestalten, abrufbar unter: https://
www.normenkontrollrat.bund.de/resource/blob/
300864/1681244/594995cfe4ee756736d58a8b
889954b7/2019-10-22-nkr-gutachten-data.pdf
(zuletzt abgerufen: 14.04.2020)

4.D Neuer Service

1 Kommune21, 2019: Leichter mit ELFE, abrufbar unter: https://www.kommune21.de/mel-
dung_30578_Leichter+mit+ELFE.html (zuletzt
abgerufen: 14.04.2020)

4.E Neue Prozesse

1 Für neue Beschäftigungsformen der Angestellten im öffentlichen Dienst in den Niederlanden,
siehe: Regierung des Königreichs der Niederlande, 2020: New legal position for civil servants,
abrufbar unter: https://www.government.nl/
topics/public-administration/new-legal-posi-
tion-for-civil-servants (zuletzt abgerufen:
14.04.2020); weiterführende Informationen zur
Organisation der niederländischen Regierung
und ihren Untereinheiten, siehe: https://www.
government.nl/topics/public-administration (zuletzt abgerufen: 14.04.2020)

2 Tagesspiegel, 2020: "Wir sind technisch kurz
hinter der Karteikarte", abrufbar unter: https://
www.tagesspiegel.de/berlin/berliner-verwal-
tung-mangelhaft-digitalisiert-wir-sind-tech-
nisch-kurz-hinter-der-karteikarte/25717260.
html (zuletzt abgerufen: 14.04.2020)

3 Stadt Leipzig, 2020: Auszug - Bekanntgabe der
Ergebnisse von Abstimmungen im Umlaufver-
fahren, abrufbar unter: https://ratsinfo.leipzig.
de/bi/to020.asp?TOLFDNR=1131151 (zuletzt
abgerufen: 14.04.2020)

4 Bundesministerium der Finanzen, 2018: Der
bundesstaatliche Finanzausgleich, abrufbar
unter: https://www.bundesfinanzministerium.
de/Content/DE/Standardartikel/Themen/
Oeffentliche_Finanzen/Foederale_Finanzbezie-
hungen/Laenderfinanzausgleich/Der-Bundes-
taatliche-FAG.pdf?__blob=publicationFile&v=5
(zuletzt abgerufen: 14.04.2020)

4.F Neue Standards

1 Bundestagsdrucksache 17/14600: Beschluss-
empfehlung und Bericht des 2. Untersuchungs-
ausschusses nach Artikel 44 des Grundgesetzes,
abrufbar unter: https://dipbt.bundestag.de/
dip21/btd/17/146/1714600.pdf (zuletzt abgerufen: 14.04.2020)

2 Europäische Kommission, 2020: The Digital Economy and Society Index (DESI), abrufbar unter:
https://ec.europa.eu/digital-single-market/en/
desi (zuletzt abgerufen: 14.04.2020)

3 Nationaler Normenkontrollrat, 2019: Monitor
Digitale Verwaltung, abrufbar unter: https://
www.normenkontrollrat.bund.de/resource/
blob/72494/1675854/b0a14cedf388ddb05f2
b9b9e3827b32d/2019-09-26-monitor-digita-
le-verwaltung-3-data.pdf (zuletzt abgerufen:
14.04.2020)

4 Die Presse Online, 2018: Sicherheitspolitik: "Diese unrealistische Hypermoral lähmt Deutschland", abrufbar unter: https://www.diepresse. com/5474139/sicherheitspolitik-diese-unrealis-tische-hypermoral-lahmt-deutschland (zuletzt abgerufen: 14.04.2020)

5 E-estonia Online, 2020: e-estonia briefing centre, abrufbar unter: https://e-estonia.com/about-us/ (zuletzt abgerufen: 14.04.2020)

6 The Office of the National Coordinator for Health Information Technology: Standards and Interoperability Framework, abrufbar unter: https:// www.healthit.gov/sites/default/files/factsheets/ standards-and-interoperability-framework.pdf (zuletzt abgerufen: 14.04.2020)

7 Als Beispiel für die Umsetzung der e-Rechung, siehe: Bundesministerium des Innern, 2017: Einführung der elektronischen Rechnung in Deutschland, abrufbar unter: https://www.ver-waltung-innovativ.de/SharedDocs/Publikationen/ Organisation/bericht_it_plr_erechnung_mai2017. pdf?__blob=publicationFile&v=2 (zuletzt abgerufen: 14.04.2020)

8 Kommune21, 2019: Leichter mit ELFE, abrufbar unter: https://www.kommune21.de/mel-dung_30578_Leichter+mit+ELFE.html (zuletzt abgerufen: 14.04.2020)

9 Nationaler Normenkontrollrat, 2017: Mehr Leistung für Bürger und Unternehmen: Verwaltung digitalisieren. Register modernisieren, abrufbar unter: https://www.normenkontrollrat.bund.de/ resource/blob/72494/476004/12c91fffb87768 5f4771f34b9a5e08fd/2017-10-06-download-nkr-gutachten-2017-data.pdf (zuletzt abgerufen: 14.04.2020)

10 Bitkom, 2013: Öffentliche Hand gibt über 20 Milliarden Euro für ITK aus, abrufbar unter: https:// www.bitkom.org/Presse/Presseinformation/ Oeffentliche-Hand-gibt-ueber-20-Milliarden-Euro-fuer-ITK-aus.html (zuletzt abgerufen: 14.04.2020)

11 Europäische Kommission, 2013: Verringerung der Anbieterbindung: Aufbau offener IKT-Systeme durch bessere Verwendung von Standards bei der Vergabe öffentlicher Aufträge, abrufbar unter: https://eur-lex.europa.eu/LexUriServ/LexUriServ. do?uri=COM:2013:0455:FIN:DE:PDF (zuletzt abgerufen: 14.04.2020)

12 Tagesspiegel, 2017: Europas fatale Abhängigkeit von Microsoft, abrufbar unter: https://www. tagesspiegel.de/gesellschaft/cyber-attacken-auf-staatliche-it-europas-fatale-abhaengigkeit-von-microsoft/19628246.html (zulettz abgerufen: 14.04.2020)

13 Pepp-PT.org, 2020: Pan-European Privacy-Preserving Proximity Tracing, abrufbar unter: https://www.pepp-pt.org/ (zuletzt abgerufen: 14.04.2020)

14 Großbritannien: BBC, 2012: Cloudstore: Government launches public sector app store, abrufbar unter: https://www.bbc.com/news/technolo-gy-17096135 (zuletzt abgerufen: 14.04.2020), für den App Store siehe: https://www.digital-marketplace.service.gov.uk/; Indien: App Store, siehe: https://apps.mgov.gov.in/popularapps. do?param=topapps

15 Cabinet Office von Großbritannien, 2018: Open Standard principles, abrufbar unter: https:// www.gov.uk/government/publications/open-standards-principles/open-standards-principles (zuletzt abgerufen: 14.04.2020)

16 Pwc, 2019: Strategische Marktanalyse zur Reduzierung von Abhängigkeiten von einzelnen Software-Anbietern, abrufbar unter: https:// www.cio.bund.de/SharedDocs/Publikationen/ DE/Aktuelles/20190919_strategische_markt-analyse.pdf?__blob=publicationFile (zuletzt abgerufen: 14.04.2020)

4.G Neue Transparenz:

1 Bundesministerium der Finanzen, 2018: Vermögensrechnung des Bundes, abrufbar unter: https://www.bundesfinanzministerium.de/ Content/DE/Downloads/Broschueren_Bestell-service/2019-06-10-Vermoegensrechnung-des-Bundes-2018.html (zuletzt abgerufen: 15.04.2020)

2 Die Zeit, 2006: Der Pacioli-Code, abrufbar unter: https://www.zeit.de/2006/24/Der_Pacioli-_ Code (zuletzt abgerufen: 14.04.2020)

3 Peter C. Lorson/Ellen Haustein/Felix Beske, 2018: Rechnungslegung im privaten und staatlichen Sektor – Grundlegende Fragen der Bilanzierung nach HGB & SsD sowie IFRS & IPSAS – Teil 1: Grundbegriffe und Differenzierung der Normensysteme, S. 27-37.

4 Peter C. Lorson/Ellen Haustein/Felix Beske, 2018: Rechnungslegung im privaten und staatlichen Sektor – Grundlegende Fragen der Bilanzierung nach HGB & SsD sowie IFRS & IPSAS – Teil 2: Theoretische Rahmenkonzepte, S. 141-149.

5 Peter C. Lorson, 2019: Bringen harmonisierte Rechnungslegungsnormen im öffentlichen Sektor Europas mehr Transparenz über Leistungsfähigkeit, abrufbar unter: https://www.diepsam.uni-rostock.de/storages/uni-rostock/Alle_WSF/Diepsam/Events/Vortraege/2019.06_VHB_Peter_Lorson_2019_06_VHB_Ta-gung_Harmonisierung_PSA_Europa_Transparenz_Lorson-2019-06-13.pdf (zuletzt abgerufen: 20.04.2020)

6 Bundestagsdrucksache 18/5182, abrufbar unter: http://dip21.bundestag.de/dip21/btd/18/051/1805182.pdf (zuletzt abgerufen: 20.04.2020)

7 Bundesministerium der Finanzen, 2015: Kompendium zur Schuldenbremse des Bundes, abrufbar unter: https://www.bundesfinanzministerium.de/Content/DE/Standardartikel/Themen/Oeffentliche_Finanzen/Schuldenbremse/kompendium-zur-schuldenbremse.html (zuletzt abgerufen: 15.04.2020)

8 Hessisches Ministerium der Finanzen, 2019: Studie zur Umstellung eines doppischen Rechnungswesens auf einheitliche europäische Rechnungslegungsstandards am Beispiel des Bundeslandes Hessen, abrufbar unter: https://finanzen.hessen.de/haushalt/geschaeftsberichte/themenseite-epsas (zuletzt abgerufen: 15.04.2020)

9 Deutsche Bundesbank, 2018: Die Maastricht-Schulden: methodische Grundlagen sowie die Ermittlung und Entwicklung in Deutschland, abrufbar unter: https://www.bundesbank.de/de/publikationen/suche/die-maastricht-schulden-methodische-grundlagen-sowie-die-ermittlung-und-entwicklung-in-deutschland-724596 (zuletzt abgerufen: 15.04.2020)

10 Schweiz: Schweizerisches Rechnungslegungsgremium für den öffentlichen Sektor, 2020: Mission & Aufgabe, abrufbar unter: https://www.srs-cspcp.ch/de/mission-aufgabe-n17950 (zuletzt abgerufen: 14.04.2020); Grobritannien: Office for Budget Responsibility, 2020: What we do, abrufbar unter: https://obr.uk/about-the-obr/what-we-do/ (zuletzt abgerufen: 14.04.2020)

4.H Rechtsstaat

1 Bundesministerium für Justiz und Verbraucherschutz, 2020: Pakt für den Rechtsstaat, abrufbar unter: https://www.bmjv.de/SharedDocs/Artikel/DE/2019/020119_Rechtsstaat.html (zuletzt abgerufen: 14.04.2020)

2 Statistisches Bundesamt, 2019: Rechtspflege - Zivilgerichte 2018, abrufbar unter: https://www.destatis.de/DE/Themen/Staat/Justiz-Rechtspflege/Publikationen/Downloads-Gerichte/zivilgerichte-2100210187004.html (zuletzt abgerufen: 21.04.2020)

3 Statistisches Bundesamt, 2019: Rechtspflege - Strafgerichte 2018, abrufbar unter: https://www.destatis.de/DE/Themen/Staat/Justiz-Rechtspflege/Publikationen/Downloads-Gerichte/strafgerichte-2100230187004.html (zuletzt abgerufen: 21.04.2020)

4 Legal Tribune Online, 2017: Eingestellter Neonazi-Mammutprozess wird neu aufgerollt, abrufbar unter: https://www.lto.de/recht/nachrichten/n/olg-koblenz-eingestellter-neonazi-prozess-muss-neu-aufgerollt-werden/ (zuletzt abgerufen: 14.04.2020)

5 Für die erwähnten Gerichtsurteile siehe: Bundesverfassungsgerichturteil zu Kopftüchern bei Lehrerinnen: Bundesverfassungsgericht, 2015: Ein pauschales Kopftuchverbot für Lehrkräfte in öffentlichen Schulen ist mit der Verfassung nicht vereinbar, abrufbar unter: https://www.bundesverfassungsgericht.de/SharedDocs/Pressemitteilungen/DE/2015/bvg15-014.html (zuletzt abgerufen: 14.04.2020); Europäischer Gerichtshof Urteil: Zeit Online, 2017: Ein Kopftuchverbot am Arbeitsplatz kann zulässig sein, abrufbar unter: https://www.zeit.de/gesellschaft/zeitgeschehen/2017-03/eugh-kopftuchverbot-arbeitsplatz-urteil (zuletzt abgerufen: 14.04.2020); Europäischer Gerichtshof für Menschenrechte: Süddeutsche Zeitung Online, 2017: Vollverschleierung ist kein Menschenrecht, abrufbar unter: https://www.sueddeutsche.de/panorama/urteil-in-strassburg-vollverschleierung-ist-kein-menschenrecht-1.3582881 (zuletzt abgerufen: 14.04.2020)

6 Zeit Online, 2020: Wie Gerichte den Mietendeckel kippen könnten, abrufbar unter: https://www.zeit.de/wirtschaft/2020-02/berlin-mietendeckel-gesetz-verfassungsklage-wohnungsmarkt-immobilien (zuletzt abgerufen: 14.04.2020)

7 Für die Diskussion um Videoüberwachung in Berlin, siehe beispielhaft: Berliner Morgenpost, 2017: Streit um Videoüberwachung spitzt sich zu, abrufbar unter https://www.morgenpost.de/berlin/article211917529/Streit-um-Videoueberwachung-spitzt-sich-zu.html (zuletzt abgerufen: 14.04.2020)

8 Berliner Verkehrsbetriebe 2019: Sicherheitsbericht der Berliner Verkehrsbetriebe 2018,
abrufbar unter: https://unternehmen.bvg.de/
de/Unternehmen/Medien/Publikationen (zuletzt abgerufen: 14.04.2020); Tagesspiegel,
2009: BVG plant Videoüberwachung, abrufbar
unter: https://www.tagesspiegel.de/berlin/
sicherheit-im-nahverkehr-bvg-plant-videoue-
berwachung/1599638.html (zuletzt abgerufen:
14.04.2020)

5 REFORMJAHRZEHNT

1 Gabriele Metzler, 2020: 1945 als globale
Zäsur, abrufbar unter: https://www.bpb.
de/apuz/303635/1945 (zuletzt abgerufen:
16.04.2020)

2 Martin Sabrow, 2020: Die "Stunde Null" als
Zeiterfahrung, abrufbar unter: https://www.
bpb.de/apuz/303635/1945 (zuletzt abgerufen:
16.04.2020)

3 Oliver F. R. Haardt, 2020: Das Grundgesetz
im Strom der Zeit, Entstehung und zeitliche
Verortung der deutschen Verfassungen von
1949, abrufbar unter: https://www.bpb.
de/apuz/303635/1945 (zuletzt abgerufen:
16.04.2020)

4 Andreas Voßkuhle, 2019: Der Bildungsauftrag
des Grundgesetzes, abrufbar unter: https://
www.bpb.de/apuz/289218/grundgesetz (zuletzt
abgerufen: 16.04.2020)

5 Malte Zierenberg, Ordnende Kraft des Geldes,
Zur Geschichte des Schwarzmarkts vor und
nach der Währungsreform, abrufbar unter:
https://www.bpb.de/apuz/271675/d-mark (zuletzt abgerufen: 16.04.2020)

6 Werner Abelshauser, 2018: Wunder gibt es immer wieder, Mythos Wirtschaftswunder, abrufbar unter: https://www.bpb.de/apuz/271675/d-
mark (zuletzt abgerufen: 16.04.2020)

7 Anne Sudrow, 2018: Kleine Ereignisgeschichte
der Währungsreform 1948, abrufbar unter:
https://www.bpb.de/apuz/271675/d-mark (zuletzt abgerufen: 16.04.2020)

8 Robert C. Allen, Jean-Pascal Bassino, Debin Ma,
Christine Moll-Murata, Jan Luiten van Zanden,
2011: Wages, prices, and living standards in
China, 1738-1925: in comparison with Europe,
Japan, and India, Economic History Review 64,
S1 (2011), S. 8-38

9 Mathias Schmoeckel, Matthias Maetschke,
Rechtsgeschichte der Wirtschaft, 2. Auflage,
Tübingen